BERICHTE ZUR BERUFLICHEN BILDUNG

Iris Pfeiffer | Heiko Weber (Hrsg.)

Zum Konzept der Nachhaltigkeit in Arbeit, Beruf und Bildung – Stand in Forschung und Praxis

 AGBFN Arbeitsgemeinschaft Berufsbildungsforschungsnetz 31

 bibb Bundesinstitut für Berufsbildung

Impressum

Zitiervorschlag:

Pfeiffer, Iris; Weber, Heiko (Hrsg.): Zum Konzept der Nachhaltigkeit in Arbeit, Beruf und Bildung – Stand in Forschung und Praxis. Bonn 2023

1. Auflage 2023

Herausgeber:

Bundesinstitut für Berufsbildung
Robert-Schuman-Platz 3
53175 Bonn
Internet: www.bibb.de

Publikationsmanagement:

Stabsstelle „Publikationen und wissenschaftliche Informationsdienste"
E-Mail: publikationsmanagement@bibb.de
www.bibb.de/veroeffentlichungen

Herstellung und Vertrieb:

Verlag Barbara Budrich
Stauffenbergstraße 7
51379 Leverkusen
Internet: www.budrich.de
E-Mail: info@budrich.de

ISBN 978-3-8474-2892-3 (Print)
ISBN 978-3-96208-382-3 (Open Access)
urn:nbn:de:0035-1040-5

Bibliografische Information der Deutschen Nationalbibliothek
Die deutsche Nationalbibliothek verzeichnet diese Publikation in der Deutschen Nationalbibliografie; detaillierte bibliografische Daten sind im Internet über http://dnb.dnb.de abrufbar.

Gedruckt auf PEFC-zertifiziertem Papier

▶ Inhaltsverzeichnis

▶ Abkürzungsverzeichnis

ADB Nord	Akademie Deutsches Bäckerhandwerk Nord gGmbH
AEVO	Ausbilder/-innen-Eignungsverordnung
AG BFN	Arbeitsgemeinschaft Berufsbildungsforschungsnetz
AN	Anforderungsniveau
AO	Ausbildungsordnung
APVO-Lehr	Verordnung über die Ausbildung und Prüfung von Lehrkräften im Vorbereitungsdienst
BA	Bundesagentur für Arbeit
BB	Berlin-Brandenburg
BW	Baden-Württemberg
BBiG	Berufsbildungsgesetz
BBNE	Berufsbildung für nachhaltige Entwicklung
BfN	Bundesamt für Naturschutz
BIBB	Bundesinstitut für Berufsbildung
BIP	Bruttoinlandsprodukt
BMBF	Bundesministerium für Bildung und Forschung
BMU	Bundesministerium für Umwelt, Naturschutz und Reaktorsicherheit
BNE	Bildung für nachhaltige Entwicklung
BY	Bayern
CEO	Chief Executive Officer
CO_2	Kohlenstoffdioxid
COVID-19	Corona Virus Disease 2019
DGB	Deutscher Gewerkschaftsbund
DIN ISO	Deutsches Institut für Normung/International Organization for Standardization
DNK	Deutscher Nachhaltigkeitskodex
DQR	Deutscher Qualifikationsrahmen
E-Fahrzeuge	Elektro-Fahrzeug

E-Pkw	Elektro-Personenkraftwagen
ES	Environmental Sustainability
ETCS	European Train Control System
GESA	Gewerkeübergreifende Qualifizierung im Rahmen energetischer Gebäudesanierung
GRI	Global Reporting Initiative
GS	Gesamtschule
Gwüq	Gewerkeübergreifender Qualifikation
GYM	Gymnasium
HS	Hauptschule
HWO	Handwerksordnung
IAB	Institut für Arbeitsmarkt- und Berufsforschung
IG BCE	Industriegewerkschaften Bergbau, Chemie und Energie
IG Metall	Industriegewerkschaften Metall
IKT	Informations- und Kommunikationstechnologie
IT	Informationstechnologie
ISS	Integrierte Sekundarschule
Kfz	Kraftfahrzeug
KldB	Klassifikation der Berufe
KMK	Kultusministerkonferenz
LIS	Ladeinfrastruktur
MAK	Medium Associated Keywords
MIV	Motorisierter Individualverkehr
N	Niedersachsen
NaBiBer	Naturbildung im Beruf
NAP BNE	Nationaler Aktionsplan Bildung für nachhaltige Entwicklung
NE	Nachhaltige Entwicklung
NGO	Non-Governmental Organization
NRW	Nordrhein-Westfalen
ÖN	Ökologische Nachhaltigkeit
ÖPNV	Öffentlicher Personennahverkehr
ÖV	Öffentlicher Verkehr
PC	Personal Computer
pkm	Personenkilometer

QINFORGE	Qualification and Occupation in the INterindustry FORecasting GErmany
QuBe	Qualifikations- und Berufsprojektionen
RBS	Referenzbetriebssystem
RLP	Rahmenlehrplan
RS	Realschule
SAK	Strongly Associated Keywords
SDG	Sustainable Development Goal
SH	Schleswig-Holstein
tkm	Tonnenkilometer
UBA	Umweltbundesamt
ÜLU	Überbetriebliche Lehrlingsunterweisung
UNESCO	United Nations Educational, Scientific and Cultural Organization
ver.di	Vereinte Dienstleistungsgewerkschaft
VR	Virtual Reality
WAK	Weakly Associated Keywords
WAoeN	Wortliste der Assoziationen zur ökologischen Nachhaltigkeit
3D	Dreidimensional

I. Editorial

„Diese große Aufgabe, die Transformation hin zu einer nachhaltigen Lebensweise auf unserem Planeten, die sucht kein Land, keine Regierung sich einfach aus. Sie ist nicht weniger als die Überlebensfrage der Menschheit."

Bundespräsident Frank-Walter Steinmeier nach seiner Wiederwahl zum Bundespräsidenten durch die 17. Bundesversammlung am 13. Februar 2022 in Berlin

Heiko Weber, Iris Pfeiffer

► Zum Konzept der Nachhaltigkeit in Arbeit, Beruf und Bildung

1 Nachhaltige Entwicklung: ein neuer Schlüsselbegriff in der beruflichen Bildung!?

Wer nachhaltig leben möchte, drückt dies mit entsprechenden Entscheidungen im Alltag aus: bei der Wahl des Fortbewegungsmittels auf dem Weg zur Arbeit (Auto vs. Fahrrad/öffentlicher Nahverkehr), beim Einkaufen (Übersee- vs. regionale Produkte), bei der Entscheidung, ob es ein neues Möbelstück sein muss oder ein altes auch repariert werden kann, bei der Wahl des Abendessens (Fleisch vs. vegetarische Kost), oder bei der Frage, ob es beim nächsten Urlaub nicht doch eine Flugreise sein soll. Es sind Entscheidungen, die etwas darüber aussagen, wie nachhaltig wir denken und handeln. Welchen Beitrag kann eine Berufsbildung für nachhaltige Entwicklung (BBNE) hier leisten?

Die Forschung zeigt, dass es uns nicht an Wissen über individuelle Handlungsmöglichkeiten mangelt. Es ist daher wenig zielführend, allein auf Wissensvermittlung zu setzen und vermeintliche Informationsdefizite zur Nachhaltigkeit ausgleichen zu wollen (vgl. BRUHN/BÖHME 2021). Stattdessen sind die meisten Menschen nicht in der Lage, ihr Wissen über Nachhaltigkeit in konkretes Handeln umzusetzen. Die Rede ist von einem „Knowledge Action Gap" (ebd., S. 30) und dem Diskrepanztheorem (vgl. REBMANN/SLOPINSKI 2018).

Die Berufsausbildung kann eine wichtige Rolle dabei spielen, dieses „Knowledge Action Gap" zu schließen. Sie vermag es, Theorie und Praxis auf eine Weise miteinander zu verzahnen, dass neben der umfassenden beruflichen Handlungskompetenz auch die Persönlichkeitsbildung weiterentwickelt wird. Die Berufsbildung ist im deutschsprachigen Raum seit jeher handlungsorientiert und ganzheitlich ausgerichtet.

Um die oben genannte Lücke zu schließen, muss sich die Berufsbildung allerdings ändern. Hintergrund ist, dass das emotional-motivationale Erleben für Denk-, Problemlöse- und Handlungsvorgänge von entscheidender Bedeutung ist. Den Erkenntnissen der neurobiologischen Forschung folgend, führt erst die Aktivierung des limbischen Systems über emotionale Reize zu einer Veränderung tiefsitzender Muster des Handelns (vgl. BRUHN/BÖHME 2021). Methoden wie forschendes, entdeckendes, erfahrungsbasiertes und situatives Lernen betonen die Bedeutung von Emotionen für das Lehren und Lernen (vgl. GIESEKE 2009), vor allem auch im Rahmen einer „grünen Pädagogik" (vgl. SCHROLL 2019). Die genannten Ansätze sind nicht neu, können aber gerade im Kontext einer BBNE eine sinnvolle Erweiterung des Methodenportfolios der Lernorte in der Berufsbildung darstellen, um verstärkt subjektive Interpretations- und Emotionsmuster zu hinterfragen (vgl. ARNOLD 2007). Ergänzt werden können diese bereits als erfolgreich geltenden Ansätze mit Kreativitätstechniken wie *Design Thinking* und aktiven Lernmethoden wie Storytelling oder dem Einbezug von Bildern und Objekten in den Lernumgebungen. Gemeinsame Projekte mit Unternehmen – z. B. im Rahmen von Modellversuchen – spielen bei der Erprobung und Implementierung solcher Ansätze eine wichtige Rolle, um schrittweise die Grundlagen einer BBNE in der Ausbildungspraxis zu verankern. Die in diesem Sammelband versammelten Beiträge zeigen vielfältige Ansätze, wie dies in den jüngsten Jahren gelungen ist.

Wie ist es jedoch bestellt um die „nachhaltige Entwicklung" in der Berufsbildung? Für eine erste Annäherung an eine Antwort kann man sich eines recht zuverlässigen Indikators bedienen: dem Blick in eines der Standardwerke der Berufsbildung im deutschsprachigen Raum – dem nunmehr in der dritten Auflage vorliegenden „Handbuch Berufsbildung" (ARNOLD/LIPSMEIER/ROHS 2020; ARNOLD/LIPSMEIER 2006; 1995). Aufstieg und Wandel des Begriffs können in den verschiedenen Auflagen des Handbuchs gut nachvollzogen werden. Die Anfänge lassen sich auf das Jahr 1995 zurückdatieren, wo von „Umweltlernen" die Rede ist. Über Umwege (2006: „Umweltbildung") ist das Handbuch schließlich bei „Berufsbildung für eine nachhaltige Entwicklung" (vgl. REBMANN/SCHLÖMER 2020) angekommen.

Die Zahlen mögen für sich sprechen: In der ersten Auflage von 1995 (vgl. JUNGK 1995) war zunächst noch keine Rede von nachhaltiger Entwicklung, der Begriff „nachhaltig" wurde überwiegend im enggeführten Sinne synonym zu „langandauernd/beständig" verwendet. Stattdessen wurde der Begriff des Umweltlernens verwendet. Während mit der zweiten Auflage (vgl. REBMANN 2006) die Umweltbildung in den Fokus rückt und bereits ein moderater Anstieg der Nennungen des Begriffs Nachhaltigkeit feststellbar ist, steigt dann mit der dritten Auflage im Jahr 2020 die Zahl der Nennungen rasant an: sowohl was den Begriff „nachhaltig" angeht (177 Erwähnungen im Vergleich zu neun Erwähnungen in der ersten Auflage) als auch das Begriffspaar „nachhaltige Entwicklung" (60 Erwähnungen) gewinnt das Thema im Diskurs der Berufsbildungsforschung auch zählbar an Bedeutung und scheint im Kanon der deutschsprachigen Berufsbildung(sforschung) angekommen zu sein (vgl. Abb. 1).

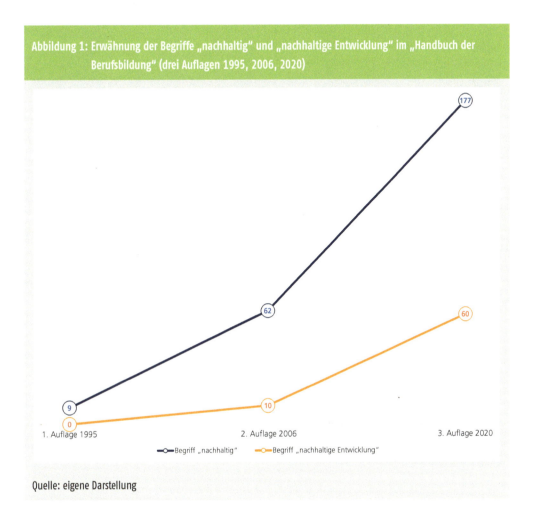

Abbildung 1: Erwähnung der Begriffe „nachhaltig" und „nachhaltige Entwicklung" im „Handbuch der Berufsbildung" (drei Auflagen 1995, 2006, 2020)

177

62

60

9

10

0

1. Auflage 1995   2. Auflage 2006   3. Auflage 2020

— Begriff „nachhaltig"   — Begriff „nachhaltige Entwicklung"

Quelle: eigene Darstellung

Kritikerinnen und Kritiker merken an, dass die Bildung für nachhaltige Entwicklung weiterhin zu stark vernachlässigt würde, da es u. a. in dem im Jahr 2020 novellierten Berufsbildungsgesetz keine explizite Erwähnung findet (vgl. KAISER/SCHWARZ 2021). Auch im von Bellmann u. a. im Jahr 2021 herausgegebenen Band zu den Schlüsselthemen der beruflichen Bildung in Deutschland sucht man vergeblich danach. Es ist wohl der historischen Herangehensweise des Bandes geschuldet, dass hier der Begriff „nachhaltig" noch am ehesten dem der ersten Auflage des „Handbuchs Berufsbildung" (ARNOLD/LIPSMEIER 1995) entspricht.

Die genannten Beispiele zeigen eindrücklich den Weg und die Entwicklung, den der Begriff der nachhaltigen Entwicklung in der Berufsbildung genommen hat und aller Voraussicht nach weiterhin nehmen wird. Denn die Auswirkungen einer sozial-ökologischen Transformation auf Arbeitsmarkt, Bildung und Beschäftigung werden zukünftig noch deutlich spürbarer werden und nachfolgende Generationen in einem deutlich größeren Umfang beschäftigen als die heutige. Für einige Branchen und Tätigkeiten wird die Bewältigung des sozial-ökologischen Wandels gar zur Überlebensfrage. Umso mehr lässt sich die Bildung für eine nachhaltige Entwicklung als Schlüsselthema der Berufsbildung betrachten.

Flankiert wird dieser Umbruch auch auf internationaler Ebene. So hat beispielsweise die Europäische Kommission im Rahmen ihrer Biodiversitätsstrategie[1] im Januar 2022 einen Vorschlag für eine Empfehlung des Rates zum Lernen für ökologische Nachhaltigkeit vorgelegt. Ziel ist es, dass ökologische Nachhaltigkeit in der EU zum Kernthema der allgemeinen und beruflichen Bildung werden soll. Damit will die EU die Mitgliedstaaten bei der gemeinsamen Entwicklung von Strategien für ökologische Nachhaltigkeit, bei der Sensibilisierung für den Klimawandel, für biologische Vielfalt und damit verbundene Themen unterstützen. Eingebettet ist die Initiative in den sogenannten Europäischen Grünen Deal,[2] mit dem die EU Maßnahmen ergreift, um den Klimawandel zu bekämpfen und alle Bürgerinnen und Bürger anzuregen, auf ein grüneres und nachhaltigeres Europa hinzuarbeiten. Auch allgemeingültige Kernkompetenzen wurden in diesem Zusammenhang definiert (vgl. Kasten):

Kernkompetenzen

▸ **Vorausschauend denken** → Antizipatorische Kompetenz, Zukunftsdenken, Systemdenken

▸ **Selbstständig planen und handeln** → Strategische Kompetenz, Innerpersönliche Kompetenz, Eigenverantwortung

▸ **Probleme lösen** → Integrierte Problemlösungskompetenz, Kreativität

▸ **Entscheidungen treffen** → Umsetzungskompetenz, normative oder werteorientierte Kompetenz, Reflexionsfähigkeit

▸ **Im Team arbeiten** → Zwischenmenschliche Kompetenz

(Quelle: eigene Darstellung in Anlehnung an BIANCHI u. a. 2022)

Die Auszubildenden sollen künftig in der Lage sein, Probleme nicht nachhaltiger Lebens- und Arbeitsweisen zu analysieren und mögliche nachhaltige Entwicklungen zu antizipieren. Es gilt, die Selbstreflexion zu schulen und die Selbstwirksamkeit zu stärken, um Veränderungs- und Verbesserungsprozesse initiieren zu können. In beruflichen Handlungszusammenhängen sollen Auszubildende Entscheidungsdilemmata identifizieren und neue Lösungsansätze für die wahrgenommenen Probleme ausprobieren. Sie sollen dabei lernen, Arbeitsschritte selbstständig untereinander aufzuteilen und in einem Team, in dem alle Mitglieder Stärken und Schwächen haben, zu agieren.

---

1   URL: https://ec.europa.eu/environment/strategy/biodiversity-strategy-2030_de (Stand: 20.07.2022).

2   URL: https://ec.europa.eu/info/strategy/priorities-2019-2024/european-green-deal_de (Stand: 20.07.2022).

Für die Entwicklung dieser übergreifenden Kompetenzen ist die berufliche Bildung von entscheidender Bedeutung. Sie ermöglicht es Menschen auf allen Ebenen, von der Facharbeit bis zum Management, die eigene gesellschaftliche Verantwortung zu reflektieren, ressourceneffizient und nachhaltig zu wirtschaften sowie die gesellschaftlichen Herausforderungen mitzugestalten.

Diesem Nachhaltigkeitsverständnis liegt ein Gedanke zugrunde, dessen Grundstein bereits vor über 30 Jahren gelegt wurde. Bis heute ist die von der Brundtland-Kommission erarbeitete Definition prägend: Sie definiert nachhaltige Entwicklung als Aufgabe, die die Bedürfnisse der Gegenwart befriedigt, ohne die Spielräume der Bedürfnisdeckung folgender Generationen einzuschränken (vgl. WCED 1987). Nachhaltigkeit wird heute in Politik und Wirtschaft zunehmend handlungsleitend, in Medien präsenter und für immer mehr Menschen auch im Privaten zum Leitsatz für das eigene Verhalten. Berücksichtigt werden hierbei die soziale, ökologische und ökonomische Dimension von Nachhaltigkeit, die gleichwertig das sogenannte Nachhaltigkeitsdreieck bilden (gerechte Gesellschaft, Umweltschutz und wirtschaftlicher Erfolg) und mit den 17 globalen Nachhaltigkeitszielen der Vereinten Nationen die gemeinsame Schablone („Agenda 2030") für die weltweite Umsetzung bilden.

In Deutschland wurden in den vergangenen Jahren sowohl auf Bundesebene als auch in einzelnen Bundesländern Nachhaltigkeitsstrategien entwickelt. Auf kommunaler Ebene gingen Überlegungen zur Nachhaltigkeit in eine lokale Agenda 21 ein. Mit der Osnabrücker Erklärung zur beruflichen Bildung[3] wurde das Thema Nachhaltigkeit noch einmal in den Fokus der europäischen Berufsbildungsagenda gerückt. Hintergrund ist, dass sich zunehmend auch die Anforderungen an die Beschäftigten ändern. Im Hinblick auf die beruflichen Kompetenzprofile ist bereits seit einigen Jahren ein Anstieg umweltschutzbezogener Tätigkeitsinhalte zu beobachten (vgl. JANSER 2019).

Dem folgend wurden zuletzt Versuche unternommen, die relevanten Kompetenzen für Nachhaltigkeit auch in Ordnungsmitteln und in der Ausbildungspraxis zu verankern. So gelten seit August 2021 für alle neu geordneten Ausbildungsberufe neue Mindeststandards im Bereich „Umweltschutz und Nachhaltigkeit". Die neu erarbeitete Standardberufsbildposition verpflichtet dazu, das Thema Nachhaltigkeit in die duale Ausbildung zu integrieren. Diese Mindeststandards werden künftig zunehmend prüfungsrelevant und damit sowohl im Betrieb als auch in der Berufsschule an Bedeutung gewinnen. Die Institutionen und Lernorte der beruflichen Bildung auf diesem Weg mitzunehmen und zu unterstützen, bleibt eine zentrale Herausforderung für Bildungspolitik, -forschung und -praxis.

Ziel des Sammelbandes ist es, die Erkenntnisse aus verschiedenen Disziplinen zu bündeln und vorliegende Initiativen, Ansätze und Maßnahmen von betrieblichen und schulischen Bildungseinrichtungen zu diskutieren. Hierbei werden drei Ebenen näher betrachtet:

---

3   URL: https://www.bmbf.de/bmbf/shareddocs/downloads/files/osnabrueck-declaration.html (Stand: 20.07.2022).

▶ Auf der **Ebene des Arbeitsmarktes** geht es um die Veränderungen beruflicher Anforderungen, Kompetenzen und Tätigkeiten und ihre Auswirkungen auf Beschäftigung und Arbeitswelt.

▶ Die **Ebene der Lernorte** widmet sich der Einbindung von Nachhaltigkeit in die betriebliche (Ausbildungs-)Praxis, die Rolle beruflicher Didaktiken und der Professionalisierung des Bildungspersonals in Unternehmen und Bildungseinrichtungen.

▶ Auf der **Ebene der Berufsbildung** geht es schließlich um Beiträge über Ausbildungsberufe und Curricula sowie um die Verknüpfung nachhaltigkeitsbezogener Kompetenzmodelle mit den Ordnungsmitteln.

Der Sammelband umfasst Beiträge aus der empirisch-qualitativen und -quantitativen Forschung, theoretisch-systematische Arbeiten sowie reflektierte Praxisbeiträge. Die eingereichten Beiträge wurden in einem Peer-Review-Verfahren von jeweils zwei unabhängigen Gutachterinnen oder Gutachtern anhand vorab definierter Kriterien – Berücksichtigung des Forschungs- und Diskussionsstands, Relevanz für die Forschung, Berufspraxis und Theorieentwicklung und Erfüllung (fach-)wissenschaftlicher Standards – begutachtet. Die insgesamt 16 Beiträge ordnen sich den drei nachfolgend beschriebenen Themenschwerpunkten zu.

2   Nachhaltigkeit und Arbeitsmarkt

Die ökologische Transformation hin zu einer kohlenstoffarmen, umweltfreundlichen Wirtschaft zeigt bereits jetzt gravierende Auswirkungen auf den Arbeitsmarkt. So ist beispielsweise die Beschäftigtenanzahl im Bereich der fossilen Energieerzeugung schon seit Jahren rückläufig. In anderen Sektoren wie der Automobilindustrie verändern sich Arbeitsprozesse durch den Umstieg auf Elektromobilität. Ein Großteil der Änderungen vollzieht sich innerhalb von Betrieben, Branchen und Berufen. Als Startpunkt von möglichen Analysen der ökologischen Transformation auf dem Arbeitsmarkt müssen Instrumente entwickelt werden, die diesen Wandel beschreiben können. Dazu könnten zum einen Studien zur Rolle von Nachhaltigkeit in Betrieben und Branchen beitragen, zum anderen bieten sich berufsbezogene Daten an, um nachhaltigkeitsorientierte Kompetenzen und Tätigkeitsinhalte zu erfassen. Damit kann nachgezeichnet werden, wie sich die Relevanz des Konzepts der Nachhaltigkeit in Betrieben und Berufen entwickelt hat und entwickeln wird.

Schneemann, **Steeg** und **von dem Bach** beschreiben zunächst die Folgen eines veränderten Mobilitätsverhaltens für den deutschen Arbeitsmarkt und schätzen anhand einer Szenarioanalyse die Folgen eines Paradigmenwechsels im Verkehr für die Wirtschaft und den Arbeitsmarkt in Deutschland bis zum Jahr 2040 ab. Sie gehen dabei von einem dekarbonisierten, umweltfreundlichen, effizienten und bezahlbaren Mobilitätssystem aus und konstatieren im Ergebnis positive Wirkungen für Bruttoinlandsprodukt sowie für Arbeitskräfteangebot und -bedarf.

Binnewitt und **Schnepf** gehen in ihrem englischsprachigen Beitrag davon aus, dass die Attraktivität von Stellenanzeigen einen positiven Einfluss auf die Absicht von Arbeitssuchenden hat, sich auf eine Stelle zu bewerben. Sie haben untersucht, wie Stellenanzeigen für „grüne" Ausbildungsplätze beworben werden, und finden einen positiven Trend bei den Stellenanzeigen, welche bereits Technologien wie „Solaranlage" oder „Elektromobilität" benennen. Je stärker innovative „grüne Technologien" im Mittelpunkt stehen, desto mehr Bewerberinnen und Bewerber interessieren sich für die entsprechenden Ausbildungen.

Raemy, **Barabasch**, **Keller** und **Walker** beschreiben die Charakteristika einer nachhaltigen Lernkultur in einer sich verändernden Arbeitswelt am Beispiel ausgewählter Unternehmen in der Schweiz. Sie beleuchten dabei anhand eines Modells die Rolle zukunftsorientierter Lernkulturen bei der Förderung des Bewusstseins für nachhaltiges Handeln. Sie stellen fest, dass Lernkulturen dann erfolgreich sind, wenn sie von allen beteiligten Akteuren langfristig mitgetragen werden. Eine ausgeprägte Lernkultur ist daher eine wichtige Grundlage, um neue Ideen und Ansätze zu generieren und Arbeitskräfte auf neue Entwicklungen vorzubereiten.

3 Nachhaltige Lernorte

Im Rahmen von Forschungs- und Entwicklungsprojekten wurden in den letzten Jahren Ansätze entwickelt und erprobt, um Nachhaltigkeit in der Berufsausbildung und insbesondere in der betrieblichen Ausbildungspraxis zu verankern. Hierbei wurden das Bildungspersonal, Auszubildende, Beschäftigte und das Management im Zuge einer ganzheitlich orientierten Organisations- und Personalentwicklung in den Blick genommen. Auf verschiedenen Ebenen der betrieblichen und berufsschulischen Lernorte wurden Lehr- und Lernsettings sowie Qualifizierungskonzepte entwickelt und erprobt. Außerdem wurden organisationale Veränderungsprozesse im Sinne des *Whole Institution Approach*[4] und des *Both-directions*-Ansatzes angestoßen.

Hantsch und **Weber** beschreiben Ansätze zur Entwicklung nachhaltiger Lernorte und beziehen sich dabei auf Erfahrungen der wissenschaftlichen Begleitung der Modellversuche des Bundesministeriums für Bildung und Forschung (BMBF) und des Bundesinstituts für Berufsbildung (BIBB). Sie skizzieren ein Modell zur Gestaltung nachhaltiger Lernorte und geben Betrieben Anregungen, wie darauf hinwirkende Rahmenbedingungen aussehen können. Auch beschreiben sie erste Ansätze für eine Indikatorik.

Jorck, **Brumbauer** und **Heck** widmen sich in ihrem Beitrag der Rolle gewerkschaftlicher Bildungseinrichtungen bei der Qualifizierung der Beschäftigten für sozial-ökologische

---

4 Der *Whole Institution Approach* beschreibt die ganzheitliche Betrachtung einer Organisation (z. B. Lernort Betrieb, Berufsschule), um Innovationspotenziale zu entfalten. Nachhaltigkeit wird so in alle Aspekte einer Bildungseinrichtung unter Berücksichtigung der verschiedenen Ebenen integriert (z. B. Leitung, Management, Bildungspersonal, Lernende, Verwaltungs- und Fachkräfte). URL: https://www.bne-portal.de/de/whole-institution-approach---der-ganzheitliche-bne-ansatz-1778.html (Stand: 20.07.2022).

Transformationsprozesse. Sie analysieren die damit verbundenen Lernziele, Lerninhalte und Lernmethoden.

Kuhlmeier, **Schütt-Sayed** und **Zopff** beleuchten am Beispiel eines realen Sanierungsprojektes die Potenziale einer BBNE im Denkmalschutz. Dabei gehen sie auf die didaktisch-methodische Umsetzung der Lernmodule ein und erläutern die Bedeutung der gewerkeübergreifenden Zusammenarbeit.

Spangenberger, **Matthes**, **Kapp** und **Kruse** beschreiben anhand zweier Anwendungsbeispiele aus dem berufsbildenden Unterricht den methodischen Ansatz der *Serious Games*. Außerdem erklären sie, wie der Ansatz zur Auseinandersetzung mit erneuerbaren Energien in der beruflichen Bildung beitragen kann.

Vieback, **Brämer** und **Apelojg** geben in ihrem Beitrag einen Einblick in die BIBB-Modellversuchsforschung am Beispiel der Lebensmittelbranche. Sie betonen darin die Schlüsselrolle des Ausbildungspersonals und zeigen Querverbindungen zum Deutschen Qualifikationsrahmen auf.

Das Bildungspersonal als Multiplikator zur Umsetzung von Nachhaltigkeit stellen auch **Reißland**, **Müller** und **Pranger** in den Mittelpunkt ihres Beitrages. Sie stellen eine doppelte Multiplikatorenqualifizierung als möglichen Ansatz zur Bewältigung dieser Herausforderungen vor.

Trampe schließlich befasst sich mit der Lehrkräfteausbildung und versucht hierbei das Potenzial der zweiten Ausbildungsphase aufzuzeigen. Nach einer Bestandsaufnahme vorhandener Ansätze innerhalb der ersten Phase der Lehrkräfteausbildung wird das Konzept einer Zusatzqualifikation für die zweite Phase vorgestellt.

4   Nachhaltigkeit und Berufsbildung

Ziel einer BBNE ist es, Lernende zu befähigen, informiert Entscheidungen zu treffen. Sie sollen verantwortungsbewusst handeln, zum Schutz der Umwelt beitragen und Aspekte einer nachhaltigen Wirtschaft und einer gerechten Gesellschaft berücksichtigen. Die Verankerung von Nachhaltigkeit in den Ordnungsmitteln war daher eine häufige Forderung (vgl. DUK 2014). Neuen Schwung hat dieser Prozess durch die seit 2021 geltende Standardberufsbildposition „Umweltschutz und Nachhaltigkeit" erfahren. In einigen Ausbildungsberufen wird zudem der Bezug zu Themen der nachhaltigen Entwicklung in den Handlungsfeldern hergestellt. Es wurden Kompetenzmodelle entwickelt, Indikatorensysteme zur Beschreibung der Fortschritte auf diesem Gebiet erprobt sowie curriculare und berufsspezifische Analysen durchgeführt.

Zunächst beschreiben **Hackel** und **Bretschneider** die Hintergründe und Intention, aber auch die Inhalte der modernisierten Standardberufsbildposition und diskutieren Chancen und Grenzen von Ordnungsmitteln für die Umsetzung von BBNE. Ein besonderes Augenmerk wird dabei auf die Anknüpfungspunkte für Gestaltungsorientierung, Reflexion und Selbstbestimmung gelegt.

Strotmann, **Kähler** und **Ansmann** zeigen anschließend auf, über welche Kompetenzen Auszubildende im Lebensmittelhandwerk und der Lebensmittelindustrie verfügen müssen, um im Beruf nachhaltig handeln zu können. Sie entwickeln ein Strukturmodell, das domänenspezifische Nachhaltigkeitskompetenzen entlang der Dimensionen beruflicher Handlungskompetenz beschreibbar macht und für die Ordnungsarbeit genutzt werden kann.

Hecker, **Hilse**, **Pabst** und **Werner** stellen in ihrem Beitrag die Betriebe als die stärksten Treiber einer nachhaltigen Transformation in den Mittelpunkt und erläutern, wie sich BBNE am Lernort Betrieb messen lässt. Vorgestellt werden besonders geeignete Indikatoren, die zudem für eine Betriebsbefragung operationalisiert wurden.

Daran anknüpfend stellen **Fischer**, **Hilse** und **Schütt-Sayed** ein methodisches Verfahren zur computergestützten Inhaltsanalyse dar, das Aufschluss über die Bedeutung nachhaltiger Entwicklung in den normativen Vorgaben unterschiedlicher Ausbildungsberufe gibt. Im Ergebnis zeigt sich, dass sich in den Rahmenlehrplänen ein breiteres Spektrum nachhaltigkeitsbezogener Formulierungen nachweisen lässt, wohingegen Ausbildungsordnungen überwiegend das Thema Umweltschutz fokussieren.

In einem weiteren Beitrag befassen sich **Vogel**, **Gahlen-Hoops**, **Wéber**, **Meckert** und **Schlüßler** mit dem Naturverständnis von Auszubildenden. Im Fokus der quantitativen Untersuchung von Auszubildenden standen die Fragen, welches Naturverständnis und welches Verhältnis zwischen Arbeit und Natur Auszubildende erkennen und inwieweit Auszubildende dazu bereit sind, gesellschaftliche Prozesse aktiv nachhaltiger zu gestalten.

Abschließend führen **Henicz** und **Winther** in ein Grundkonzept der ökonomischen Allgemeinbildung ein. Sie untersuchen, wie ausgewählte Curricula verschiedener Schulformen und Bundesländer Nachhaltigkeit als Unterrichtsinhalt verankern. Es zeigt sich, dass sich die Ausgestaltung der inhaltlichen Verankerung und die Kompetenzerwartungen zu Nachhaltigkeit stark zwischen den Curricula unterscheiden.

Literatur

ARNOLD, Rolf: Ich lerne, also bin ich. Eine systemisch-konstruktivistische Didaktik. Heidelberg 2007

ARNOLD, Rolf; LIPSMEIER, Antonius: Handbuch der Berufsbildung. 2., überarbeitete und aktualisierte Auflage. Wiesbaden 2006

ARNOLD, Rolf; LIPSMEIER, Antonius: Handbuch der Berufsbildung. Opladen 1995

ARNOLD, Rolf; LIPSMEIER, Antonius; ROHS, Matthias: Handbuch der Berufsbildung. 3., völlig neu bearbeitete Auflage. Wiesbaden 2020

BELLMANN, Lutz; BÜCHTER, Karin; FRANK, Irmgard; KREKEL, Elisabeth M.; WALDEN, Günter: Schlüsselthemen der beruflichen Bildung in Deutschland. Ein historischer Überblick zu wichtigen Debatten und zentralen Forschungsfeldern. Bonn 2021. URL: https://www.bibb.de/dienst/veroeffentlichungen/de/publication/show/16622 (Stand: 11.07.2022)

BIANCHI, Guia; PISIOTIS, Ulrike; CABRERA GIRALDEZ, Marcelino: GreenComp The European sustainability competence framework. Hrsg. v. BACIGALUPO, Margherita; PUNIE, Yves. Luxemburg 2022

BRUHN, Thomas; BÖHME, Jessica: Neue Verhaltensmuster für eine nachhaltig lebende Gesellschaft. In: NANZ, Patrizia; LAWRENCE, Mark; RENN, Ortwin; MEYER, Jakob (Hrsg.): Klimaschutz: Wissen und Handeln. Bonn 2021, S. 29–41

DUK – DEUTSCHE UNESCO-KOMMISSION E. V. (Hrsg.): Vom Projekt zur Struktur. Strategiepapier der Arbeitsgruppe „Berufliche Aus- und Weiterbildung" des Runden Tisches der UN-Dekade „Bildung für nachhaltige Entwicklung". Bonn 2014. URL: https://www.bne-portal.de/bne/shareddocs/downloads/files/20141127_strategiepapier_bbne.pdf?__blob=publicationFile&v=1 (Stand: 15.12.2020)

JANSER, Markus: The greening of jobs: Empirical studies on the relationship between environmental sustainability and the labor market. Dissertation. Otto-Friedrich-Universität Bamberg. Bamberg 2019

JUNGK, Dieter: Umweltlernen in der Berufsbildung. In: ARNOLD, Rolf; LIPSMEIER, Antonius: Handbuch der Berufsbildung. Opladen 1995, S. 254–258

KAISER, Franz; SCHWARZ, Henrik: Kritische Reflexionen zur Genese und aktuellen Verankerung der Nachhaltigkeit in den Mindeststandards der Ausbildungsordnungen. In: MICHAELIS, Christian; BERDING, Florian: Berufsbildung für nachhaltige Entwicklung. Umsetzungsbarrieren und interdisziplinäre Forschungsfragen. Bielefeld 2021, S. 115–131

REBMANN, Karin: Berufliche Umweltbildung. In: ARNOLD, Rolf; LIPSMEIER, Antonius: Handbuch der Berufsbildung. 2., überarbeitete und aktualisierte Auflage. Wiesbaden 2006, S. 299–312

REBMANN, KARIN; SCHLÖMER, TOBIAS: Berufsbildung für eine nachhaltige Entwicklung. In: ARNOLD, Rolf; LIPSMEIER, Antonius; ROHS, Matthias: Handbuch der Berufsbildung. 3., völlig neu bearbeitete Auflage. Wiesbaden 2020, S. 325–337

REBMANN, Karin; SLOPINSKI, Andreas: Zum Diskrepanztheorem der (Berufs-)Bildung für eine nachhaltige Entwicklung. In: SCHLICHT, Juliana; MOSCHNER, Ute: Berufliche Bildung an der Grenze zwischen Wirtschaft und Pädagogik Reflexionen aus Theorie und Praxis. Wiesbaden 2018, S. 73–90

SCHROLL, Christian: Die Bedeutung von Emotionen für das Lernen und Lehren am Beispiel der Grünen Pädagogik – eine Projektskizze. In: KIRNER, Leopold; STÜRMER, Bernhard; HAINFELLNER, Elisabeth (Hrsg.): Einblicke in ausgewählte Forschungsfelder der Agrar- und Umweltpädagogik (1). Innsbruck 2019, S. 93–105

WCED – WORLD COMMISSION ON ENVIRONMENT AND DEVELOPMENT (Hrsg.): Our common future. Oxford 1987

II. Nachhaltigkeit und Arbeitsmarkt

Christian Schneemann, Stefanie Steeg, Nicole von dem Bach

▶ Folgen eines veränderten Mobilitätsverhaltens für den deutschen Arbeitsmarkt

Durch das wachsende Mobilitätsaufkommen, die Digitalisierung und insbesondere den Klimaschutz unterliegt das Mobilitätssystem einem tiefgreifenden Wandel. Auf Basis der BIBB-IAB-Qualifikations- und Berufsprojektionen schätzen wir anhand einer Szenarioanalyse die Folgen eines Regimewechsels im Verkehr für die Wirtschaft und den Arbeitsmarkt in Deutschland bis zum Jahr 2040 ab. Dabei zeichnen wir ein Mobilitätsszenario, welches eine Transformation des Mobilitätssystems hin zu einem dekarbonisierten, umweltfreundlichen, effizienten, bezahlbaren und zukunftsfähigen Mobilitätssystem in Deutschland abbildet. Im Ergebnis ziehen die getroffenen Annahmen im gesamten Projektionszeitraum positive Wirkungen für Bruttoinlandsprodukt sowie Arbeitskräfteangebot und -bedarf nach sich.

1   Wie wirkt sich ein Wandel der Mobilität auf den Arbeitsmarkt aus?

Das Mobilitätssystem unterliegt gegenwärtig einem tiefgreifenden Wandel. Neben der COVID-19-Pandemie werden weitere Faktoren zu nachhaltigen strukturellen Veränderungen der Mobilität von Menschen und Gütern führen (vgl. BMVI 2019b, S. 14). Im Wesentlichen lassen sich diese den folgenden drei Aspekten zuschreiben:

Der erste Aspekt ist das steigende Mobilitätsaufkommen. So werden die inländische Personen- und Güterverkehrsleistung in Deutschland zukünftig weiter ansteigen. Das Mobilitätssystem muss die dafür erforderlichen Kapazitäten zukünftig entsprechend bereitstellen (vgl. SCHUBERT u. a. 2014). Die Digitalisierung, die uns neue Mobilitätskonzepte eröffnet, ist der zweite Aspekt: Dazu gehören beispielsweise sharingbasierte Verkehrsdienstleistungen. Die Vernetzung von Verkehrsträgern ermöglicht zudem eine verbesserte Auslastung des Verkehrsnetzes. Zudem werden autonom fahrende Systeme zunehmend marktreif (vgl. BMVI 2019b, S. 9ff.). Den dritten Treiber der Transformation des Mobilitätssystems stellt der Klimaschutz dar. Mit der Klimaschutznovelle hat sich Deutschland dazu verpflichtet, seine Treibhausgasemissionen bis 2030 um 65 Prozent gegenüber dem Jahr 1990 zu reduzieren.

Das Sektorenziel im Verkehr liegt bei einer Reduzierung um rund 50 Prozent gegenüber 1990 (vgl. BUNDESREGIERUNG 2021; UBA 2020).

Es liegen bereits verschiedene Studien zur aktuellen Situation des Mobilitätssystems in Deutschland vor (vgl. u. a. NOBIS/KUHNIMHOF 2018; SCHNEIDER/RÜGER/MÜNSTER 2009). In Bezug auf die Erwerbstätigkeit im Mobilitätssektor in Deutschland zeigen Mergener u. a. (2018), dass im Jahr 2015 mit rund 6,2 Millionen Personen ca. 15 Prozent der Erwerbstätigen einen beruflichen Beitrag zur Mobilität leisteten. Nach ihrer Definition zählen dazu all jene Erwerbstätigen, deren

> „Tätigkeiten in direkter Weise mobil sind (z. B. fahren, transportieren etc.), die an der Produktion oder dem Vertrieb der mobilen Einheiten beteiligt sind (z. B. Berufe in der Fahrzeug-, Luft-, Raumfahrt- und Schiffbautechnik, im Metallbau, Kfz-Vertrieb) oder die infrastrukturell oder in ihren Dienstleistungen einen Beitrag zur (Ermöglichung von) Mobilität leisten (z. B. Straßenbauer/-innen, Kfz-Versicherungskaufleute, Straßenverkehrsleute oder IT- und Softwareentwickler/-innen)" (MERGENER u. a. 2018, S. 47).

Damit beeinflusst der Mobilitätswandel einen erheblichen Teil des Arbeitsmarktes. Wie sich das Mobilitätsverhalten in Deutschland zukünftig entwickeln könnte, zeigen beispielsweise Schubert u. a. (2014) oder Hüttl/Pischetsrieder/Spath (2010). Solche Mobilitätsprojektionen haben dabei zumeist die Entwicklung der Verkehrsleistung im Fokus (vgl. u. a. AHRENS/ KABITZKE 2011). Welche Folgen solche Veränderungen im Mobilitätssektor jedoch für die wirtschaftliche Entwicklung sowie den Arbeitsmarkt nach sich ziehen, blieb bisher zumeist außen vor. Von dem Bach u. a. (2020) geben dagegen auf Basis von leitfadengestützten Interviews mit Expertinnen und Experten aus der Mobilitätsbranche einen Ausblick auf die zukünftig zu erwartenden Entwicklungen im Mobilitätsbereich und die daraus resultierenden Beschäftigungswirkungen.

Der vorliegende Beitrag stellt sich darauf aufbauend die Frage, welche konkreten Folgen ein Wechsel der momentanen Fokussierung der Verkehrspolitik auf den Verbrennungsmotor hin zu alternativen Antrieben und anderen Mobilitätsformen für Wirtschaft und Arbeitsmarkt in Deutschland hat. Dazu erstellen wir das Szenario eines dekarbonisierten, umweltfreundlichen, effizienten, bezahlbaren und zukunftsfähigen Mobilitätssystems in Deutschland. Wir bedienen uns dabei der Modellierung und Datengrundlage der BIBB-IAB-Qualifikations- und Berufsprojektionen (QuBe), welche anhand von Modellrechnungen einen konsistenten Entwicklungspfad aufzeigen, wie sich der Arbeitsmarkt in Deutschland bis zum Jahr 2040 entwickeln könnte. Eine Aussage darüber, wie sich die Maßnahmen auf den CO_2-Ausstoß und die damit verbundene Einhaltung der Klimaziele auswirken, ist mit der momentanen Modellierung nicht möglich. Aus diesem Grund wird das bestehende Modell in weiteren Arbeitsschritten mit dem umweltökonometrischen Modell PANTA RHEI (vgl. LEHR u. a. 2011) verknüpft.

Im Folgenden wird zunächst das methodische Vorgehen erläutert, woran sich im dritten Abschnitt eine Darstellung der getroffenen Annahmen anschließt. In Abschnitt 4 werden die

Ergebnisse der Projektion näher erläutert. Der Beitrag schließt mit einer Zusammenfassung der Ergebnisse sowie einem Ausblick auf weitere Forschung.

2   Abbildung der Mobilitätsbranche im Simulationsmodell

Um die Folgen einer Transformation des Mobilitätssystems für die Wirtschaft und den Arbeitsmarkt in Deutschland abzuschätzen, führen wir eine Szenarioanalyse durch. Diese Methodik wurde bereits mehrfach im Rahmen des QuBe-Projektes angewandt, um beispielsweise die Auswirkungen der Digitalisierung (vgl. WOLTER u. a. 2015; 2016; 2019) oder einer Elektrifizierung des Antriebsstrangs von Personenkraftwagen (Pkw) (vgl. MÖNNIG u. a. 2018) auf die Ökonomie und den Arbeitsmarkt in Deutschland zu quantifizieren. Wir erstellen dabei ein einzelnes Szenario, welches nicht den Anspruch hat, die zukünftige Entwicklung punktgenau vorherzusagen (beispielsweise die Zahl der Erwerbstätigen im Jahr 2040). Dagegen liegt das Ziel dieser Arbeit darin, anhand eines Vergleiches mit einer Referenzentwicklung eine Wirkungsabschätzung durchzuführen. Dazu verwenden wir das Projektions- und Simulationsmodell QINFORGE (**Q**ualification and Occupation in the **IN**terindustry **FOR**ecasting **GE**rmany), welches den großen Strukturmodellen zuzurechnen ist. Darin werden das Arbeitskräfteangebot sowie der -bedarf disaggregiert nach Branchen, Berufen sowie Qualifikation/Anforderungsniveau modelliert. Zudem werden berufliche Flexibilitäten, der Einfluss von Löhnen sowie Interaktionen zwischen Angebots- und Nachfrageseite abgebildet (vgl. MAIER u. a. 2017). Um jedoch mobilitätsrelevante Aspekte der Wirtschaft und des Arbeitsmarktes im Detail abbilden zu können, nehmen wir Erweiterungen im QINFORGE-Modell vor. Dazu zählt zum einen die Zerlegung von mobilitätsrelevanten Wirtschaftszweigen in der im Modell enthaltenen Input-Output-Rechnung, um damit die Vorleistungsverflechtungen in der Mobilitätsbranche im Detail abbilden zu können. Zum anderen erweitern wir das im Modell enthaltene Verkehrsmodul, um Fahrzeugbestände sowie die Verkehrsleistung nach Fahrzeugtypen zu modellieren (vgl. MÖNNIG u. a. 2021).

     Auf Basis dieses erweiterten Modells vergleichen wir zwei mögliche Entwicklungen des deutschen Arbeitsmarktes miteinander (vgl. HELMRICH/ZIKA 2019). Im **Referenzszenario** wird ein Fortbestehen der in der Vergangenheit beobachtbaren Trends und Verhaltensweisen im Bildungssystem, der ökonomischen Entwicklung und auf dem Arbeitsmarkt unterstellt (vgl. MAIER u. a. 2020). Es bildet damit ab, auf welchem Entwicklungspfad sich Deutschland aktuell befindet. Darin sind bereits die Maßnahmen aus dem Klimapaket der Bundesregierung vom 16. Dezember 2019 (vgl. MÖNNIG u. a. 2020a) enthalten. Da die langfristigen Auswirkungen der COVID-19-Pandemie derzeit nicht sicher abschätzbar sind (vgl. MÖNNIG u. a. 2020b), werden die wirtschaftlichen Einbrüche im Jahr 2020 als „externer Schock" angenommen, aus denen sich keine langfristigen Veränderungen der Wirtschaftsstruktur und -dynamik sowie der Verhaltensweisen ergeben. Es werden lediglich die im Konjunkturpaket der Bundesregierung vom 3. Juni 2020 beschlossenen Maßnahmen berücksichtigt (vgl. WOLTER u. a. 2020).

Im Vergleichsszenario – dem **MoveOn-Szenario** – kommt es dagegen zu einer Transformation des Mobilitätssystems, die über ein Set von Annahmen abgebildet wird. Diese werden im nachfolgenden Kapitel eingehend dargestellt. Da beiden Projektionen dieselben Modellzusammenhänge und Daten zugrunde liegen, sind Abweichungen in den Ergebnissen ausschließlich auf die getroffenen Annahmen zurückzuführen. Ein Vergleich der beiden Szenarien offenbart damit die Implikationen, die aus den getroffenen Annahmen resultieren.

Das MoveOn-Szenario wird aus sogenannten **Teilszenarien** berechnet. In diesen werden die Annahmen des MoveOn-Szenarios nacheinander kumuliert betrachtet. So setzt sich das Teilszenario 1 aus dem Referenzszenario und der ersten Annahme des MoveOn-Szenarios zusammen. Das Teilszenario 2 setzt sich aus Teilszenario 1 und der zweiten Annahme des MoveOn-Szenarios zusammen usw. So ermöglicht ein Vergleich der einzelnen Teilszenarien mit ihren „Vorszenarien" eine Abschätzung der Wirkungseffekte der einzelnen Annahmen.

3   Entwurf eines Mobilitätssystems von morgen

Aufbauend auf dem Referenzszenario umfasst das MoveOn-Szenario insgesamt 15 Annahmen (vgl. Tabelle 1). So sind Bau- und Ausrüstungsinvestitionen erforderlich, um die Grundvoraussetzungen für einen Mobilitätswandel zu schaffen. Infolgedessen wird sich die Mobilität von Menschen und Gütern anpassen und die Produktionsweisen von Unternehmen sowie deren Bedarf an bestimmten Berufen wandeln. Zuletzt werden weitere Interventionen vonseiten des Staates berücksichtigt.

Tabelle 1: Annahmen im MoveOn-Szenario

Nr.	Kategorie	Nr.	Annahme
1	Bauinvestitionen	1	Investition „schnelles Internet"
		2	Verbesserung der Schieneninfrastruktur
		3	Umsetzung „smarter" Mobilitätskonzepte in Städten
		4	Flächendeckende öffentliche Ladeinfrastruktur für Elektrofahrzeuge
2	Ausrüstungsinvestitionen	5	Modernisierung des Fuhrparks im ÖPNV: Umstellung auf Elektrobusse
		6	Erweiterung und Modernisierung des Fuhrparks im Schienenverkehr
		7	Alternative Antriebssysteme in der Binnenschifffahrt
3	Mobilität von Menschen und Gütern	8	Veränderung des Modalsplits im Güterverkehr
		9	Antriebswechsel und Digitalisierung im Straßengüterverkehr
		10	Veränderung des Modalsplits im Personenverkehr
		11	Antriebswechsel im motorisierten Individualverkehr
4	Produktionsweisen	12	Digitalisierung der Verkehrsdienstleister
		13	Nachfrage von Reparaturdienstleistungen für Kfz
5	Berufe	14	Veränderter Bedarf an Berufen im Zuge eines autonomen Fahrbetriebs
6	Staat	15	Staatliche Förderung des ÖPNV

Quelle: eigene Darstellung

Bauinvestitionen

Die Annahmen im Bereich der Bauinvestitionen umfassen zunächst die Schaffung einer flächendeckenden Versorgung mit Gigabit-Netzen bis Ende des Jahres 2025 (Annahme 1). Die Digitalisierung ebnet den Weg für die Transformation des Mobilitätssektors (vgl. BMU 2016, S. 51). Da Förderprogramme zum Breitbandausbau bereits in der Vergangenheit ihre Zielmarken verfehlt haben (vgl. DELHAES 2019), nehmen wir im MoveOn-Szenario zusätzliche Investitionen durch die öffentliche Verwaltung in den Ausbau von schnellem Internet in Höhe von zwei Milliarden Euro jährlich zwischen 2021 und 2025 (insgesamt zehn Milliarden Euro) an. Konkret wird dazu im erweiterten QINFORGE-Modell in den Jahren 2021 bis 2025 die Vorleistungsnachfrage der öffentlichen Verwaltung nach Tiefbauarbeiten um zusätzlich 1,8 Milliarden Euro und die nach elektrischen Ausrüstungsgütern um 200 Millionen Euro jährlich angehoben.

Annahme 2 umfasst die Umrüstung des gesamtdeutschen Schienennetzes auf das Zugbeeinflussungssystem *European Train Control System* (ETCS) sowie digitale Stellwerkssysteme. Dazu setzen wir zusätzliche Investitionen von 1,25 Milliarden Euro jährlich (2021 bis 2040, 20 Milliarden Euro insgesamt) durch die öffentliche Verwaltung an (vgl. MCKINSEY UND COMPANY 2018).

Annahme 3 bildet die Umsetzung smarter Mobilitätskonzepte in Städten ab. Darunter versteht sich die intelligente Vernetzung von Verkehrsträgern anhand von Informations- und Kommunikationstechnologie (IKT) (vgl. KRUMTUNG 2018, S. 28ff.). Da sich damit diverse Optionen zur Umsetzung smarter Mobilität anbieten, nehmen wir an, dass deutsche Städte ihre bisherigen Ausgaben für öffentliche Bauinvestitionen ihrer Verkehrsinfrastruktur um zehn Prozent erhöhen. Die Höhe dieser Investitionen schätzen wir über die aktuellen Investitionen für die Verkehrsinfrastruktur von fünf exemplarischen Städten und die Stadt- und Gemeindestruktur in Deutschland ab (vgl. BBSR 2020; FREIE UND HANSESTADT HAMBURG 2018; LANDESHAUPTSTADT MÜNCHEN STADTKÄMMEREI 2020; STADT KÖLN 2019; STADT NÜRNBERG 2020; STADT VIERSEN 2021). Daraus ergeben sich jährlich 600 Millionen Euro zusätzlich an öffentlichen Bauinvestitionen durch die öffentliche Verwaltung.

Annahme 4 berücksichtigt die Schaffung einer flächendeckenden öffentlichen Ladeinfrastruktur (LIS) für Elektro-Pkw.[1] Zu Beginn des Jahres 2020 waren in Deutschland rund 1,8 öffentliche Ladepunkte für zehn E-Pkw vorhanden (vgl. KBA 2020, S. 8; BDEW 2019). Im MoveOn-Szenario nehmen wir an, dass sich die LIS stärker als bisher zu öffentlichem Laden verlagern wird und langfristig drei öffentliche Ladepunkte für zehn E-Pkw vorhanden sein werden. Die Kosten für die Installation eines öffentlich zugänglichen Ladepunktes liegen aktuell zwischen 5.000 und 127.000 Euro (vgl. BMVI 2019a, S. 16). Wir setzen Investitionskosten von durchschnittlich 10.000 Euro pro Ladepunkt in 2021 an und lassen diese bis 2040

---

1   Die Investitionen für nicht öffentliche Ladepunkte sowie für eine LIS der Nutzfahrzeuge (Lkw und Busse) werden endogen im Modell über den Wandel der Nachfrage nach E-Fahrzeugen berücksichtigt.

auf 5.000 Euro absinken. Diese Investitionen teilen wir zwischen dem Bund, der Automobilindustrie und der Energiewirtschaft im Verhältnis 60:30:10 auf (vgl. BMVI 2019c, S. 6).

Ausrüstungsinvestitionen

Über die Bauinvestitionen hinaus berücksichtigen wir Ausrüstungsinvestitionen für eine Transformation des Mobilitätssystems. Dabei berücksichtigt Annahme 5 eine Umstellung der Busflotte im öffentlichen Straßenpersonennahverkehr auf einen elektrischen Antriebsstrang bis zum Jahr 2040.[2] Dies betrifft rund 60 Prozent der in Deutschland zugelassenen Kraftomnibusse (vgl. KBA 2020, S. 8; PwC 2021; BUNDESREGIERUNG 2019). Die zusätzlichen Investitionskosten pro Elektrobus werden mit 200.000 Euro angesetzt, der durchschnittlichen Preisdifferenz zwischen einem Elektrobus zu einem vergleichbaren Modell mit Dieselantrieb (vgl. KNOTE/HAUFE/SAROCH 2017, S. 52). Diese Differenz reduzieren wir um zehn Prozent jährlich.

Für eine Umstellung der Schieneninfrastruktur auf ETCS ist zusätzlich die Aufrüstung bzw. der Austausch von Triebfahrzeugen im Schienenverkehr erforderlich (Annahme 6). Dafür setzen wir ein zusätzliches Investitionsvolumen von 200 Millionen Euro jährlich bis 2040 (4 Milliarden € insgesamt) an (vgl. MCKINSEY UND COMPANY 2018, S. 19).

Annahme 7 berücksichtigt einen Wechsel im Antriebsstrang der Binnenschifffahrt hin zu Batterie- und Wasserstoffantrieben. Da diese Systeme aktuell noch nicht marktreif sind (vgl. u. a. SCHAAL 2019), nehmen wir im MoveOn-Szenario erst ab dem Jahr 2030 eine aktive Umrüstung der Schiffsmotoren an. Dazu setzen wir zwischen 2030 und 2040 jährlich 500 Millionen Euro als zusätzliche Ausrüstungsinvestitionen durch die Schifffahrt an (vgl. BMWI 2020, S. 9).

Mobilität von Menschen und Gütern

Im Referenzszenario werden die Güterverkehrsleistungen der einzelnen Verkehrsträger nach dem Vergangenheitstrend fortgeschrieben. Damit nimmt die Güterverkehrsleistung insgesamt bis 2040 um rund 35 Prozent im Vergleich zu 2019 zu. Dabei bleibt die Zusammensetzung nach Verkehrsträgern – der sogenannte Modalsplit – im Referenzszenario nahezu konstant. In 2040 leistet der Landverkehr einen intermodalen Beitrag von knapp 75 Prozent, während dem Eisenbahnverkehr rund 18 Prozent zukommen. Der Rest wird durch die Binnenschifffahrt und Rohrfernleitungen erbracht. Im MoveOn-Szenario bleibt gemäß Annahme 8 die Höhe der gesamten Güterverkehrsleistung im Vergleich zum Referenzszenario unverändert. Jedoch verschiebt sich der Modalsplit, sodass in 2030 die Güterverkehrsleistung im Schienengüterverkehr bei 205 Milliarden Tonnenkilometern (tkm) und in der Binnenschifffahrt bei 82 Milliarden tkm liegen wird (vgl. BMVI 2019d, S. 41ff.). Bis zum Jahr 2040 schreiben wir diese Entwicklungen fort, die zulasten des Straßengüterverkehrs gehen. Im

---

2   Aufgrund der bisher nur geringen Reichweiten von elektrisch betriebenen Omnibussen liegt der Fokus auf den im öffentlichen Straßenpersonennahverkehr eingesetzten Stadtbussen (vgl. VDV 2020).

Ergebnis werden damit im Jahr 2040 rund 32 Prozent der Güterverkehrsleistung durch die Eisenbahn und acht Prozent durch die Binnenschifffahrt abgedeckt. Der intermodale Beitrag des Landverkehrs beträgt dann lediglich 57 Prozent.

Annahme 9 berücksichtigt eine verstärkte Digitalisierung sowie einen Wechsel im Antriebsstrang im Straßengüterverkehr. Dazu werden im MoveOn-Szenario ab dem Jahr 2035 Lkw mit einer Nutzlast unterhalb von 1.000 kg über einen elektrischen Antriebsstrang verfügen. Dies betrifft knapp 60 Prozent der aktuell zugelassenen Lkw (vgl. KBA 2020, S. 30).[3] Die beschleunigte Digitalisierung wird durch ein erhöhtes Wachstum der Vorleistungsnachfrage der Post-, Kurier- und Expressdienstleister nach IKT-Dienstleistungen um rund zehn Prozent abgebildet. Dies ermöglicht den Logistikunternehmen u. a. die Umsetzung einer effizienteren Routenplanung, wodurch Leerfahrten vermieden werden (vgl. BMVI 2019d, S. 44). Da aktuell rund 22 Prozent der Fahrten von Güterkraftfahrzeugen in Deutschland auf Leerfahrten entfallen (vgl. KBA 2021) und sich diese annahmegemäß bis 2040 um zehn Prozent reduzieren lassen, fällt der Bedarf an Lkw im MoveOn-Szenario in 2040 um 2,2 Prozent geringer aus.

Analog zum Güterverkehr wird im Referenzszenario die Personenverkehrsleistung der einzelnen Verkehrsträger anhand des Vergangenheitstrends fortgeschrieben. Damit nimmt die Personenverkehrsleistung insgesamt bis 2040 um rund zwölf Prozent im Vergleich zu 2019 zu. Dabei bleiben die intermodalen Beiträge von Omnibussen, der Eisenbahn und dem sonstigen Landverkehr (beispielsweise Straßen- und U-Bahnen) mit vier, zehn bzw. zwei Prozent bis 2040 nahezu konstant. Die Luftfahrt baut ihren intermodalen Anteil von sechs auf acht Prozent aus, während der Motorisierte Individualverkehr (MIV) von 80 auf rund 76 Prozent zurückgeht. Im MoveOn-Szenario bleibt Annahme 10 zufolge die Personenverkehrsleistung insgesamt unverändert im Vergleich zum Referenzszenario,[4] während sich der Modalsplit zuungunsten des MIV und des Flugverkehrs verschiebt: Demzufolge erhöht sich die Schienenverkehrsleistung im MoveOn-Szenario auf 175 Milliarden Personenkilometer (pkm) im Jahr 2030 und schließlich 260 Milliarden pkm in 2040 (vgl. BMWI 2020, S. 10ff.). Für den öffentlichen Personenstraßenverkehr setzen wir im MoveOn-Szenario einen intermodalen Beitrag von zehn Prozent in 2030 an, bis 2040 wird dieser Trend fortgeschrieben (vgl. BMVI 2019d, S. 38). Im Ergebnis wird damit im Jahr 2040 rund ein Drittel der Personenverkehrsleistung durch die Eisenbahn, Omnibusse und den sonstigen Landverkehr erbracht. Der Anteil des MIV geht in diesem Zeitraum auf 66 Prozent zurück, der Anteil der Luftfahrt sinkt auf zwei Prozent. Entsprechend den Veränderungen im Modalsplit verschiebt sich im Modell endogen die Ausgabenstruktur der privaten Haushalte. So nehmen die

---

3   Der Fokus liegt in Annahme 9 auf leichten Nutzfahrzeugen, da – ähnlich zu Annahme 5 – aktuell nicht absehbar ist, wann schwere Nutzfahrzeuge für den Straßengüterfernverkehr mit einer entsprechenden elektrischen Reichweite marktreif sind (vgl. BMVI 2019a, S. 13).

4   Wir lassen in dieser Arbeit sich aus der COVID-19-Pandemie eventuell ergebende Effekte auf das Mobilitätsverhalten (etwa durch eine verstärkte Nutzung von Homeoffice) bewusst außen vor, da diese aktuell noch nicht abschätzbar sind. Die Ergebnisse werden zudem stets im Vergleich zur Referenzentwicklung ausgewiesen, die solche Effekte ebenfalls nicht umfasst.

Ausgaben für Verkehrsdienstleistungen zu, – jedoch annahmegemäß nur halb so stark wie deren Nutzung (vgl. Annahme 15) – während die für Versicherung und Instandhaltung von Kfz sowie Treibstoff zurückgehen.

Zuletzt bildet Annahme 11 die Elektrifizierung des Antriebsstrangs im MIV ab. Mit der Trendfortschreibung im Referenzszenario wird 2040 ein Bestand von zehn Millionen E-Pkw erreicht. Dieses Niveau wird im MoveOn-Szenario auf 2030 vorgezogen; 2040 wird schließlich ein Bestand von 20 Millionen E-Pkw erreicht. Diese Entwicklung geht zulasten der Neuzulassungen und des Bestandes von Benziner- und Diesel-Pkw sowie ab 2025 von Hybrid-Pkw. Diese Strukturverschiebungen nach Antriebsstrang übertragen wir zudem auf die Exportnachfrage von Pkw für Deutschland, da sich die deutsche Automobilindustrie an-nahmegemäß als Marktführerin für rein elektrisch betriebene Kraftwagen etablieren wird. Dafür werden Annahme 11 zufolge im Jahr 2021 20 Milliarden Euro zusätzlich durch die Automobilindustrie in die Forschung und Entwicklung sowie den Aufbau der entsprechen-den Produktionsplattformen investiert (vgl. VDA 2020).

Produktionsweisen

Eine Mobilitätswende beeinflusst ebenso die Produktionsweisen von Unternehmen. Dazu bildet Annahme 12 zunächst eine beschleunigte Digitalisierung der Verkehrsdienstleister anhand eines erhöhten Wachstums der Vorleistungsnachfrage des Landverkehrs nach IKT-Dienstleistungen um zusätzlich zehn Prozent ab. Damit lassen sich beispielsweise durch eine effizientere Verkehrsplanung die Auslastung sowie Pünktlichkeit und Attraktivität im öffent-lichen Personennahverkehr (ÖPNV) erhöhen (vgl. BMVI 2019d, S. 44).

Annahme 13 berücksichtigt zudem einen Rückgang der Nachfrage nach Instandhal-tungs- und Reparaturdienstleistung für Kfz. Dieser ist zum einen auf die Digitalisierung (vgl. Annahmen 9 und 12) und die damit einhergehende erhöhte Sicherheit im Straßen-verkehr und zum anderen auf geringere Instandhaltungsaufwendungen für E-Fahrzeuge im Vergleich zu Verbrenner-Modellen zurückzuführen. Dabei setzen wir im MoveOn-Szenario einen Rückgang der Nachfrage um elf Prozent bis zum Jahr 2040 an. Diese Größenordnung lässt sich zum einen anhand einer Studie zum Einsparpotenzial von Reparaturkosten durch Unfallschäden aufgrund des Einsatzes von digitalen Sicherheitssystemen ableiten (vgl. Al-tenburg/Kienzler/Auf der Maur 2018). Zum anderen lässt sie sich anhand der Ergebnisse von Diez, Schreier und Haag (2014, S. 24) ableiten, denen zufolge die Arbeitswerte für die Wartung und Reparatur von E-Pkw um rund 13 Prozent niedriger als bei vergleichbaren Ver-brenner-Modellen liegen.

Berufe

Die skizzierten Veränderungen im Mobilitätssektor werden sich ebenso auf die Bedarfs-struktur von Berufen auswirken. So ist davon auszugehen, dass im Zuge einer verstärkten Digitalisierung und damit eines zunehmend automatisierten Fahrbetriebs (vgl. Annahmen 9 und 12) sowie der Reduzierung von Leerfahrten (vgl. Annahme 9) Fahrzeugführerinnen und Fahrzeugführer im Straßen- und Schienenverkehr in geringerem Maße benötigt werden. Zudem erscheint es plausibel, dass sich das Berufsbild in der Fahrzeugführung aufgrund der Entlastung durch digitale Assistenzsysteme wandelt oder der Bedarf an Erwerbstätigen in der Verkehrsüberwachung und -steuerung zunehmen wird (vgl. DÄNEKE 2019). Aktuell ist noch nicht abschätzbar, wann und in welcher Größenordnung sich diese Entwicklungen am Arbeitsmarkt zeigen werden. Daher reduzieren wir anhand von Annahme 14 den Bedarf an Arbeitsstunden im Landverkehr bis zum Jahr 2040 um zehn Prozent. Es handelt sich dabei um eine konservative Schätzung hinsichtlich der möglichen Einsparpotenziale.

Staat

Zuletzt berücksichtigen wir Interventionen vonseiten des Staates, bei denen es sich nicht um Investitionen handelt. Dazu gehört mit Annahme 15 eine staatliche Förderung der öffentlichen Verkehrsbetriebe, die ein kostengünstiges Angebot öffentlicher Mobilitätsdienste sicherstellt (vgl. Annahme 10). Die jährliche Fördersumme für die regionalen Verkehrsverbünde wächst demnach im MoveOn-Szenario bis zum Jahr 2040 um zusätzlich 50 Prozent (5 Milliarden €) an (vgl. BMVD 2021a; 2021b). Aufgrund der Investitionen in den Annahmen 2, 6 und 12 erscheinen Effizienzgewinne im ÖPNV plausibel, sodass wir diese Fördersumme als ausreichend erachten.

Diese zusätzlichen Ausgaben in Form von Subventionen bedürfen einer langfristigen Finanzierung, welche durch eine Steuererhöhung erfolgen könnte. Die Größenordnung einer solchen Steuererhöhung bemessen wir daran, ob unter Berücksichtigung der zuvor beschriebenen Annahmen die Schuldenbremse nach Artikel 115 Grundgesetz weiterhin eingehalten wird. Im Ergebnis zeigt sich, dass der Finanzierungssaldo im MoveOn-Szenario im Vergleich zur Referenzentwicklung zunächst zwar schlechter ausfällt, die Abweichungen nach unten jedoch nicht 0,0005 Prozentpunkte überschreiten. Ab 2030 ergibt sich zudem ein günstigerer Finanzierungssaldo. Damit sind keine zusätzlichen Steuererhöhungen zur Finanzierung des Mobilitätswandels im Szenario erforderlich.

4   Mobilitätswende schafft Arbeitsplätze

Das MoveOn-Szenario bildet die Welt eines dekarbonisierten, umweltfreundlichen, effizienten und bezahlbaren Mobilitätssystems in Deutschland ab.

Unter den getroffenen Annahmen zeigen sich über den gesamten Projektionszeitraum hinweg positive Wirkungen auf das Bruttoinlandsprodukt (BIP) (vgl. Abbildung 1). Langfristig liegt es rund 0,7 Prozent oberhalb des BIP im Referenzszenario.

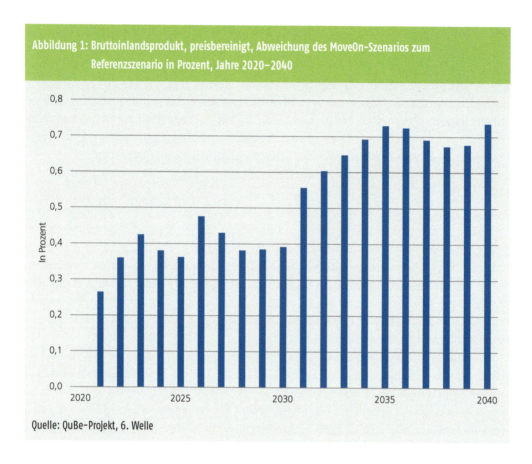

Abbildung 1: Bruttoinlandsprodukt, preisbereinigt, Abweichung des MoveOn-Szenarios zum Referenzszenario in Prozent, Jahre 2020–2040

Quelle: QuBe-Projekt, 6. Welle

Das höhere BIP führt letztlich ebenso dazu, dass mehr Personen im Vergleich zum Referenzszenario beschäftigt sein werden (vgl. Abbildung 2). So steigt aufgrund der benötigten hohen Investitionen zunächst die Zahl der Erwerbstätigen im Vergleich zum Referenzszenario um rund 120.000 an. In der mittleren Frist sinkt der Mehrbedarf auf rund 30.000 Personen. Ab 2035 wird der zusätzliche Bedarf an Arbeitskräften infolge des steigenden privaten Konsums bis zum Ende des Projektionszeitraums wiederum kontinuierlich steigen. Im Jahr 2040 werden rund 60.000 Erwerbstätige mehr beschäftigt sein als im Referenzszenario. Außerdem veranschaulicht Abbildung 2, dass das höhere BIP und die verbesserte Arbeitsmarktlage gleichzeitig zu einem, im Vergleich zum Referenzlauf höheren, Arbeitskräfteangebot führen (Zahl der Erwerbspersonen). In den nächsten drei Jahren werden im Vergleich zum Referenzszenario rund 70.000 Personen zusätzlich ihre Arbeitskraft anbieten und sich die Zahl bis 2040 relativ stabil auf diesem Niveau einpendeln.

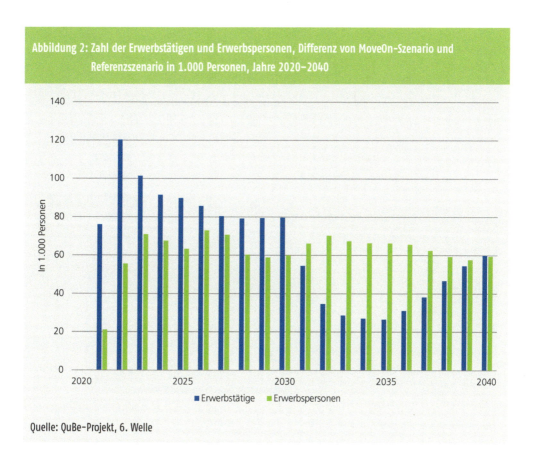

Abbildung 2: Zahl der Erwerbstätigen und Erwerbspersonen, Differenz von MoveOn-Szenario und Referenzszenario in 1.000 Personen, Jahre 2020–2040

Quelle: QuBe-Projekt, 6. Welle

Für eine differenzierte Betrachtung der Effekte eines veränderten Mobilitätsverhaltens auf die Berufsstruktur stellt Abbildung 3 die Berufsgruppen (3-Steller der Klassifikation der Berufe (KldB) 2010) mit den jeweils sieben größten positiven und negativen Differenzen der Erwerbstätigen zwischen dem MoveOn-Szenario und dem Referenzszenario im Jahr 2040 dar. Da die Branchen „Landverkehr und Transport in Rohrfernleitungen" und „Lagerei, sonstige Dienstleister für den Verkehr" im Vergleich zum Referenzszenario einen höheren Arbeitskräftebedarf aufweisen, ist es mit Blick auf die Berufe folgerichtig, dass in den Berufsgruppen „Kaufleute – Verkehr und Logistik" sowie „Lagerwirtschaft, Post, Zustellung, Güterumschlag" der Arbeitskräftebedarf im Vergleich zum Referenzszenario steigen wird. Der höhere Arbeitskräftebedarf bei den Berufsgruppen „Büro und Sekretariat, Unternehmensorganisation und -strategie" sowie „Geschäftsführung und Vorstand" dürfte mit der allgemein verbesserten Wirtschaftslage zusammenhängen. Absolut betrachtet, wird der Arbeitskräftebedarf im Vergleich zum Referenzszenario am stärksten in der Berufsgruppe „Fahrzeugführung im Straßenverkehr" sinken. Dies liegt insbesondere an Annahme 14 zum automatisierten Fahrbetrieb.

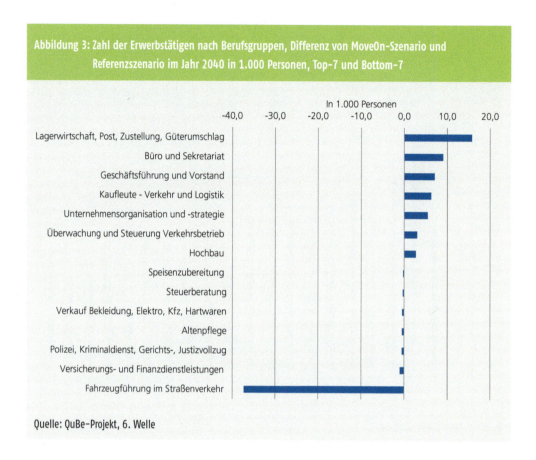

Abbildung 3: Zahl der Erwerbstätigen nach Berufsgruppen, Differenz von MoveOn-Szenario und Referenzszenario im Jahr 2040 in 1.000 Personen, Top-7 und Bottom-7

Quelle: QuBe-Projekt, 6. Welle

Relativ betrachtet, bezogen auf die Anzahl der Erwerbstätigen nach Berufsgruppen im Referenzszenario, sind insbesondere die Berufe aus den Bereichen „Fahrzeugführung im Flugverkehr" sowie „Fahrzeugführung im Schiffsverkehr" stärker negativ betroffen (vgl. Abbildung 4). Dies ist darauf zurückzuführen, dass der Arbeitskräftebedarf in den beiden Branchen „Schifffahrt" und „Luftfahrt" im Vergleich zum Referenzszenario relativ am stärksten zurückgeht. Ebenso folgerichtig sind unter den Top-7-Berufen vornehmlich Berufe vertreten, die in der Branche „Landverkehr und Transport in Rohrfernleitungen" und „Lagerei" tätig sind. Hier wächst der Bedarf an Erwerbstätigen relativ betrachtet im Vergleich zur Referenzentwicklung am stärksten.

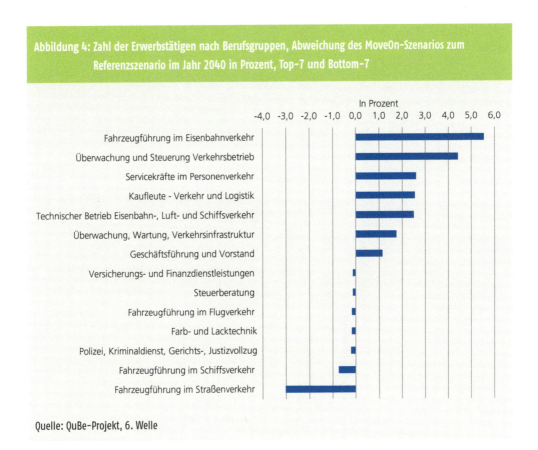

Abbildung 4: Zahl der Erwerbstätigen nach Berufsgruppen, Abweichung des MoveOn-Szenarios zum Referenzszenario im Jahr 2040 in Prozent, Top-7 und Bottom-7

Quelle: QuBe-Projekt, 6. Welle

Abbildung 5 zeigt den Arbeitsplatz-Umschlag, indem sie die Teilszenarien, aus denen sich das MoveOn-Szenario zusammensetzt, einzeln berücksichtigt. Hier wird davon ausgegangen, dass nicht die neu entstandenen Arbeitsplätze wieder abgebaut werden, sondern andere in dieser Branchen-Berufs-Anforderungs-Kombination. Der Saldoeffekt für die Jahre 2025, 2030, 2035 und 2040 ist auf der linken Seite der Abbildung dargestellt und bleibt entsprechend unverändert im Vergleich zu dem in Abbildung 2. Die rechte Seite der Abbildung zeigt den kumulierten Auf- und Abbau in den ausgewählten Jahren nach Teilszenarien. Es zeigt sich, dass die Annahmen zum autonomen Fahren sowie zum Antriebswechsel im motorisierten Individual- und Straßengüterverkehr (Annahmen 14, 11 und 9) die stärksten negativen Auswirkungen auf die Erwerbstätigkeit haben. Positiv wirkt insbesondere Annahme 10 zum veränderten Modalsplit im Personenverkehr. Auch zeigt sich, dass Teilszenarien sowohl positive als auch negative Arbeitsplatzeffekte besitzen. Zum Beispiel werden durch die Veränderungen in der Automobilindustrie nicht nur Stellen abgebaut, es werden auch neue Arbeitsplätze geschaffen. Es wird ebenso deutlich, dass eine Transformation des Mobilitätssystems einen erheblicheren Auf- und Abbau an Arbeitsplätzen nach sich zieht, als es eine einfache Saldo-Betrachtung zunächst vermuten lässt. Der kumulierte Effekt, also der

Arbeitsplatz-Umschlag insgesamt, beläuft sich im Jahr 2040 auf mehr als 500.000 Arbeitsplätze.

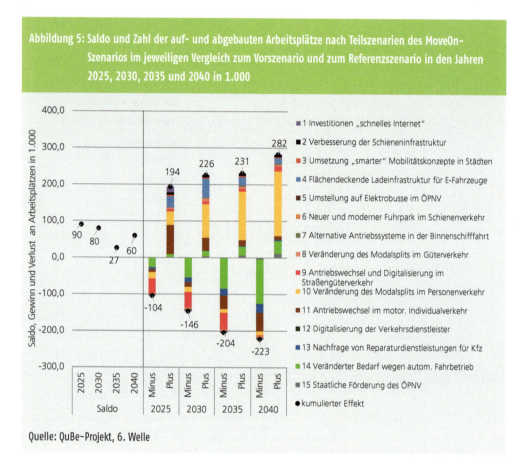

Abbildung 5: Saldo und Zahl der auf- und abgebauten Arbeitsplätze nach Teilszenarien des MoveOn-Szenarios im jeweiligen Vergleich zum Vorszenario und zum Referenzszenario in den Jahren 2025, 2030, 2035 und 2040 in 1.000

Quelle: QuBe-Projekt, 6. Welle

Insgesamt wird deutlich, dass die Annahmen für das MoveOn-Szenario eine breite Wirkung entfalten und zu erheblichen Strukturverschiebungen auf dem Arbeitsmarkt führen.

5   Schlussfolgerungen

Das in diesem Bericht vorgestellte MoveOn-Szenario bildet die Welt eines dekarbonisierten, umweltfreundlichen, effizienten und bezahlbaren Mobilitätssystems in Deutschland ab. Diese sich aus dem Modell ergebenden Veränderungen ziehen neben makroökonomischen Effekten wie einem höheren BIP in der Folge ebenso individuelle Veränderungen nach sich. Hier sei zuerst genannt, dass ein sich wandelndes, mehr auf ökologische Gesichtspunkte ausgelegtes Mobilitätsverhalten aller Voraussicht nach eine deutlich erhöhte Lebensqualität für die Bevölkerung mit sich bringen wird. Nach unserem Szenario geht der Umbau hin zu einer ökologischeren Mobilität zudem nicht – wie eine erste Vermutung, insbesondere mit Blick auf den Automobilstandort Deutschland, befürchten ließe – mit einem Arbeitsplatzabbau, sondern sogar mit einem Zuwachs an Beschäftigung einher. Dieser zeigt sich als Ergebnis aus Arbeitsplatzverlusten in einigen Branchen und Berufen und Zuwächsen in anderen Bereichen. Somit dürften, ausgehend von dem hier vorgelegten Szenario, die Auswirkungen eines sich verändernden Mobilitätsgeschehens in der Gesamtschau positiv ausfallen. Wie sich die getroffenen Annahmen auf den CO_2-Ausstoß und der damit verbundenen Einhaltung der Klimaziele auswirken, lässt sich mit der aktuell verwendeten Modellierung nicht analysieren. Aus diesem Grund wird das bestehende Modell in weiteren Arbeitsschritten mit dem umweltökonometrischen Modell PANTA RHEI (vgl. LEHR u. a. 2011) verknüpft.

Die in dieser Analyse getroffenen Annahmen führen mittelfristig zu einem um 0,4 Prozent höheren BIP, langfristig wird es um 0,7 Prozent höher liegen. Auf den Arbeitskräftebedarf wirken sich die getroffenen Annahmen zunächst stark positiv aus. So steigt die Zahl der Erwerbstätigen im Vergleich zur Referenzentwicklung um rund 120.000 Personen an. In der mittleren Frist sinkt der Mehrbedarf auf rund 30.000 Personen. Ab 2035 wird der zusätzliche Bedarf dann bis zum Ende des Projektionszeitraums wiederum kontinuierlich steigen. Im Jahr 2040 werden rund 60.000 Erwerbstätige mehr beschäftigt sein als im Referenzszenario. Das Arbeitskräfteangebot wird ebenfalls höher ausfallen. In den nächsten drei Jahren werden im Vergleich zum Referenzszenario rund 70.000 Personen zusätzlich ihre Arbeitskraft anbieten und sich bis 2040 relativ stabil auf diesem Niveau einpendeln.

Ein Vergleich der Arbeitswelten beider Szenarien hinsichtlich der Arbeitskräftebedarfe nach Branchen-Berufs-Kombinationen im Jahr 2040 zeigt, dass im Referenzszenario bis zu 220.000 Arbeitsplätze existieren, die im MoveOn-Szenario nicht mehr vorhanden sind. Auf der anderen Seite wird es im Jahr 2040 im MoveOn-Szenario bis zu 280.000 Arbeitsplätze geben, die es im Referenzszenario nicht geben wird.

Auf der Ebene der Berufe wird vor allem die „Fahrzeugführung im Straßenverkehr", unter den im Alternativszenario getroffenen Annahmen im Vergleich zum Referenzszenario, die stärksten Rückgänge an Arbeitsplätzen verzeichnen. Hier sind die Arbeitsplatzrückgänge vor allem auf das Teilszenario 14 zum automatisierten Fahrbetrieb zurückzuführen. Gewinner-Berufe sind solche, die üblicherweise in den Branchen „Landverkehr und Transport in Rohrfernleitungen" sowie „Lagerei, sonstige Dienstleister für den Verkehr" vorkommen. Dies sind vor allem die Berufsgruppen „Kaufleute – Verkehr und Logistik" sowie „Lagerwirtschaft, Post, Zustellung, Güterumschlag".

Veränderungen wirken sich jedoch nicht überall gleich aus. Urbane Ballungsräume sind vermutlich stärker von einer veränderten Mobilität betroffen als ländliche Gebiete. Zudem gibt es gerade im Bereich der Automobilindustrie starke regionale Unterschiede in Deutschland. Daher ist es notwendig, die hier vorgestellten bundesweiten Befunde weiter regional zu differenzieren. Dies soll in einem weiteren Projektschritt vorgenommen werden.

Literatur

AHRENS, Gerd-Axel; KABITZKE, Ute: Zukunft von Mobilität und Verkehr. Auswertung wissenschaftlicher Grunddaten, Erwartungen und abgeleiteter Perspektiven des Verkehrswesens in Deutschland – Kurzfassung. Studie der Technischen Universität Dresden, Lehrstuhl Verkehrs- und Infrastrukturplanung im Auftrag des Bundesministeriums für Verkehr, Bau und Stadtentwicklung (FE-Nr. 96.0957/2010), Dresden 2011

ALTENBURG, Sven; KIENZLER, Hans-Paul; AUF DER MAUR, Alex: Einführung von Automatisierungsfunktionen in der Pkw-Flotte. Auswirkungen auf Bestand und Sicherheit. Basel 2018. URL: https://www.adac.de/-/media/pdf/motorwelt/prognos_automatisierungsfunktionen.pdf (Stand: 11.07.2022)

BACH, Nicole von dem; HELMRICH, Robert; HUMMEL, Markus; MÖNNIG, Anke; SCHNEEMANN, Christian; STEEG, Stefanie; WEBER, Enzo; WOLTER, Marc Ingo; ZIKA, Gerd: „MOVEON" II – Grundlagen eines Szenarios zum künftigen Mobilitätsverhalten (IAB-Forschungsbericht 10/2020). Nürnberg 2020

BBSR – BUNDESINSTITUT FÜR BAU-, STADT- UND RAUMFORSCHUNG (Hrsg.): Städte und Gemeinden. Entwicklungen im Städtesystem der Bundesrepublik. Bonn 2020. URL: https://www.bbsr.bund.de/BBSR/DE/forschung/raumbeobachtung/Komponenten/VergleichendeStadtbeobachtung/staedte-gemeinden/staedte-gemeinden.html (Stand: 11.07.2022)

BDEW – BUNDESVERBAND DER ENERGIE- UND WASSERWIRTSCHAFT e. V. (Hrsg.): BDEW beim Spitzengespräch Masterplan Ladeinfrastruktur: Kerstin Andreae: „Elektromobilität gelingt nur mit der Energiewirtschaft". Ausbauoffensive bei öffentlicher Ladeinfrastruktur/Endlich Weg frei machen für private Ladeinfrastruktur. Berlin 2019. URL: https://www.bdew.de/presse/presseinformationen/kerstin-andreae-elektromobilitaet-gelingt-nur-mit-der-energiewirtschaft/ (Stand: 11.07.2022)

BMDV – BUNDESMINISTERIUM FÜR DIGITALES UND VERKEHR (Hrsg.): Gemeindeverkehrsfinanzierungsgesetz (GVFG). Berlin 2022a. URL: https://www.bmvi.de/SharedDocs/DE/Artikel/E/schiene-schienenpersonenverkehr/gemeindeverkehrsfinanzierungsgesetz-gvfg.html (Stand: 07.09.2022)

BMDV – BUNDESMINISTERIUM FÜR DIGITALES UND VERKEHR (Hrsg.): Regionalisierungsgesetz (RegG). Berlin 2022b. URL: https://www.bmvi.de/SharedDocs/DE/Artikel/E/schiene-schienenpersonenverkehr/regionalisierungsgesetz-regg.html (Stand: 07.09.2022)

BMU – BUNDESMINISTERIUM FÜR UMWELT, NATURSCHUTZ UND NUKLEARE SICHERHEIT (Hrsg.): Klimaschutzplan 2050 – Klimaschutzpolitische Grundsätze und Ziele der Bundesregierung. Berlin 2016. URL: https://www.bmu.de/fileadmin/Daten_BMU/Download_PDF/Klimaschutz/klimaschutzplan_2050_bf.pdf (Stand: 11.07.2022)

BMVI – BUNDESMINISTERIUM FÜR VERKEHR UND DIGITALE INFRASTRUKTUR (Hrsg.): Masterplan Schienenverkehr. Berlin 2020. URL: https://www.bmvi.de/SharedDocs/DE/Anlage/E/masterplan-schienenverkehr.pdf?__blob=publicationFile (Stand: 11.07.2022)

BMVI – Bundesministerium für Verkehr und digitale Infrastruktur (Hrsg.): Elektromobilität. Brennstoffzelle. Alternative Kraftstoffe – Einsatzmöglichkeiten aus technologischer Sicht. Arbeitsgruppe 2: Alternative Antriebe und Kraftstoffe für nachhaltige Mobilität. Berlin 2019a. URL: https://www.plattform-zukunft-mobilitaet.de/wp-content/uploads/2019/11/NPM-AG-2-Elektromobilit%C3%A4t-Brennstoffzelle-Alternative-Kraftstoffe-Einsatzm%C3%B6glichkeiten-aus-technologischer-Sicht.pdf   (Stand: 11.07.2022)

BMVI – Bundesministerium für Verkehr und digitale Infrastruktur (Hrsg.): Fortschrittsbericht 2019 der Nationalen Plattform Zukunft der Mobilität. Berlin 2019b. URL: https://www.plattform-zukunft-mobilitaet.de/wp-content/uploads/2019/12/NPM_Fortschrittsbericht_2019.pdf (Stand: 11.07.2022)

BMVI – Bundesministerium für Verkehr und digitale Infrastruktur (Hrsg.): Masterplan Ladeinfrastruktur der Bundesregierung. Ziele und Maßnahmen für den Ladeinfrastrukturaufbau bis 2030. Berlin 2019c. URL: https://www.bmvi.de/SharedDocs/DE/Anlage/G/masterplan-ladeinfrastruktur.pdf?__blob=publicationFile (Stand: 11.07.2022)

BMVI – Bundesministerium für Verkehr und digitale Infrastruktur (Hrsg.): Wege zur Erreichung der Klimaziele 2030 im Verkehrssektor. Arbeitsgruppe 1: Klimaschutz im Verkehr. Berlin 2019d. URL: https://www.plattform-zukunft-mobilitaet.de/wp-content/uploads/2020/03/NPM-AG-1-Wege-zur-Erreichung-der-Klimaziele-2030-im-Verkehrssektor.pdf (Stand: 11.07.2022)

BMWi – Bundesministerium für Wirtschaft und Energie (Hrsg.): Corona-Folgen bekämpfen, Wohlstand sichern, Zukunftsfähigkeit stärken. Ergebnis Koalitionsausschuss 3. Juni 2020. Berlin 2020. URL: https://www.bmwi.de/Redaktion/DE/Downloads/E/eckpunktepapier-corona-folgen-bekaempfen.pdf?__blob=publicationFile&v=6 (Stand: 11.07.2022)

Bundesregierung (Hrsg.): Generationenvertrag für das Klima. Berlin 2021. URL: https://www.bundesregierung.de/breg-de/themen/klimaschutz/klimaschutzgesetz-2021-1913672 (Stand: 11.07.2022)

Bundesregierung (Hrsg.): Klimaschutzprogramm 2030 der Bundesregierung zur Umsetzung des Klimaschutzplans 2050. Berlin 2019. URL: https://www.bundesregierung.de/resource/blob/974430/1679914/e01d6bd855f09bf05cf7498e06d0a3ff/2019-10-09-klima-massnahmen-data.pdf?download=1 (Stand: 07.09.2022)

Däneke, Enno: Im Wettstreit mit Kollege Computer. In: Deutsche Verkehrs Zeitung 2019. URL: https://www.dvz.de/rubriken/management-recht/nfz-und-flottenmanagement/detail/news/im-wettstreit-mit-kollege-computer.html (Stand: 07.09.2022)

Diez, Willi; Schreier, Norbert; Haag, Alexander: Entwicklung der Beschäftigung im After Sales. Effekte aus der Elektromobilität. Nürtingen-Geislingen, Esslingen 2014. URL: https://www.emobil-sw.de/fileadmin/media/e-mobilbw/Publikationen/Studien/After-Sales-Studie_RZ_Web.pdf (Stand: 11.07.2022)

DELHAES, Daniel: Breitband-Ausbau kommt nur schleppend voran. Düsseldorf 2019. URL: https://www.handelsblatt.com/politik/deutschland/schnelles-internet-breitband-ausbau-kommt-nur-schleppend-voran/24461454.html (Stand: 07.09.2022)

FREIE UND HANSESTADT HAMBURG (Hrsg.): Haushaltsplan 2019/2020. Einzelplan 7.0 Behörde für Wirtschaft, Verkehr und Innovation. Hamburg 2018. URL: https://www.hamburg.de/contentblob/11504684/fdcc8a3b3b81f648c368bc6858430b8b/data/7-0.pdf (Stand: 11.07.2022)

HELMRICH, Robert; ZIKA, Gerd: Prognosen, Projektionen und Szenarien. In: BAUR, Nina, BLASIUS, Jörg (Hrsg.): Handbuch Methoden der empirischen Sozialforschung. Wiesbaden 2019

HÜTTL, Reinhard F.; PISCHETSRIEDER, Bernd; SPATH, Dieter (Hrsg.): Elektromobilität. Potenziale und wissenschaftlich-technische Herausforderungen. Berlin, Heidelberg 2010

KBA – KRAFTFAHRTBUNDESAMT (Hrsg.): Verkehrsaufkommen. Flensburg 2021. URL: https://view.officeapps.live.com/op/view.aspx?src=https%3A%2F%2Fwww.kba.de%2FSharedDocs%2FDownloads%2FDE%2FStatistik%2FKraftverkehr%2FVD1%2Fvd1_2021.xlsx%3F__blob%3DpublicationFile%26v%3D5&wdOrigin=BROWSELINK (Stand: 07.09.2022)

KBA – KRAFTFAHRTBUNDESAMT (Hrsg.): Fahrzeugzulassungen (FZ) Bestand an Kraftfahrzeugen nach Umwelt-Merkmalen 1. Januar 2020. Flensburg 2020. URL: https://www.kba.de/SharedDocs/Publikationen/DE/Statistik/Fahrzeuge/FZ/2020/fz13_2020_pdf.pdf?__blob=publicationFile&v=6 (Stand: 13.04.2021)

KNOTE, Thoralf; HAUFE, Beate; SAROCH, Lars: E-Bus-Standard. „Ansätze zur Standardisierung und Zielkosten für Elektrobusse". Dresden 2017. URL: https://www.erneuerbarmobil.de/sites/default/files/2018-04/Abschlussbericht_E-Bus-Standard.pdf (Stand: 11.07.2022)

KRUMTUNG, Andreas: Potenziale & Herausforderungen smarter Mobilität für Städte und Gemeinden. In: VON LUCKE, Jörn (Hrsg.): TOGI Schriftenreihe (des The Open Government Institute (TOGI) der Zeppelin Universität Friedrichshafen) 18 (2018). URL: https://www.zu.de/institute/togi/assets/pdf/TOGI-181026-TOGI-Band-18-Krumtung-Smarte-Mobilitaet-V1.pdf (Stand: 11.07.2022)

LANDESHAUPTSTADT MÜNCHEN STADTKÄMMEREI (Hrsg.): Haushaltsplan 2020. Band 3: Teilhaushalte Baureferat, Kommunalreferat, Kreisverwaltungsreferat. München 2020. URL: https://stadt.muenchen.de/dam/jcr:50e648a4-309a-4eec-b002-5ef1b5636140/03_bau_komm_kvr.pdf (Stand: 02.11.2022)

LEHR, Ulrike; MÖNNIG, Anke; WOLTER, Marc Ingo; LUTZ, Christian: Die Modelle ASTRA und PANTA RHEI zur Abschätzung gesamtwirtschaftlicher Wirkungen umweltpolitischer Instrumente – ein Vergleich (gws Discussion Paper 2011/4). Osnabrück 2011. URL: http://papers.gws-os.com/gws-paper11-4.pdf (Stand: 11.07.2022)

MAIER, Tobias; NEUBER-POHL, Caroline; MÖNNIG, Anke; ZIKA, Gerd; KALINOWSKI, Michael: Modelling reallocation processes in long-term labour market projections. In: Journal for Labour Market Research 50 (2017) 1, S. 67–90

MAIER, Tobias; ZIKA, Gerd; KALINOWSKI, Michael; STEEG, Stefanie; MÖNNIG, ANKE; WOLTER, Marc Ingo; HUMMEL, Markus; SCHNEEMANN, Christian: COVID-19-Krise: Die Arbeit geht weiter, der Wohlstand macht Pause. BIBB-Report 4. Bonn 2020. URL: https://www.bibb.de/dienst/veroeffentlichungen/de/publication/show/16757 (Stand: 11.07.2022)

MCKINSEY UND COMPANY (Hrsg.): Machbarkeitsstudie zum Rollout von ETCS/DSTW – Zusammenfassung der Ergebnisse. 2018. URL: https://www.bmvi.de/SharedDocs/DE/Anlage/E/machbarkeitsstudie-digitalisierung-schiene.pdf?__blob=publicationFile (Stand: 11.07.2022)

MERGENER, Alexandra; LEPPELMEIER, Ingrid; HELMRICH, Robert; VON DEM BACH, Nicole: „Move on": Qualifikationsstruktur und Erwerbstätigkeit in Berufen der räumlichen Mobilität. Bonn 2018. URL: https://www.bibb.de/dienst/veroeffentlichungen/de/publication/show/9370 (Stand: 11.07.2022)

MÖNNIG, Anke; VON DEM BACH, Nicole; HELMRICH, Robert; STEEG, Stefanie; HUMMEL, Markus; SCHNEEMANN, Christian; WEBER, Enzo; WOLTER, Marc Ingo; ZIKA, Gerd: „MoveOn" III: Folgen eines veränderten Mobilitätsverhaltens für Wirtschaft und Arbeitsmarkt. Bonn 2021. URL: https://lit.bibb.de/vufind/Record/DS-778966 (Stand: 11.07.2022)

MÖNNIG, Anke; SCHNEEMANN, Christian; WEBER, Enzo; ZIKA, Gerd: Das Klimaschutzprogramm 2030. Effekte auf Wirtschaft und Erwerbstätigkeit durch das Klimaschutzprogramm 2030 der Bundesregierung (IAB-Discussion Paper 02/2020). Nürnberg 2020a. URL: https://doku.iab.de/discussionpapers/2020/dp0220.pdf (Stand: 02.11.2022)

MÖNNIG, Anke; SCHNEEMANN, Christian; WEBER, Enzo; ZIKA, Gerd; HELMRICH, Robert: Elektromobilität 2035. Effekte auf Wirtschaft und Erwerbstätigkeit durch die Elektrifizierung des Antriebsstrangs von Personenkraftwagen (IAB-Forschungsbericht 8/2018). Nürnberg 2018

MÖNNIG, Anke; WOLTER, Marc Ingo; WEBER, Enzo; ZIKA, Gerd; HELMRICH, Robert; MAIER, Tobias.: Das Coronavirus. Folgen für den Strukturwandel am Arbeitsmarkt – kurz-, mittel- und langfristig. Erste Einschätzungen des QuBe-Projektes (GWS-Kurzmitteilung 2020/02). Osnabrück 2020b. URL: https://www.bibb.de/dokumente/pdf/GWS-Kurzmitteilung_2020_02_final.pdf (Stand: 11.07.2022)

NOBIS, Claudia; KUHNIMHOF, Tobias: Mobilität in Deutschland – MiD Ergebnisbericht. Studie von infas, DLR und infas 360 im Auftrag des Bundesministeriums für Verkehr und digitale Infrastruktur (FE-Nr. 70.904/15). Bonn, Berlin 2018

PwC – PRICEWATERHOUSECOOPERS GMBH WIRTSCHAFTSPRÜFUNGSGESELLSCHAFT (Hrsg.): E-Bus-Radar. Wie elektrisch ist der öffentliche Nahverkehr? Frankfurt a. M. 2021. URL: https://www.pwc.de/de/branchen-und-markte/oeffentlicher-sektor/e-bus-radar-2021.pdf (Stand: 11.07.2022)

SCHAAL, Sebastian: Projekt „H2SHIPS" testet Wasserstoff für die Schifffahrt. Berlin 2019. URL: https://www.electrive.net/2019/07/19/projekt-h2ships-testet-wasserstoff-fuer-die-schifffahrt/ (Stand: 11.07.2022)

SCHNEIDER, Norbert F.; RÜGER, Heiko; MÜNSTER, Eva: Berufsbedingte räumliche Mobilität in Deutschland. Formen, Verbreitung und Folgen für Gesundheit, Wohlbefinden und Familienleben. In: Arbeitsmedizin Sozialmedizin Umweltmedizin 44 (2009) 7, S. 400–409

SCHUBERT, Markus; KLUTH, Tobias; NEBAUER, Gregor; RATZENBERGER, Ralf; KOTZAGIORGIS, Stefanos; BUTZ, Bernd; SCHNEIDER, Walter; LEIBLE, Markus: Verkehrsverflechtungsprognose 2030. Schlussbericht. Berlin 2014. URL: https://www.bmvi.de/SharedDocs/DE/Anlage/G/verkehrsverflechtungsprognose-2030-schlussbericht-los-3.pdf?__blob=publicationFile) (Stand: 11.07.2022)

STADT KÖLN (Hrsg.): Haushalt 2020/2021. Band 1. Köln 2019. URL: https://www.stadt-koeln.de/mediaasset/content/pdf20/haushaltsplan_2020-2021_band_1.pdf (Stand: 11.07.2022)

STADT NÜRNBERG (Hrsg.): Rede zur Einbringung des Nürnberger Stadthaushalts 2021. Nürnberg 2020. URL: https://www.nuernberg.de/imperia/md/stadtfinanzen/dokumente/haushaltsrede_2021.pdf (Stand: 11.07.2022)

STADT VIERSEN (Hrsg.): Haushaltssatzung für das Haushaltsjahr 2021. Viersen 2021. URL: https://www.viersen.de/c125716c0029a475/files/haushalt_2021.pdf/$file/haushalt_2021.pdf?openelement (Stand: 07.09.2022) UBA – UMWELTBUNDESAMT (Hrsg.): Gemeinsame Pressemittelung von Umweltbundesamt und Bundesministerium für Umwelt, Naturschutz und nukleare Sicherheit – Treibhausgasemissionen gingen 2019 um 6,3 Prozent zurück. Große Minderungen im Energiesektor, Anstieg im Gebäudesektor und Verkehr. Dessau-Roßlau 2020. URL: https://www.umweltbundesamt.de/presse/pressemitteilungen/treibhausgasemissionen-gingen-2019-um-63-prozent (Stand: 11.07.2022)

VDA – VERBAND DER AUTOMOBILINDUSTRIE e. V. (Hrsg.): Deutsche Automobilindustrie investiert rund 45 Milliarden Euro in Forschung und Entwicklung. Berlin 2020. URL: https://www.vda.de/de/presse/Pressemeldungen/200411-Deutsche-Automobilindustrie-investiert-rund-45-Milliarden-Euro-in-Forschung-und-Entwicklung (Stand: 02.11.2022)

VDV – VERBAND DEUTSCHER VERKEHRSUNTERNEHMEN (Hrsg.): Zwischenbilanz E-Busse: mehr Fahrzeuge, bessere Leistung. Finanzierung und Infrastruktur bleiben große Herausforderungen. Köln 2020. URL: https://www.vdv.de/presse.aspx?id=5ba6a38b-8fd9-413a-acb1-9b5ee309d776&mode=detail (Stand: 11.07.2022)

WOLTER, Marc Ingo; HELMRICH, Robert; SCHNEEMANN, Christian; WEBER, Enzo; ZIKA, Gerd: Auswirkungen des Corona-Konjunkturprogramms auf Wirtschaft und Erwerbstätigkeit (IAB-Discussion Paper 18/2020). Nürnberg 2020. URL: https://doku.iab.de/discussionpapers/2020/dp1820.pdf (Stand: 02.11.2022)

WOLTER, Marc Ingo; MÖNNIG, Anke; HUMMEL, Markus; SCHNEEMANN, Christian; WEBER, Enzo; ZIKA, Gerd; HELMRICH, Robert; MAIER, Tobias; NEUBER-POHL, Caroline: Industrie 4.0 und die Folgen für Arbeitsmarkt und Ökonomie, Szenario-Rechnungen im Rahmen der BIBB-IAB-Qualifikations- und Berufsfeldprojektionen (IAB-Forschungsbericht 8/2015). Nürnberg 2015

WOLTER, Marc Ingo; MÖNNIG, Anke; HUMMEL, Markus; WEBER, Enzo; ZIKA, Gerd; HELMRICH, Robert; MAIER, Tobias; NEUBER-POHL, Caroline: Wirtschaft 4.0 und die Folgen für Arbeitsmarkt und Ökonomie. Szenario-Rechnungen im Rahmen der fünften Welle der BIBB-IAB-Qualifikations- und Berufsfeldprojektionen (IAB-Forschungsbericht 13/2016). Nürnberg 2016

WOLTER, Marc Ingo; MÖNNIG, Anke; SCHNEEMANN, Christian; WEBER, Enzo; ZIKA, Gerd; HELMRICH, Robert; MAIER, Tobias; WINNIGE, Stefan: Wirtschaft 4.0 und die Folgen für Arbeitsmarkt und Ökonomie, Szenario-Rechnungen im Rahmen der BIBB-IAB-Qualifikations- und Berufsprojektionen. Bonn 2019. URL: https://www.bibb.de/dienst/veroeffentlichungen/de/publication/show/10197 (Stand: 11.07.2022)

Johanna Binnewitt, Timo Schnepf

▶ "Join us to turn the world greener!" – Investigating online apprenticeship advertisements' reference to environmental sustainability

The attractiveness of job ads positively influences job pursuit intentions of job seekers. With regards to an expected increasing labour shortage in the Green Economy, the question arises how attractively green apprenticeship job ads are promoted. Therefore, this exploratory study examines how strong job advertisement texts refer to environmental sustainability (ES). Based on 1.1 million German job ads for apprenticeships from 2011 to 2019 and a newly developed wordlist with 1,799 ES related expressions, we identify which advertisements refer to ES and with which strength they do so. Concerning strong signal words, we find a positive trend among those job ads that already contain ES related words such as "solar system" or "electro mobility".

Die Attraktivität von Stellenanzeigen hat einen positiven Einfluss auf die Absicht von Arbeitssuchenden, sich auf eine Stelle zu bewerben. Im Beitrag wird untersucht, wie attraktiv Stellenanzeigen für „grüne" Ausbildungsplätze beworben werden. Dafür untersuchen wir explorativ, wie stark sich Texte von Stellenanzeigen auf ökologische Nachhaltigkeit (ÖN) beziehen. Basierend auf 1,1 Millionen Stellenanzeigen für Ausbildungsplätze aus den Jahren 2011 bis 2019 und einer neu entwickelten Wortliste mit 1.799 ÖN-bezogenen Schlagwörtern, identifizieren wir, welche Anzeigen auf ÖN verweisen und mit welcher Stärke sie dies tun. In Bezug auf starke Signalwörter finden wir einen positiven Trend bei den Stellenanzeigen, welche bereits Technologien wie „Solaranlage" oder „Elektromobilität" benennen.

1　Growing labour demand in "green jobs"

On the one side, environmental sustainability (ES) is of central concern for most young adults. A representative study in Germany among 14 to 22 old juveniles and young adults classified about 35 percent of all respondents as environmentally idealistic.[1] These juveniles include environmentally friendly practices into their daily life, for instance by a vegetarian diet or by participating in Fridays for Future demonstrations (BMU/UBA 2020, p. 12). On the other side, companies in Germany, not only since Covid-19, are increasingly confronted with apprenticeship positions they cannot occupy (MILDE et al. 2020). This can become even more urging, as studies expect a growing labour demand in "green jobs" with an annual increase of about 6.8 percent until 2025 (BMU 2021, p. 8). The German Environment Agency (in German "Umweltbundesamt" or in the following UBA) finds that a transformation towards a green economy is not accompanied by the emergence of newly defined occupations, but rather by new competences which find their way into already existing occupations. This is also made clear by the fact that the new formulated training standards ("Standardberufs-bildpositionen") stipulate that sustainability must be anchored in *every* training regulation of the dual system (BIBB 2021). Some specific occupations function as "key players" which will drive such economic change. Labour shortage and a lack of specific training might be a hazard for this transformation process (BAUER et al. 2021a). An experiment from Gully et al. (2013) found, that job advertisements which contain messages regarding social and environmental responsibility "influence [the job seekers] perceived fit, organizational attractiveness, job attraction, and job pursuit intentions" (GULLY et al. 2013, p. 964).

　　Motivated by the current and expected increasing labour shortage in the green economy, this study wants to find out whether companies are aware of this attractiveness dimension in their recruitment strategies. How strong do they highlight their environmental commitment in their apprenticeship job ads? The research questions we address in this exploratory article are:

1. How do firms which are part of the Green Economy relate in their *apprenticeship ads* to ES? Do they highlight their engagement by using keywords implying a strong association to ES?
2. Within occupations, are there specific patterns in the level of association between the years 2011 and 2019?

In order to answer these questions, we first describe our data and methods (section 2). In the results (section 3) we start with an overview on which words were found in the corpus, then focus on the temporal development of references in the whole sample and finally

---

[1]　About 40 percent were classified having a "pragmatic" relationship to environmental sustainability, 26 percent having a "distanced" relationship to it (BMU/UBA 2020, p. 12).

identify four types of development how referring to ES changed for different apprenticeships between 2011 and 2019.

2   Data & Methods

2.1 The BA apprenticeship job ad corpus

The Federal Employment Agency of Germany ("Bundesagentur für Arbeit", or short BA) provides the BIBB annually a text corpus with all registered job ads at the 15th of October. The study draws on data provided between 2011 and 2019. The corpus contains vacancies for full time jobs as well as for vocational training. All job ads are supplied with metadata, e. g. the corresponding encoding of the German Classification of Occupations 2010 (KldB 2010). For our analysis, we included only job ads for apprenticeships where the requirement level (*Anforderungsniveau* (AN), represented by the fifth digit of the KldB 2010) is equal to "specialist activities" (AN=2).[2] This means for example, that job ads for dual study courses are excluded. It is important to mention, that the job ads are only encoded at the 5-digit level of the KldB 2010. Since training occupations are defined at the 8-digit level, we cannot make statements on specific apprenticeships belonging to the same KldB 2010 5-digit. However, these are only few cases where a 5-digit contains several 8-digit apprenticeships. Furthermore, we removed ads which belonged to occupations who had less than 40 ads in the corpus. This leads to 1,099,367 job ads that are part of our sample. Since the data only provide all vacancies that are online by mid-October we can only depict a specific section of what is happening on the training market, meaning that some occupations might be over- or underrepresented.

2.2 Identifying different levels of association to environmental sustainability in natural language

Based on the previously described job ad corpus we aimed to identify job ads that refer to ES in the text. We started with a wordlist that was originally created to identify occupations that play a leading role for the transformation towards a Green Economy (see BAUER et al. 2021b). This wordlist contains 836 German-language expressions that are related to ES. The words are assigned to the six lead markets that are, according to the BMU, related to a green transformation of the economy: environmentally friendly energy supply, energy efficiency, resource and material efficiency, sustainable mobility, circular economy and sustainable water supply (see BMU 2012, p. 25). Beside these lead markets the UBA called "Agriculture" as a further category. The wordlist also contains some expressions that where not assignable to

---

2   There are four requirement levels, unskilled/semi-skilled activities (AN=1), specialist activities (AN=2), complex specialist activities (AN=3) and high complex activities (AN=4). For detailed information on the structure of the KldB 2010, see PAULUS/ MATTHES 2013.

any of these categories and thus marked as "Not assignable".[3] But since language is variable and always forms new synonyms, the disadvantage of using a wordlist is that a wordlist is never complete (see SCHARKOW 2012, p. 77ff.). In order to prevent us from overseeing important words in the job ads, we first extended the wordlist with semantically related terms. In a last step, we rated each keyword according to its association with environmental sustainability.

2.2.1   Enriching the UBA wordlist

In order to identify further relevant expressions in the corpus we extended the UBA wordlist with initially 836 keywords by using GermaNet and a word2vec model. GermaNet is a lexical-semantic word net that contains German words as well as semantic relations between those words (see HAMP/FELDWEG 1997; HENRICH/HINRICHS 2010). This architecture enabled us to identify synonyms, hyponyms, semantic related words and spelling variations of keywords already contained in the UBA wordlist. For example, we found the new keyword *Dachbegrünung* (roof greening) as being a hyponym of the already known keyword *Begrünung* (greening). By using GermaNet, we added 391 expressions to our wordlist.

In addition to GermaNet, we also searched for similar words in a German word2vec model trained on German Wikipedia as well as newspaper articles.[4] A word2vec model is a vector space model that embeds words in a multidimensional vector space (see MIKOLOV et al. 2013a; 2013b). Each word is represented by a vector where spatial proximity can be seen as semantic relatedness. In our model each word is represented by a 300-dimensional vector. 354 words from the UBA wordlist are contained in the word2vec model, so we used their corresponding vectors to find words that are semantically related. For that, we adopted a heuristic approach and collected the five closest vectors with a cosine similarity greater than 0.6 for each of these 354 word vectors. Their corresponding words were then candidates for the enriched wordlist. As displayed in Figure 1, for the word *Windpark* (wind farm) we found semantically related terms like *Windräder* (wind turbines) and *Bürgerwindpark* (civic wind farm).

In the case of *Energieberater* (energy consultant) the most similar words included *Klimaschutzmanager* (climate change manager) and *Energieberaterin* (female energy consultant) but also *Wohnberater* (housing consultant) which has no direct relation to ES. By reviewing and discussing the candidate words and then excluding all words unrelated to ES, we ended up with 481 new words from word2vec. Finally, we added further 91 words that are spelling variations or semantic related terms and that did neither appear in GermaNet nor in the selection from the word2vec model.

---

3   For a detailed list of sources for building the initial wordlist, see BAUER et al. 2021b, p. 48 f.

4   URL: https://devmount.github.io/GermanWordEmbeddings/ (last access: 20.07.2022).

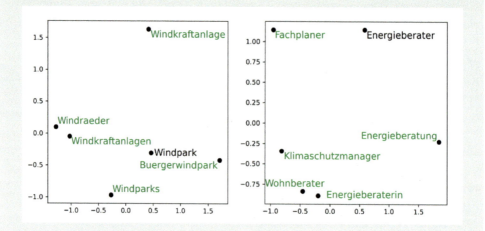

Figure 1: Example for new words found in word2vec-model (300-dimensional vectors are reduced to two dimensions by Principal Component Analysis)

Annotation: black = word contained in UBA wordlist; green = new candidates for the wordlist found in word2vec model
Source: own representation

Drawing on the 836 keywords provided by the UBA, the enriched list now contains (836 + 391 + 481 + 91 =) 1,799 keywords related to ES. It is called *Wortliste der Assoziation oekologischer Nachhaltigkeit* (wordlist on association to environmental sustainability, short: WAoeN).[5]

2.2.2   Operationalizing the association strength to environmental sustainability

One drawback of the UBA wordlist is that it does not differentiate how strongly the words are associated to ES. For instance, while *Umweltschutz* (environmental protection) might evoke a strong association with topics on sustainability, terms like *Automatisierungstechnik* (automation technology) do not have such a link. As we are interested in how strongly a job ad associates to ES, we rated each word of the WAoeN by its subjective association. Note that words that were not related to ES at all (like 'housing consultant') were excluded before this rating process started. The rating of all remaining keywords was done by three researchers from our team who assessed each term independently on a semi-metric scale from one (weak association with ES) to five (strong association with ES). We reviewed these independent ratings and discussed keywords with strong disagreement. Finally, we checked on inconsistencies between ratings of synonyms and spelling variants. After cleaning up the individual

---

5   Freely accessible online under https://github.com/johannabi/WAoeN (last access: 20.07.2022).

ratings we formed mean values for each word.[6] These mean values are part of the online accessible WAoeN (see above). To ease further analysis, we grouped our keywords depending on their mean association scale into three ordinal categories. We categorized them as *weakly associated keywords* (WAKs) when the mean rating lied between 1.0 and 3.0, *medium associated keywords* (MAKs) for mean ratings bigger than 3.0 and smaller than 4.5, and *strongly associated keywords* (SAKs) for mean ratings as big as 4.5 (see Table 1). The higher the association to ES, the smaller the range of the initial semi-metric scale. After the categorisation, we found that WAKs had rather an indirect connection to ES. MAKs were rather associated with ES related technologies, products and services and SAKs could be interpreted as terms relating on a rather abstract and theoretical construct of ES, meaning SAKs indicate the framing and highlighting of ES. For the further analysis we also use WAKs and MAKs to identify and define apprenticeship ads from the Green Economy (see section 2.3). SAKs will serve to identify, whether or not those ads also contain messages highlighting the company`s engagement with ES.

Table 1: Grouping of keywords according to their association score		
Association Group	**No. of keywords**	**Examples**
$x \in$ Weakly associated keywords (WAKs) | $1.0 \leq x \leq 3.0$	1.145	e. g. "repair", "energy supply", "garden"
$x \in$ Medium associated keywords (MAKs) | $3.0 < x < 4.5$	557	e. g. "solar system", "renewable energy", "environment"
$x \in$ Strongly associated keywords (SAKs) | $4.5 \leq x \leq 5$	97	e. g. "environmental protection", "ecological", "sustainable"

Source: own representation

2.2.3 Matching categories between job ads and wordlist

After finalizing the WAoeN wordlist we searched for the keywords in the job ad corpus. Since some of the keywords might appear in inflected forms (e. g. plural) we applied a stemming algorithm on the keywords as well as on the job ads.[7] If a specific word stem appeared several times in a job ad, we extracted all occurrences.

Our unit of analysis are job ads as we are especially interested in the co-occurrence of keywords from different association categories within one ad.[8] In one ad, several matches from one association category can appear together (for instance, one ad can contain the

---

6   For a further overview concerning this approach, the operationalisation of theoretical constructs with wordlists (dictionaries), their advantages and drawbacks see Scharkow 2012, p. 77ff.

7   For stemming, we used the nltk implementation of Cistem (see Weissweiler/Fraser 2018). The algorithm reduces a word to its respective stem, e. g. *Umweltschützer* (environmentalist), *umweltschützend* and *umweltschützende* (both inflected forms of "environmentally protective") are all reduced to umweltschuetz.

8   However, to not draw false conclusions, the following analysis also takes the word level into account.

WAKs "air conditioning" and "building technology"). Also keywords from different categories can appear within one ad. For instance, the SAK "environmental protection" and the MAK "solar panel" might appear in the same ad. Such co-occurrences allow us to differentiate between job ads which only associate weakly/medium to ES but leave out the opportunity to frame with strong signal words. This is grounded on the assumption that job ads which state, for instance, that they work with "biogas" could also frame their apprenticeships with a strong keyword related to ES and thus emphasize their practices by using terms like "environmentally friendly". Ads including only SAKs and no WAKs or MAKs are less relevant for this analysis, as we define only ads containing WAKs and/or MAKs as part of the Green Economy and thus have the potential to associate stronger to ES. Therefore, at the job ad level, we built six disjunct and exhaustive job ad categories:

(1) No match

Ads which do not contain any word from the WAoeN.

(2) Only SAK

As the label indicates, only at least one SAK is found in these ads and no WAKs or MAKs.

(3) Potential with WAK

Ads, which only contain at least one WAK, no MAK and no SAK.

(4) Potential with MAK

Ads, which contain at least one MAK and no SAK. Beside the MAK the ad might contain WAKs as well.

(5) Explicit with WAK

Ads, which contain at least one WAK and at least one SAK. They must not contain a MAK.

(6) Explicit with MAK

Ads, which contain at least one MAK and at least one SAK. When the ad contains at least one WAK as well, it also belongs to this category.

Based on this categorisation, in the results section and the appendix we will further calculate the share of those ads which *"explicitly frame"* their ads as "green", that is which contain SAKs, among all ads which have the potential to do so as they contain WAKs and/or MAKs:

$$\frac{no.\,of\,ads\,cat.\,5}{(no.\,of\,ads\,cat.\,3) + (no.\,of\,ads\,cat.\,5)} = Share\,of\,ads\,which\,\text{"explicitly frame"}\,with\,\textbf{WAKs}$$

$$\frac{no.\,of\,ads\,cat.\,6}{(no.\,of\,ads\,cat.\,4) + (no.\,of\,ads\,cat.\,6)} = Share\,of\,ads\,which\,\text{"explicitly frame"}\,with\,\textbf{MAKs}$$

2.2.4   Methodological drawbacks and limitations

Before we start to present our results, we want to mention some limitations regarding our approach to detect aspects of ES in apprenticeship advertising. Although we more than doubled the number of terms in our wordlist, there might still be some important words missing from the job ad texts. See the following example:

"Indem wir uns für Emissionsreduktion stark machen, sorgen wir dafür, dass die Welt von morgen jeden Tag ein bisschen grüner wird."

(By working on emission reduction, we are ensuring that tomorrow's world becomes a little greener every day.)

Since the term *Emissionsreduktion* (emission reduction) is not part of our wordlist we were not able to find it in the job ads. Furthermore, a wordlist is not able to capture information that were expressed implicitly. In the example, the authors write that they are committed to make tomorrow's word "a little greener every day". The reader could conclude that the company focuses on acting sustainably, but this conclusion would need higher reasoning techniques that a word-based approach does not provide. Finally, a wordlist-based approach is not able to take the context of a word into account. This means that our approach cannot distinguish between different meanings of a word. For example, the German word *Abfall* can mean *waste* or *decrease*. In order to avoid severe matching mistakes in word meaning, we checked the matching between full texts and keywords on a random basis.

2.3 Selecting occupations from the Green Economy

Companies can belong in two different forms to the Green Economy. First, by reducing their ecological footprint and try to run their processes and business as sustainable as possible. Second, by providing ecologically sustainable goods and services (BAUER et al. 2021b, p. 26). Both types of companies are part of our analysis. There are several approaches to identify occupations from the Green Economy, but as our focus lies on the attractiveness of occupations, we will focus on those which already have an above average share of MAKs among all ads from this occupation.[9] This means, our selection of occupations from the Green Economy (see appendix table A1) is rather conservative.[10] From 247 occupations in the corpus, we selected 20 for further analysis.

---

9   Unfortunately, besides the BA job ad corpus, there are no other sources which allow to identify (KldB 2010 based) occupations from the green economy in Germany (see BMU/UBA 2021). For the existing literature, our identified occupations are soundly in line with their findings. For instance, the UNEP found that the sectors of agriculture, the construction industry, energy suppliers, the product industry, forestry, tourism, transportation, waste and the water industry are crucial for the transformation towards a green(er) economy (UNEP 2011). Occupations related to these fields are also highly matching with our WAoeN (see the supplementary material at https://github.com/johannabi/WAoeN).

10   We excluded occupations from our definition as "green", when they obviously were not. For instance have "paramedics" (KldB 2010: 81.342) to show *nachhaltiges Handeln* (act sustainable), policemen have to control the *Umwelt* (environment) and "roller shutter and jalousie installers" (KldB 2010: 33.352) frequently work with *elektrische Antriebe* (electric engines), although these tasks are not related to ES.

3   Results

In the following section 3.1 we first show how the keyword matches from the enriched WAoeN are distributed between their sources. We then depict the 20 most frequent keyword matches from each of the three association categories. In section 3.2 we show the development of the keywords matches at the job ad level for the whole corpus (3.2.1) and finally for selected occupations (3.2.2).

3.1 Word based keyword matching

From 1,799 words from the WAoeN, we found 1,040 keywords (57.8 %) present in the job ad corpus. In Figure 2, we see that the found keywords stem from all resources that we used. The majority of 462 words derives from the original UBA wordlist but also all new keyword sources matched. All keywords matched in total 543,303 times whereby a word can be counted several times per job ad.

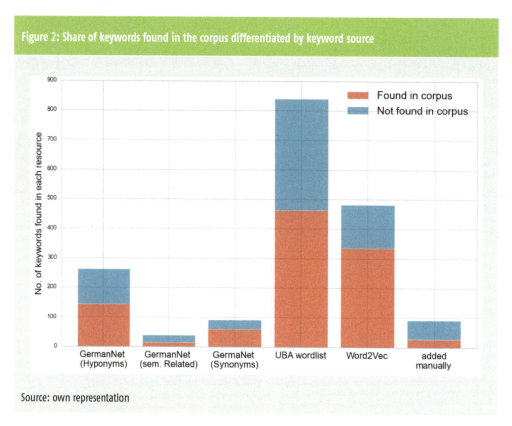

Figure 2: Share of keywords found in the corpus differentiated by keyword source

Source: own representation

Differentiating matches between the three association categories, from 1,145 WAKs, we found in total 678 different keywords (59 %) matching 429,012 times in the corpus. Figure 3 shows the twenty most frequent WAKs. The keyword *Klimatechnik* (air conditioning) was found most often with 51,795 matches representing 12.0 percent of all matches from this category at the word level. It is followed by the word *Gebäudetechnik* (building technology) making up 10.6 percent (45,344 matches) of all word matches. Both words are part of highly frequent apprenticeship titles "Elektroniker/-in Fachrichtung Energie- und Gebäudetechnik" (KldB 2010: 26,212) and "Anlagemechaniker/-in in Heizungs-, Sanitär- und Klimatechnik" (KldB 2010: 34,212). Therefore, the high frequency of those words is not surprising. The third word, *Reparatur* (repair) cannot be attributed to one or a few apprenticeships. Here, an ES related task description from several apprenticeships leads to a high frequency of 41,382 matches at the word level, making up 9.6 percent of all matches from WAK matches.

Figure 3: Total number of keyword matches with job ad corpus: keywords with weak association

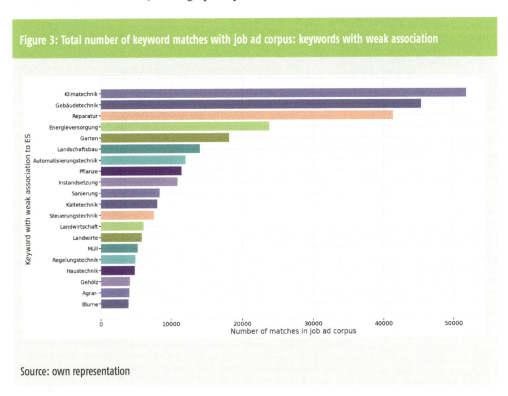

Source: own representation

With regard to MAKs, we found about four times less matches than for weakly associated keywords. A total of 307 out of 557 MAKs in the WAoeN (55 %) were found 84,417 times in the job ad corpus. Figure 4 depicts the most frequent word matches, which are *Umwelt* (environment) with 8,539 matches, contributing 11.3 percent to all matches from MAKs. Second most frequent word is *Solar-*, (8.7 %), third most frequent word is *Solaranlage* (solar system) (7.7 %).

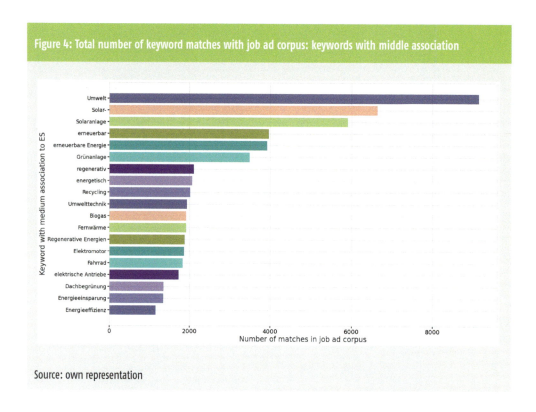

Figure 4: Total number of keyword matches with job ad corpus: keywords with middle association

Source: own representation

Finally, concerning SAKs, a total of 55 out of 97 SAKs (57 %) were found 33,509 times in the corpus. As **Figure 5** shows, the by far most frequent word from this category is *Umwelt-schutz* (environmental protection) matching 13.377 times, contributing about 40 percent of all matches from this association category. Second is the word ökologisch (ecological), making up 14 percent (4,774 matches) of all matches, third place is the word *umweltschonend* (environmentally friendly) (9.0 %, i. e. 2,931 matches).

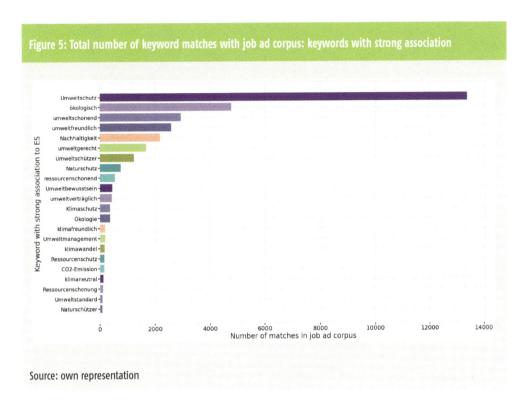

Figure 5: Total number of keyword matches with job ad corpus: keywords with strong association

Source: own representation

3.2   Development between the years 2011 and 2019

When analysing the keyword match trend over time, it is important to first investigate the overall development of text length and the number of job ads per year. Because when the text length per ad in our corpus increases over time, the number of sustainability related keyword matches will probably increase as well. The same is true when the number of ads per year in the corpus increases. Both, average text length and number of ads rose in the time under investigation. The number of job ads rose from 83,523 ads in 2011 to 152.387 ads in 2019. The median number of words per ad rose from 101 words in 2011 to 159 words in 2019. It emerges the question, whether the topic "environmental sustainability" increased dispro-portionate to the general trend to write longer job ads. In other words, as there is a trend for employers to describe the apprenticeships in more detail, does the text they write to describe sustainability related practices and technologies rise at the same level they describe, for in-stance, the skill requirements?

3.2.1   Development at word and job ad level

To answer this question, we investigated at the word level the share of keywords in relation to all words from a year. For the share of *all keywords* among all words, we found an increase between 2011 and 2019 from 3.0 to 3.15 keyword matches per thousand words. Separating the matches by association category, we find a slight decrease of the share of WAK matches from 2.48 matches per thousand in 2011 to 2.44 matches per thousand in 2019. This means, the share of words such as *Reparatur* (repair) or *Klimatechnik* (air conditioning) in relation to all words from that year decreased between 2011 and 2019. The opposite is the case for MAK matches. They rose from 0.35 matches per thousand to 0.48 matches per thousand words. SAK matches rose from 0.17 matches to 0.21 matches per thousand words. The positive trend for medium and strongly associated keyword matches indicates that with a general trend to more detailed job ads (i.e. more words), also the importance (explicit mentioning) of technology, processes and framings related to environmental sustainability rose.

With regards to our research question, the question emerges how the number of job ads developed which potentially could include a word which is strongly associated to ES and how many actually do so. Figure 6 shows for the six disjunct and exhaustive groups of job ad match types the development between 2011 and 2019. When summing up the ads with any potential to emphasize their ES related activities (ads with WAKs and/or MAKs), we find an increase of job ads which could potentially relate stronger to ES (cat. (3) + (4)) from 16.1 percent in 2011 to 21.2 percent in 2019. At the same time, the share of ads which explicitly frame with strong keywords (category (5) + (6)) rose from 1 percent to 1.8 percent. This means, the share of those ads which explicitly frame among all ads who could potentially do so

$$\left(\frac{(5) + (6)}{(3) + (4) + (5) + (6)}\right)_{year}$$

rose from 5.9 percent in 2011 to 7.8 percent in 2019.

Next, we differentiate between ads with WAK and MAK matches. For job ads which matched only with WAKs, the potential rose from 13.1 percent to 16.3 percent[11] and those ads which also include a SAK (cat. (5)), rose from 0.7 percent to 1.0 percent. This means, there was only a small increase of ads which actually framed their ads as green, when they were weakly associated to ES. This share

$$\frac{(5)}{(3) + (5)}$$

rose from 5.1 percent in 2011 to 5.8 percent in 2019. With regards to job ads containing MAKs, the number of ads without a SAK (cat. (4)) rose from 3.0 percent in 2011 to 4.9 percent in 2019. The percentage of ads with MAKs and SAKs (6) among all ads from the respective year rose from 0.3 to 0.8 percent. Thus, the share of those ads with medium association who actually related strongly to ES

$$\frac{(6)}{(4) + (6)}$$

---

11 Consider that this trend is rather due to longer job ads. The trend at the word level is contrary to this finding and indicates no increased "prominence" of this topic (see above).

rose from 9.1 percent in 2011 to 14 percent in 2019. This means that from all apprenticeship ads containing a keyword such as "solar system" or "electro mobility", only about every seventh ad also explicitly mentioned "environmental protection" or other signal words with a strong association to the company's/apprenticeship's environmental engagement.

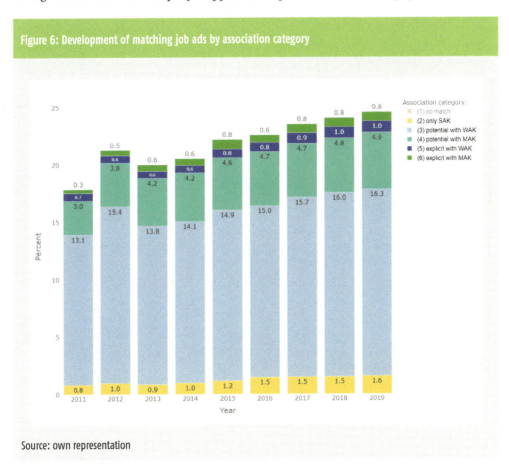

Figure 6: Development of matching job ads by association category

Source: own representation

3.2.2　Development at the occupational level

In the following subsection we want to present four prototypical apprenticeships which function as examples for other apprenticeships with similar trends. The selection is based on a visual inspection of the charts.[12] The first two examples, "chimney sweepers" and "mechanic for sanitary, ventilating, and air-conditioning", present apprenticeships which had a positive trend in mentioning strongly associated keywords within their ads. "Chimney sweepers" are an example for a thoroughly "green" job, were the language changed drastically in the

---

12 We provide the charts from this section interactively at https://github.com/johannabi/WAoeN. You can select online an occupation of interest, study its keyword match trend and find out, which words drive that trend.

time under investigation. "Mechanics for sanitary" have not as many keyword matches as chimney sweepers. But like for the advertisements for chimney sweepers, they had a positive trend with regard to a "greener" framing of their apprenticeships. The third example are "roofers". They had a similar development as "mechanics for sanitary" with regards to MAKs such as "solar power" and "renewable energy". However, although the MAK potential rose, the explicit referring to ES did not accompany this trend. "Roofers" are one example of several occupations we found in the data with a clear transformation trend towards a "greener" occupation but without an accompanying trend in the framing of such occupations. The last example is the apprenticeship "forester", where we found no actual change in the share of potential ads, but nevertheless a change in their explicit framing to ES. We interpret this trend as employers for foresters (usually authorities) took the chance of an increasing awareness of ES to start to frame their apprenticeship ads stronger. They did this, although foresters had no specific change in technologies, processes or services with regards to ES.

Figure 7: Development of potential and explicit job ads for chimney sweepers

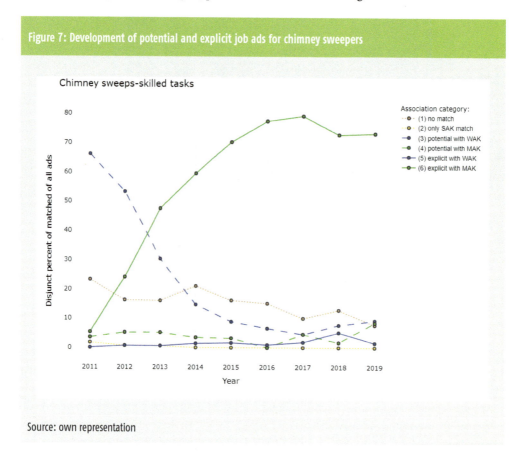

Source: own representation

Investigating closer the four prototypes, we start with the apprenticeship for "chimney sweepers" (KldB 2010: 42,212). Figure 7 shows how over nine years their apprenticeship ads changed stunningly. In 2011 and 2012, the most frequently ad category was *"(3) poten-tial with WAK"*, i. e. ads only containing words such as *Lüftungsanlage* (ventilation system) or *Energieverbrauch* (energy consumption). This ad category dropped from 66 percent in 2011 to 9 percent in 2019. In 2011, strongly referring to ES did not play an important role. From 2013 onward, the most frequently found association category was *"(6) explicit with MAK"*. The share rose from 5 percent in 2011 to 73 percent in 2019. This means that from 2014 onward the majority of ads contained MAKs (predominantly *Energieeffizienz* (energy effi-ciency) and *Energieeinsparung* (energy reduction)) with co-occurring SAKs (*Umweltschutz* (environmental protection) and *Umweltgerecht* (environmentally friendly)). Therefore, the share of ads which included a SAK, i. e. a strong signal word among those already containing a MAK rose from 35 percent in 2011 to 90 percent in 2019 (see appendix table A1). When looking at the word level instead of the job ad level, we find strong support for this finding. Among all words from chimney sweepers' ads, the share of WAKs changed little from 23.0 WAKs per thousand words in 2011 to 27.1 WAKs per thousand in 2019. However, the share of MAKs/SAKs changed strongly in ads of this occupation. Whereas in 2011 only 1.3/1.1 out of every 1000 words was a MAK/SAK, by 2019 it was 8.9/7.1 out of every 1000 words. This indicates, that employers did not remove their WAKs but instead new services occurred (e. g. energy reduction services) which were framed with strong signal words (environmental pro-tection). A qualitative investigation supports this assumption. Firms do advertise by writing for instance: "with optimally adjusted heating systems, unnecessary costs are avoided and the environment is relieved through minimal consumption of fuels".

The job ads of the apprenticeship "mechanic for sanitary, ventilating, and air-condition-ing" (KldB 2010: 34,212) in Figure 8 shows an increase in SAKs like above, although at a much smaller scale.[13] They differ from the ones of chimney sweepers in the sense that not ads with WAKs but ads with MAKs "make room" for those with SAK matches. Between 2011 and 2019 the share of ads which had a *"(4) potential with MAK"* due to words such as *Solaranlage* (solar system) or *regenerative Energie* (renewable energy) shrank from 33 to 26 percent. At the same time, ads which also included a strong keyword (*"(6) explicit with MAK"*) such as *Umweltschutz* (environmental protection) or *Umweltschützer* (environmentalist) rose steadi-ly from one to seven percent. Unfortunately, ads with the potential for a stronger framing due to WAK matches rose as well (56 to 61 percent). This might indicate, that solar energy and renewable energy lost a bit in importance in this apprenticeship, but those firms, whose work remained "medium" related to ES also changed the way they advertise their apprenticeships. When in 2011 only in 2 percent of those ads which included a MAK also a SAK was found, in 2019 in 21 percent a SAK accompanied a MAK (see appendix table A1). Our finding remains robust when looking at the word level instead of the job ad level. Qualitative insights reveal, that those ads which actually contain SAKs, frame their ads sustainable, for instance by stat-ing that young adults should apply, when they "[h]ave fun contributing a little bit every day to reduce CO_2 emissions".

---

13 Other apprenticeships with such a time trend are "plasterers" (KldB 2010: 33,222) or "skilled worker for recycling and waste management" (KldB 2010: 34,332), see appendix table A1.

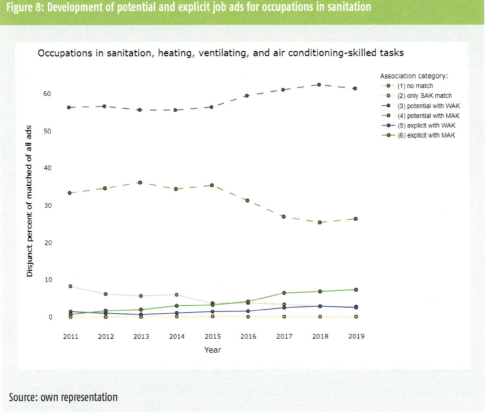

Figure 8: Development of potential and explicit job ads for occupations in sanitation

Occupations in sanitation, heating, ventilating, and air conditioning-skilled tasks

Association category:
- (1) no match
- (2) only SAK match
- (3) potential with WAK
- (4) potential with MAK
- (5) explicit with WAK
- (6) explicit with MAK

Source: own representation

Figure 9 shows the keyword match development for the apprenticeship "roofer" (KldB 2010: 32,142). It is an example for occupations where there was an apparent change in technology, processes or services related to ES, but the firms did not start to frame their apprenticeships as "green".[14] From 2011 to 2014 the most frequent MAK was *Dachbegrünung* (roof greening) followed by *Solarenergie* (solar energy). Since 2015 the strong increase of category *"(4) potential with MAK"* is driven by words such as *Solaranlage* (solar system) and *Solarthermie* (solar thermal). This category rose from 11 percent in 2011 to 56 percent in 2019. This means, more than half of all ads from roofers since 2017 contained a keyword related to solar power. But although similar MAKs as for mechanic for sanitary drove the trend ("solar system" re-

---

14 There are several occupations with such pattern in the data, see appendix table A1. Other striking examples are those from occupations "in the maintenance and construction of bicycles and motorbikes" (KldB 2010: 25,252), where "e-bikes" play an increasing role. Several apprenticeships from occupations in "installing and maintaining electrical machines" (KldB 2010: 26,252) who have to deal more and more with *Elektromobilität* (electro mobility). "Renewable energy" matches rose for apprenticeships from the occupation "electricians in construction" (KldB 2010: 26,212). Cargo truck drivers (KldB 2010: 52,122) are increasingly needed to drive recyclable materials.

lated technologies), there was almost no increase in ads which picked up the potential and related this apprenticeship stronger to ES with a strong signal word, a SAK. Between 2011 and 2019 this category remained steady around 1 percent. When calculating the share of ads with a MAK which also contains a SAK among all ads with a MAK, the figures speak for themselves. When in 2011 4 percent also included a SAK, in 2019 the share even shrank to 2 percent (see appendix table A1). At the word level, we find the same trends as at the job ad level. We therefore conclude, that roofers and many other occupations from the green economy do not include framing messages related to ES to present their apprenticeships more attractively.

Figure 9: Development of potential and explicit job ads for roofers

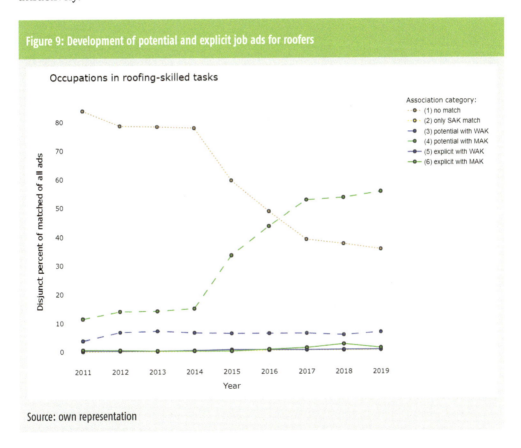

Source: own representation

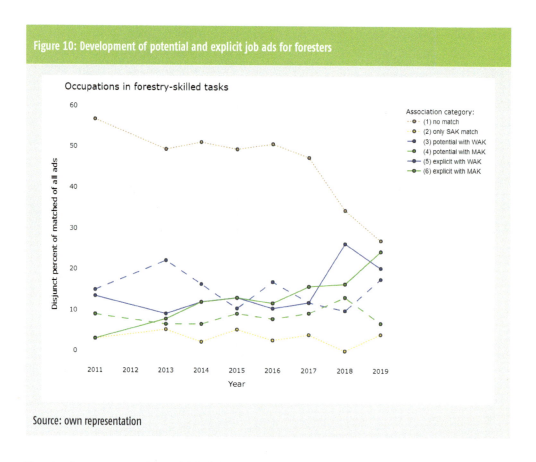

Figure 10: Development of potential and explicit job ads for foresters

Source: own representation

Turning last to occupations which did not have an increase in keywords related to new technologies, processes and services from the green economy, but nevertheless increasingly started framing their ads as "green". As an example of this category serves the apprenticeship forester (KldB 2010: 11,712). Figure 10 depicts that the percentage of ads which only include a WAK/MAK remained stable by about 16/9 percent. However, ads with a WAK/MAK and simultaneous co-occurrence of a SAK rose for WAKs from 13 percent in 2011 to 20 percent in 2019 ("(5) explicit with WAK") and for MAKs from 3 percent to 24 percent ("(6) explicit with MAK"). Calculating the share of those ads with a MAK to those who explicitly include a strong signal word, we find that in 2011 25 percent included a SAK and 2019 already 76 percent include such a signal word (see appendix table A1). At the word level, we find no increase in WAKs. Among thousand words, MAKs/SAKs were matching about 0.9/1.8 times in 2011 and 2.5/2.8 times in 2019. We assume, that firms/authorities employing foresters took the increasing public awareness for ES to frame their job ads more attractively by including words such as *Umweltschutz* (environmental protection) or *Naturschutz* (nature protection) into their apprenticeship ads.

4   Conclusion: a positive trend with room for improvement

In this study, we investigated the reference to environmental sustainability in online apprenticeship job ads. To this end, we extended a wordlist developed by the UBA to include more expressions on ES and assigned each word from the list an association category. These categories indicate whether the word is strongly, moderately or weakly associated to ES.

Overall, we find a positive trend when it comes to emphasize green apprenticeship's contribution to "environmental protection". This is especially true for apprenticeships, whose job ads contain medium associated words such as "solar system" or "electro mobility". Here, the share of ads explicitly relating to ES rose from 9.1 percent in 2011 to 14 percent in 2019. However, this means that *six out of seven ads who could include a strong signal word do not do so*. Furthermore, we identified four central patterns of development in how companies relate to ES in their apprenticeship ads. Some occupations use almost all their potential to relate strongly to environmental protection (chimney sweepers) and some occupations have a positive – but improvable – development (mechanic for sanitary, ventilating, and air-conditioning). We further found occupations which did not show a changing trend in keywords associated to ecological technologies/processes/services (MAKs), but nevertheless started to engage stronger in framing their apprenticeships as "green" (for instance foresters). Finally, we found several occupations, where the findings indicate an increasing relationship to the Green Economy, but companies do not use this dimension of attractiveness to emphasize their environmental engagement (for instance roofers). With regards to the situation, that on the one hand over a third of all juveniles in Germany already implement environmentally friendly practices into their everyday life (BMU/UBA 2020) and Gully et al. (2013) found that these people are especially receptive for strong signal words in job ads with regards to job pursuit intentions, and that on the other hand many companies face labour shortage, we showed that there remains much potential for firms to present themselves more attractively. They simply have to emphasize what they already are: a part of the transformation process towards a green economy.

Regarding our methodological approach we still have some issues deferring to future work. Since the text corpus does not provide a continuous time series, we expect biased data regarding the job ad coverage for some occupations. Furthermore, future research may apply different text mining approaches to capture implicit references to ES in job ads. Finally, we have so far assumed that certain terms are more strongly associated to sustainability than others. The question remains open, whether or not apprenticeship ads are generally more attractive, when they contain strong signal words such as "environmental protection". Maybe the mentioning of "solar systems" or "renewable energy" is enough for environmentally interested juveniles to apply for such apprenticeships. The attractiveness of such job ads could, for instance, be investigated in the future with experimental research designs similar to Gully et al. (2013).

References

BAUER, Stefanie; THOBE, Ines; WOLTER, Marc Ingo; ZIKA, Gerd; RÖTTGER, Christof; HELM-RICH, Robert; SCHANDOCK, Manuel; MOHAUPT, Franziska; MÜLLER, Ria: Branchen und Berufe für den Übergang in eine Green Economy. In: UMWELTBUNDESAMT; BUNDESMI-NISTERIUMS FÜR UMWELT, NATURSCHUTZ, BAU UND REAKTORSICHERHEIT (Hrsg.): Reihe Umwelt, Innovation, Beschäftigung 03/2021. Dessau-Roßlau, Berlin 2021a

BAUER, Stefanie; THOBE, Ines; WOLTER, Marc Ingo; HELMRICH, Robert; SCHANDOCK, Manuel; JANSER, Markus; ZIKA, Gerd; RÖTTGER, Christof; LIESEN, Andrea; MOHAUPT, Franziska: Qualifikationen und Berufe für den Übergang in eine Green Economy. In: UMWELTBUN-DESAMT; BUNDESMINISTERIUMS FÜR UMWELT, NATURSCHUTZ, BAU UND REAKTORSICHER-HEIT (Hrsg.): Reihe Umwelt, Innovation, Beschäftigung 06/2021. Dessau-Roßlau, Berlin 2021b

BIBB – BUNDESINSTITUT FÜR BERUFSBILDUNG (Hrsg.): Vier sind die Zukunft – Digitalisierung. Nachhaltigkeit. Recht. Sicherheit. – Die modernisierten Standardberufsbildpositionen anerkannter Ausbildungsberufe. Bonn 2021

BMU – BUNDESMINISTERIUM FÜR UMWELT, NATURSCHUTZ UND NUKLEARE SICHERHEIT (Hrsg.): GreenTech made in Germany 2021. Berlin 2021

BMU – BUNDESMINISTERIUM FÜR UMWELT, NATURSCHUTZ UND REAKTORSICHERHEIT (Hrsg.): GreenTech made in Germany 3.0 – Umwelttechnologie-Atlas für Deutschland. Berlin 2012

BMU/UBA – BUNDESMINISTERIUM FÜR UMWELT, NATURSCHUTZ UND NUKLEARE SICHERHEIT; UMWELTBUNDESAMT (Hrsg.): Zukunft? Jugend fragen! Umwelt, Klima, Politik, Engage-ment – Was junge Menschen bewegt. Dessau-Roßlau, Berlin 2020

GULLY, Stanley M.; PHILLIPS, Jean M.; CASTELLANO, William G.; KYONGJI, Han; KIM, Andrea: A mediated moderation model of recruiting socially and environmentally responsible job applicants. In: Personnel Psychology (2013) 66, pp. 935–973

HAMP, Birgit; FELDWEG, Helmut: GermaNet – a Lexical-Semantic Net for German. In: Pro-ceedings of the ACL workshop Automatic Information Extraction and Building of Lexical Semantic Resources for NLP Applications. Madrid 1997

HENRICH, Verena; HINRICHS, Erhard: GernEdiT – The GermaNet Editing Tool. In: Proceed-ings of the Seventh Conference on International Language Resources and Evaluation (LREC 2010)

MIKOLOV, Tomas; CHEN, Kai; CORRADO, Greg; JEFFREY, Dean: Efficient estimation of word representations in vector space. In: International Conference on Learning Representa-tions – Workshop Papers, 2013a

MIKOLOV, Tomas, SUTSKEVER, Ilya; CHEN, Kai; CORRADO, Greg; DEAN, Jeffrey: Distributed representations of words and phrases and their compositionality. In: Proceedings of Ad-vances in Neural Information Processing Systems 26 (2013b)

MILDE, Bettina; ULRICH, Joachim Gerd; FLEMMING, Simone; GRANATH, Ralf-Olaf: Die Entwicklung des Ausbildungsmarktes im Jahr 2019: weniger Ausbildungsverträge als Folge sinkender Angebots- und Nachfragezahlen; Analysen auf Basis der BIBB-Erhebung über neu abgeschlossene Ausbildungsverträge zum 30. September 2019 und der Ausbildungsmarktstatistik der Bundesagentur für Arbeit (BA), Version 1.0. Bonn 2020

PAULUS, Wiebke; MATTHES, Britta: The German Classification of Occupations 2010 - Structure, Coding and Conversion Table. (FDZ-Methodenreport 08/2013 (en)). Nürnberg 2013

SCHARKOW, Michael: Automatische Inhaltsanalyse und maschinelles Lernen. Dissertation. Berlin 2012

UNEP – UNITED NATIONS ENVIRONMENT PROGRAMME (Hrsg.): Towards a Green Economy: Pathways to Sustainable Development and Poverty Eradication – A Synthesis for Policy Makers. Nairobi 2011. URL: https://sustainabledevelopment.un.org/content/documents/126GER_synthesis_en.pdf (Stand: 07.09.2022)

WEISSWEILER Leonie; FRASER, Alexander: Developing a Stemmer for German Based on a Comparative Analysis of Publicly Available Stemmers. In: REHM, Georg; DECLERCK, Thierry (Hrsg.): Language Technologies for the Challenges of the Digital Age. GSCL 2017. Lecture Notes in Computer Science (2018) Vol. 10713, pp. 81–94

Appendix

Table A1: Selection of 20 green occupations and their key statistics

Kldb 2010	Occupation (german) 5-digit	Occupation (english) 5-digit	No. of job ads	Avg. matches WAKs and MAKs per job ad	Three most frequent MAKs (with absolute frequencies)	Three most frequent SAKs (with absolute frequencies)	2011		2019	
							Percentage ad matches with MAKs...	...from which contain SAKs as well	Percentage ad matches with MAKs...	...from which contain SAKs as well
11102	Landwirtschaft (ohne Spezialisierung) – Fachkraft	Occupations in farming (without specialisation) – skilled tasks	4896	2.28	‚Umwelt'(373), ‚Tierschutz'(198), ‚Biogasanlage'(189)	‚ökologisch'(153), ‚Umweltschutz'(109), ‚umweltverträglich'(31)	13.27	9.26	18.43	19.13
11212	Nutztierhaltung – Fachkraft	Occupations in livestock farming (without poultry farming) – skilled tasks	2152	0.76	‚Umwelt'(82), ‚Biogasanlage'(60), ‚Tierschutz'(44)	‚ökologisch'(26), ‚Umweltschutz'(17), ‚umweltgerecht'(12)	3.13	0.00	11.44	25.81
11712	Forstwirtschaft – Fachkraft	Occupations in forestry – skilled tasks	654	1.25	‚Umwelt'(38), ‚Waldschutz'(35), ‚nachwachsend'(32)	‚Naturschutz'(124), ‚Umweltschutz'(64), ‚umweltfreundlich'(18)	11.94	25.00	33.78	76.00

KldB 2010	Occupation (german) 5-digit	Occupation (english) 5-digit	No. of job ads	Avg. matches WAKs and MAKs per job ad	Three most frequent MAKs (with absolute frequencies)	Three most frequent SAKs (with absolute frequencies)	2011		2019	
							Percentage ad matches with MAKs…	…from which contain SAKs as well	Percentage ad matches with MAKs…	…from which contain SAKs as well
12142	Garten-, Land-schafts-, Sport-platzbau – Fach-kraft	Occupations in horticulture (landscape gardening, and sports field maintenance – skilled tasks	6046	4.45	‚Grünanlage'(3169) ‚Umwelt'(2765) ‚Be-grünung'(638)	‚Naturschutz'(457) ‚Umweltschutz'(105) ‚Naturschützer'(36)	64.87	11.07	65.41	15.36
25222	Land-, Bauma-schinentechnik – Fachkraft	Technical occupations, agricultural and construction machinery – skilled tasks	6691	1.24	‚erneuerbar'(573) ‚erneuerbare Ener-gie'(571) ‚Solar-'(567)	‚Umweltschutz'(85) ‚ökologisch'(17) ‚umweltfreund-lich'(12)	3.06	0.00	2.61	23.08
25252	Zweiradtechnik – Fachkraft	Technical occu-pations in the maintenance and construction of bicycles and motorbikes – skilled tasks	1336	0.80	‚Fahrrad'(335) ‚E-Bikes'(120) ‚Hyb-ridantrieb'(29)	‚ökologisch'(4) ‚Um-weltschutz'(3) ‚um-weltfreundlich'(3)	12.00	0.00	31.18	1.72
26122	Automatisie-rungstechnik – Fachkraft	Occupations in automation and control techno-logy – skilled tasks	4438	1.99	‚elektrische Antrie-be'(223) ‚Recycling-anlage'(80) ‚Um-welt'(38)	‚Umweltschutz'(158) ‚umweltgerecht'(59) ‚Nachhaltigkeit'(16)	8.76	3.23	11.70	5.19

Kldb 2010	Occupation (german) 5-digit	Occupation (english) 5-digit	No. of job ads	Avg. matches WAKs and MAKs per job ad	Three most frequent MAKs (with absolute frequencies)	Three most frequent SAKs (with absolute frequencies)	2011		2019	
							Percentage ad matches with MAKs….	…from which contain SAKs as well	Percentage ad matches with MAKs….	…from which contain SAKs as well
26212	Bauelektrik – Fachkraft	Electricians in construction – skilled tasks	22415	2.15	‚regenerativ'(796) ‚Regenerative Energien'(791) ‚Solaranlage'(530)	‚Umweltschutz'(241) ‚umweltfreundlich'(37) ‚ökologisch'(30)	7.00	3.23	13.49	5.83
26252	Elektrische Betriebstechnik – Fachkraft	Occupations in installing and maintaining electrical machines and equipment in plants – skilled tasks	17130	1.30	‚Elektromobilität'(260) ‚regenerativ'(228) ‚erneuerbar'(220)	‚Umweltschutz'(657) ‚umweltfreundlich'(99) ‚Nachhaltigkeit'(95)	8.26	12.93	12.65	14.81
32142	Dachdeckerei – Fachkraft	Occupations in roofing – skilled tasks	9702	1.08	‚Solaranlage'(2187) ‚energetisch'(1638) ‚Dachbegrünung'(1132)	‚Umweltschutz'(102) ‚umweltschonend'(27) ‚ökologisch'(21)	11.96	4.48	56.77	2.05
32252	Kanal- und Tunnelbau – Fachkraft	Occupations in canal and tunnel construction – skilled tasks	1133	1.36	‚Umwelt'(24), ‚Umwelttechnik'(16), ‚Mitfahrgelegenheit'(12)	‚Umweltschutz'(35) ‚umweltgerecht'(12) ‚ökologisch'(5)	4.26	0.00	12.68	7.69

Kldb 2010	Occupation (german) 5-digit	Occupation (english) 5-digit	No. of job ads	Avg. matches WAKs and MAKs per job ad	Three most frequent MAKs (with absolute frequencies)	Three most frequent SAKs (with absolute frequencies)	2011		2019	
							Percentage ad matches with MAKs…	…from which contain SAKs as well	Percentage ad matches with MAKs…	…from which contain SAKs as well
33312	Isolierung – Fachkraft	Occupations in insulation – skilled tasks	822	2.65	‚Umwelt'(62), ‚Energieeinsparung'(24), ‚Umwelttechnik'(5)	‚Umweltschutz'(73), ‚Klimaschutz'(13), ‚Ökologie'(4)	5.63	50.00	16.67	11.11
34212	Sanitär, Heizung, Klimatechnik – Fachkraft	Occupations in sanitation, heating, ventilating, and air conditioning – skilled tasks	24591	1.99	‚Solar-'(4468), ‚Solaranlage'(2895), ‚erneuerbare Energie'(714)	‚umweltschonend'(615), ‚Umweltschutz'(424), ‚umweltgerecht'(203)	34.09	2.01	33.56	21.43
34232	Kältetechnik – Fachkraft	Occupations in ventilating, and air conditioning – skilled tasks	3523	2.69	‚Recycling'(88), ‚Umwelttechnik'(75), ‚Umwelt'(64)	‚ökologisch'(182), ‚umweltfreundlich'(98), ‚Umweltschutz'(53)	10.55	56.52	15.87	37.78
34312	Wasserversorgungs-, Abwassertechnik-Fachkraft	Technical occupations in water supply and wastewater disposal – skilled tasks	2611	2.54	‚Umwelt'(253), ‚Umwelttechnik'(79), ‚Fernwärme'(47)	‚Umweltschutz'(379), ‚ökologisch'(153), ‚umweltgerecht'(84)	9.42	33.33	20.00	36.36

Kldb 2010	Occupation (german) 5-digit	Occupation (english) 5-digit	No. of job ads	Avg. matches WAKs and MAKs per job ad	Three most frequent MAKs (with absolute frequencies)	Three most frequent SAKs (with absolute frequencies)	2011		2019	
							Percentage ad matches with MAKs....	...from which contain SAKs as well	Percentage ad matches with MAKs....	...from which contain SAKs as well
34322	Rohrleitungsbau – Fachkraft	Occupations in pipeline construction – skilled tasks	1351	1.25	‚Fernwärme'(967) ‚Umwelt'(23) ‚Mitfahrgelegenheit'(13)	‚Umweltschutz'(26) ‚umweltgerecht'(3) ‚Nachhaltigkeit'(3)	74.55	0.00	62.23	0.69
34332	Abfallwirtschaft – Fachkraft	Occupations in waste management – skilled tasks	902	4.55	‚Wiederverwertung'(316) ‚Recycling'(198) ‚Umwelt'(127)	‚umweltschonend'(346)'Umweltschutz'(141) ‚ökologisch'(43)	59.65	82.35	62.94	63.33
34342	Anlagen-, Behälter-, Apparatebau–Fachkraft	Occupations in plant, vessels, tank and apparatus construction – skilled tasks	2539	1.10	‚Fernwärme'(157) ‚erneuerbare Energie'(62) ‚erneuerbar'(58)	‚Umweltschutz'(60) ‚umweltschonend'(18) ‚ökologisch'(17)	8.38	12.50	19.95	17.57
42212	Schornsteinfeger/-innen – Fachkraft	Chimney sweeps – skilled tasks	1171	2.76	‚Energieeffizienz'(593) ‚Energieeinsparung'(112) ‚Umwelt'(43)	‚umweltgerecht'(519) ‚Umweltschutz'(113) ‚Klimaschutz'(80)	15.18	35.29	81.54	89.62
51212	Straßen-, Tunnelwärterf/-innen – Fachkraft	Road and tunnel inspection and controlling commissioners – skilled tasks	926	1.05	‚Grünfläche'(287) ‚Grünanlage'(58) ‚Biotoppflege'(8)	‚Umweltschutz'(44) ‚umweltgerecht'(1) ‚Naturschutz'(1)	64.29	3.70	23.04	13.64

Patric Raemy, Antje Barabasch, Anna Keller, Gaby Walker

▶ Nachhaltige Lernkultur in einer sich schnell verändernden Arbeitswelt

Der gesellschaftliche Wandel und die Forderung nach nachhaltigen Entwicklungen führt zu tiefgreifenden Veränderungen in der betrieblichen Berufsbildung. Deren Akteure sind gefordert, sich an neuen Werten und Normen zu orientieren und unterschiedliche Spannungsverhältnisse auszuhandeln. Unsere Studie untersucht anhand von vier Fallstudien in großen Schweizer Unternehmen diese Aushandlungsprozesse und die Rolle zukunftsorientierter Lernkulturen bei der Förderung des Bewusstseins für nachhaltiges Handeln. Die Analyse der 177 qualitativen Interviews zeigt, dass etablierte, akzeptierte und gelebte Lernkulturen helfen, Spannungsverhältnisse zwischen Veränderung und Stabilität nachhaltig zu moderieren, neue Ideen und Ansätze zu generieren und Arbeitskräfte auf neue Entwicklungen vorzubereiten.

1   Lernkulturen im Lichte des gesellschaftlichen Wandels

Heutige gesellschaftliche Herausforderungen fordern neue innovative Ausbildungskonzepte und Ansätze in der betrieblichen Berufsbildung. Lehrbetriebe und deren Akteure sind gefordert, sich ständig den technischen, ökonomischen, ökologischen und sozialen Veränderungen anzupassen. Eine Herausforderung ist dabei, die Flexibilität und Schnelllebigkeit der Arbeitswelt mit den von Organisationen benötigten stabilen, langfristigen und nachhaltigen Strukturen zu vereinen. Die an der betrieblichen Berufsbildung beteiligten Akteure sollen sich den schnellen Veränderungen anpassen, sich an der übergeordneten Vision der Berufsbildung orientieren, die Identifikation mit dem Unternehmen und dem Beruf wahren und mit produktiver Arbeit ökonomische Ziele erreichen. Unsere Studie untersucht, wie Arbeitskräfte auf diese Erwartungen und Spannungsverhältnisse vorbereitet werden und welche Rolle zukunftsorientierte Lernkulturen bei der Förderung des Bewusstseins für nachhaltiges Handeln in einem ökonomisch, ökologisch und sozial verantwortlichen Sinne haben. Basierend auf bildungswissenschaftlichen und soziologischen Theorien zur Aushandlung, Akzeptanz und Institutionalisierung von neuen Lernkulturen in der Berufsbildung sowie 177 qualitativen Interviews mit Akteuren der Berufsbildung aus vier verschiedenen Branchen, leiten wir induktiv eine theoretische Basis zur Analyse der Rolle von Lernkulturen bei nachhaltigen Entwicklungen in der Berufsbildung her.

In einem ersten Schritt besprechen wir die Bedeutung und die Herkunft des Konzepts „Lernkultur" (vgl. Sonntag u. a. 2004) und dessen Nutzen für die Thematisierung von Berufsbildung und nachhaltiger Entwicklung. Anschließend beschreiben wir die Spannungsverhältnisse zwischen einer nachhaltigen Lernkultur und einer sich schnell verändernden Arbeitswelt. Ziel dieses Beitrags ist es, branchenübergreifend die Rolle von innovativen Lernkulturen für nachhaltige Entwicklungen in der betrieblichen Berufsbildung zu untersuchen und dabei Faktoren für eine gelingende und nachhaltige Lernkultur zu definieren und zu diskutieren. Wir argumentieren, dass Lernkulturen dann erfolgreich sind, wenn sie von den organisationalen Akteuren nachhaltig und langfristig mitgetragen werden. Eine etablierte, akzeptierte und gelebte Lernkultur könnte helfen, Spannungsverhältnisse zwischen Veränderung und Stabilität nachhaltig zu moderieren und Arbeitskräfte auf neue Entwicklungen vorzubereiten.

Unsere Gedanken fassen wir in einem Modell zur Analyse von nachhaltigen Lernkulturen zusammen. Dabei werden die Rolle von Lernkulturen in der Berufsbildung sowie wichtige Aspekte, Interaktionen und Spannungsverhältnisse innerhalb der Organisationen und deren Akteuren in einer sich wandelnden Umwelt beleuchtet. Diese theoretische Fundierung könnte in zukünftigen Studien helfen, die Forschungsabsicht bei der Analyse der Rolle von Lernkulturen bei nachhaltigen Entwicklungen in der Berufsbildung genauer zu definieren.

2   Förderung nachhaltiger Entwicklung durch zukunftsorientierte Lernkulturen?

Zwischen dem Begriff der „Lernkultur" und nachhaltigen Entwicklungen sehen wir einige Gemeinsamkeiten, weil beide Entwicklungen einen langfristigen Wandel von Wahrnehmungen, Werten, Normen und Praktiken zum Ziel haben. Studien zu Lernkulturen in Unternehmen untersuchen neue Ansätze des betrieblichen Lernens und Lehrens sowie die Wahrnehmung, Aushandlung und Umsetzung von Ausbildungskonzepten. Dabei liegt der Fokus auf den Lernumgebungen, Praktiken und Prozessen des Arbeitens und Lernens sowie den Einstellungen, Werten und Überzeugungen der involvierten Akteure (vgl. Barabasch/Keller 2021). Lernkulturen sind deshalb Indikatoren für den Stellenwert des Lernens, der Kompetenzentwicklung, der Mitarbeitenden und der Innovativität innerhalb des Unternehmens (vgl. Sonntag u. a. 2004). Weil neue Lernkulturen als Phänomene gesehen werden können, welche aus Umbruchs- und Herausforderungssituationen in der Gesellschaft entstehen (vgl. Dohmen 1996), bietet sich die Integration von Lernkulturen in der Untersuchung zu nachhaltigen Entwicklungen bei der betrieblichen Berufsbildung an. Obwohl sich unser Fokus nicht explizit auf Umweltschutz richtet, ist die Analyse der Lernkulturen wichtig, weil diese, durch ihren ständigen Bezug zu Wandlungsprozessen und Modernisierung, als Mittel zur Etablierung des lebenslangen Lernens und zur Flexibilisierung des Lernens gesehen werden. Nach Koller (2021) ist das Ziel von neuen Lernkulturen, das Lernen als zentralen Faktor und eine Kultur der nachhaltigen Anpassungsfähigkeit zu etablieren. Dabei sollen eine Kultur des lebenslangen Lernens und ein Bewusstsein, mit Veränderungen und Neuerungen konstruktiv umgehen zu können, bei den an der betrieblichen Berufsbildung beteiligten Akteuren eingeführt werden.

Der Schwerpunkt unserer Untersuchung liegt auf zukunftsorientierten und innovationsfördernden Ausbildungskonzepten und den einer nachhaltigen Entwicklung zugrunde liegenden Aushandlungsprozessen. Ziel unserer Studie ist es, ein besseres Verständnis zu erlangen, wie neue Ansätze des nachhaltigen Lernens und damit einhergehende zukunftsorientierte Werte und Normen von den an der Berufsbildung beteiligten Akteuren wahrgenommen, ausgehandelt, internalisiert und umgesetzt werden. Die Arbeitswelt kann als kritischer Ort gesehen werden, in dem sich entscheidende Innovationen eines Transformationsprozesses vollziehen (vgl. MELZIG/KUHLMEIER/KRETSCHMER 2021). Die Umsetzung nachhaltiger Entwicklung in der (Ausbildungs-)Praxis kann deshalb als entscheidender Faktor für den gesellschaftlichen Wandel gesehen werden. Wir nehmen an, dass nachhaltige Entwicklungen, aber auch innovationsbegünstigende Lernkulturen dann erfolgreich sind, wenn der kulturelle, gesellschaftliche und normative Wandel für alle Beteiligten greifbar ist und gelebt wird. Wir nehmen außerdem ebenfalls an, dass insbesondere in der Berufsbildung der langfristigen Entwicklung zur Nachhaltigkeit eine schnelllebige, weitgehend ökonomisch orientierte, Arbeitswelt entgegensteht. In unserer Studie wird dieses Spannungsverhältnis aufgezeigt, analysiert und eingeordnet. Wir fragen deshalb, wie neue Ansätze der betrieblichen Ausbildung von den beteiligten Akteuren wahrgenommen, ausgehandelt, umgesetzt und nachhaltig internalisiert werden. Bei der Untersuchung von solchen Transformationsprozessen bietet sich der Fokus auf Lernkulturen an, weil damit ein ganzheitliches Bild des betrieblichen Lernens gezeichnet werden kann. Allerdings ist noch nicht klar, welche Rolle innovative Lernkulturen bei der Förderung von nachhaltigen Entwicklungen in der Berufsbildung haben. Hier setzen wir mit unserer Studie an, mit dem Ziel, eine theoretische Basis für weitere Studien induktiv herzuleiten.

3   Erhebungs- und Auswertungsmethode der Fallstudien

In der Zeit von 2017 bis 2020 wurden vier explorative Fallstudien zu Lernkulturen in Unternehmen durchgeführt. Wir waren in Unternehmen, welche innovative Ausbildungskonzepte umsetzen und zu den größten Lehrbetrieben der Schweiz gehören. Die Betriebe gehören zu den führenden Unternehmen in Branchen der Telekommunikation, Informationstechnik, Transport, Verkehr, Logistik, Finanzen und Pharma.

Die Datenerhebung erfolgte an unterschiedlichen Standorten der Unternehmen in drei Sprachregionen der Schweiz. Die Fallstudien zielten darauf, in Erfahrung zu bringen, wie (1) die Lernprozesse durch die Lernenden, Ausbildenden, Coaches und das Berufsbildungsmanagement initiiert, gesteuert und begleitet werden, (2) wie die Akteure strukturelle Veränderungen wahrnehmen, antizipieren, planen und aktiv gestalten, (3) welche Erfahrungen sie im Arbeitsalltag machen und (4) welche Einstellungen, Werte und Überzeugungen sie bezüglich der Ausbildung am Arbeitsplatz haben.

Wir führten halbstrukturierte Interviews mit Lernenden, betrieblichen Ausbildern und Ausbilderinnen, Coaches und mit dem Berufsbildungsmanagement verschiedener Hierarchieebenen durch. Insgesamt wurden 177 Interviews durchgeführt (Fall 1: 30, Fall 2: 59, Fall 3: 43, Fall 4: 95). Die Interviews dauerten zwischen 30 und 120 Minuten. Sie wurden in der Originalsprache (Deutsch, Französisch und Italienisch) geführt und transkribiert. Die Interviews befassten sich mit den Erfahrungen im Arbeitsalltag, der Organisation der Ausbildung, der Lernunterstützung, sowie den Einstellungen, Werten und Überzeugungen bezüglich der Ausbildung am Arbeitsplatz. Teilnehmende Beobachtungen in den Unternehmen und eine Dokumentenanalyse von berufsbildungsbezogenen Dokumenten der Unternehmen halfen, die Narrationen zu kontextualisieren. Die Studienteilnehmenden und Orte für die Teilnehmende Beobachtung wurden jeweils in Absprache mit dem Berufsbildungsmanagement ausgewählt.

Für die Auswertung der Transkripte wurde ein inhaltsanalytisches Vorgehen (vgl. Kuckartz 2016) gewählt, wobei das Datenmaterial einerseits nach Fällen (einzelne Interviewte oder Gruppen von Interviewten) und andererseits nach Kategorien (Forschungsthemen) strukturiert wurde. Die Codierung des Materials wurde computergestützt mit MAXQDA vorgenommen, wobei die Kategorienbildung für jede Fallstudie separat erfolgte. In einem iterativen Prozess wurden die Codes, die Interpretationen und die Analyse von Themen im Team besprochen und durch ein weiteres Literaturstudium vertieft. Die Kategorien wurden entsprechend verfeinert, bereits codierte Themen wurden neu geordnet und neue Themen integriert. Die Intercoderreliabilität wurde durch gemeinsames Codieren und regelmäßiges Diskutieren im Team kontrolliert.

4   Die Rolle von Lernkulturen bei nachhaltigen Entwicklungen in der Berufsbildung

Unsere Fallstudien zeigten, dass für eine nachhaltige Entwicklung der betrieblichen Berufsbildung die Durchdringung von neuen Ideen und Konzepten bei allen beteiligten Akteuren notwendig ist. Aus den Narrationen haben wir gesehen, dass eine neue Lernkultur dann erfolgreich ist, wenn sie von allen beteiligten Akteuren getragen und „gelebt" wird, sprich, dass an die neuen Ideen geglaubt wird und diese in der Praxis auch umgesetzt werden. Das heißt, innovative, zukunftsgerichtete und nachhaltige Ideen werden von den beteiligten Akteuren nicht passiv übernommen, sondern aktiv ausgehandelt und auf ihren Nutzen für die Praxis, das Unternehmen, die Berufsbildung und sich selbst geprüft. Die Narrationen boten uns Einblicke in die verschiedenen Aushandlungsprozesse zwischen der Mikro- (Individuum), Meso- (Unternehmen) und Makroebene (institutionelle Mission der Berufsbildung). Wir haben beobachtet, wie die an der betrieblichen Berufsbildung beteiligten Akteure neue Werte und Normen aushandeln, interpretieren, internalisieren und umsetzen. Es zeigte sich zudem, wie innerhalb der Unternehmen ökonomische und soziale Ziele (Profit und Ausbildung) ausgehandelt werden.

4.1 Orientierung an und Umsetzung von neuen Werten und Normen

Die Durchdringung, sprich Internalisierung, von neuen Lernkulturen bei allen beteiligten Akteuren ist für Unternehmen förderlich und erstrebenswert. Ähnlich wie bei der Unternehmenskultur ist eine geteilte Lernkultur identitätsfördernd und orientierungsstiftend.

Die Einstellungen, Haltungen und Werte des Managements haben einen entscheidenden Einfluss darauf, welche Erfahrungen die Mitarbeitenden und die Lernenden im Unternehmen machen können. Als Entscheidungsträger und Entscheidungsträgerinnen entscheiden sie über die Organisation von Arbeits- und Lernprozessen und beispielsweise darüber, inwiefern Lernen als konstitutiver Teil der Arbeit gesehen wird (z. B. DEHNBOSTEL 2020). In unseren Fallstudien waren im Management Personen vertreten, welche die neuen Ideen und Werte überzeugt vertreten, entsprechende Strukturen mutig gestalten und trotz Widerständen an deren Umsetzung festhalten. Wir fanden im Management Visionen und Leute mit der Fähigkeit, die notwendigen Organisationsstrukturen in der Praxis entsprechend (um-)gestalten zu können. Eine Person aus dem Management in der Telekommunikations-/IT-Branche beschrieb ihre Vision wie folgt:

> „Ziel der Berufsbildung ist es, die jungen Menschen zu selbstständigen, selbstdenkenden und -handelnden Persönlichkeiten zu entwickeln. Wirklich sie zu befähigen, selber eben, zu entscheiden, zu denken und Verantwortung zu übernehmen und Dinge wirklich umzusetzen" (Management-Tele-IT#1).

In diesem Beispiel erkennt man die institutionelle Mission der Bildung mit neuen nachhaltigen Ansätzen, die grundsätzlich viel Akzeptanz in einem Unternehmen erlangen kann. Dem Wertewandel und dessen Umsetzung in der Praxis unterliegt allerdings ein aufwendiger, langer Aushandlungs- und Adaptionsprozess auf den verschiedenen Hierarchiestufen und Bereichen eines Unternehmens. Die beteiligten Akteure vergleichen neue Einstellungen, Überzeugungen, Wahrnehmungen, Werte und Normen mit bestehenden Ansichten und handeln diese in der Berufs- und Ausbildungspraxis aus. Dabei ist es wichtig, dass die neuen Werte und Normen nicht nur internalisiert, sondern auch in der Praxis umgesetzt werden, wie eine andere Person aus dem Management in der Telekommunikations-/IT-Branche erklärt:

> „Extrem wichtig ist nicht nur davon zu reden, sondern zu sagen: ‚Okay, aber dann...‘ Man muss nicht sagen, die Lernenden sind verantwortlich und dann reden wir immer dazwischen. Dann lassen wir ihnen freie Hand und nehmen das, was kommt. Weil, das ist gut, was kommt" (Management-Tele-IT#2).

Die Umsetzung von neuen Ideen und Werten ist in der Praxis nicht immer einfach. Neue Leitideen sind aber wichtige, langfristige und nachhaltige Orientierungspunkte für die Arbeit und das Lernen in Unternehmen, auch wenn diese nicht immer umgesetzt werden können (vgl. GARDNER/CSIKSZENTMIHALYI/DAMON 2005; RAEMY/VOS 2021). Unsere Fallstudien zeigen, dass die geteilte Akzeptanz von neuen Werten und Normen eine gute Voraussetzung für deren Umsetzung in der Praxis ist.

Wir sahen, wie wichtig es ist, dass neue Ansätze des Lernens und die damit einhergehenden Normen und Werte für alle beteiligten Akteure greifbar sind und gelebt werden. Die Aussage einer/eines Lernenden in der Telekommunikations-/IT-Branche verdeutlichte dies:

> „Gerade vorgestern habe ich jemanden kennengelernt, der eine coole Projektidee hat und diese gerne umsetzen möchte. Die Person werde ich, je nachdem, kontaktieren und auf das Projekt ansprechen. Allerdings glaube ich nicht, dass er schon einmal mit Lernenden so zu tun gehabt hat, und von dem her, kann ich mir vorstellen, dass er das lieber noch nicht mit mir machen möchte" (Lernende-Tele-IT#1).

Dieses Beispiel zeigt, dass bei der Implementierung von neuen Lernkulturen und Ansätzen des Zusammenarbeitens viel von den beteiligten Akteuren verlangt wird, um alte Strukturen und auch Vorurteile abzubauen. Lernkulturen können nicht kurzfristig und schnell implementiert werden, sie ergeben sich vielmehr im Zusammenspiel der Organisationsmitglieder als „gelebte Lernkultur" (GIESEKE 2009, S. 74f.). Der Weg zu einer gelebten Lernkultur ist lang und mit viel Arbeit verbunden, wobei es bei den beteiligten Akteuren solche gibt, die die Transformation eher befördern oder eher verhindern. Das Management kann zwar einen Wandel einleiten, dieser muss aber schlussendlich von allen Beteiligten internalisiert und umgesetzt werden.

Alle beteiligten Akteure sind vom Wandel der Werte und Normen betroffen. So handeln selbst Lernende aktiv zwischen kurzfristigen, selbstbezogenen und langfristigen, nachhaltigen, auf einen größeren Kontext bezogenen, Zielen aus. Dabei scheint der Fokus nicht nur prioritär auf einem erfolgreichen Abschluss der Lehre zu liegen. Ein Beispiel einer/eines Lernenden aus der Telekommunikations-/IT-Branche zeigt, dass nachhaltiges Lernen langfristig gedacht werden muss:

> „Du musst sicher wollen. Also, Eigeninitiative. Wenn du arbeiten gehst, damit du arbeitest, dann bist du am falschen Ort. Weil, wenn du das willst und etwas Größeres erreichen möchtest, kannst du das auch. Sie bieten dir Möglichkeiten an, mehr aus dir zu machen als bei anderen Betrieben" (Lernende-Tele-IT#2).

Beispielhaft kann auch die Aussage einer Person in Ausbildung aus der Pharma-Branche genannt werden:

> „Bei uns ist von Anfang an alles sehr strikt, und es muss mehr gemacht werden, als verlangt wird. […] Aber wenn ich zurückschaue, war es gut. Es sind immer Erfahrungen, die man sammelt, aber das sieht man im Moment manchmal nicht" (Lernende-Pharma#1).

Wir fanden eher differenziertere, langfristigere Ziele und Reflexionen auf Kaderebene und kurzfristigere, pragmatischere Ziele und Reflexionen in praxisnahen Funktionen. Neben dem zeitlichen Faktor, sprich der Aushandlung zwischen Kurz- und Langfristigkeit, fanden wir ein weiteres Spannungsfeld auf der individuellen Ebene: Die Narrationen zeigten, dass die Akteure zwischen eigenen, individuellen Zielen und den Zielen der Organisation bzw. eines größeren sozialen Kontextes aushandeln müssen. Eine Organisation existiert durch die Wertvorstellungen und Grundannahmen einer gemeinsamen sozialen Realität (vgl. RECKWITZ 2003). Neue Lernkulturen und Entwicklungen zur Nachhaltigkeit sind deshalb oft geprägt von einer Wir-Perspektive und einem Arbeiten mit- und füreinander. Das Wir-Gefühl wird durch die Unternehmenskommunikation gefördert und es besteht somit ein gewisser Zusammenhang zwischen Unternehmens- und Lernkultur, allerdings mit wichtigen konzeptionellen Unterschieden: Während Unternehmenskulturen intern und extern die institutionalisierte Ideologie und den gemeinsamen Glauben an die Organisation und deren Performanz kommunizieren, könnten Lernkulturen als nachhaltiger, kollektiver Glaube an eine Art und Weise des Lehrens und Lernens in einem bestimmten Organisationskontext verstanden werden. Mit der Implementierung einer neuen Lernkultur wird gefordert, dass die an der betrieblichen Berufsbildung beteiligten Akteure sich an dieser neuen sozialen Realität beteiligen wollen. Arbeitnehmende müssen deshalb nicht nur über Lernfähigkeit verfügen, sondern auch die Bereitschaft mitbringen, lebenslang zu lernen, sich ständig anzupassen und eine entsprechende (Wert-)Haltung zu entwickeln (vgl. VAUGHAN 2008).

Eine Berufsbildung, die offen ist für nachhaltige Entwicklungen, muss die Offenheit der beteiligten Akteure gegenüber dem lebenslangen Lernen respektive die Entwicklung einer entsprechenden Haltung in der Ausbildung fördern. Die Entwicklung von Werten und Haltungen ist komplex, und handlungsleitende Werte sind im jungen Erwachsenenalter bereits gefestigt. Allerdings können laut Erpenbeck und Sauter (2020) neue Erfahrungen bestehende handlungsleitende Werthaltungen ins Wanken bringen, Aushandlungsprozesse anstoßen und dadurch die Internalisierung von neuen Werten und Normen potenziell möglich machen. Die betriebliche Berufsbildung mit ihrem Ansatz des Erfahrungslernens bietet sich deshalb für die Entwicklung von Werten an. Das gilt insbesondere für Lernende, welche im betrieblichen Kontext Erfahrungen machen können, die ihre bestehenden Werthaltungen möglicherweise infrage stellen und dazu beitragen, diese neu zu organisieren. Sinnvoll für die Entwicklung von Offenheit gegenüber dem lebenslangen Lernen ist es, wenn Lernende bereits in der Ausbildung mit Arbeitsaufgaben konfrontiert werden, die von ihnen ein Mitdenken und Weiterdenken bzw. Weiterlernen erfordern. So werden beispielsweise die Lernenden im Unternehmen der Fallstudie 4 früh weitgehend als reguläre Mitarbeitende angesehen; sie müssen mitdenken und Verantwortung übernehmen, wie das nachfolgende Zitat eines Berufsbildners aus der Pharmabranche zeigt.

„Früher war man der ‚Stift‘, der zum Beispiel den Abfall weggebracht hat. Ich mache das gar nicht so. Für mich sind Lernende ein Teil des Teams. [...] Für mich hat der Lehrling die gleichen Rechte und Pflichten. Er nimmt teil. Ich erwarte aber dann auch die

Pflichten, dass sie mitdenken. Vielleicht erwarte ich manchmal zu viel, ich weiß es nicht; bei jungen Leuten ist es mit der Verantwortung manchmal etwas schwierig. Ich möchte nicht, dass sie die ‚blöden Stifte‘ sind. Sie sind bei uns am Lernen; sie dürfen fragen, wenn sie etwas nicht verstehen. Ich möchte sie zur Selbstständigkeit ausbilden. Ich möchte, dass sie ein Teil der Gruppe sind, dass wir ein Team sind und zusammenarbeiten und dass sie das lernen" (Berufsbildend-Pharma#1).

Die Narrationen zeigen, dass betriebliches Lehren und Lernen soziale Handlungen sind. Dabei sind die an der betrieblichen Berufsbildung beteiligten Akteure soziale Akteure, durch deren Handeln die Bedingungen des Lernens konstituiert und übergeordnete Ziele der Organisation bestimmt werden (vgl. KOLLER 2021). Soziale Akteure orientieren sich bei ihrem Handeln an sozialen Strukturen, den kollektiv akzeptierten Werten und Normen. Organisationen und deren Akteure benötigen stabile, langfristige und nachhaltige Strukturen, um glaubhaft zu sein (vgl. SCHÖPF 2018). Dies zeigt ein Beispiel eines Managers aus der Pharmabranche:

„Es war auch bezeichnend, als unser neuer CEO gesagt hat: ‚Weg mit der Krawatte‘. Dann war es lustig zu beobachten, dass alle in der Entourage dann auch sagten: ‚Ah ja gute Idee, weg mit der Krawatte.‘ Aber wenn es jetzt wieder anders wäre, würden die gleichen wieder sagen: ‚Ah ja stimmt ja, wir könnten sie wieder anziehen.‘ Das sind so die Symboliken, die das Mindset der Firma und bei allen Beteiligten öffnen oder schließen, solange es formal korrekt ist. […] Oder wer hätte gedacht, dass wir jetzt drei Monate zuhause sein können. Wir haben jetzt gesehen, dass das geht" (Management-Pharma#1).

Das Bedürfnis nach Stabilität birgt aber auch Risiken einer Überinterpretation und unreflektierten Reproduktion von Routinen, Traditionen und Mythen innerhalb von Unternehmen (vgl. MEYER/ROWAN 1977). Die Implementierung einer neuen Lernkultur kann deshalb auch eine provokative, kreative Funktion haben, da sie ein Nachdenken darüber anregen soll, ob das Gewohnte tatsächlich noch zeitgemäß ist, ob sich das Selbstverständliche tatsächlich von selbst versteht und ob ungewöhnliche Lernorte ohne Weiteres auch lernintensiv sind (vgl. SIEBERT 2003).

Wertewandel, Selbstreflexion und Mitdenken der einzelnen Akteure sind wichtige Voraussetzungen für eine zukunftsorientierte, nachhaltige Entwicklung der Berufsbildung. Gleichzeitig wurde in der Analyse der Narrationen deutlich, dass Selbstständigkeit und Wechsel von Routinen und Reglementen anstrengend sind und viel von den beteiligten Akteuren fordern. Nicht alle Mitarbeitenden und Lernenden bringen die zur neuen Lernkultur passende Persönlichkeit und Erfahrungen mit. Eine nachhaltige Entwicklung fängt somit bereits bei der Rekrutierung an. Das folgende Beispiel einer Person aus dem Management in der Telekommunikations-/IT-Branche zeigt, nach welchen Kriterien Personen für den Bereich der Betreuung der Lernenden rekrutiert werden:

„Zuoberst steht dieses Manifest, diese Motivation, dieses Interesse, diese Fähigkeit zu-zuhören, sich zurückzunehmen und zu reflektieren und einfach dieses Herzblut für das Thema und für die nächste Generation … Das ist mir sehr, sehr wichtig. Also, einerseits ganz viel Optimismus und der Glaube, dass die nächste Generation diese Welt verändern wird und hierhin kommt und jetzt die Verantwortung übernehmen kann, darf, soll, muss. Dazu gehören Werte, wie Flexibilität, Belastbarkeit, ganz klar auch immer mehr Selbst-ständigkeit, die Lust Verantwortung zu übernehmen und etwas zu gestalten und der da-zugehörige Mut" (Management-Tele-IT#1)

Auch bei den Lernenden werden Personen ausgewählt, welche voraussichtlich mit den spezi-fischen Herausforderungen der Lernkultur umgehen können, wie ein Lernbegleiter aus der Telekommunikations-/IT-Branche beschreibt:

„Wir probieren schon bei der Rekrutierung darauf zu achten, dass wir Lernende erwi-schen, die genau in diesem Modell möglichst wohl sind. […] Wir können gar nicht alles kontrollieren. Zum Beispiel die Arbeitszeit oder so beruht sehr viel auf Vertrauen. Darum ist es ganz wichtig, dass man bei der Rekrutierung gut hinschaut" (Lernbegleitung-Tele-IT#1).

Der Wandel von Werten und Normen führt auch zu neuen Rollenwahrnehmungen auf der Führungsebene. Wichtig scheint, dass sich alle an den gleichen Regeln orientieren und das Verhalten an die neuen Werte und Normen anpassen, sprich, dass die neue Lernkultur von allen gelebt wird. Eine Person aus der Führungsebene in der Pharmabranche sagt dazu bei-spielsweise:

„Ich sehe mich nicht als Chef, sondern als Teil vom Team, […] es ist mein Team und ich halte ihnen den Rücken frei. Man muss als Chef auch mal sagen können, wenn man etwas falsch gemacht hat und es lieber hätte anders machen sollen […]. Ich versuche, mög-lichst nahe an den Ausbildern zu sein" (Management-Pharma#1).

Als erstes Fazit kann festgehalten werden, dass die Aushandlung einer Lernkultur Zeit braucht, viel von den beteiligten Akteuren fordert und auf einer fortlaufenden kommunika-tiven Sinnverarbeitung und Bedeutungsgenerierung basiert (vgl. DOLLHAUSEN 2007, S. 33). Organisationen sind sozial konstruierte Systeme mit Akteuren, die ihr Handeln an den in-nerhalb des Systems geltenden Normen, Werten, Vorstellungen und Definitionen ausrichten (vgl. SUCHMANN 1995). Veränderungen dieser Normen und Werte, beispielsweise durch die Implementierung einer neuen Lernkultur, initiieren einen Legitimierungsprozess, bei dem die Akteure ihre Wahrnehmungen und Handlungen neu aushandeln müssen. Als Gelingens-bedingung für Lernkulturen, welche nachhaltige Entwicklungen fördern, gelten deshalb de-ren Reproduzierbarkeit und Stabilität durch die geteilte soziale Praxis, sprich, dass die Kultur des Lernens überindividuell durch miteinander verflochtene, vernetzte Praktiken gebildet, ausgehandelt und umgesetzt wird (vgl. KOLLER 2021). Dabei ist die Orientierung an und

Umsetzung von Bildungsvisionen nicht nur von den persönlichen Einstellungen der einzelnen Akteure, sondern auch von der praktischen Umsetzung im Unternehmenskontext und den ökonomischen Zielen abhängig.

4.2 Aushandlung von nachhaltiger Berufsbildung und ökonomischem Profit

Die ökonomische Orientierung der Unternehmen und ihrer Akteure ist ein wichtiger Faktor im Prozess der Implementierung und Internalisierung von neuen Lernkulturen in der betrieblichen Berufsbildung. In den Narrationen beobachteten wir, was uns die Systemtheorie (vgl. LUHMANN 2018) lehrt: Die Systeme der Bildung und der Ökonomie sind von ihrer jeweiligen Umwelt getrennt, kommunizieren anders und verfolgen unterschiedliche Ziele. Die an der betrieblichen Berufsbildung beteiligten Akteure handeln deshalb Werte und Normen aus, die nicht primär zum gleichen System gehören. Die Narrationen zeigten den Doppelcharakter der Berufsbildung einerseits als institutionelle Bildung (vgl. MEYER/ROWAN 1977) und „moral mission" (GARDNER/CSIKSZENTMIHALYI/DAMON 2005, S. 163f.) und andererseits als Lernen am Arbeitsplatz, welches die produktive Arbeit nicht hindern soll (vgl. MELZIG/WEBER 2020; WETTSTEIN/GONON 2009). Für nachhaltige Entwicklungen ist es allerdings wichtig, dass langfristig Ziele der Bildung und der Ökonomie möglichst vereint und die Spannungsverhältnisse von den Akteuren ausgehandelt werden. Wie aber kann die institutionelle Mission der Berufsbildung im Unternehmenskontext und unter Einhaltung von ökonomischen Zielen ausgehandelt und umgesetzt werden?

Wir haben gesehen, dass der Transformation zu neuen Ansätzen des Lernens und neuen Lernzielen und Kompetenzen verschiedene ökonomisch geprägte Einflussfaktoren gegenüberstehen. Dabei sind die Geschwindigkeit und Dynamik der Arbeitswelt eine Herausforderung für die Berufsbildung, wie eine Person aus dem Management der Logistikbranche erklärt:

> „Ich denke [...] unser Berufsbildungssystem ist für die wirtschaftlichen Anforderungen sehr träge. [...] Die Antworten auf das, was die Wirtschaft möchte, dauern immer sehr lange. Und das merkt man jetzt im Detailhandel auch. Die Ausbildungsinhalte mit dem neuen Bildungsplan so zu gestalten, dass sie möglichst flexibel sind und man immer wieder auf das, was man jetzt draußen braucht und was ausgebildet werden sollte, kurzfristig reagieren oder agieren kann. Das ist eine riesige Herausforderung. [...] Es braucht viel Zeit, um Antworten zu finden auf das, was man braucht" (Management-Logistik#1).

Die Wahrnehmung, Aushandlung, Internalisierung und Umsetzung von neuen Ansätzen unterscheiden sich je nach hierarchischer Ebene, Funktion, Berufsfeld, Branche und danach, ob die neuen Ansätze sich mit Produktivität und Profit vereinbaren lassen. Was in den Fallstudien auffiel, ist, dass besonders Personen im höheren Management eine nachhaltige Ausbildungsphilosophie vertreten. Sie sehen den langfristigen Nutzen einer entsprechenden Ausbildung, sie wissen, welche Leute in der Arbeitswelt von morgen gefragt sind, und wollen zukünftige Arbeitskräfte entsprechend ausbilden. Sie denken in einer wirtschaftlichen Logik, können aber auch Ansätze der Reformpädagogik in Lernkonzepte miteinbeziehen, beispielsweise individuelles Lernen und Lernbegleitung, da diese weitgehend mit den längerfristigen Bedürfnissen der Wirtschaft übereinstimmen. Dies zeigt auch das folgende Beispiel einer Führungsperson aus der Pharmabranche:

> „Die haben ein Bild von einem jungen, stromlinienförmigen Karrieremensch[en], der durchstartet und alles superschnell macht, vielseitig ist und in Medien und Sprachen bewandert ist. Aber ich habe das Gefühl, das ist ein Industrienorm-Denken. Ich finde das persönlich nicht so toll. Wir sind immer bestrebt, dass wir eine gewisse Breite, Vielseitigkeit und Ganzheitlichkeit hinbekommen. Im Unterricht sollte man auch mal Zeit haben für: Wie gehts mir, was macht meine Welt so, was ist im Moment in der Gesellschaft los? Man soll auch mal ein bisschen philosophieren" (Management-Pharma#2).

Häufig zeigten sich Personen auf tieferen Management-Ebenen eher kritisch gegenüber neuen Ausbildungsformen, beispielsweise einer individuellen Lerngestaltung, oder vielen Wechseln von Arbeits- und Ausbildungskontexten. Gerade betriebliche Ausbilder und Ausbilderinnen, die im Alltag mit den Lernenden zusammenarbeiten, sind mitunter darauf angewiesen, dass diese viel zum erforderten Arbeitsoutput beitragen können und dass sie nicht ständig wieder neue Lernende einarbeiten müssen. Auch wenn innovative Ansätze des Lernens als erstrebenswert wahrgenommen werden, bleibt Zeit ein knappes Gut in der Arbeitswelt. Speziell in produktionsnahen Positionen, auf den unteren Hierarchieebenen, wird aufgrund des Drucks der Produktivität und des Profits nicht viel Zeit zum Philosophieren bleiben. Zum Beispiel meinte ein Ausbildungsleiter aus der Branche Öffentlicher Verkehr (ÖV):

> „Aber was heißt das in der konkreten Umsetzung für mich und mein Unternehmen? Es gibt viele Sachen, die cool klingen, aber in der Umsetzung dann gar nicht funktionieren. [...] [W]as ermöglicht man dem Lernenden und wo muss man als Firma sagen, dass man nicht jeden Monat neue Lernende instruieren kann? Das geht nicht. Irgendwann will man etwas zurück von dem, was man investiert" (Leitung Ausbildung-ÖV#1).

Manager und Managerinnen der höchsten Hierarchieebenen befürworten, dass Lernende Ausbildungserfahrungen in verschiedenen Arbeitskontexten sammeln (Wechsel der Abteilungen, Tätigkeiten während der Lehre). Erhofft wird, dass Erfahrungen in verschiedenen Arbeitskontexten bereits während der Lehre die Flexibilität der zukünftigen Mitarbeitenden erhöhen könnten. Im mittleren Management fanden wir hingegen eher kritische Haltungen gegenüber neuen Ausbildungsformen und breiten Qualifikationsprofilen. Kritisiert wird oft, dass Lernende nach Abschluss der Lehre nicht direkt in spezifischen Gebieten eingesetzt werden können, weil die Aufgaben zu anspruchsvoll sind und meistens noch eine spezifische Weiterbildung nötig ist.

    Trotz der Spannungsfelder wurde in den Fallstudien deutlich, dass für nachhaltige Entwicklungen in der Berufsbildung Bildungsideen und Wirtschaftlichkeit möglichst im

Einklang stehen sollten und der ökonomische Profit langfristig gedacht werden muss: Die Wirtschaft von heute und morgen braucht selbstständig denkende Mitarbeitende, deren (Weiter-)Bildung individuell im Verlauf der Arbeit erfolgt, die ihre eigenen Ressourcen kennen und nutzen können und die ihre Stärken einbringen können. Neue Ausbildungskonzepte der betrieblichen Berufsbildung enthalten Elemente der Reformpädagogik oder einer *progressive education*, wobei die Individualität und bestmögliche Entwicklung des Individuums und seiner Bedürfnisse im Zentrum stehen. In dem IT-Unternehmen in unserer Studie arbeiten und lernen Lernende in individuellen Projekten in unterschiedlichen Arbeitskontexten und Abteilungen und steuern somit ihren eigenen Lernweg. Ein Lernbegleiter aus der Telekommunikations-/IT-Branche, erklärt wie in solchen Formen des selbstständigen Lernens begleitet wird:

> „Im ersten und im zweiten Semester brauchen sie sehr viel Unterstützung und je höher die Lehrjahre sind, desto selbständiger werden sie. [...] Was machen sie? Was war bei diesem Meeting? Was haben sie protokolliert? Ich gehe da punktuell auf sie zu mit Fragen, mit weiterführenden Fragen, wo ich sie versuche herauszufordern. Auch aus der Sicht wie es weiter gehen könnte, denn sie gestalten ihren Lernprozess, also ihren Ausbildungsplan selbst. Wir geben keinen Ausbildungsplan vor, wie es in anderen Betrieben üblich ist. Sie steuern das selbst, aber dazu braucht es eben auch die Unterstützung des Lernbegleiters, der sie im Rahmen des Kompetenzprofils, ihres Berufes, coacht" (Lernbegleitung-Tele-IT#2).

Eine solche Form der Ausbildung ist einerseits hinsichtlich der Motivation und der Entwicklung der Lernenden aus einer pädagogischen Sicht wertvoll. Gleichzeitig sind damit auch ökonomische Vorteile verbunden: Es werden Mitarbeitende ausgebildet, die ihre eigenen Stärken kennen, die in unterschiedlichen Kontexten gearbeitet haben, die sich beweglich in unterschiedlichen Strukturen zurechtfinden. Dies sind wichtige Eigenschaften in einer schnelllebigen Arbeitswelt.

Die Aushandlung von Wirtschaftlichkeit und Bildungsidealen zeigt sich auch im Bereich der Identifikation mit dem Unternehmen. Aus wirtschaftlicher Sicht respektive aus der Perspektive einer Bildung für die zukünftige Arbeitswelt ist es sinnvoll, wenn Lernende Erfahrungen in möglichst vielen Arbeitskontexten und unterschiedlichen Unternehmen sammeln. In dem untersuchten Unternehmen aus der Transportbranche werden Lernende in einem primären Betrieb angestellt (z. B. eine Schifffahrtsgesellschaft). Jedoch wechseln die Lernenden während ihrer Ausbildung zwischen unterschiedlichen Unternehmen (arbeiten beispielsweise auch bei unterschiedlichen Bahn- und Busunternehmen). So lernen sie unterschiedliche Lernkulturen kennen, wie ein/-e Lernende/-r aus der ÖV-Branche erklärt:

> „Der Unterschied ist wirklich groß; man ist schon am Anfang mit 15 Lernenden zusammen, man muss sehr teamfähig sein, man muss sehr viel kommunizieren mit den Lernenden und ich bin dort sozusagen ein Teil einer großen Maschine gewesen. In einem klei-

neren Betrieb merke ich, wie ich viele Aufgaben gleichzeitig machen muss, gleichzeitig lernen. Bei [...] [Name des Unternehmens] habe ich mich auf eine Sache konzentriert, das ist so der große Unterschied. Mehr Selbstständigkeit natürlich" (Lernende-ÖV#1).

Hinsichtlich einer Bildung für die zukünftige Arbeitswelt sind vielfältige Erfahrungen wertvoll. Mitarbeitende von morgen sind flexibel, sie können in unterschiedlichen Kontexten und Unternehmen eingesetzt werden, sich an neuen Orten anpassen und zurechtfinden. Wenn die Lernenden nach der Ausbildung vom Lehrbetrieb weggehen, machen sie bereichernde Erfahrungen und sind, wenn sie vielleicht zurückkommen, als Mitarbeitende umso wertvoller. Dagegen ist es für manche Unternehmen zumindest kurzfristig profitabler, einerseits eine starke Identifikation mit dem Unternehmen entstehen zu lassen, aber andererseits auch zu bewirken, dass die Lernenden nach der Ausbildung direkt beschäftigt werden können. Erfahrungen in anderen Unternehmen werden dann eher als Risiko gesehen, dass die Lernenden abgeworben werden könnten. So bergen auch weiterführende Bildungsmöglichkeiten (z. B. die Berufsmaturität, welche in der Schweiz Voraussetzung für den Zugang zum Studium an Fachhochschulen und Universitäten ist) gewisse Risiken, dass Lernende nach der Ausbildung ihre Karriere in anderen Unternehmen fortsetzen. In manchen Unternehmen wird den Lernenden deshalb eher davon abgeraten, parallel oder auch nach der Ausbildung die Berufsmaturität anzustreben. Was aus einer Bildungsperspektive eher problematisch scheint, kann aus ökonomischer Sicht (kurzfristig) sinnvoll sein, wenn Unternehmen auf die Arbeitskraft von Lernenden und zukünftigen Mitarbeitenden mit tieferen Ansprüchen an Arbeitsaufgaben und einer höheren Treue zum Unternehmen angewiesen sind.

Die Narrationen in unseren Fallstudien zeigen, dass grundsätzlich an der Idee der Berufsbildung festgehalten wird und diese Überzeugung in die neuen Ausbildungskonzepte einfließt. Dieses Beispiel aus dem Management in der ÖV-Branche zeigt die Wertschätzung der Berufsbildung und die Schwierigkeiten bei deren Umsetzung:

„[Risiken einzugehen] dazu ist man natürlich bereit, weil man steht ja zur dualen Ausbildung. Aber ich könnte es mir einfacher machen, wenn ich gar keine Grundbildung anbieten würde und ich einfach ab den Hochschulen das nehmen würde, was ich benötige. Das ist auch ein Ansatz. In anderen Ländern wird es eher so gemacht. Wir haben mit der Berufsbildung eine ganz gute Sache, die uns aber auch Schwierigkeiten macht, welche wir sonst nicht hätten. Beispielsweise weil die Leute so jung sind [...] also unter 18 Jahren dürfen sie manche Sachen gar nicht machen, welche sie machen müssten. Das sind dann wieder diese Regulatorien, welche richtigerweise da sind, aber uns gerade im innovativen Ausprobieren und im Spielerischen einschränken. Das ist nicht so einfach" (Management-ÖV#1).

Wir haben gesehen, dass Berufsbildung als ein Dienst an der Gesellschaft wahrgenommen wird. Dabei haben wir in den Fallstudien unterschiedliche Gründe und Motivationen gefunden. Unternehmen berufen sich oft auf Traditionen, weil man schon immer Lernende ausgebildet hat und glaubt, dass die Ausbildungstätigkeit zum guten Ruf des Unternehmens beiträgt. Viele Managerinnen und Manager in den Unternehmen haben selbst einen Hintergrund in der Berufsbildung und wollen die Berufsbildung als Bildungsweg stärken. Allerdings erkennen wir auch hier wieder, wie die Spannung zwischen Bildungsideen und ökonomischem Profit je nach Hierarchieebene anders ausgehandelt wird: Auf höheren Managementebenen wird eher die gesellschaftliche Verantwortung und auch die Bedeutung der Ausbildung von zukünftigen Arbeitskräften gesehen, während das mittlere Management neue Formen der Ausbildung eher zurückhaltender ausprobiert. Eine Person aus dem Management in der ÖV-Branche beschreibt, welche Schwierigkeiten es bei der Umsetzung von Ideen in der Berufsbildung gibt:

> „Ich kann Ihnen das aufzeigen am Beispiel von der Integrationsvorlehre für Flüchtlinge. Wenn wir dort mit den operativen Ansprechpartnern sprechen, dann sagen die, dass das nichts ist und dass die [Flüchtlinge] nur stehlen. [...] Die Schwierigkeit ist, dass die Verhinderungstendenzen, zum Teil bis in das mittlere Kader gehen. Das macht die Arbeit für unsere Mitarbeitenden bei [...] [Name des Unternehmens], anspruchsvoll. [...] [W]enn du irgendwo etwas umsetzen willst, dann sehen wir schon häufig, dass die Kultur der Branche ist, zuerst einmal herauszufinden, warum etwas nicht geht und nicht, wo die Chancen liegen. Ja, das sind so Herausforderungen" (Management-ÖV#2).

Innovationsorientierte Unternehmen sehen ihren Auftrag auch in der Weiterentwicklung von Berufsbildung, indem neue Ansätze und Innovationen in der Ausbildung etabliert werden. In einigen Fällen zeigen sich hohe Investitionen durch die Unternehmen in diesem Bereich. Allerdings ist das Ideal von flexiblen, anpassungsfähigen und gegenüber Veränderungen offen eingestellten Mitarbeitenden nicht für alle Branchen gleichermaßen wichtig. Denn obwohl die Digitalisierung die gesamte Arbeitswelt betrifft, sind einzelne Bereiche weniger stark davon betroffen und einige Branchen bleiben in ihrer Arbeitsorganisation, zumindest vorläufig, noch traditionell. In solchen Branchen und Arbeitsgebieten sind Konstanz und Zuverlässigkeit wichtiger als Flexibilität und Eigeninitiative. Somit wird eher eine starke Identifikation mit dem Unternehmen und gute Zusammenarbeit im Team bis hin zu einem „Familiengefühl" bei den Mitarbeitern gefördert wie eine Person aus dem Management in der ÖV-Branche erklärt:

> „Das ist etwas, da würde ich sagen, das gehört auch zu unserer Kultur. Vielleicht so das Familiäre. Das Teamorientierte ist sehr wichtig, vielleicht gerade, weil wir nicht riesig sind, sondern mit gut 3.000 Mitarbeitenden eher mittelgroß. Dann kommt es häufiger vor, dass man mal etwas macht, das nicht im Stellenbeschrieb ist, oder im Lehrprogramm so nicht vorgeschrieben ist, sondern dass man eben das ganze Team braucht, um etwas erreichen zu können" (Management-ÖV#3).

In solchen Bereichen wird nicht zwingend in die Vielfalt der Ausbildung oder in die Möglichkeit, in andere Arbeitsbereiche oder Unternehmen hineinzusehen, investiert. Vielmehr zählt dort ein konstanter „Output" der Lernenden und eine Effizienzsteigerung, die dadurch befördert wird, dass sich die Lernenden in einem gewissen Bereich sehr gut auskennen.

Aus den Narrationen haben wir gesehen, dass neue Ansätze beim betrieblichen Lernen von den beteiligten Akteuren immer auf ihre Stabilität, Langfristigkeit und Nachhaltigkeit in Bezug auf Produktivität, Profit und Umsetzung in der Praxis wahrgenommen und ausgehandelt werden. Dies führt zu einer konstruktiven Dynamik, welche für eine nachhaltige Entwicklung förderlich ist. Unsere Studie unterstreicht deshalb die Relevanz, die Spannungsverhältnisse und die damit verbundenen Interaktionen und Aushandlungsprozesse zu analysieren. Denn Institutionen erhalten sich nicht von selbst, sondern kommen durch Arbeit und Interaktion zustande und werden durch Umweltveränderungen immer wieder infrage gestellt (vgl. GIRGENSOHN 2017).

5   Modell zur Rolle der Lernkultur bei der Förderung von nachhaltigen Entwicklungen in der Berufsbildung

Aus den Narrationen und der Literaturstudie gehen vier Haupterkenntnisse hervor, welche als Grundlage für die Gestaltung unseres Modells dienten:

Erstens evoziert eine erfolgreiche Verbindung von Berufsbildung, Lernkulturen und nachhaltigen Entwicklungen Aushandlungsprozesse auf mehreren Ebenen. Auf der Makroebene werden Bildungsziele, langfristige Missionen und neue Werte und Normen ausgehandelt (dargestellt als **institutionelle Mission**). Auf der Mesoebene werden Ziele des Unternehmens, betreffend ökonomischen Profit, Förderung der Lernenden und Mitarbeitenden und Zukunftsvisionen, ausgehandelt (dargestellt als **Unternehmen**). Letztlich werden auf der Mikroebene individuell Erwartungen, Ziele, Werte und Normen wahrgenommen, ausgehandelt und umgesetzt (dargestellt als **individuelle Akteure**).

Zweitens entstehen neue Lernkulturen meist aus Situationen des Umbruchs, wobei sie selbst auch Umbrüche bewirken, die ausgehandelt werden müssen. Die Implementierung von neuen Lernkulturen ist deshalb meist mit einem Wandel von Werten und Normen verbunden. Diese müssen von den beteiligten Akteuren wahrgenommen, ausgehandelt und umgesetzt werden.

Drittens akzentuiert die Implementation von neuen Lernkulturen Diskussionen und Aushandlungsprozesse betreffend der Ziele der Berufsbildung bzw. darum, was Berufsbildung heute und in Zukunft leisten soll. Die beteiligten Akteure handeln dabei Bildungsziele und ökonomische Ziele aus und setzen sich mit persönlichen und kollektiven Zielen auseinander.

Viertens sind es nicht nur die Unternehmen und die an der betrieblichen Berufsbildung beteiligten Akteure, welche sich an neue Lernkulturen anpassen müssen – neue Lernkulturen passen sich auch immer den Unternehmen an und werden von den beteiligten Akteuren geformt. Die Frage nach der spezifischen Funktion der neuen Lernkultur erhält dabei eine besondere Relevanz: Sollen Innovation, Flexibilität, Stabilität, Selbstständigkeit, Austausch, Raum für Erfahrung, lebenslanges Lernen usw. gefördert und gelebt werden? Hat dabei ein Aspekt mehr oder weniger Relevanz als ein anderer?

Im Modell (siehe Abb. 1) werden diese vier Haupterkenntnisse zusammengefasst dargestellt. Die Pfeile zeigen, wie sich die drei Themenbereiche (institutionelle Mission, Unternehmen und individuelle Akteure) aufeinander beziehen und welche Rolle dabei neue Lernkulturen bei der Förderung von nachhaltigen Entwicklungen in der Berufsbildung haben können. Lernkulturen dienen einerseits als Moderatoren und Katalysatoren von Spannungsverhältnissen. Sie sind aber auch Generatoren für neue Ideen und Ansätze. Das heißt, eine akzeptierte, durchdrungene, internalisierte und gelebte Lernkultur bietet Stabilität und Sicherheit, wie auf neue Entwicklungen und auf die Zukunft reagiert werden kann. Arbeitskräfte werden durch neue innovative Ansätze des Lernens und Arbeitens auf Spannungsverhältnisse vorbereitet und können sich so einfacher schnellen Veränderungen anpassen und zugleich die Identifikation mit dem Unternehmen und dem Beruf wahren. Dies fördert wiederum ein Bewusstsein für nachhaltige Entwicklungen und zukunftsorientiertes Handeln.

Das in Abbildung 1 dargestellte Modell zeigt wichtige Aspekte, Interaktionen und Spannungsverhältnisse für eine nachhaltige Berufsbildung in einer sich ständig verändernden Umwelt. Es zeigt auf, dass innovative Lernkulturen dazu führen, dass dieses Konstrukt bzw. der Transformationsprozess stabil und nachhaltig gestaltet werden.

Abbildung 1: Die Rolle von Lernkulturen bei der Förderung von nachhaltigen Entwicklungen in der betrieblichen Berufsbildung

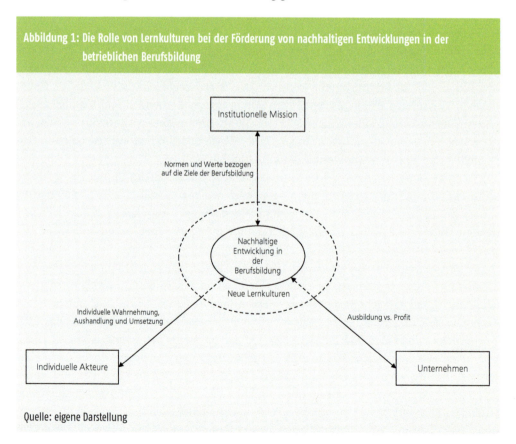

Quelle: eigene Darstellung

Das Ziel unserer Studie war zu untersuchen, wie Arbeitskräfte auf den gesellschaftlichen Wandel und die daraus resultierenden Spannungsverhältnisse in der Berufsbildung vorbereitet werden und welche Rolle zukunftsorientierte Lernkulturen bei der Förderung des Bewusstseins für nachhaltiges Handeln in einem ökonomisch, ökologisch und sozial verantwortlichen Sinne haben. Wir realisierten, dass Lernkulturen dann erfolgreich sind, wenn sie von allen beteiligten Akteuren nachhaltig und langfristig mitgetragen werden. Eine etablierte, akzeptierte und gelebte Lernkultur könnte helfen, Spannungsverhältnisse zwischen Veränderung und Stabilität nachhaltig zu moderieren, neue Ideen und Ansätze zu generieren und Arbeitskräfte auf neue Entwicklungen vorzubereiten. Dabei hilft unsere theoretische Fundierung, die verschiedenen Aspekte und Prozesse der Rolle von Lernkulturen bei nachhaltigen Entwicklungen in der Berufsbildung genauer zu definieren. Für nachhaltige Entwicklungen in einem ökologischen, ökonomischen und sozialen Sinne ist das Zusammenspiel der in unserem Modell beschriebenen Aspekte (institutionelle Mission, Unternehmen und individuelle Aspekte) relevant. Maßnahmen mit dem Ziel der Förderung von nachhaltigen Entwicklungen in der Berufsbildung sollten die Beziehungen zwischen diesen drei Aspekten und den daraus resultierenden Spannungen, Interaktionen, Aushandlungen, Implementierungen und Umsetzungen der beteiligten Akteure berücksichtigen.

Literatur

Barabasch, Antje; Keller, Anna: Individualizing Workplace Learning with Digital Technologies. New Learning Cultures in Swiss Apprenticeship Training. In: Ifenthaler, Dirk; Hofhues, Sandra; Egloffstein, Marc; Helbig, Christian (Hrsg.): Digital Transformation of Learning Organizations. Cham 2021, S. 115–130

Dehnbostel, Peter: Der Betrieb als Lernort. In: Arnold, Rolf; Lipsmeier, Antonius; Rohs, Matthias (Hrsg.): Handbuch Berufsbildung. 3. Aufl. Wiesbaden 2020, S. 485–502

Dohmen, Günther: Das lebenslange Lernen. Leitlinien einer modernen Bildungspolitik. Bonn 1996

Dollhausen, Karin (Hrsg.): Bildungseinrichtungen als „lernende Organisationen"? Befunde aus der Weiterbildung. Wiesbaden 2007

Erpenbeck, John; Sauter, Werner: Werte und Normen in der Berufsbildung. In: Arnold, Rolf; Lipsmeier, Antonius; Rohs, Matthias (Hrsg.): Handbuch Berufsbildung. Wiesbaden 2020, S. 177–188

Gardner, Howard; Csikszentmihalyi, Mihaly; Damon, William: Good work: When excellence and ethics meet. New York 2005

Gieseke, Wiltrud: Organisationstheoretische Überlegungen zur Lernkultur – Der übersehene institutionelle/organisatorische Faktor im Lernkulturdiskurs. In: Gieseke, Wiltrud; Robak, Steffi; Ming-Lieh, Wu (Hrsg.): Transkulturelle Perspektiven auf Kulturen des Lernens. Bielefeld 2009, S. 49–86

GIRGENSOHN, Katrin: Von der Innovation zur Institution. Institutionalisierungsarbeit an Hochschulen am Beispiel der Leitung von Schreibzentren. Bielefeld 2017

KOLLER, Julia: Vernetzte Lernkulturen. Eine Studie zu Konstruktionsweisen mediatisierter Lernkulturen in der wissenschaftlichen Weiterbildung. Wiesbaden 2021

KUCKARTZ, Udo: Qualitative Inhaltsanalyse – Methoden, Praxis, Computerunterstützung. Weinheim 2016

LUHMANN, Niklas: Soziale Systeme. Grundriss einer allgemeinen Theorie. 17. Aufl. Berlin 2018

MELZIG, Christian; KUHLMEIER, Werner; KRETSCHMER, Susanne: Berufsbildung für nachhaltige Entwicklung. Die Modellversuche 2015–2019 auf dem Weg vom Projekt zur Struktur. Bonn 2021. URL: https://www.bibb.de/veroeffentlichungen/de/publication/show/16974 (Stand 11.07.2022)

MELZIG, Christian; WEBER, Heiko: Nachhaltiges Wirtschaften braucht nachhaltige (betriebliche) Lernorte. In: PANSCHAR, Meike; SLOPINSKI, Andreas; BERDING, Florian; REBMANN, Karin (Hrsg.): Zukunftsmodell. Nachhaltiges Wirtschaften. Bonn 2020, S. 181–197

MEYER, John W.; ROWAN, Brian: Institutionalized Organizations: Formal Structure as Myth and Ceremony. In: American Journal of Sociology 83 (1977) 2, S. 340–363

RAEMY, Patric; VOS, Tim P.: A Negotiative Theory of Journalistic Roles. In: Communication Theory 31 (2021) 1, S. 107–126

RECKWITZ, Andreas: Grundelemente einer Theorie sozialer Praktiken. Eine sozialtheoretische Perspektive. In: Zeitschrift für Soziologie 32 (2003) 4, S. 282–301

SCHÖPF, Nicolas: Organisationen als Akteure. In: GÖHLICH, Michael; SCHRÖER, Andreas; WEBER, Susanne Maria (Hrsg.): Organisation und Pädagogik: Bd. 17. Handbuch Organisationspädagogik. Wiesbaden 2018, S. 383–392

SIEBERT, Horst: Vernetztes Lernen. Systemisch-konstruktivistische Methoden der Bildungsarbeit. Grundlagen der Weiterbildung. Augsburg 2003

SONNTAG, Karlheinz; STEGMAIER, Ralf; SCHAPER, Niclas; FRIEBE, Judith: Dem Lernen im Unternehmen auf der Spur. Operationalisierung von Lernkultur. In: Unterrichtswissenschaft (2004) 32, S. 104–127

SUCHMANN, Mark C.: Managing legitimacy: Strategic and institutional approaches. In: Academy of Management Review (1995) 20, S. 571–610

VAUGHAN, Karen: Workplace learning: A literature review. Wellington 2008

WETTSTEIN, Emil; GONON, Philippe: Berufsbildung in der Schweiz. Bern 2009

III. (Nachhaltige) Lernorte

Robert Hantsch, Heiko Weber

▶ Gestaltungsansätze zur Entwicklung nachhaltiger Lernorte in betrieblichen Kontexten – Ansätze und Erfahrungen aus BMBF/BIBB-Modellversuchen

Ziel des Beitrages ist es, das Modell zur Gestaltung nachhaltiger Lernorte und die Hintergründe des Entwicklungsprozesses zu skizzieren. Das Modell wurde im Rahmen der Modellversuche des Bundesinstituts für Berufsbildung (BIBB) „Berufsbildung für nachhaltige Entwicklung (BBNE)" von der wissenschaftlichen Begleitung der Förderlinie II „Nachhaltige Lernorte gestalten" konzipiert. Die Gestaltung von und Transformationen zu einem nachhaltigen Lernort stellt einen wichtigen Grundstein für die strukturelle Verankerung von BBNE im Berufsbildungssystem dar. Dahingehend werden weiterführend Anregungen zur Gestaltung betrieblicher Rahmenbedingungen ausgearbeitet und erste Ansätze für eine Indikatorik herausgearbeitet.

1   Die Modellversuche „Berufsbildung für nachhaltige Entwicklung"

Die Globalisierung der Wirtschaft geht einher mit neuen Anforderungen an Umweltschutz, Ressourceneffizienz und menschengerechten Arbeitsbedingungen in den Lieferketten. Es gilt, die weitere gesellschaftliche Entwicklung auch durch ein verändertes Wirtschaften und einen verantwortlichen Konsum nachhaltigkeitsorientiert mitzugestalten. Eine Berufsbildung für nachhaltige Entwicklung (BBNE) nimmt dabei eine Schlüsselrolle ein. Sie ermöglicht es Menschen auf allen Ebenen, von der Facharbeit bis zum Management, die eigene gesellschaftliche Verantwortung zu reflektieren, ressourceneffizient und nachhaltig zu wirtschaften sowie die gesellschaftlichen Herausforderungen mitzugestalten (vgl. DIETTRICH/ HAHNE/WINZIER 2007, S. 8).

Eine wichtige Rolle für die strukturelle Verankerung und Verbreitung einer Berufsbildung für nachhaltige Entwicklung spielt das BIBB, das in den letzten 15 Jahren mehrere nachhaltigkeitsbezogene Modellversuche initiiert hat (vgl. REBMANN/TENFELDE/SCHLÖMER

2011, S. 78).[1] Flankiert werden die Bestrebungen der BIBB-Modellversuche durch das Weltaktionsprogramm, welches die strukturelle Verankerung einer Bildung für nachhaltige Entwicklung auf allen Ebenen und in allen Bereichen beschleunigen soll (vgl. UNESCO 2014, S. 14). Unter dem Motto „vom Projekt zu Struktur" werden dafür fünf prioritäre Handlungsfelder herausgestellt:

▶ politische Unterstützung,

▶ ganzheitliche Transformation von Lehr- und Lernumgebungen,

▶ Kompetenzentwicklung bei Lehrenden und Multiplikatoren,

▶ Stärkung und Mobilisierung der Jugend,

▶ Förderung nachhaltiger Entwicklung auf lokaler Ebene.

Die Modellversuchsreihe des BIBB-Förderschwerpunkts „Berufsbildung für nachhaltige Entwicklung 2015–2019" stellt in Hinblick auf die genannten Handlungsfelder einen sichtbaren Beitrag zur Umsetzung des „UNESCO-Weltaktionsprogramms Bildung für eine Nachhaltige Entwicklung (WAP)" dar (vgl. Hemkes 2021, S. 468). Aus Mitteln des Bundesministeriums für Bildung und Forschung (BMBF) wurden dahingehend insgesamt 18 Modellversuche in drei unterschiedlichen Förderlinien gefördert. Für die Modellversuche standen grob pointiert zwei zentrale Fragen im Mittelpunkt (vgl. Melzig 2021, S. 15):

1. Welche (domänenspezifischen) Kompetenzen sind notwendig, um in der Berufsarbeit nachhaltig handeln zu können? (Förderlinie I & III)
2. Wie sieht ein nachhaltiger Lernort aus, der Berufsbildung für nachhaltige Entwicklung ermöglicht? (Förderlinie II)

Damit schließen die Modellversuche an zwei der fünf dargestellten prioritären Handlungsfelder des Nationalen Aktionsplans Bildung für nachhaltige Entwicklung (NAP BNE) an. Im folgenden Beitrag soll der Fokus auf der zweiten Frage liegen.

Ein erster Orientierungsrahmen für die Gestaltung nachhaltiger Lernorte innerhalb der Förderlinie II der BIBB-Modellversuche stellt das Handlungsfeld 2: „Ganzheitliche Transformation von Lern- und Lehrumgebungen" dar. Mit ganzheitlicher Transformation werden im Sinne eines *Whole Institution Approach* die Veränderung von Organisationen im strategischen, operativen und normativen Sinne verstanden (vgl. UNESCO 2014, S. 18). An dieser Stelle sollte jedoch herausgestellt werden, dass mit Zielorganisationen im NAP eher originäre Bildungseinrichtungen adressiert wurden, wobei die Besonderheit des dualen Berufsbil-

---

1   Dabei ist jedoch zu konstatieren, dass eine strukturelle Verankerung einer BBNE z. B. in politischen Rahmendokumenten und Ordnungsmitteln schleppend vorangeht (vgl. Hemkes 2014, S. 227; Vollmer 2016, S. 254; Holst/Singer-Brodowski 2020, S. 13). Ein bedeutender Schritt ist dabei sicherlich die Novellierung der Standardberufsbildpositionen zu Umweltschutz und Nachhaltigkeit im Jahr 2020.

dungssystems mit den zwei zentralen Lernorten Berufsschule und Betrieb keine besondere Berücksichtigung erhielt. Die BIBB-Modellversuche können demnach als Vorreiter verstanden werden, welcher die Besonderheit des Berufsbildungssystems frühzeitig aufgegriffen hat. Der besonderen Rolle von Betrieben für eine BBNE wird nun auch im aktuellen Fahrplan für die Umsetzung des neuen UNESCO-Programms zu Bildung für nachhaltige Entwicklung Rechnung getragen, indem Betriebe nun im Handlungsfeld 2 explizit genannt werden (vgl. UNESCO 2020, S. 28).

Ziel der Modellversuche in Förderlinie II war es, insbesondere betriebliche Lernorte im Rahmen der dualen Ausbildung nachhaltigkeitsorientiert weiterzuentwickeln und zu gestalten (vgl. MELZIG 2021, S. 23). Die Förderlinie II bestand aus sechs Modellversuchen und einer modellversuchsübergreifenden wissenschaftlichen Begleitung. Eine zentrale Aufgabe der wissenschaftlichen Begleitung war es dabei, modellversuchsübergreifende Erkenntnisse zu den übergeordneten Fragen der Förderlinie zu gewinnen.

Zentrale Fragen der Förderlinie II waren (vgl. ebd., S. 24):

▶ Was ist ein „nachhaltiger Lernort"?

▶ Welche Kennzahlen/Indikatoren sind zur Gestaltung nachhaltiger Lernorte bedeutsam?

▶ Wie ist die Anschlussfähigkeit an den Deutschen Nachhaltigkeitskodex (DNK) und ähnliche Systeme?

▶ Wie wird BBNE durch Organisations- und Personalentwicklung am Lernort erlebbar und gestaltbar?

▶ Welche Handlungsspielräume zur BBNE haben Auszubildende?

▶ Wer muss (noch) einbezogen werden und wie gelingt das?

Im Mittelpunkt des Beitrages stehen insbesondere die ersten beiden Fragestellungen. Dahingehend werden im Beitrag zunächst Vorüberlegungen zum Lernortkonzept vorgestellt, um anschließend das Modell und den Modellierungsprozess eines „nachhaltigen Lernortes" darzulegen. Das Modell wurde von der wissenschaftlichen Begleitung der Förderlinie II – dem Forschungsinstitut Betriebliche Bildung (f-bb) – entwickelt, um einen Orientierungsrahmen zur Gestaltung nachhaltiger Lernorte zu geben. Daran anknüpfend wird im zweiten Teil des Beitrags ein Ansatz für eine geeignete Indikatorik herausgearbeitet. Das letztlich entstandene Set aus quantitativen und qualitativen Indikatoren, aufgeteilt auf vier Gestaltungsbereiche und 13 Handlungsfelder können Betriebe und anderen Institutionen der beruflichen Bildung als Roadmap auf dem Weg zu mehr Nachhaltigkeit in der betrieblichen Aus- und Weiterbildung nutzen. Die Ergebnisse zum nachhaltigen Lernort sowie zu den Merkmalen, mit denen solche Lernorte beschrieben werden können, werden nachfolgend zusammenfassend dargestellt. Detaillierte Ausführungen können in den originären Beiträgen von Feichtenbeiner/Weber/Hantsch (2020), Feichtenbeiner u. a. (2021) und Hantsch/Feichtenbeiner/Weber (2021) nachvollzogen werden.

2   Lernorte in der beruflichen Bildung

Bei der Beantwortung der Frage, was ein nachhaltiger Lernort ist, sollte zunächst geklärt werden, was unter Lernort verstanden werden kann. Der Begriff wurde 1974 vom deutschen Bildungsrat in den bildungspolitischen Diskurs eingebracht (vgl. PÄTZOLD/GOERKE 2006, S. 26). Die Einführung des Begriffs ist im Kontext der Bildungs- und Berufsbildungsreform der 1970er-Jahre zu betrachten und wurde seitens der Erziehungswissenschaften und Berufs- und Wirtschaftspädagogik in den Folgejahren teils scharf kritisiert (vgl. DEHNBOSTEL 2002). Dem Lernortbegriff wurde zum einen Unschärfe vorgeworfen und zum anderen bezog sich die Kritik häufig auf den oft reflexionslosen Umgang mit dem Lernortbegriff im berufs- und wirtschaftspädagogischen Diskurs (vgl. PÄTZOLD/GOERKE 2006, S. 27). Dennoch hat sich der Begriff im bildungspolitischen Diskurs und in der pädagogischen Fachsprache etabliert. Insbesondere der Appell an Betriebe, der mit der Kennzeichnung als Lernort mitschwingt, verdeutlicht die pädagogische Verantwortung im Lernprozess von betrieblichen Auszubildenden, Mitarbeitenden und Führungskräften, was letztlich auch für eine BBNE wichtig ist. In den Arbeitsforen des Förderprogramms, den Einzelgesprächen mit den Modellversuchsakteuren sowie den Veröffentlichungen und Berichten der Modellversuche wurde deutlich, dass die Modellversuche unterschiedliche Perspektiven auf den Lernort einnehmen und den Begriff dementsprechend unterschiedlich weit auslegen (siehe Abb. 1).

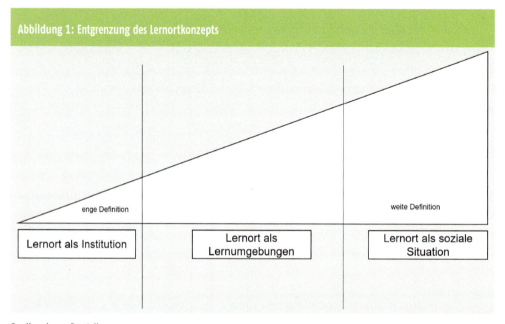

Abbildung 1: Entgrenzung des Lernortkonzepts

enge Definition   weite Definition

| Lernort als Institution | Lernort als Lernumgebungen | Lernort als soziale Situation |

Quelle: eigene Darstellung

Dementsprechend lässt sich das Lernortkonzept aus drei Perspektiven diskutieren:

1. Institutionelle Perspektive (enge Definition) – Lernorte werden als die im Rahmen des öffentlichen Bildungswesens anerkannte Einrichtung verstanden, die Lernangebote organisiert (vgl. Pätzold/GOERKE 2006, S. 26);
2. pädagogisch-organisatorische Perspektive – Lernorte werden als alle räumlichen Einheiten verstanden, die Lernende sowohl im Kontext formal-organisierter Einrichtungen als auch im Rahmen informeller Lernprozesse pädagogisch stimulieren (vgl. SIEBERT 2006, S. 20);
3. Situationsperspektive – Lernorte werden als soziale Situationen verstanden, die sich durch die Interaktionen von Lernenden und Lehrenden konstituieren (vgl. WITTWER 1985).

In Wissenschaft und Praxis dominiert die institutionelle Perspektive auf das Lernortkonzept (vgl. BONZ 2009). Im Berufsbildungsgesetz werden in § 2 drei unterschiedliche Lernorte – betrieblicher Lernort, berufsbildende Schulen und sonstige Berufsbildungseinrichtungen – unterschieden, welche bei der Durchführung der Berufsbildung miteinander kooperieren. Es ließen sich noch weitere Lernorte aus dem Gesetz ableiten, da die Berufsausbildung innerhalb eines Ausbildungsverbunds sichergestellt werden kann und Teile der Berufsausbildung im Ausland durchgeführt werden können, jedoch spielten diese im Rahmen der Modellversuche keine explizite Rolle. Bereits die Definition des Lernortbegriffs der Bildungskommission des Deutschen Bildungsrates, die den Begriff erstmals verwendete, legt ein breiteres Verständnis zugrunde:

> „Unter Lernort ist eine im Rahmen des öffentlichen Bildungswesens anerkannte Einrichtung zu verstehen, die Lernangebote organisiert. Der Ausdruck Ort besagt zunächst, dass das Lernen nicht nur zeitlich [...], sondern auch lokal gegliedert ist. Es handelt sich aber nicht allein um räumlich verschiedene, sondern in ihrer pädagogischen Funktion unterscheidbare Orte" (DEUTSCHER BILDUNGSRAT 1974, S. 69).

Konkret bedeutet dies, dass sowohl Berufsschulen als auch Betriebe über mehrere „Orte" verfügen, an denen gelernt wird und somit die räumliche Dimension des Lernortkonzeptes adressiert wird. Im Betrieb ist das beispielsweise der Arbeitsplatz im Sinne des „Lernens im Prozess der Arbeit", der Schulungsraum oder die Lerninsel und in der Berufsschule der Klassenraum oder die Werkstatt. Diese beispielhaften „organisatorischen Einheiten" (ACHTENHAGEN/BENDORF/WEBER 2004, S. 77), in denen Lernprozesse sowohl mit als auch ohne Anleitung stattfinden, lassen sich dabei allerdings nicht immer einer spezifischen Institution zuordnen: Lehrwerkstätten gibt es sowohl in Betrieben, Berufsschulen als auch in überbetrieblichen Ausbildungsstätten. Wird die institutionelle Perspektive eingenommen, dann können unter dem Begriff Lernort im weiteren Sinne, alle räumlichen Einheiten angesehen werden, die Lernende pädagogisch stimulieren – sowohl im Kontext formal-organisierter

Einrichtungen als auch im Rahmen informeller Lernprozesse. Lernorte sind demnach als Lernumgebungen zu verstehen, die Erwachsene mit dem expliziten und auch impliziten Ziel des Lernens zeitlich begrenzt aufsuchen (vgl. Siebert 2006, S. 20). Für die Ausgestaltung von Lernumgebungen sind neben den zu vermittelnden Wissensinhalten die Verfügbarkeit personeller und materieller Ressourcen sicherzustellen und zeitliche Freiräume zur Nutzung von Lernumgebungen zu schaffen. Für den Lernerfolg ist eben nicht nur entscheidend, was gelernt wird, sondern auch von Belang, wo, mit welcher Zeit und mit wem zusammen.

Wird die Perspektive auf den Lernortbegriff konsequent erweitert, so kann ein Lernort im Sinne einer sozialen Situation weniger als ein physisch greifbarer Rahmen verstanden werden, in dem sich soziale Situationen abspielen. Er entsteht vielmehr durch Handeln und Kommunikation von Individuen (vgl. Wittwer/Rose 2015, S. 84). Demnach lassen sich Lernorte als soziale Situationen verstehen, die in einer Lernumgebung eingebettet sein können bzw. diese nutzen können, jedoch nicht vordergründig auf diese angewiesen sind. Situationen sind als zeitlich begrenzte und themenbezogene Interaktionen in das betriebliche Alltagsgeschäft eingebunden (vgl. Wittwer 1985; Geissler/Wittwer 1994, S. 17). Im Mittelpunkt der sozialen Situation im Betrieb steht die Arbeitshandlung von Individuen. Die sich daraus ableitende Handlungssituation birgt ein pädagogisches Potenzial, welches durch die Handlungselemente der „Akteure des Lehr-Lernprozesses zu didaktischen Elementen des Lehr-Lernprozesses werden" (Wittwer/Diettrich 2015, S. 17).

Die Aktivitäten und Ergebnisse der Modellversuche lassen sich den drei dargestellten Perspektiven zuordnen. Aufgabe der projektübergreifenden, wissenschaftlichen Begleitung auf Programmebene war es, die gewonnenen Erkenntnisse der einzelnen Modellversuche in ein übergreifendes Modell zum „nachhaltigen Lernort" zusammenzuführen. Dahingehend wurde durch die wissenschaftliche Begleitung eine Modellierungsstrategie entwickelt, die im Folgenden dargestellt wird.

3   Modellierung im Modellversuchsförderschwerpunkt

In der Erziehungswissenschaft dominiert die Modelltheorie von Herbert Stachowiak. Darüber hinaus finden andere Fassungen der Modelltheorie wenig Berücksichtigung (vgl. Anhalt 2012, S. 190). Derweil existiert eine Vielzahl an Modellen, die kritisiert, verglichen, rezipiert oder kontinuierlich weiterentwickelt werden. Modelle dienen im Wesentlichen einer Komplexitätsreduzierung (Verkürzungsmerkmal) und Praktikabilität (pragmatisches Merkmal). Stachowiak (1973, S. 6) beschreibt das Abbildungsmerkmal als ein weiteres Hauptmerkmal. Abbildungen verkürzen Originale auf eine praktische Weise (vgl. Anhalt 2012, S. 203). Sie sollten an dieser Stelle allerdings nicht als einfache Repräsentation oder Widerspiegelung der Wirklichkeit, sondern vielmehr als eine Transformation mit Referenzfunktion verstanden werden (vgl. Anhalt 2012, S. 211).

Die zentrale Entwicklungsfrage, wie Dimensionen zur Gestaltung nachhaltiger Lernorte bestimmt werden können, wurde vor dem Hintergrund der dargestellten Merkmale um folgende Modellierungsfragen ergänzt:

Verkürzungsmerkmal: Welche zentralen Elemente sollten fokussiert werden und wie können die Zusammenhänge zwischen den Elementen aufgegriffen werden? Welche vertiefenden Konkretisierungen sind zielführend und in ihrem Umfang angemessen, ohne das Verständnis bzw. die Übersichtlichkeit negativ zu beeinflussen?

Pragmatisches Merkmal: Was ist das grundlegende Ziel des Modells? Vollzieht das Modell eine beschreibende Funktion oder zielt es auf die Ableitungen von Handlungsempfehlungen ab?

Abbildungsmerkmal: Inwieweit lassen sich das Verkürzungsmerkmal und das pragmatische Merkmal in einer Abbildung vereinen, um eine Referenzfunktion zu erfüllen? Welche logische Bestimmung im Sinne einer Transformation des Originals wird unternommen? Bezieht sich das Modell auf messbare Kennzahlen/Indikatoren oder auf normative Leitideen?

Eine besondere Herausforderung für die Modellierung war es dabei, die unterschiedlichen Perspektiven auf das Lernortkonzept in einem Modell zusammenzuführen. Basis der Modellierung waren demnach zum einen die Ergebnisse der Modellversuche und zum anderen eine weiterführende übergreifende Auseinandersetzung mit zentralen Diskursen, z. B. zu BBNE, Lernortkonzepten und Transformationsprozessen in Unternehmen.

Aus diesem Grund wurde in den nachfolgend dargestellten iterativen Modellierungsschritten über die gesamte Programmlaufzeit ein Modell zur „Gestaltung nachhaltiger Lernorte" (siehe Abb. 2) entwickelt:

▶ Analyse der diversen Ergebnisse/Produkte der Modellversuche und Erstellung von Synopsen auf Grundlage der Berichte und Veröffentlichungen;

▶ Interviews mit den Wissenschaftspartnern der Modellversuche und Strukturlegetechniken zu Elementen eines nachhaltigen Lernortes;

▶ Identifikation modellversuchsübergreifender Gemeinsamkeiten und modellversuchsspezifischer Besonderheiten;

▶ Ableitung von zentralen Gestaltungsbereichen und -dimensionen eines nachhaltigen Lernortes;

▶ kommunikative und diskursive Validierung durch fortlaufende Projektgespräche, Arbeitsforen und Workshops mit Experten und Expertinnen, Austauschrunden mit wissenschaftlicher Begleitung der Förderlinie I);

▸ Identifikation und Ableitung von Beschreibungsmerkmalen zur Gestaltung eines nachhaltigen Lernortes.

Im Ergebnis entstand das im folgenden Kapitel vorgestellte Strukturmodell (siehe Abb. 2),
welches einen Orientierungsrahmen zur Gestaltung nachhaltiger Lernorte bietet. Im Modell
werden sowohl Gestaltungsebenen als auch Gestaltungsdimensionen klar definiert und finden durch die Erprobung in den Modellversuchen ihre Begründung. Sinn und Zweck des
Modells ist es, Such- und Gestaltungsprozesse im Rahmen eines dynamischen, offenzuhal-
tenden Transformationsprozesses hin zu einem nachhaltigen Lernort anzuregen und kein
statisches Ergebnis vorwegzunehmen.

4   Modell zur Gestaltung nachhaltiger betrieblicher Lernorte

In Anlehnung an die ökologische Entwicklungstheorie (vgl. Bronfenbrenner 1981) und
ein systemisch-konstruktivistisches Bildungsverständnis wird im nachfolgenden Modell das
Lernortkonzept nicht auf eine institutionelle, organisatorische oder räumliche Betrachtungsweise verengt. Vielmehr wird die subjektgebundene Erfolgsbedingung für die Verankerung
von Nachhaltigkeit im Unternehmen in den Mittelpunkt gerückt. Demnach ist das entwickelte Lernortmodell in Form von konzentrischen Kreisen aufgebaut und setzt sich aus vier miteinander verschränkten Ebenen zusammen (Meta-Lernort, Lernumgebung und Lernsituation,
Individuum), wobei im Mittelpunkt das lernende Subjekt steht. Das bedeutet, dass die Bildung als individueller Entwicklungsprozess in der Auseinandersetzung des Individuums mit
seiner sozialen und natürlichen Umwelt maßgeblich den Erfolg einer nachhaltigen Unternehmensentwicklung bestimmt (vgl. Siebenhüner u. a. 2006, S. 319). Auf dieser Grundlage
wurden zwei Leitziele für einen nachhaltigen Lernort abgeleitet:

1. Ein nachhaltiger Lernort strebt eine inklusive, nach Qualitätskriterien geleitete Berufs-
    bildung sowie lebensbegleitendes Lernen an und trägt somit zur Erreichung des vierten
    Sustainable Development Goal (SDG 4) der Vereinten Nationen bei.
2. Ein nachhaltiger Lernort ermöglicht eine BBNE und fördert somit die Entwicklung nach-
    haltigkeitsbezogener Handlungskompetenzen von Auszubildenden, Mitarbeitenden
    und Führungskräften.

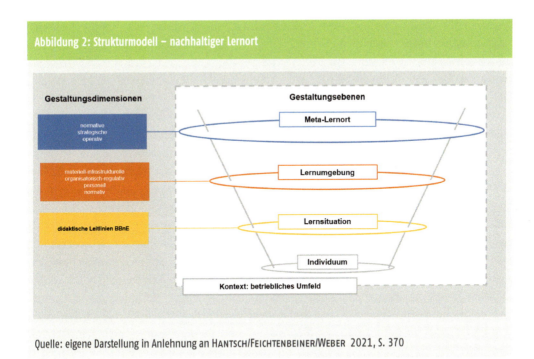

Abbildung 2: Strukturmodell – nachhaltiger Lernort

Quelle: eigene Darstellung in Anlehnung an HANTSCH/FEICHTENBEINER/WEBER 2021, S. 370

Auf oberster Ebene wird der Meta-Lernort als normativ-strategischer Ermöglichungsrahmen für BBNE im Betrieb abgebildet. Er wird durch Aspekte wie Kultur, Strategie und Strukturen eines Unternehmens definiert und in normative, strategische und operative Gestaltungsdimensionen differenziert. Die **normative** Gestaltungsdimension übernimmt eine sinnstiftende Funktion (vgl. BLEICHER 2004, S. 89; DIESNER 2008, S. 205ff.). Diese sinnstiftende Funktion findet ihren Ausdruck zum einen in der Orientierung von Lern- und Qualifikationszielen an Werten und Normen der Unternehmenskultur (vgl. DEHNBOSTEL 2012, S. 9). Zum anderen findet sie sich in der Lernkultur des Unternehmens selbst. Lernkultur drückt sich dabei im Stellenwert von Lernen im Unternehmen aus (vgl. SONNTAG u. a. 2004, S. 107). Die strategische Gestaltungsdimension übernimmt eine handlungsleitende Funktion, indem die normative Dimension in einen strategisch-strukturellen Rahmen überführt wird, der Lernen im Betrieb vor dem Hintergrund eines nachhaltigen Transformationsprozesses ermöglicht und unterstützt (vgl. SONNTAG u. a. 2004, S. 107; MÜLLER 2007, S. 111). Die operative Gestaltungsdimension übernimmt eine realisierende Funktion, indem vor dem Hintergrund der strategischen und strukturellen Rahmenbedingungen, Lernmöglichkeiten und lernförderliche Bedingungen im Betrieb für BBNE durch konkrete Maßnahmen geplant, erprobt, evaluiert und verstetigt werden (vgl. MÜLLER 2007, S. 112; DEHNBOSTEL 2012, S. 17; SONNTAG u. a. 2004, S. 107).

Lernumgebungen stellen im Modell die zweite Gestaltungsebene dar. Mit dieser Ebene wird die räumliche Dimension, die von Beginn an Bestandteil des Lernortkonzeptes war, aufgegriffen (vgl. DEHNBOSTEL 2020, S. 12). Lernumgebungen werden als „Räumlichkeiten"[2] verstanden, in denen durch pädagogisches Handeln formales Lernen ermöglicht und informelles Lernen angeregt werden kann (vgl. SIEBERT 2006, S. 20; FELL 2015, S. 42). Lernumgebungen werden hier nicht als bloße Behälter räumlicher Funktionalität verstanden, vielmehr sind Lernumgebungen als Räumlichkeiten des Lernens ein soziales System, welches durch eine komplexe Wechselbeziehung zwischen der räumlichen Umwelt und dem subjektiven Erleben der Lernenden gekennzeichnet ist (vgl. Müller 1991, S. 6; Kösel 1996, S. 28; WITTWER/ DIETTRICH 2015, S. 18). Lernumgebungen sind daher nicht ausschließlich pädagogische Räume bzw. Räume, die primär für das Lehren und Lernen genutzt werden, wie Lerninseln oder Seminarräume, sondern eben auch lern- und kompetenzförderliche Umgebungen, die zu einer Lernumgebung werden, wenn die Konstellation von Material, Infrastruktur, Organisation und Regeln, Atmosphäre und Ko-Präsenz für Lernende zu einem gegebenen Zeitpunkt passend sind (vgl. KRAUS 2015, S. 49). In Betrieben kann potenziell jede Arbeitsumgebung als Lernumgebung für BBNE genutzt werden, weshalb der Begriff der Lernumgebung immer auch Arbeitsumgebungen miteinschließt (vgl. FELL 2015, S. 42). Dahingehend werden im Modell vier Gestaltungsdimensionen differenziert: die organisatorisch-regulative, materiell-physische, normativ-kooperative und die personelle Dimension sind bei der Reflexion und Gestaltung von lernförderlichen Bedingungen für BBNE zu berücksichtigen. Darüber hinaus werden im Modell zwischen internen (zentrale/dezentrale), z. B. die Lehrwerkstatt und Lerninseln, externen (Werkstätten in Schulen, Bildungsträgern, regionale Partner usw.) und virtuellen Lernumgebungen unterschieden. Auch externe und virtuelle Lernumgebungen wurden zum Teil aktiv innerhalb der Modellversuche (um-)gestaltet oder gezielt für die Förderung nachhaltigkeitsbezogener Handlungskompetenzen genutzt.

Mit der dritten Ebene der Lernsituation wurde versucht, einen Anschluss an die Förderlinie I zu knüpfen. Übergeordnetes Ziel der Förderlinie I war die Entwicklung von berufsspezifischen nachhaltigkeitsbezogenen Kompetenzen, wobei ein Unterziel die Ableitung von Handlungsempfehlungen war, die dem Berufsbildungspersonal Orientierung für die didaktisch-methodische Gestaltung einer BBNE geben. Anknüpfend an die Theorie sozialer Situationen als „Ur-Raum" von Lernprozessen (vgl. WITTWER/DIETTRICH 2015, S. 15) stellt die Lehr-/Lernsituation im vorliegenden Modell eine weitere Ebene zur Gestaltung nachhaltiger Lernorte dar. Soziale Situationen lösen sich vom physisch greifbaren Rahmen und entstehen durch Handlungen und Kommunikation (vgl. SCHROER 2003, S. 71). Dadurch können sich diese einer bestimmten materiellen oder immateriellen Lernumgebung bedienen, sind darauf allerdings nicht zwangsläufig angewiesen (vgl. WITTWER/DIETTRICH 2015, S. 15). Insbesondere für die intendierte Gestaltung von Lehr-/Lernsituationen kann bereits auf vielfältige didaktische Konzepte zurückgegriffen werden, wobei die didaktischen Leitlinien für BBNE insbesondere durch die wissenschaftliche Begleitung der Förderlinie I eine Weiterentwick-

---

2   Die Raumdiskussion geht davon aus, dass Lehr-/Lernprozesse wesentlich durch Regeln und Ressourcen der räumlichen und örtlichen Ordnung beeinflusst werden oder anders betrachtet, dass vonseiten der Lernenden die Potenziale von Lernräumen genutzt werden und diese dann auf den Raum zurückwirken.

lung erfahren haben (siehe hierzu SCHÜTT-SAYED/CASPER/VOLLMER 2021). Die Leitlinien stellen präskriptive Handlungsregeln dar, mit dem Ziel, die Gestaltung von Lehr-/Lernsituationen bezüglich der Nachhaltigkeitsidee weiterzuentwickeln (vgl. ebd., S. 201).

Entlang des Modells wurden von der wissenschaftlichen Begleitung Merkmale und Kennzahlen herausgearbeitet, um Bildungspraktikerinnen und -praktikern bzw. Stakeholdern der betrieblichen Bildung Anregungen zur Gestaltung eines nachhaltigen Lernortes zu geben. Diese werden im Folgenden näher erläutert.

5   Ansätze einer Indikatorik eines nachhaltigen Lernortes

Parallel zur Modellentwicklung war es ein wesentlicher Auftrag der wissenschaftlichen Begleitung der Förderlinie II, erste Ansätze für eine Indikatorik herauszuarbeiten, um dadurch einen Sensibilisierungs- und Wandlungsprozess bei Unternehmen und Bildungseinrichtungen zu initiieren. Kennzahlen und Indikatoren spielen schon seit langem in der Nachhaltigkeitsdebatte eine wichtige Rolle. Einerseits verwenden verschiedene Nachhaltigkeitsstandards Indikatoren, z. B. die Nationale Nachhaltigkeitsstrategie der Bundesregierung, die Nachhaltigkeitsberichterstattung in Unternehmen entlang internationaler (z. B. DIN ISO 26000, *Global Reporting Initiative* – GRI) oder nationaler Standards (z. B. DNK) oder das Monitoringsystem zur Bildung für nachhaltige Entwicklung der deutschen UNESCO-Kommission. Andererseits ist 2014 durch die Verabschiedung der Richtlinie zur Erweiterung der Berichterstattung von großen kapitalmarktorientierten Unternehmen, Kreditinstituten, Finanzdienstleistungsinstituten und Versicherungsunternehmen (sogenannte *Corporate Social Responsibility*-Richtlinie) durch das Europäische Parlament und den Europäischen Rat die Nachhaltigkeitsberichterstattung entlang von Indikatoren noch einmal ganz neu auf die unternehmerische Agenda gerückt. Seit 2017 sind in Deutschland große, börsennotierte Unternehmen verpflichtet, über ökologische und soziale Auswirkungen ihrer Geschäftstätigkeiten zu berichten. Viele Unternehmen haben die Umsetzung in nationales Recht zum Anlass genommen, sich erstmals oder verstärkt mit dem Thema Nachhaltigkeit auseinanderzusetzen. Viele Unternehmen berichten freiwillig nach verschiedenen Standards (z. B. GRI, DNK) und entlang von Indikatoren über ihre Nachhaltigkeitsaktivitäten. Auffällig bei allen gängigen Berichtssystemen, Standards und Normen zur nachhaltigen Entwicklung von Unternehmen ist, dass dem Thema Bildung und Qualifizierung eine geringe Relevanz zur Erreichung unternehmensspezifischer Nachhaltigkeitsziele zugesprochen wird. Dies zeigt sich darin, dass bildungsbezogene Indikatoren zum einen keinen Nachhaltigkeitsbezug aufweisen oder sich in sehr allgemein gehaltenen Managementempfehlungen ausdrücken und zum anderen die berufliche Erstausbildung nicht berücksichtigen (vgl. FEICHTENBEINER u. a. 2021, S. 391). Dementsprechend fehlt es bislang an konkreten Impulsen für die Gestaltung eines nachhaltigen Lernortes. Die Tatsache der bislang fehlenden Kennzahlen und Indikatoren zum Lernort Betrieb stellt insofern ein Desiderat dar, als in der Folge Unternehmensakteure, die mit diesen Standards arbeiten, Prozesse der Aus- und Weiterbildung nicht ausreichend als zentrales Element der nachhaltigen Unternehmensentwicklung wahrnehmen. Dabei bietet insbesondere der Lernort Betrieb ein enormes Potenzial, um nachhaltigkeitsbezogene Handlungskompetenzen von Mitarbeitenden zu fördern. Darüber hinaus besteht die Gefahr, dass der notwendige betriebliche Transformations- und Entwicklungsprozess in einer *Top-Down-Logik*– also von der Unternehmensleitung ohne aktive Einbindung der Mitarbeitenden – gesteuert wird, wodurch eine holistische Verankerung von Nachhaltigkeit im Sinne der SDGs ausbleibt (vgl. BIEKER/DYLLICK 2006, S. 98) und Mitarbeitenden die Chance verwehrt wird, im Zuge der nachhaltigen Entwicklung des Unternehmens eigene Denkmuster und Handlungsroutinen zu hinterfragen und neu auszurichten. Die nachhaltige Entwicklung von Betrieben ist daher eng mit individuellen Lernprozessen bei den Mitarbeitenden verknüpft.

Indikatoren können dahingehend eine Übersetzungs- und Umsetzungshilfe darstellen, um einen nachhaltigen Lernort zu gestalten. Die größte Herausforderung für die wissenschaftliche Begleitung bestand jedoch zunächst darin, den Begriff „Indikator", dessen Bedeutung und Funktion zu klären und auf dieser Grundlage allgemein gültige Indikatoren für die enorme Vielfalt betrieblicher Rahmenbedingungen zu formulieren. An dieser Stelle wird sich nur auf das Resultat des Entwicklungsprozesses konzentriert, wobei für die Nachvollziehbarkeit des Entwicklungsprozesses auf den Beitrag von Feichtenbeiner u. a. (2021) verwiesen wird.

Indikatoren werden von der wissenschaftlichen Begleitung als „Kenngrößen, die zur Abbildung eines bestimmten, nicht zwingend messbaren und oftmals komplexen Sachverhaltes herangezogen werden" (GTZ 2003, S. 119) definiert. Ziel kann dabei nicht sein, einen statischen Zustand abzubilden, da die Gestaltung eines nachhaltigen Lernortes einen dynamischen Entwicklungsprozess darstellt (vgl. KREIBICH 2011). Aus diesem Grund sind sowohl qualitative als auch quantitative Indikatoren zu entwickeln, wobei diese sich im Spannungsfeld zwischen wissenschaftlicher Genauigkeit und praktischer Handhabbarkeit bewegen. Die Entscheidung fiel letztlich auf ein Indikatorenset, das das wissenschaftliche Modell eines nachhaltigen Lernortes in einen für die Praxis nutzbaren Orientierungsrahmen übersetzt. Ziel des Orientierungsrahmens ist es, die Entwicklung und Gestaltung von nachhaltigen Lernorten auf zwei Wegen zu fördern:

1. Durch die Entwicklung von Indikatoren können bestehende Systeme des Nachhaltigkeitsmanagements (z. B. Qualitäts- und Umweltmanagement, Nachhaltigkeitsberichterstattung) ergänzt werden, um der Unternehmensleitung Impulse für eine ganzheitliche Betrachtung der Unternehmensentwicklung unter Berücksichtigung von Bildung für nachhaltige Entwicklung zu geben (vgl. Abschnitt 3).
2. Die Indikatoren nehmen bei der ganzheitlichen Transformation von Lernorten der beruflichen Bildung eine unterstützende Rolle ein. Dabei kann diese Transformation aus betrieblicher Perspektive als Veränderungsprozess verstanden werden, welcher prototypisch dem *Plan-Do-Check-Act*-Zyklus folgt (vgl. KNISPEL 2008, S. 49).

Im folgenden Abschnitt werden die Indikatoren, welche aus der Modellversuchspraxis heraus entwickelt wurden, vorgestellt. Diese sollen dazu beitragen, BBNE als ein wesentliches Moment für die nachhaltige Unternehmensentwicklung zu etablieren.

6 Gestaltungsbereiche zur Umsetzung des Modells in der betrieblichen Praxis

Die Gestaltungsbereiche und Indikatoren wurden ausgehend vom DNK unter Rückbezug auf das oben dargestellte Modell zum nachhaltigen Lernort (vgl. HANTSCH/FEICHTENBEINER/ WEBER 2021) erarbeitet. Entstanden ist ein Set aus 113 Indikatoren, aufgeteilt auf vier Gestaltungsbereiche und 13 Handlungsfelder nachhaltiger Lernorte. Im Folgenden werden die vier Gestaltungsbereiche und eine Auswahl an dazugehörigen Indikatoren vorgestellt.

In **Gestaltungsbereich 1** geht es um Bildungsaktivitäten von Unternehmen, die entweder im betrieblichen Umfeld durchgeführt oder durch das betriebliche Umfeld angestoßen werden. Folgende Indikatoren (Auswahl) wurden herausgearbeitet:

▶ Unser Unternehmen führt regelmäßige Fortbildungen zu Arbeitsschutz- und Sicherheitsaspekten durch.

▶ Unser Unternehmen informiert die Mitarbeitenden in Bezug auf die Einhaltung der Menschenrechte im Allgemeinen und im eigenen Unternehmen.

▶ Unser Unternehmen bindet externe Kooperationspartner (z. B. Berufsschule, NGOs, Wissenschaftseinrichtungen) in Nachhaltigkeitsaktivitäten ein.

▶ Unser Unternehmen engagiert sich regional in der Berufsorientierung von Schülerinnen und Schülern.

▶ Unser Unternehmen setzt sich für soziale, ökologische und kulturelle Bildungsprojekte in der Region ein.

In **Gestaltungsbereich 2** steht der Lernort Betrieb in seiner Gesamtheit im Vordergrund. Dazu gehören dessen Strategien, Prozesse, Strukturen und dessen Kultur. In diesem Bereich wurden folgende Indikatoren (Auswahl) herausgearbeitet:

▶ Unser Unternehmen verfügt über ein Leitbild, in dem Nachhaltigkeitsaspekte integriert sind.

▶ Unser Unternehmen hat Kriterien für eine qualitativ hochwertige Aus- und Weiterbildung definiert.

▶ Unser Unternehmen beteiligt Mitarbeitende an der Entwicklung der Strategie und der Ziele zur nachhaltigen Entwicklung des Unternehmens.

▷ Der sich aus der nachhaltigen Entwicklung ergebende Weiterbildungsbedarf wird systematisch erhoben.

▷ Unser Unternehmen hat Curricula für Aus- und Weiterbildungsmaßnahmen zur nachhaltigen Entwicklung definiert.

Gestaltungsbereich 3 umfasst die betrieblichen Lern- und Arbeitsumgebungen. Damit sind „Räumlichkeiten" gemeint, in denen durch pädagogisches Handeln Lernen ermöglicht und angeregt wird. Ausgewählte Indikatoren sind:

▷ Lern- und Arbeitsumgebungen im Betrieb und darüber hinaus (extern/virtuell) werden für die Auseinandersetzung mit ökologischen, ökonomischen und/oder sozialen Aspekten der Nachhaltigkeit genutzt.

▷ Das Bildungspersonal sowie Führungskräfte werden regelmäßig in ökologischen, ökonomischen und sozialen Aspekten der Nachhaltigkeit geschult.

▷ Lernhemmende und lernförderliche Bedingungen werden identifiziert und ab- bzw. ausgebaut.

▷ Es werden Maßnahmen zur Förderung einer Lern- und Fehlerkultur durchgeführt.

▷ Im betrieblichen Alltag werden Lernanlässe geboten, um nachhaltige Verhaltensweisen erfahrbar und erlebbar zu machen.

Gestaltungsbereich 4 widmet sich dem Dreh- und Angelpunkt einer BBNE: der Gestaltung von Lehr-/Lernsituationen, die sich in der Kommunikation und dem Verhalten von Lernenden und Lehrenden im betrieblichen Alltag zeigen. Es geht darum, ganzheitliche Lernprozesse zu initiieren, bei denen „neben der Wissensvermittlung auch handlungsmotivierende, wahrnehmungssteigernde und werteorientierte Aspekte relevant sind. Dazu ist es wesentlich, lebendiges Lernen zu ermöglichen, d. h., eigene Erfahrungen und persönliches Erleben einzubeziehen" (SCHÜTT-SAYED/VOLLMER/CASPER 2021, S. 57). Folgende Indikatoren (Auswahl) konnten in diesem Gestaltungsbereich herausgearbeitet werden:

▷ Ansatzpunkte für Nachhaltigkeit werden aus den Berufsbildpositionen bzw. Lernfeldern im jeweiligen Ausbildungsberuf identifiziert und in betriebliches Lernen (z. B. Ausbildungspläne) übertragen.

▷ Entlang alltäglicher betrieblicher Arbeits- und Geschäftsprozesse werden Lernenden die lokalen, regionalen und globalen Wirkungszusammenhänge des eigenen Handelns und die damit verbundene Mitwirkung an einer nachhaltigen Zukunftsgestaltung nachvollziehbar vermittelt.

- Aspekte ökologischer Nachhaltigkeit werden als Lerninhalte in Maßnahmen der Aus- und Weiterbildung aufgegriffen (z. B. Produktlebenszyklus, Kreislaufwirtschaft und Entsorgung, Mobilität, Ernährung, Energie, Wasser und Emission).

- Auszubildende sind in der Lage, Umweltfaktoren, Megatrends und veränderte Bedürfnisse von Kundinnen und Kunden zu benennen und Vorschläge zu formulieren, wie ein Geschäftsmodell hin zu nachhaltigem Wirtschaften verändert werden kann.

- Auszubildende können Widersprüche und Interessenkonflikte in ihrem beruflichen Handeln benennen und kennen Methoden (z. B. Kreativ- und Kommunikationstechniken), um Widersprüche in der Berufsarbeit zu lösen.

7 Zusammenspiel verschiedener Gestaltungsansätze

Die Modellversuche haben gezeigt, dass es keinen idealtypischen Weg gibt, einen Betrieb zu einem nachhaltigen Lernort zu entwickeln. Dies verdeutlicht, dass es für eine ganzheitliche Verankerung eines nachhaltigen Lernortes des Zusammenspiels verschiedener Gestaltungsansätze bedarf. Neben der Weiterbildung der Ausbildenden geht es auch um die Implementation von Leitbildern und Strategien, die Einführung von nachhaltigen Verfahren und Technologien in Arbeits- und Lernprozessen und die Entwicklung nachhaltigkeitsorientierter Lehr-/Lernsituationen. Hinzu kommt, dass ein nachhaltiger Lernort im Kontext gesellschaftlicher Entwicklungen zu betrachten ist. Mit der Agenda 2030 für nachhaltige Entwicklung wurden auf der Makrosystemebene Konzepte für und Ansprüche an eine zukünftige, globalisierte Welt formuliert. Die Idee ist, gemeinsame Lösungen für die globalen Herausforderungen im Dreiklang zwischen wirtschaftlichem Fortschritt, sozialer Gerechtigkeit und im Rahmen der ökologischen Grenzen der Erde zu entwickeln. Nachhaltige Lernorte sollten diese Konzepte im Rahmen der Möglichkeiten des jeweiligen Unternehmens bzw. der jeweiligen Institution oder Organisation aufgreifen.

Der Grundstein für eine strukturelle Verstetigung von BBNE beginnt am Lernort selbst, sei es im Ausbildungsbetrieb, in der Berufsschule, der überbetrieblichen Bildungsstätte oder bei einem Bildungsträger. Das Thema Nachhaltigkeit im Allgemeinen und BBNE im Besonderen sollte am betrieblichen Bedarf, an den Herausforderungen der Unternehmen und an den konkreten Arbeits- und Geschäftsprozessen ansetzen. Wichtig ist die Erkenntnis, dass BBNE kein zusätzlicher Lerninhalt „on top" sein sollte, sondern integraler Bestandteil des Berufs. Es sind vielmehr Themen wie innovative Produktions- oder Verkaufsstrategien, die Qualität der Ausbildung vor Ort, die Attraktivität als Arbeitgeber auf dem Bewerbermarkt, die Vereinbarkeit von Familie und Beruf, die Förderung von Gesundheit und Arbeitszufriedenheit der Mitarbeitenden, die als Anker und Anknüpfungspunkte für Nachhaltigkeitsprojekte infrage kommen.

Die Gestaltung eines sich nachhaltig entwickelnden Lernorts setzt einen ganzheitlichen Organisationsentwicklungsprozess voraus, der von der strategischen Meta-Lernort-Ebene über die Gestaltung von Lern- und Arbeitsumgebungen bis hin zu Lehr-/Lernsituationen alle Ebenen eines Betriebes umfasst. Einzubinden sind im Sinne des *Both-Directions*-Ansatzes sowohl die Geschäftsführung (*top-down*) als auch Fach- und Führungskräfte verschiedener Ebenen, das Bildungspersonal und die Mitarbeitenden und Auszubildenden (*bottom-up*). Der hier vorgestellte Gestaltungsansatz mit seinen drei Ebenen kann Unternehmen eine Orientierung geben, in welche Richtung sie bei der Gestaltung nachhaltiger Lernorte gehen können. Durch die Anbindung an bestehende Berichterstattungssysteme wie den DNK kann in vielen Fällen an Vorerfahrungen angeknüpft werden.

Literatur

ANHALT, Elmar: Komplexität der Erziehung. Geisteswissenschaft – Modelltheorie – Differenztheorie. Heilbrunn 2012

BIEKER, Thomas; DYLLICK, Thomas: Nachhaltiges Wirtschaften aus managementorientierter Sicht. In: TIEMEYER, Ernst; WILBERS, Karl (Hrsg.): Berufliche Bildung für nachhaltiges Wirtschaften. Bielefeld 2006, S. 87–106

BLEICHER, Knut: Das Konzept Integriertes Management: Visionen – Missionen – Programm. Frankfurt am Main 2004

BONZ, Bernhard: Methoden der Berufsbildung. Ein Lehrbuch. Stuttgart 2009

BRONFENBRENNER, Urie: Die Ökologie der menschlichen Entwicklung. Stuttgart 1981

DEHNBOSTEL, Peter: Lernorte und Lernortkooperation – Erweiterungen und Entgrenzungen nicht nur in digitalen Zeiten. In: BWP – Berufsbildung in Wissenschaft und Praxis 49 (2020) 4, S. 11–15. URL: https://www.bwp-zeitschrift.de/de/bwp.php/de/bwp/show/16775 (Stand: 11.07.2022)

DEHNBOSTEL, Peter: Betriebliches Bildungsmanagement als Rahmung betrieblicher Bildungsarbeit. In: Weiterbildung. Zeitschrift für Grundlagen, Praxis und Trends 23 (2012) 1, S. 8–11

DEHNBOSTEL, Peter: Bilanz und Perspektiven der Lernortforschung in der beruflichen Bildung. In: Zeitschrift für Pädagogik 48 (2002) 3, S. 356–377

DEUTSCHER BILDUNGSRAT (Hrsg.): Gutachten und Studien der Bildungskommission. Die Bedeutung verschiedener Lernorte in der beruflichen Bildung, Band 38. Stuttgart 1974

DIETTRICH, Andreas; HAHNE, Klaus; WINZIER, Dagmar: Berufsbildung für eine nachhaltige Entwicklung. Hintergründe, Aktivitäten, erste Ergebnisse. In: BWP – Berufsbildung in Wissenschaft und Praxis 36 (2007) 5, S. 7–12. URL: https://www.bwp-zeitschrift.de/de/bwp.php/de/bwp/show/1262 (Stand: 11.07.2022)

FEICHTENBEINER, Rolf; HANTSCH, Robert; WEBER, Heiko; GOLDMANN, Elisa; WITTBERG, Volker: Indikatoren nachhaltiger Lernorte im Spannungsfeld von Gestaltung und Berichterstattung. In: MELZIG, Christian; KUHLMEIER, Werner; KRETSCHMER, Susanne (Hrsg.): Berufsbildung für nachhaltige Entwicklung. Die Modellversuche 2015–2019 auf dem

Weg vom Projekt zur Struktur. Bonn 2021, S. 383–404. URL: https://www.bibb.de/dienst/veroeffentlichungen/de/publication/show/16974 (Stand: 11.07.2022)

FEICHTENBEINER, Rolf; WEBER, Heiko; HANTSCH, Robert: Gestaltung nachhaltiger Lernorte. Leitfaden für ausbildende Unternehmen auf dem Weg zu mehr Nachhaltigkeit. Bonn 2020. URL: https://www.bibb.de/dienst/veroeffentlichungen/de/publication/show/16691 (Stand: 11.07.2022)

FELL, Margret: Andragogische Grundüberlegungen zu einer lernförderlichen Gestaltung von umbauten Bildungsräumen. In: WITTWER, Wolfgang; DIETTRICH, Andreas; WALBER, Markus (Hrsg.): Lernräume. Gestaltung von Lernumgebungen für Weiterbildung. Wiesbaden 2015, S. 31–64

GEISSLER, Karlheinz A.; WITTWER, Wolfgang: Aus der Situation lernen. Ein Trainerseminar zur Gestaltung von situationsorientierter Weiterbildung. Teilnehmer-Unterlagen. Bielefeld 1994

HANTSCH, Robert; FEICHTENBEINER, Rolf; WEBER, Heiko: Modell zur Gestaltung nachhaltiger betrieblicher Lernorte. In: MELZIG, Christian; KUHLMEIER, Werner; KRETSCHMER, Susanne (Hrsg.): Berufsbildung für nachhaltige Entwicklung. Die Modellversuche 2015–2019 auf dem Weg vom Projekt zur Struktur. Bonn 2021, S. 362–381. URL: https://www.bibb.de/dienst/veroeffentlichungen/de/publication/show/16974 (Stand: 11.07.2022)

HEMKES, Barbara: Modellversuche im UNESCO Weltaktionsprogramm. In: MELZIG, Christian; KUHLMEIER, Werner; KRETSCHMER, Susanne (Hrsg.): Berufsbildung für nachhaltige Entwicklung. Die Modellversuche 2015–2019 auf dem Weg vom Projekt zur Struktur. Bonn 2021, S. 468–477. URL: https://www.bibb.de/dienst/veroeffentlichungen/de/publication/show/16974 (Stand: 11.07.2022)

HEMKES, Barbara: Vom Projekt zur Struktur. Das Strategiepapier der AG „Berufliche Aus- und Weiterbildung". In: KUHLMEIER, Werner; MOHORIČ, Andrea; VOLLMER, Thomas (Hrsg.): Berufsbildung für nachhaltige Entwicklung. Modellversuche 2010–2013: Erkenntnisse, Schlussfolgerungen und Ausblicke. Bielefeld 2014, S. 225–229. URL: https://www.bibb.de/dienst/veroeffentlichungen/de/publication/show/7453 (Stand: 11.07.2022)

HOLST, Jorrit; SINGER-BRODOWSKI, Mandy: Bildung für nachhaltige Entwicklung (BNE) in der Beruflichen Bildung: Strukturelle Verankerung zwischen Ordnungsmitteln und Nachhaltigkeitsprogrammatik. Kurzbericht zu Beginn des UNESCO BNE-Programms „ESD for 2030". Berlin 2020

KNISPEL, Karl L.: Qualitätsmanagement im Bildungswesen. Ansätze, Konzepte und Methoden für Anbieter von E-Learning- und Blended Learning-Qualifizierungen. Münster 2008

KRAUS, Katrin: Orte des Lernens als temporäre Konstellationen. Ein Beitrag zur Diskussion des Lernortkonzepts. In: BERNHARD, Christian; KRAUS, Katrin; SCHREIBER-BARSCH, Silke; STANG, Richard (Hrsg.): Erwachsenenbildung und Raum. Theoretische Perspektiven – professionelles Handeln – Rahmungen des Lernens. Bielefeld 2015, S. 41–53

KREIBICH, Rolf: Zukunftsforschung für Orientierung in Gesellschaft, Wirtschaft, Wissenschaft, Bildung. Werkstattbericht Nr. 116. Institut für Zukunftsstudien und Technologiebewertung. Berlin 2011

MELZIG, Christian: Hintergründe, Ansätze und Ziele des Förderschwerpunkts „BBNE 2015–2019". In: MELZIG, Christian; KUHLMEIER, Werner; KRETSCHMER, Susanne (Hrsg.): Berufsbildung für nachhaltige Entwicklung. Die Modellversuche 2015–2019 auf dem Weg vom Projekt zur Struktur. Bonn. 2021, S. 468–477. URL: https://www.bibb.de/dienst/veroeffentlichungen/de/publication/show/16974 (Stand: 11.07.2022)

MÜLLER, Kurt: Bildungsraum. In: Grundlagen der Weiterbildung –Praxishilfen. Loseblattsammlung. Register 7.80.10. vom 5. März 1991

MÜLLER, Ulrich: Bildungsmanagement – Skizze zu einem orientierenden Rahmenmodell. In: SCHWEIZER, Gerd; IBERER, Ulrich; KELLER, Helmut (Hrsg.): Lernen am Unterschied. Bildungsprozesse gestalten – Innovationen vorantreiben. Bielefeld 2007, S. 99–122

PÄTZOLD, Günter; GOERKE, Deborah: Rückblicke. Lernen und arbeiten an unterschiedlichen Orten? Zur Geschichte des Lernortbegriffs in der Berufs- und Erwachsenenbildung. In: DIE Zeitschrift (2006) 4, S. 26–28. URL: www.diezeitschrift.de/42006/paetzold0601.pdf (Stand: 11.07.2022)

REBMANN, Karin; TENFELDE, Walter; SCHLÖMER, Tobias: Berufs- und Wirtschaftspädagogik. Eine Einführung in Strukturbegriffe. 4., überarb. und erw. Aufl. Wiesbaden 2011

SCHROER, Markus: Raumgrenzen in Bewegung. Zur Interpretation realer und virtueller Räume. In: Sociologia Internationalis (2003) 1, S. 55–78

SCHÜTT-SAYED, Sören; CASPER, Marc; VOLLMER, Thomas: Mitgestaltung lernbar machen – Didaktik der Berufsbildung für nachhaltige Entwicklung. In: MELZIG, Christian; KUHLMEIER, Werner; KRETSCHMER, Susanne (Hrsg.): Berufsbildung für nachhaltige Entwicklung. Die Modellversuche 2015–2019 auf dem Weg vom Projekt zur Struktur. Bonn 2021, S. 468–477. URL: https://www.bibb.de/dienst/veroeffentlichungen/de/publication/show/16974 (Stand: 11.07.2022)

SCHÜTT-SAYED, Sören; VOLLMER, Thomas; CASPER, Marc: Förderung nachhaltigkeitsbezogener Kompetenzentwicklung. Praxisleitfaden für die Ausbildung kaufmännischer Berufe. Bonn 2021. URL: https://www.bibb.de/dienst/veroeffentlichungen/de/publication/show/17097 (Stand: 11.07.2022)

SIEBERT, Horst: Stichwort: Lernorte. In: DIE Zeitschrift für Erwachsenenbildung (2006) 4, S. 20–22

SIEBENHÜNER, Bernd; ARNOLD, Marlen; HOFFMANN, Esther; BEHRENS, Torsten; HEERWART, Sebastian; BESCHORNER, Thomas: Organisationales Lernen und Nachhaltigkeit. Prozesse, Auswirkungen und Einflussfaktoren in sechs Unternehmensfallstudien. Marburg 2006

SONNTAG, Karlheinz; STEGMAIER, Ralf; SCHAPER, Niclas; FRIEBE, Judith: Dem Lernen im Unternehmen auf der Spur: Operationalisierung von Lernkultur. Unterrichtswissenschaft 32 (2004) 2, S. 104–127

Stachowiak, Herbert: Allgemeine Modelltheorie, Wien 1973

UNESCO – United Nations Educational, Scientific and Cultural Organization (Hrsg.): UNESCO-Roadmap zur Umsetzung des Weltaktionsprogramms „Bildung für nachhaltige Entwicklung". Bonn 2014

UNESCO– United Nations Educational, Scientific and Cultural Organization (Hrsg.): Education for sustainable development: a roadmap. Paris 2020

Wittwer, Wolfgang: Situationsorientiertes Lehr-/Lernkonzept zur pädagogischen Qualifizierung betrieblicher Ausbilder. Modellversuch zur pädagogischen Qualifizierung der Ausbilder. Hrsg. vom Bayerischen Staatsministerium für Arbeit und Sozialordnung. München 1985

Wittwer, Wolfgang; Diettrich, Andreas: Zur Komplexität des Raumbegriffs. In: Wittwer, Wolfgang; Diettrich, Andreas; Walber, Markus (Hrsg.): Lernräume. Gestaltung von Lernumgebungen für Weiterbildung. Wiesbaden 2015, S. 11–30

Wittwer, Wolfgang; Rose, Petra: Raum als sozialer (Erfahrungs)Raum. In: Wittwer, Wolfgang; Diettrich, Andreas; Walber, Markus (Hrsg.): Lernräume. Gestaltung von Lernumgebungen für Weiterbildung. Wiesbaden 2015, S. 163–170

Gerrit von Jorck, Tanja Brumbauer, Lukas Heck

► Transformatives Lernen in der gewerkschaftlichen Bildung als nachhaltige Entwicklung

Den gewerkschaftlichen Bildungseinrichtungen kommt bei der Qualifizierung der Beschäftigten für sozial-ökologische Transformationsprozesse eine zentrale Rolle im Rahmen der beruflichen Weiterbildung zu. Uns interessiert, inwiefern sie diese Rolle auch einnehmen. In unserem Beitrag zeigen wir auf, inwieweit in der gewerkschaftlichen Bildung für eine nachhaltige Entwicklung transformative Lernansätze konzeptionell integriert sind. Dazu analysieren wir, a) welche Lernziele, insbesondere in Bezug auf die Entwicklung von Transformationskompetenzen, dort im Fokus stehen, b) über welche Lerninhalte ein Lebensweltbezug hergestellt wird und c) welche Lernmethoden verwendet werden. Dies erfolgt anhand theoriegenerierender Experteninterviews mit gewerkschaftlichen Bildungsreferentinnen bzw. -referenten und Gewerkschaftssekretärinnen bzw. -sekretären.[1]

1 Gewerkschaftliche Bildung im Spannungsfeld zwischen ökologischer und sozialer Nachhaltigkeit

Die sozial-ökologische Transformation erfordert eine weitgehende Transformation der Arbeitswelt (vgl. BARTH/JOCHUM/LITTIG 2018; JORCK u. a. 2018, S. 8f.). Wenn politisch eine Verkehrs-, Agrar- oder Energiewende verhandelt wird, dann steht dabei immer auch der Um- und Abbau von Arbeitsplätzen zur Disposition. In der Tendenz ist ein Abbau gut bezahlter, stark mitbestimmter und gewerkschaftlich gut organisierter Arbeitsplätze in nicht nachhaltigen Industrien die Folge. Zugleich ist eine Zunahme der Arbeitsplätze im Dienstleistungsbereich zu erwarten, ökologisch geboten und in Teilen bereits beobachtbar (vgl. REUTER 2010, S. 115f.). Dies macht eine Verlagerung von Jobs aus Branchen im Einzugsbereich der Industriegewerkschaften Metall (IG Metall) oder Bergbau, Chemie und Energie (IG BCE) hin zu Branchen der Vereinten Dienstleistungsgewerkschaft (ver.di) wahrscheinlich. Neben diesen Bewegungen auf gesamtgesellschaftlicher Ebene sind es die Belange der einzelnen Beschäf-

---

1   Die Erstellung dieses Beitrags wurde gefördert mit Mitteln der Deutschen Bundesstiftung Umwelt.

tigten, welche die Gewerkschaften vor ein „strategisches Dilemma" (DÖRRE 2019, S. 81) stellen: Auf der einen Seite erkennen sie die verschiedenen Wenden als gesamtgesellschaftlich notwendig an und sind mit Erwartungen der Umweltbewegung an einen substanziellen Beitrag für eine nachhaltige Entwicklung konfrontiert. Auf der anderen Seite vertreten sie die Interessen der abhängig beschäftigten Arbeitnehmerinnen und Arbeitnehmer und stehen für den Erhalt bzw. die Schaffung von Arbeitsplätzen – auch in nicht nachhaltigen Industrien – ein. Gewerkschaftsmitglieder zeigen zwar häufig ein höheres Umweltbewusstsein als Nichtmitglieder (vgl. VACHON/BRECHER 2016), haben zugleich aber – zum Teil berechtigte – Angst davor, dass im Zuge der ökologischen Transformation ihr Arbeitsplatz abgebaut werden könnte. In ihrer Positionierung zwischen den gesamtgesellschaftlichen ökologischen Zielen und den individuellen Interessen der Beschäftigten am Erhalt des Status quo nehmen die Gewerkschaften eine Transmitter-Rolle ein: Als Mitgestaltende der Arbeitswelt können sie die Belange der Arbeitnehmerschaft in die ökologische Transformation einbringen und gleichzeitig die von ihnen vertretene Personengruppe für das politische Ziel einer nachhaltigen Entwicklung sensibilisieren. Auf diese Weise haben Gewerkschaften das Potenzial, eine Brücke zwischen sozialer und ökologischer Nachhaltigkeit zu schlagen.

Diese Rolle der Gewerkschaften als Transmitter in der sozial-ökologischen Transformation stellt neue Anforderungen an die gewerkschaftliche Bildungsarbeit. Sozial-ökologische Fragen müssen zum einen mehr Raum erhalten. Zum anderen müssen sie im Kontext von Gewerkschaften anders gedacht werden und über individuelle Konsumpraktiken hinausgehen, um die sozial-ökologische Transformation zum gewerkschaftlichen Verhandlungsgegenstand zu machen (vgl. BRAND 2017, S. 23). Die Transformation der Arbeitswelt erfordert entsprechend neue lerntheoretische Ansätze in der gewerkschaftlichen Bildungsarbeit. Eine fundierte theoretische Grundlage bietet die Theorie des transformativen Lernens (vgl. MEZIROW 1997a). Diese geht davon aus, dass Menschen im Laufe ihres Lebens bestimmte Sichtweisen auf sich selbst und die Welt – sogenannte Bedeutungsperspektiven – entwickeln. Transformatives Lernen ist ein „Prozess, in dem Menschen ihre bisherigen Bedeutungsperspektiven als solche erkennen, hinterfragen und verändern" (vgl. UBA 2021, S. 15). Ausgangspunkt dieses Prozesses ist häufig ein desorientierendes Dilemma (vgl. MEZIROW 2000, S. 22). Im Kontext sozial-ökologischer Transformationen kann dies im Umgang mit Nachhaltigkeitsdilemmata und damit verbundenen Unsicherheiten seitens der Beschäftigten bestehen.

Ansätze transformativen Lernens sollten sich dabei nicht auf die politische Bildungsarbeit der Gewerkschaften beschränken, sondern ebenso in die Qualifizierung von Betriebsrätinnen bzw. Betriebsräten und Vertrauenskörpern Eingang finden. So wird bereits Anfang der 2000er-Jahre die Trennung zwischen einer politischen Grundlagenbildung und einer eher instrumentellen beruflichen Bildung als dysfunktional bezeichnet (vgl. RÖDER/DÖRRE 2002, S. 8). Im Rahmen des Monitorings der beruflichen Bildung für eine nachhaltige Entwicklung wird diese Kritik weiterhin angebracht. Die „politische Mündigkeit" sollte im Rahmen der beruflichen Bildung gestärkt werden. Ebenso sollten Nachhaltigkeitsdilemmata und Zielkonflikte viel mehr zum Thema der beruflichen Bildung gemacht werden, um Auszubildende zu „Change Agents" auszubilden (vgl. SINGER-BRODOWSKI/GRAPENTIN-RI-MEK 2018, S. 5). Die gewerkschaftliche Bildungsarbeit wird in der beruflichen Bildungsforschung dabei meist nicht betrachtet. Dabei kann sie als ein spezifischer Teil der beruflichen Bildung verstanden werden, indem sie ihre Mitglieder dafür qualifiziert, sich im Arbeitskontext zu engagieren (vgl. ELSHOLZ/MEYER 2003, S. 98). Sie will die Lernenden zu „gesellschaftspolitische[m] Engagement befähigen" (vgl. PREISS 1972, S. 422) und dazu anregen, ihre Beziehung zum gesellschaftlichen Umfeld zu reflektieren (vgl. LUDWIG 2003, S. 83). Gewerkschaftliche Bildungsarbeit steht dabei in einer langen Tradition erfahrungsbasierten Lernens (vgl. NEGT 1968). Auch sind Nachhaltigkeitsdilemmata immer wieder Gegenstand gewerkschaftlicher Bildungsarbeit (vgl. NIEHAUS/HORNUNG 2020, S. 121).

Bisher gibt es jedoch kaum Forschung zur Bedeutung von Bildung für eine nachhaltige Entwicklung (BNE) und transformativem Lernen in der gewerkschaftlichen Bildungsarbeit. Auch wenn es – wie andernorts festgestellt – keine systematische Verankerung sozial-ökologischer Themen in der gewerkschaftlichen Bildungsarbeit gibt (vgl. BRAND 2017, S. 24), so zeigt ein Screening der aktuellen Bildungsprogramme, dass Fragen einer sozial-ökologischen Transformation durchaus adressiert werden. Entsprechend kann von der Existenz einer gewerkschaftlichen Bildung für eine nachhaltige Entwicklung gesprochen werden. In diesem Beitrag konzentrieren wir uns allerdings weniger auf die Verbreitung einer gewerkschaftlichen Bildung für eine nachhaltige Entwicklung, sondern zeigen auf, inwieweit dort transformative Lernansätze konzeptionell integriert sind. Dazu analysieren wir, a) welche Lernziele, insbesondere in Bezug auf die Entwicklung von Transformationskompetenzen, dort im Fokus stehen, b) über welche Lerninhalte ein Lebensweltbezug hergestellt wird und c) welche Lernmethoden verwendet werden.

Die Bearbeitung der Fragestellung erfolgt auf Basis theoriegenerierender Experteninterviews mit gewerkschaftlichen Bildungsreferentinnen bzw. -referenten und Gewerkschaftssekretärinnen bzw. -sekretären. Zunächst führen wir in die Theorie transformativen Lernens im Kontext einer Bildung als nachhaltige Entwicklung ein. Die hieraus abgeleiteten Kriterien werden der qualitativen Inhaltsanalyse des Interviewmaterials zugrunde gelegt. Hierzu beschreiben wir zunächst unser methodisches Vorgehen, bevor wir den Status quo gewerkschaftlicher Bildung für eine nachhaltige Entwicklung darstellen. Der Beitrag schließt mit einer Diskussion der Relevanz transformativen Lernens in der gewerkschaftlichen Bildungsarbeit und arbeitet die Besonderheiten einer gewerkschaftlichen Bildung für eine nachhaltige Entwicklung heraus.

2   Transformatives Lernen als nachhaltige Entwicklung

Transformatives Lernen wird hier als nachhaltige Entwicklung verstanden. Dies ist auf die Unterscheidung im BNE-Diskurs zwischen BNE1 und BNE2 (vgl. VARE/SCOTT 2007) zurückzuführen. BNE1 fördert nachhaltiges Verhalten, wie die Reduktion des persönlichen Energieverbrauchs. Es werden Fähigkeiten erlernt, die *für* eine nachhaltige Entwicklung zentral sind. BNE2 fördert hingegen die kritische Auseinandersetzung mit verschiedenen Nachhaltigkeitskonzepten und die Reflexion von Nachhaltigkeitsdilemmata. BNE wird hier *als* nachhaltige Entwicklung verstanden. Um dem Anspruch einer BNE2 gerecht zu werden und der Gefahr der Überwältigung angesichts im Vorfeld feststehender normativer Zielsetzungen zu begegnen, bedarf es nach Singer-Brodowski (2016, S. 14f.) einer angemessenen Theorie transformativen Lernens (vgl. MEZIROW 1997a), die beschreibt, inwiefern eine Bewusstseinsveränderung bei Individuen angestoßen werden müsste, um Menschen auf die sozialökologische Transformation vorzubereiten und handlungsfähig zu machen. Die Lernenden agieren dabei als Mitgestalterinnen und Mitgestalter ihres Lernprozesses, während der oder die Lehrende vor allem die Rolle des Lernbegleiters bzw. der Lernbegleiterin oder auch des Provokateurs bzw. der Provokateurin einnimmt (vgl. MEZIROW 1997b, S. 11). Dabei kommt dem lebensweltlichen Lernen anhand konkreter, persönlich identifizierter Problemstellungen eine besondere Rolle im Lernprozess zu. Transformatives Lernen lädt die Lernenden dazu ein, ihre gefestigten Bedeutungsperspektiven im reflexiven Wechselspiel aus praktischer Erfahrung und gemeinsamer Reflexion zu hinterfragen. Im Fokus steht zunächst nicht das Erlernen neuer Kompetenzen und Wissensbestände, sondern das „Verlernen zuvor unkritisch erlernter Denk-, Fühl- und Handlungsmuster" (vgl. UBA 2021, S. 15).

Transformatives Lernen folgt idealtypisch einem Zyklus (vgl. MEZIROW 1997a, S. 143; UBA 2021, S. 16). Dieser beginnt mit einem Dilemma, welches die Lernenden in ihren gewohnten Bedeutungsperspektiven irritiert. Auf dieses irritierende Momentum folgen zunächst Selbstreflexion und schließlich eine gemeinsame Reflexion der bestehenden Bedeutungsperspektiven. Daran knüpft die Herausbildung und das Ausprobieren neuer Bedeutungsperspektiven an. Diese werden also nicht durch die Lerninhalte oder die Lehrenden festgelegt, sondern im Rahmen der gemeinsamen Reflexion eigenständig entwickelt und zunächst im geschützten Raum der Bildungsveranstaltung getestet. In der Tradition der Pädagogik der Unterdrückten (vgl. FREIRE 1971) werden die neu gewonnenen Bedeutungsperspektiven in konkretes Handeln überführt. Der Lernraum wird letztlich auf die Lebenswelt der Lernenden ausgeweitet, und die Lernenden sind dazu eingeladen, in dieser realen Welt neue Rollen auszuprobieren. Die Erfahrungen, die sie dabei machen, werden wiederum gemeinsam reflektiert, wobei sich die neuen Bedeutungsperspektiven weiter schärfen. Auf diese Weise transformieren sich die Lernenden selbst, indem sie zugleich die Welt um sich herum verändern. Transformatives Lernen kann somit im Sinne einer BNE2 *als* nachhaltige Entwicklung begriffen werden.

Als Lerntheorie einer Bildung für nachhaltige Entwicklung (BNE2) bildet transformatives Lernen den Rahmen für das didaktische Design von Bildungsformaten. Dieses Design besteht aus Lernzielen, Lerninhalten und Lernmethoden. In der BNE-Forschung hat sich als Lernziel die Entwicklung und Stärkung zentraler Schlüsselkompetenzen der Nachhaltigkeit herausgebildet. Zu diesen Schlüsselkompetenzen zählen neben der Fähigkeit zum systemischen, normativen, zukunftsfähigen und strategischen Denken inter- und intrapersonale

Kompetenzen sowie Implementierungskompetenzen und integrierte Problemlösungskompetenzen. Diese Kompetenzen werden als notwendig für die verschiedenen Schritte eines Transformationsprozesses erachtet und sollen zugleich durch diesen ausgebildet werden (vgl. BRUNDIERS u. a. 2021, S. 19ff.).

Die Inhalte von BNE sind nicht eindeutig bestimmt, beziehen sich aber meist auf die *Sustainable Development Goals* (SDGs) bzw. früher die *Millennium Development Goals* (MDGs) (vgl. BARTH/MICHELSEN 2013, S. 107f.). Die Bestimmung der Lerninhalte sollte sich an der Lebenswelt der Lernenden orientieren. Zu beachten ist, dass die ausgewählten Lerninhalte für die Lernenden relevant sind, sich in ihrem Verantwortungsbereich befinden und für sie die Möglichkeit besteht, etwas zu verändern (vgl. BARTH 2014, S. 76ff.). Die Relevanz kann durch aktuelle gesellschaftliche Diskurse, Betroffenheit oder auch Dringlichkeit gegeben sein. Die Lerninhalte sollten dabei auf das Vorwissen und die Vorerfahrungen der Lernenden bezogen werden. Es sollten Lerninhalte ausgewählt werden, die im direkten Einflussbereich der Lernenden liegen, weil sie etwa selbst zu negativen Ergebnissen beitragen oder sie aufgrund allgemeiner ethischer Grundsätze Verantwortung dafür übernehmen. Schließlich sollten die Lernenden sich aktiv einbringen und engagieren können, um thematisierte Problemstellungen positiv zu transformieren. Dabei sollte der Lerninhalt exemplarisch für generelle Phänomene stehen.

Lernziele und Lerninhalte sollten sich in den Lernmethoden widerspiegeln (vgl. BARTH/MICHELSEN 2013, S. 107). Insbesondere das experimentelle Lernen in Reallaboren gilt innerhalb der BNE als eine geeignete Lernmethode für transformative Lernprozesse (vgl. BRUNDIERS/WIEK/REDMAN 2010; SCHNEIDEWIND/SINGER-BRODOWSKI 2015). Die Lernenden setzen hierbei sozial-ökologische Projekte (z. B. *Urban Gardening*, Sharing-Plattformen) in einem quasi-experimentellen Rahmen um. Beim problembasierten Lernen sind die Rahmenbedingungen nicht vorgegeben. Vielmehr setzen sich die Lernenden mit einem spezifischen Problem der Nachhaltigkeit auseinander und entwickeln eigenständig konkrete Lösungen dafür (vgl. JORCK 2022; THOMAS 2009, S. 255f.). Gemeinsam ist diesen Lernmethoden, dass die Lernenden ihre Bedeutungsperspektiven in einem Zyklus aus Aktion und Reflexion austesten und verfestigen können.

Transformatives Lernen zeichnet sich also durch die Reflexion und das Ausprobieren von Bedeutungsperspektiven aus. Im Kontext nachhaltiger Entwicklung sollen in diesem Prozess Schlüsselkompetenzen der Nachhaltigkeit erlangt werden. Der Lernprozess nimmt seinen Ausgangspunkt dabei in desorientierenden Nachhaltigkeitsdilemmata. Diese sollten im Verantwortungsbereich der Lernenden liegen, für diese relevant und prinzipiell gestaltbar sein. Dabei sind insbesondere solche Lernmethoden geeignet, die von realweltlichen Problemen ausgehen und die Lernenden direkt zum Handeln einladen. Inwiefern diese Grundprinzipien der Lerntheorie transformativen Lernens auch in gewerkschaftlicher Bildung für nachhaltige Entwicklung konzeptionell integriert sind, wird nach einer Einführung in die zugrunde liegende Methodik diskutiert.

3 Theoriegenerierende Experteninterviews

Das Erkenntnisinteresse dieses Beitrags bezieht sich insbesondere auf das implizite Deutungswissen und die Praxiserfahrungen von Bildungsreferentinnen bzw. -referenten und Gewerkschaftssekretärinnen bzw. -sekretären in Bezug auf transformatives Lernen. Hierfür eignet sich als methodisches Vorgehen das sogenannte theoriegenerierende Experteninterview nach Bogner und Menz (2002). Diese Form des Experteninterviews bezweckt die „analytische Rekonstruktion der subjektiven Dimension des Expertenwissens" (vgl. ebd., S. 38). Als Ausgangspunkt der Theoriebildung steht hierbei die Kombination aus subjektiven Handlungsorientierungen auf der kognitiven Ebene („Deutungswissen") und impliziten Entscheidungsmaximen von Expertinnen und Experten auf sozialer Ebene („Praxiswirksamkeit") im Vordergrund. Das Expertenwissen zeichnet sich also nicht nur durch spezifisches Fach- oder Sonderwissen aus, sondern wird um den Charakter von Praxis- oder Handlungswissen erweitert. Im Gegensatz zu anderen Formen des Expertenwissens geht es bei theoriegenerierenden Experteninterviews also in erster Linie darum, Expertinnen und Experten als Personen zu betrachten, die aufgrund besonderer Kompetenzen einen bestimmten sozialen Status haben und Handlungsorientierungen oder Definitionen durchsetzungsfähig machen können. Expertinnen und Experten werden nicht als Personen mit einem spezifischen Wissensstand verstanden (vgl. ebd., S. 66). Der Interviewleitfaden wurde nach Merkmalen der Theorie transformativen Lernens erstellt und basiert auf unserer Forschungsfrage. Im Anschluss an die Datenerhebung (n = 12) erfolgte eine induktive Thesen- und Theorienbildung durch eine vergleichende Analyse des Materials.

Zur Identifizierung und Rekrutierung der konkreten Interviewpartnerinnen bzw. Interviewpartner wurde vorab eine Recherche zu den Bildungsprogrammen des Deutschen Gewerkschaftsbunds (DGB), der IG BCE, der IG Metall und der ver.di des Bildungsjahres 2020/2021 durchgeführt. Hier wurde erkennbar, welche gewerkschaftlichen Bildungsreferentinnen und -referenten ihren Fokus auf sozial-ökologische Themen richten. Anhand dessen wurde eine Liste von potenziellen Interviewpartnerinnen und -partnern erstellt. Diese wurde mit Expertinnen und Experten aus dem gewerkschaftlichen Bildungsbereich abgeglichen, und es wurde eine Vorauswahl der Gesprächspartner/-innen getroffen. Durch Empfehlungen von Befragten oder Zuständigen der Bildungsarbeit in Einzelgewerkschaften konnte ein weiterer Kreis von Expertinnen und Experten erschlossen werden. Die ausgewählten Personen stehen nicht repräsentativ für die gewerkschaftliche Bildungsarbeit, sondern sind bewusst gewählte Interviewpartnerinnen bzw. Interviewpartner, die Bezüge zum Thema sozial-ökologische Transformation vorweisen. Ziel der Auswahl war, ein tiefergehendes Verständnis der Konzepte, Deutungen und Konstruktionen im Hinblick auf eine gewerkschaftliche Bildung für eine nachhaltige Entwicklung sowie insbesondere der Relevanz transformativer Lernansätze zu erlangen.

Als Untersuchungsgegenstand wurden der DGB als Dachverband sowie die drei Gewerkschaften IG Metall, IG BCE und ver.di gewählt. Die Auswahl begründet sich dadurch, dass es sich um die mitgliederstärksten Gewerkschaften handelt, die zugleich die größten Anbieter gewerkschaftlicher Bildungsarbeit sind. Die Befragten haben meist einen akademischen Hintergrund, oft sozialwissenschaftlicher Art, und zeichnen sich durch eine längere Gewerkschaftsmitgliedschaft vor dem Berufseinstieg aus. Sie haben somit neben Erfahrungen im Bildungsbereich häufig Praxiserfahrungen in der betrieblichen und branchenspezifischen Arbeit gesammelt. Einige blicken auf eine lange Gewerkschaftstätigkeit zurück. Andere sind noch nicht lange in der Bildungsarbeit tätig.

In der Datenanalyse wird der Methodik der qualitativ strukturierenden Inhaltsanalyse nach Mayring (2010) gefolgt. Das Material wird mittels eines Kodierleitfadens nach vordefinierten Kriterien bewertet. Zunächst konnten deduktive Kategorien aus dem Leitfaden abgeleitet werden. Darüber hinaus wurden nach Durchsicht des Materials weitere induktive Kategorien identifiziert. Um die intersubjektive Überprüfbarkeit zu rekonstruieren und die Intercoder-Reliabilität (vgl. MAYRING 2010) zu gewährleisten, erstellten zwei Personen den Kodierleitfaden. Sie testeten diesen an zwei der elf Interviews,[2] die zusammen mehr als 15 Prozent des Gesamtmaterials entsprechen. Im Anschluss verglichen sie die Ergebnisse, passten den Kodierleitfaden an und kodierten das Material, bis 90 bis 95 Prozent der Textstellen denselben Kategorien zugeordnet waren. Eine dritte Person wertete die Ergebnisse aus und gab weitere vertiefende Kommentare zur Anpassung des Kodierleitfadens. Die übrigen Interviews wurden im Anschluss von einer Person kodiert. Anschließend wurden die einzelnen Textpassagen der jeweiligen Kategorien paraphrasiert und verallgemeinert. Im letzten Schritt wurden gemeinsame Thesen entwickelt, die auf der Basis des empirischen Materials externen Forscherinnen und Forschern vorgestellt und auf Plausibilität geprüft wurden.

4   Gewerkschaftliche Bildung für eine nachhaltige Entwicklung

Die Integration von Themen einer nachhaltigen Entwicklung in die gewerkschaftliche Bildungsarbeit ist eng mit der grundsätzlichen Verhandlung von ökologischen Fragen innerhalb von Gewerkschaften verknüpft. So werden ökologische Problemstellungen seit den 1980er-Jahren mit dem Aufkommen der Neuen Sozialen Bewegungen, insbesondere im Zuge der Konversionsdebatten, an Gewerkschaften herangetragen. Ökologisch engagierte Gewerkschaftsmitglieder fungierten dabei als Taktgebende, die in Arbeitskreisen die Relevanz eines sozial-ökologischen Umbaus in Forderungen an Unternehmen konkretisierten. Durch einen solchen *Bottom-up*-Prozess wurde eine transformative Dynamik selbst im Betriebsalltag verankert und schlug sich mitunter auch in der gewerkschaftlichen Bildungsarbeit nieder (vgl. 4:31; 9:63).[3] Es wurden neue Anforderungen an eine ökologische Schwerpunktsetzung im Seminarprogramm gestellt. Gerade in den betriebspolitischen Seminaren fand für die betriebliche Ebene eine intensive Auseinandersetzung darüber statt, wie es zu einer Integration von ökologischen Faktoren kommen kann (vgl. 4:58). So bildeten sich etwa

---

2   Ein Interview (ID: 3) wurde synchron mit zwei Personen aus der gewerkschaftlichen Bildungsarbeit geführt.

3   Die erste Zahl beschreibt die Interviewkennzahl, die zweite die Zeile im Transkript. Also z. B. Interviewkennzahl 4, Zeile 31.

in der IG BCE eigene Ausschüsse von Betriebsrätinnen und Betriebsräten zu Umwelt und Gesundheit, um umweltschonende Maßnahmen auf betrieblicher Ebene zu erarbeiten. Die konkrete Umsetzung wurde durch ein einvernehmliches sozialpartnerschaftliches Vorgehen gestärkt (vgl. 9:11).

Ökologische Themen wurden zunächst sowohl in betriebspolitischen Seminaren (§ 37 Abs. 6 Betriebsverfassungsgesetz) als auch in gesellschaftspolitischen Seminaren (§ 37 Abs. 7 Betriebsverfassungsgesetz) verortet. Darauffolgend konzentrierte sich die gewerkschaftliche Bildungsarbeit im Zuge der Institutionalisierung der Umweltfrage in betriebspolitischen Seminaren, etwa durch die Schaffung eines Umweltmanagements und Öko-Auditierungen (vgl. 4:58), nur noch auf den gesetzlichen Spielraum von Betriebsrätinnen und Betriebsräten. Damit wurden primär soziale Aspekte berücksichtigt. Der Ökologie kam eine untergeordnete Rolle zu (vgl. 4:20; 4:58; 5:11). In der Auseinandersetzung um eine sozial-ökologische Transformation bleiben innerbetriebliche Handlungsmöglichkeiten im Rahmen der gewerkschaftlichen Bildungsarbeit bis heute weitgehend unberücksichtigt. Speziell in den letzten zehn Jahren finden ökologische Aspekte nur noch Eingang in gesellschaftspolitische Seminare (vgl. 4:144).

Gleichzeitig schenken Gewerkschaften im Zuge der *Fridays-for-Future*-Bewegung der ökologischen Nachhaltigkeit wieder eine erhöhte Aufmerksamkeit (vgl. 8:26). Dies schlägt sich auch in der gewerkschaftlichen Bildungsarbeit nieder. Deren konzeptionelle und lerntheoretische Spezifika in Bezug auf Nachhaltigkeit stellen sowohl in der BNE-Forschung als auch in der politischen oder beruflichen Bildungsforschung ein Desiderat dar. Gleichwohl kann auf Basis unserer Untersuchungen bereits davon gesprochen werden, dass sich implizit eine gewerkschaftliche Bildung für eine nachhaltige Entwicklung herausgebildet hat. Deren Lernziele, Lerninhalte und Lernmethoden werden im Folgenden untersucht. Es wird diskutiert, inwiefern diese einem Ansatz transformativen Lernens entsprechen.

5 Elemente transformativen Lernens in gewerkschaftlicher Bildung für eine nachhaltige Entwicklung

Die konzeptionellen und lerntheoretischen Spezifika gewerkschaftlicher Bildung für eine nachhaltige Entwicklung wurden bisher nicht explizit herausgearbeitet. Vor diesem Hintergrund stellen wir im Folgenden das implizite Deutungswissen von gewerkschaftlichen Bildungsreferentinnen bzw. -referenten und Gewerkschaftssekretärinnen bzw. -sekretären im Feld der gewerkschaftlichen Bildung für eine nachhaltige Entwicklung dar. Hierüber leisten wir einen Beitrag zur Erläuterung der Spezifika gewerkschaftlicher Bildung für eine nachhaltige Entwicklung. Dabei fokussieren wir uns auf Elemente transformativen Lernens, die sich in den Lernzielen, Lerninhalten und Lernmethoden wiederfinden. Wenn im Folgenden also die Eigenschaften gewerkschaftlicher Bildung für eine nachhaltige Entwicklung beschrieben werden, so geschieht dies vor dem Hintergrund des impliziten Deutungswissens der interviewten Expertinnen und Experten. Dieses implizite Deutungswissen basiert auf deren Konzeption grundlegender Eigenschaften gewerkschaftlicher Bildungsarbeit. Zugleich offenbart es darüber hinausgehende Spezifika einer gewerkschaftlichen Bildung für eine nachhaltige Entwicklung.

5.1 Handlungsfähigkeit als zentrales Lernziel gewerkschaftlicher Bildung für eine nachhaltige Entwicklung

Ein bedeutendes Lernziel gewerkschaftlicher Bildung für eine nachhaltige Entwicklung ist die Ausbildung der Handlungsfähigkeit der Teilnehmenden. Zwar gestaltet gewerkschaftliche Bildung für eine nachhaltige Entwicklung Lernprozesse bewusst ergebnisoffen, zielt aber zugleich darauf ab, einen gemeinsamen Kompass für die sozial-ökologische Transformation zu entwickeln (vgl. 13:42; 10:37). Es werden keine fertigen Lösungen präsentiert. Vielmehr stellt die gewerkschaftliche Bildungsarbeit einen Reflexionsraum für die Teilnehmenden dar. Diese befinden sich als aktive Gewerkschafterinnen und Gewerkschafter in vielfältigen sozialen Auseinandersetzungen und sollen in ihrer Handlungs- und Urteilsfähigkeit gestärkt werden (vgl. 3:4; 13:42; 15:66). Zugleich fungiert die gewerkschaftliche Bildungsarbeit als Vehikel zwischen den Mitgliedern und dem hauptamtlichen Apparat. Impulse aus den Seminaren werden aufgegriffen und in die Gewerkschaft zurückgespielt, um darüber gewerkschaftsinterne Diskussionen zu verstärken (vgl. 13:46). Ein zentrales Lernziel stellt darüber hinaus die Herausbildung eigener, normativ begründeter Positionen dar sowie das organisationale Lernen.

Gewerkschaftsmitglieder werden dabei in der Ausbildung der Handlungsfähigkeit meist in ihrer Doppelrolle als Privatperson und Beschäftigte adressiert (vgl. 6:52). Im Fokus einer gewerkschaftlichen Bildung für eine nachhaltige Entwicklung steht jedoch nicht so sehr die individuelle, sondern vielmehr die kollektive Handlungsebene. Gewerkschaftliche Bildung betont die gesellschaftliche Verantwortung für sozial-ökologische Problemlagen und sensibilisiert für Klassenunterschiede bezüglich der Verantwortung zum Handeln (vgl. 3:52; 8:40). Mittelfristig verfolgt sie das Ziel, Gewerkschaftsmitglieder für bestimmte Themen mobilisierungsfähig zu machen (vgl. 3:163). Sie sollen in die Lage versetzt werden, Kooperationen (z. B. mit Umweltverbänden) einzugehen, eigene Lösungsvorschläge für sozial-ökologische Herausforderungen zu entwickeln und andere Beschäftigte zu aktivieren (vgl. 9:35). Dabei soll deutlich gemacht werden, dass Soziales und Ökologie nicht gegeneinander ausgespielt werden dürfen (vgl. 10:40). Die Ausbildung der Fähigkeit zum systemischen und strategischen Denken kann damit als ein zentrales Lernziel identifiziert werden.

Gewerkschaftliche Bildung für eine nachhaltige Entwicklung möchte ihre Teilnehmenden außerdem zu „Veränderungspromotorinnen" bzw. „Veränderungspromotoren" (insbesondere im Rahmen der aktuellen Veranstaltungsreihe „IG Metall vom Betrieb aus denken") ausbilden. In Bezug auf zukünftige Perspektiven stehen beispielsweise Fragen nach der Vision für eine nachhaltige Welt und die Verantwortung für die Lebensbedingungen der nachfolgenden Generationen im Vordergrund (vgl. 11:36). Ebenso sollen Betriebsrätinnen und Betriebsräte darin geschult werden, Veränderungsprozesse frühzeitig zu erkennen (vgl.

9:28). Dazu gehört auch das nötige Wissen, um *Greenwashing*-Maßnahmen der Unternehmen identifizieren zu können (vgl. 15:44).

Neben solchen Ansprüchen an normatives, systemisches, zukunftsfähiges und strategisches Denken nimmt die Förderung interpersonaler Kompetenzen als Teil von Handlungsfähigkeit in der gewerkschaftlichen Bildung für eine nachhaltige Entwicklung einen wichtigen Stellenwert ein. In ihrem Alltag treffen Gewerkschafterinnen und Gewerkschafter auf Beschäftigte, die angesichts der sozial-ökologischen Transformation verunsichert sind. Teilweise äußert sich deren Frust auch direkt gegenüber den Vertrauenskörpern und Betriebsrätinnen bzw. Betriebsräten (vgl. 6:46). Gewerkschaftliche Bildung für eine nachhaltige Entwicklung unterstützt die Lernenden beim Umgang mit solchen Situationen. Auch intrapersonale Kompetenzen werden in diesem Zusammenhang vereinzelt als relevant erwähnt. So bedarf es einer ausgeprägten Empathiefähigkeit für andere Lebenssituationen, die gewisse nachhaltige Konsumpraktiken nicht ermöglichen (vgl. 8:40). Zentrales Anliegen ist es, die Teilnehmenden in konkretes Handeln zu führen bzw. in ihrem Handeln zu stärken.

5.2   Nachhaltigkeitsdilemmata als zentraler Lerninhalt gewerkschaftlicher Bildung für eine nachhaltige Entwicklung

Das Ziel der Ausbildung der Handlungsfähigkeit wird mit der Adressierung konkreter lebenspraktischer Situationen und dabei insbesondere den entstehenden Nachhaltigkeitsdilemmata als zentrale Lerninhalte erreicht. Lebensweltorientierung sollte sich nach Barth (2014, S. 76ff.) an den Kriterien Relevanz, Verantwortung und Veränderungsmöglichkeit orientieren. Die Relevanz wird hergestellt, indem abstrakte Veränderungen wie der Klimawandel konkret gemacht und die Dringlichkeit des Handelns aufgezeigt werden, sodass die Teilnehmenden bereit sind, ihr individuelles Verhalten zu ändern (vgl. 8:42). Um die Relevanz für die Teilnehmenden zu erhöhen, wird inhaltlich eng an aktuelle gesellschaftliche Fragen angeknüpft (vgl. 9:45). Dadurch verändert sich die Themensetzung gewerkschaftlicher Bildungsarbeit kontinuierlich im Zuge gesellschaftspolitischer Entwicklungen (vgl. 3:149). Dementsprechend werden auch öffentlich diskutierte, gesellschaftliche Spannungen und Ängste aufgegriffen. So ist im Zusammenhang mit der sozial-ökologischen Transformation insbesondere die Angst vor dem Verlust von Arbeitsplätzen sehr präsent (vgl. 9:21). In den Bildungsveranstaltungen wird versucht, diese in Bildern verpackten Spannungen („dass das [die sind,] die dann auf der Straße sitzen" (9:21)) aufzugreifen und Argumente zu liefern, damit die Teilnehmenden die Situation versachlichen können (vgl. 9:22). Damit findet ein doppelter Zugang zu den Lerninhalten für die Teilnehmenden statt: zum einen über den Bezug zur konkreten Lebens- und Erfahrungswelt der Teilnehmenden, zum anderen durch das Aufgreifen von aktuellen politischen und öffentlich präsenten Themen.

Auffallend ist dabei die Art des Umgangs mit Schuld und Verantwortung in Bezug auf sozial-ökologische Herausforderungen. Bei den Teilnehmenden sollen keine Schuldgefühle ausgelöst werden (vgl. 8:42; 8:32). Es wird darauf hingewiesen, dass Gewerkschaften und insbesondere gewerkschaftliche Bildung für eine nachhaltige Entwicklung die Rolle innehaben sollten, systemische Kritik zu üben und nicht allein auf das Individuum und dessen Konsumverhalten zu schauen (vgl. 8:32). Ähnlich verhält es sich mit moralischen Geboten und Verboten. So wird in den Mittelpunkt gestellt, dass insbesondere mit Forderungen nach Konsumeinschränkungen vorsichtig umzugehen sei.

Gewerkschaften stehen im Zuge einer sozial-ökologischen Transformation gleich vor mehreren Nachhaltigkeitsdilemmata, welche den Spielraum für Veränderungsmöglichkeiten bestimmen. Zu unterscheiden sind diese in ethische, soziale und falsche Dilemmata.

Ein ethisches Nachhaltigkeitsdilemma besteht in Entscheidungssituationen, in denen eine Entscheidung für ein ökologisch bzw. sozial wünschenswertes Ereignis zu einem sozial bzw. ökologisch unerwünschten Ereignis führt. Gewerkschaften stehen im Zuge der sozial-ökologischen Transformation vor solchen ethischen Dilemmata, wenn beispielsweise Arbeitsplätze in der Kohleindustrie nur erhalten werden können, sofern zugleich weiterhin große Mengen CO_2 ausgestoßen werden (vgl. 4:144). Oder wenn zwar ein Umstieg auf E-Mobilität angesichts der Klimakatastrophe notwendig erscheint, damit jedoch zugleich Arbeitsplätze verloren gehen (vgl. 15:25; 11:58). Eine Entscheidung zur Stärkung der *Green Economy*, um die Klimaziele zu erreichen, bedeutet für Gewerkschaften häufig auch eine Entscheidung für einen Sektor, in dem gewerkschaftliche Mitbestimmung deutlich schlechter ausgeprägt ist als in der *Brown Economy*.

Ein soziales (Nachhaltigkeits-)Dilemma besteht, wenn die individuelle Nutzenmaximierung zu einem geringeren individuellen Nutzen führt als eine kooperative Lösung. Zu unterscheiden sind dabei Nutzungsdilemmata und Beitragsdilemmata. Ein typisches Beispiel für ein Nutzungsdilemma ist die Tragödie der Allmende (vgl. HARDIN 1968), bei der es individuell rational ist, die eigenen Tiere möglichst umfänglich weiden zu lassen, was jedoch mittelfristig zu einer Überweidung der Allmende führt. Gewerkschaften stehen vor solchen Nutzungsdilemmata, wenn einzelne Betriebe die Kosten eines sozial-ökologischen Umbaus vermeiden, um damit kurzfristig besser dazustehen. Langfristig geraten mit dieser Strategie jedoch ganze Branchen in einen technologischen Rückstand und gefährden Arbeitsplätze, wie es der Umstieg auf E-Mobilität in Deutschland verdeutlicht. Ein Beitragsdilemma liegt wiederum häufig bei der Bereitstellung öffentlicher Güter vor. Anders als beim Allmendegut herrscht hier zwar keine Rivalität in der Nutzung vor, aber es ist auf individueller Ebene rational nur wenig zur Herstellung des öffentlichen Gutes beizutragen, da man nicht von der Nutzung ausgeschlossen werden kann, z. B. beim Hochwasserschutz. Gewerkschaften stehen beim Abschluss von Tarifverträgen vor solchen Beitragsdilemmata, da diese regelmäßig auch für Nichtmitglieder gelten. Sollen Gewerkschaften im Zuge der sozial-ökologischen Transformation zunehmend auch einen Beitrag zum Klimaschutz leisten, profitieren hiervon ebenso Nichtmitglieder, während zugleich Gewerkschaftsmitglieder ökonomische und oft auch soziale Kosten auf sich nehmen müssen, wenn ihre Qualifizierungen beispielsweise nicht mehr gefragt sind.

Ein falsches Nachhaltigkeitsdilemma besteht wiederum dann, wenn man bewusst oder unbewusst der Ansicht ist, sich in einem Dilemma zwischen Ökologie und Sozialem zu befinden, es aber Lösungswege gibt, die beide erwünschten Ergebnisse realisieren können. Solche falschen Nachhaltigkeitsdilemmata sind jedoch wirkmächtig und prägen den Nachhaltigkeitsdiskurs seit Jahrzehnten. Sie zeigen sich im Kleinen, wenn es z. B. für den Fließbandarbeiter bzw. die -arbeiterin ein Dilemma darstellt, sich zugleich bei *Fridays for Future* zu engagieren (vgl. 13:57). Das Umweltengagement steht dabei der eigenen Lebenspraxis scheinbar entgegen. Solche falschen Dilemmata werden im öffentlichen Diskurs durch Beschimpfungen zwischen Gewerkschaften und Umweltbewegung, beispielsweise am Hambacher Forst, stetig neu konstruiert (vgl. 9:20; 8:52).

Gewerkschaften wirken bei diesen Nachhaltigkeitsdilemmata oftmals als Transmitter zwischen dem gesellschaftspolitischen Diskurs um eine sozial-ökologische Transformation und den Beschäftigten, die von dieser Transformation betroffen sind. Dabei sind sie in mehrfacher Hinsicht gefordert: zum einen bei der Identifikation falscher Dilemmata, wenn beispielsweise der Abbau von Arbeitsplätzen zwar mit dem unternehmerischen Pfad in Richtung Klimaneutralität begründet wird, aber nicht mit diesem in einem inneren Zusammenhang steht (vgl. 9:24); zum anderen jedoch auch bei der Kommunikation realer Nachhaltigkeitsdilemmata gegenüber den Beschäftigten (vgl. 9:20). Gewerkschaften kommt dabei hinsichtlich der Akzeptanz einer sozial-ökologischen Transformation eine zentrale Rolle zu.

5.3 Lernmethoden gewerkschaftlicher Bildung für eine nachhaltige Entwicklung

Methodisch orientiert sich gewerkschaftliche Bildung oft an dem Dreischritt: 1) Standortbestimmung (Soziale Annäherung, Kennenlernen der Positionen und Expertisen, Orientierung, Identifizierung von Fragen und Ängsten), 2) Wissensaufbau und 3) Eruierung von Handlungsmöglichkeiten (vgl. 3:89; 3:91; 9:60). Dieser weist im ersten Blick auf ein klassisches Verständnis von sozial verstandenem Lernen durch Information und eine anschließende Entwicklung von Handlungsoptionen hin. Während Schritt 1 und 2 vor allem auf eine Reflexion der Bedeutungsperspektiven abzielt, liegt der Fokus bei Schritt 3 auf der Ausbildung von Handlungskompetenzen.

5.3.1 Lernmethoden zur Reflexion von Bedeutungsperspektiven

Der erste Schritt, die Standortbestimmung, legt den Fokus auf zwischenmenschliche Begegnung und Austausch. So ist in der Regel ein ausführliches Kennenlernen angelegt (vgl. 14:57). Dies umfasst auch ein Kennenlernen des betrieblichen Umfelds der Teilnehmerinnen und Teilnehmer (vgl. 14:58). Räume für informellen Austausch sind während des Seminarverlaufs ein wichtiges Element (vgl. 3:25). Sie dienen einer Reflexion der Wissensimpulse (vgl. 3:25) sowie unterschiedlicher Bedeutungsperspektiven.

Der zweite Schritt, Wissensaufbau, dient u. a. dazu, dass Teilnehmende ihren eigenen Standpunkt durch Hintergrundwissen schärfen. Dabei ist es von wesentlicher Bedeutung, dass sich die Teilnehmenden mit sozial-ökologischen Zielkonflikten auseinandersetzen und dazu befähigt werden, Widersprüchlichkeiten aufzudecken (vgl. 15:47). Solche Dilemmata werden in der gewerkschaftlichen Bildung methodisch u. a. mittels Exkursionen aufgegriffen, etwa in den Hambacher Forst (vgl. 3:56), zu einem Wasserwerk (vgl. 11:15), zu Imkerinnen oder Imkern (vgl. 11:49), in Wälder, um durch den Klimawandel verursachte Waldschäden aufzuzeigen (vgl. 3:24), oder zu Betrieben, die durch andere Gewerkschaften organisiert werden (Besuch von ver.di-Mitgliedern bei einem Automobilzulieferer (vgl. 11:14)). Exkursionen werden als wichtige Methode angesehen, um die Komplexität von Situationen aufzuzeigen (vgl. 3:56), andere Lebenswirklichkeiten zu integrieren (vgl. 3:24), sich mit anderen Menschen auszutauschen (vgl. 3.25) und alternative Handlungsmöglichkeiten aufzuzeigen (vgl. 3:24). So wird beispielsweise ein Seminar, in dessen Rahmen eine Exkursion in den Hambacher Forst stattfindet, als eines bezeichnet, „wo die Leute sehr, mit sehr viel Motivation eigenes Handeln zu überdenken, rausgehen" (vgl. 3:58). Es wird ein gesellschaftlicher Konflikt erfahrbar und damit für die Teilnehmerinnen und Teilnehmer greifbar (vgl. 3:58).

Es werden des Weiteren Plan- und Rollenspiele durchgeführt (z. B. Planspiele „Weltklimakonferenz" (vgl. 3:55), „Veränderungen in der Automobilindustrie" (vgl. 11:37) und „Zukunft von Schweinfurt" (vgl. 14:24)). Hierbei wird reflektiert, inwiefern bestimmte Interessen zu bestimmten Positionen führen und welche Schwierigkeiten in politischen Prozessen bestehen. Zudem wird geübt, sich in andere Rollen hineinzuversetzen (vgl. 3:55). Seminarintern fördert die Konfrontation mit anderen Meinungen und Positionen – insbesondere bei sehr heterogenen Gruppen – eine Reflexion der eigenen Bedeutungsperspektiven. So findet in den Seminaren beispielsweise ein Austausch zwischen Klimaskeptikerinnen bzw. -skeptikern und umweltengagierten Industriearbeiterinnen bzw. -arbeitern statt. Ein solcher Austausch wird als sehr wertvoll eingeschätzt, weil er ermöglicht, dass man sich abseits des eigenen Alltags und der eigenen „Filterblasen" mit anderen Positionen beschäftigt (vgl. 3:46).

Kommt es zu einem solchen Austausch zwischen den Teilnehmenden, müssen bestehende Meinungsverschiedenheiten ausgehalten, die Sorgen und Ängste des Gegenübers ernst genommen und auf Basis aller Grundlagen gemeinsame Lösungen erarbeitet werden (vgl. 5:22). Es geht dabei insbesondere auch darum, dass sich die Teilnehmenden zu ihren Positionen austauschen und „um das Reiben auch sozusagen an verschiedenen Argumenten, um selbst den eigenen Standpunkt sozusagen nochmal zu schärfen oder auch zu überdenken" (vgl. 3:82). Erst durch die Schaffung dieses Dialograums wird das „desorientierende Dilemma" zu einem produktiven Lernmoment und führt zu einer individuellen Transformation. Gewerkschaftliche Bildung für eine nachhaltige Entwicklung ist also insofern transformativ, als sie desorientierende Dilemmata hervorruft. Damit ermöglicht sie eine Auseinandersetzung mit eigenen und fremden Bedeutungsperspektiven und schafft gleichzeitig den notwendigen Raum, in dem dieses in eine individuelle Lern- und Transformationserfahrung münden kann.

5.3.2   Lernmethoden zur Förderung politischer Handlungsfähigkeit

Der dritte Schritt gewerkschaftlicher Bildungsarbeit zielt auf die Ausbildung von Handlungskompetenzen. Dies geschieht durch eine aktive Integration der Teilnehmenden. Es geht nicht darum, bereits während des Seminars konkrete, alternative Handlungsoptionen zu entwickeln, umzusetzen und zu evaluieren. Vielmehr wird unter Handlungskompetenz zunächst die Herausbildung allgemeiner Fertigkeiten verstanden, etwa die Fähigkeit, sich in Diskussionen einzubringen. Es geht im Sinne einer Selbstermächtigung (vgl. 4:41) darum, selbst handlungsfähig zu werden und seinen eigenen potenziellen Beitrag zu entwickeln. Auch wenn die Befähigung zur Mitgestaltung im direkten betrieblichen Umfeld erwähnt wird, wird der Beitrag dabei meist gesellschaftspolitisch interpretiert: So werden neben wenigen individuellen Ansatzpunkten (z. B. dem *Slavery Footprint*) vor allem auf die Öffentlichkeit fokussierte Aktivitäten genannt, wie Pressemitteilungen, die Einladung von Politikerinnen und Politikern oder Kampagnen (vgl. 3:89; 3:91; 9:60). Handlungsoptionen werden über den individuellen Raum hinausgedacht. Es geht darum, politische Forderungen aufzustellen (vgl. 3:82), für eigene Interessen und die Organisation dieser aktiv einzustehen (vgl. 9:39) und zum Mitgestalten im eigenen Umfeld zu befähigen (vgl. 10:31). Ziel ist es, Gewerkschaftsmitglieder sprechfähiger gegenüber der Politik zu machen (vgl. 11:26), ihre politische Urteilskraft zu stärken (vgl. 3:4) und Meinungsbildungsprozesse voranzubringen (vgl. 11:26). Außerdem sollen die Teilnehmenden dazu ermutigt und befähigt werden, sich in Diskurse einzubringen (vgl. 13:22).

Bildungsreferentinnen und -referenten zeigen Handlungsoptionen auf, geben Anregungen und weisen auf Beteiligungs- und Gestaltungsmöglichkeiten hin (vgl. 3:170, 3:17, 5:12). Der Auftrag von Bildungsreferentinnen und -referenten besteht explizit nicht darin, die Teilnehmenden von der Richtigkeit bestimmter Optionen zu überzeugen (vgl. 3:17), anderen Menschen etwas „über[zu]stülpen" (vgl. 3:168) oder ihnen das Gefühl von Fremdbestimmung zu geben (vgl. 5:12).

Gewerkschaftliche Bildungsarbeit hat also grundsätzlich eine starke Handlungsorientierung. Insbesondere das Aufzeigen von Handlungsalternativen nimmt einen großen Stellenwert ein. Neue Handlungsweisen zu erproben, scheint deutlich weniger ausgeprägt zu sein. Es geht zwar darum, sich verschiedene Handlungsoptionen anzuschauen und darüber zu diskutieren. Weitgehend aus der eigentlichen Fortbildung ausgelagert ist es jedoch, eigene Projekte zu Themen sozial-ökologischer Transformation zu konzeptionieren, zu planen und insbesondere auch umzusetzen. Die dafür notwendigen Kompetenzen können sich die Lernenden daher im Rahmen der Fortbildungen bisher nur sehr bedingt aneignen.

6　Transformatives Potenzial gewerkschaftlicher Bildung als nachhaltige Entwicklung

Die sozial-ökologische Transformation stellt neue Anforderungen an die Bildung und Qualifizierung von Beschäftigten. Während Gewerkschaften eine (Re-)Qualifizierung der Beschäftigten im Rahmen der betrieblichen Aus- und Weiterbildung als einen zentralen Baustein einer sozial gerechten Transformation betrachten, wird das transformative Potenzial der eigenen gewerkschaftlichen Bildungsarbeit bisher zu wenig in den Fokus gerückt. Themen

der sozial-ökologischen Transformation werden weitgehend im Rahmen gesellschaftspolitischer Seminare behandelt und richten sich damit mehr an interessierte Gewerkschaftsmitglieder und weniger an Vertrauenskörper und Betriebsrätinnen und Betriebsräte. Die Stärke
von Gewerkschaften, die Verankerung im Betrieb, wird dabei nur bedingt in transformatives
Potenzial übersetzt.

Gewerkschaften stehen als Transmitter zwischen gesellschaftspolitischen Diskursen und
betrieblicher Praxis im vermeintlichen Konflikt zwischen Arbeit und Ökologie häufig vor
Nachhaltigkeitsdilemmata. Es sind Vertrauenskörper und Betriebsrätinnen bzw. Betriebsräte, die sich alltäglich mit den Sorgen und Unsicherheiten der Beschäftigten im Zuge anste-
hender sozial-ökologischer Transformationsprozesse konfrontiert sehen. Auf der einen Seite
treten sie für deren kurzfristiges Interesse an einem Arbeitsplatzerhalt ein, auf der anderen
Seite wollen sie gesellschaftliche Entwicklungen langfristig mitgestalten. Gewerkschaften
stehen damit oft zwischen den Fronten: Im öffentlichen Diskurs werden sie häufig als Brem-
se sozial-ökologischer Transformationsprozesse wahrgenommen. Innerhalb des Betriebes
hingegen werden sie nicht selten mit dem Vorwurf konfrontiert, Transformationsprozesse
nicht genügend sozial einzuhegen. Gewerkschafterinnen und Gewerkschafter fungieren daher häufig als Vermittlerinnen und Vermittler zwischen sozialen und ökologischen Aspekten
und bilden somit einen Knotenpunkt in der sozial-ökologischen Transformation. Sie stehen
damit bildlich gesprochen auf dem Bindestrich einer sozial-ökologischen Transformation.
Gewerkschaftliche Bildung für eine nachhaltige Entwicklung ist im Vergleich zu anderen
BNE-Kontexten insbesondere durch die Inhärenz von Zielkonflikten und sozial-ökologischen
Nachhaltigkeitsdilemmata geprägt.

Gewerkschaftliche Bildung für eine nachhaltige Entwicklung geht über reine Wissensvermittlung hinaus. Im Sinne des Lernziels, die Handlungs- und Mobilisierungsfähigkeit
zu erhöhen, werden Lerninhalte ausgewählt, anhand derer systemische Zusammenhänge
zwischen Ökologie und Sozialem aufgezeigt werden können. Dabei werden die Lerninhalte
als besonders wichtig hervorgehoben, in denen Nachhaltigkeitsdilemmata konkret erfahrbar werden. Die Hervorhebung kollektiver Verantwortung für eine nachhaltige Entwicklung
stellt ein Spezifikum gewerkschaftlicher Bildung für eine nachhaltige Entwicklung dar. Individuelle Verantwortungsappelle werden eher kritisch betrachtet. Es fehlt den Lernenden jedoch häufig die Möglichkeit, sich aktiv an Veränderungsprozessen zu beteiligen. Hier scheint
es bisher noch an hinreichenden Konzepten einer ökologisch orientierten betrieblichen Ge-
werkschaftspolitik zu mangeln. Es zeigt sich in der Tendenz eine Diskrepanz zwischen dem
Lernziel der Handlungsfähigkeit und den rechtlichen Möglichkeiten, im Rahmen der betrieblichen Mitbestimmung Einfluss auf die ökologische Nachhaltigkeit des Arbeitsumfelds
zu nehmen. Die Lernmethoden werden zwar so gewählt, dass sie zur Reflexion individueller
und gesellschaftlicher Bedeutungsperspektiven anregen. Der tatsächlichen Erprobung und
Festigung neuer Bedeutungsperspektiven sowie der Integration in das eigene Leben und
Handeln kommt bisher jedoch nur eine geringe Bedeutung zu. Um das transformative Potenzial gewerkschaftlicher Bildung als eine nachhaltige Entwicklung fassen zu können, müssten

die Betriebe noch stärker als erweiterte Lernorte begriffen werden, in denen neue Bedeutungsperspektiven im konkreten Handeln ausprobiert werden.

7 Forschungsbedarfe im Feld gewerkschaftlicher Bildung als eine nachhaltige Entwicklung

Dem in diesem Beitrag skizzierten Projekt liegt ein Forschungsdesign zugrunde, das darauf fokussiert, Konzepte, Bedeutungen und Konstruktionen einer gewerkschaftlichen Bildung für eine nachhaltige Entwicklung zu erläutern. Diese Konstruktionen basieren auf dem Deutungswissen zu gewerkschaftlicher Bildung im Allgemeinen. Von Interesse wäre hier eine stärkere Ausdifferenzierung dieser verschiedenen Bedeutungszuschreibungen, die in dem Projekt nicht exakt voneinander getrennt werden konnten. Hierzu böten sich Fokusgruppengespräche mit den Expertinnen und Experten an. Die vorliegende Analyse bleibt auf die Aussagen der interviewten Bildungsreferentinnen bzw. -referenten und Gewerkschaftssekretärinnen bzw. -sekretäre beschränkt. Eine Verifizierung der Aussagen über teilnehmende Beobachtung an Seminaren der gewerkschaftlichen Bildung für eine nachhaltige Entwicklung könnte weiteren Aufschluss über die gelebte Bildungspraxis sowie insbesondere die Rolle der Lernenden geben.

Der Fokus dieser Untersuchung liegt auf der Arbeit der gewerkschaftlichen Bildungseinrichtungen. Daneben wird gerade auch in der Weiterbildung von Betriebsrätinnen und Betriebsräten häufig auf externe Bildungseinrichtungen zurückgegriffen. Künftige Forschung könnte sich diesem Themenfeld annehmen, um zu untersuchen, wie beispielsweise betrieblicher Umweltschutz gelehrt wird, ob die Lehrformate zur Reflexion eigener Bedeutungsperspektiven sowie zur kritischen Reflexion unterschiedlicher Nachhaltigkeitskonzeptionen anregen.

Aufgrund des verwendeten Forschungsdesigns können keine Aussagen über die Verbreitung und Relevanz einer gewerkschaftlichen Bildung für eine nachhaltige Entwicklung getroffen werden. Eine Dokumentenanalyse der Bildungsprogramme der letzten Jahre sowie Interviews mit Entscheidungsträgerinnen und Entscheidungsträgern der gewerkschaftlichen Bildung könnten hierzu Aufschluss geben. Dabei ist es wichtig, die derzeitigen Veränderungen in der gewerkschaftlichen Bildungsarbeit in den Blick zu nehmen. Eine wissenschaftliche Evaluation innovativer Lernformate wie das Fortbildungskonzept „IG Metall vom Betrieb aus denken", welches sich derzeit in der Umsetzungsphase befindet, kann zu neuen Erkenntnissen führen, welche Lernformate von den Lernenden angenommen werden, ob darüber neue Zielgruppen erreicht werden und ob sie transformative Lernprozesse anregen.

8   Nachhaltigkeitsdilemmata als Ausgangspunkt transformativer Lernprozesse in der gewerkschaftlichen Bildungsarbeit

Gewerkschaftliche Bildung für eine nachhaltige Entwicklung zeichnet sich aufgrund der Transmitter-Rolle von Gewerkschaften zwischen Individuum, Betrieb und Gesellschaft durch die besondere Inhärenz von Nachhaltigkeitsdilemmata im Verhältnis zwischen Arbeit und Ökologie aus. Gerade die Auseinandersetzung mit diesen Dilemmata bildet einen fruchtbaren Boden für transformative Lernformate. Zugleich stellen diese Dilemmata auch Herausforderungen für eine stärkere Verankerung gewerkschaftlicher Bildung für eine nachhaltige Entwicklung dar. Anstatt sich anhand dieser Dilemmata kritisch mit eigenen Bedeutungsperspektiven auseinanderzusetzen, besteht ebenso die Möglichkeit, sich für eine Seite des Dilemmas zu entscheiden. Die Bewältigung von Nachhaltigkeitsdilemmata ist dabei sicherlich der schwierigere Weg. Soll die sozial-ökologische Transformation gelingen, erscheint dies aber als der vielversprechendere.

Literatur

Barth, Matthias: Implementing sustainability in higher education: Learning in an age of transformation. London 2014

Barth, Matthias; Michelsen, Gerd: Learning for change: an educational contribution to sustainability science. In: Sustainability Science (2013) 8, S. 103–119

Barth, Thomas; Jochum, Georg; Littig, Beate: Nachhaltige Arbeit – die sozial-ökologische Transformation der Arbeitsgesellschaft befördern. In: GAIA – Ecological Perspectives for Science and Society 27 (2018) 1, S. 127–131

Bogner, Alexander; Menz, Wolfgang: Das theoriegenerierende Experteninterview. Erkenntnisinteresse, Wissensformen, Interaktion. In: Bogner, Alexander; Littig, Beate; Menz, Wolfgang (Hrsg.): Das Experteninterview – Theorie, Methode, Anwendung. Wiesbaden 2002, S. 33–70

Brand, Ulrich: Sozial-ökologische Transformation als gewerkschaftliche Gestaltungsaufgabe. In: Brand, Ulrich; Niedermoser, Kathrin (Hrsg.): Gewerkschaften und die Gestaltung einer sozial-ökologischen Gesellschaft. Wien 2017, S. 9–27

Brundiers, Katja; Wiek, Arnim; Redman, Charles: Real-world learning opportunities in sustainability: from classroom into the real world. In: International Journal of Sustainability in Higher Education 11 (2010) 4, S. 308–324

Brundiers, Katja; Barth; Matthias; Cebrián, Gisela; Cohen, Matthew; Diaz, Liliana; Doucette-Remington; Dripps, Weston; Habron; Geoffrey; Harré, Niki; Jarchow, Meghann; Losch, Kealalokahi; Michael, Jessica; Mochizuki, Yoko; Rieckmann, Marco; Parnell, Roderic; Walker, Peter; Zint; Michaela: Key competencies in sustainability in higher education – toward an agreed-upon reference framework. In: Sustainability Science (2021) 16, S. 13–29

DÖRRE, Klaus: Karl Marx als Ökosozialist. Emanzipatorische Politik in der großen Transformation. In: MAYER-AHUJA, Nicole; BIERBAUM, Heinz; DEPPE, Frank; DÖRRE, Klaus; URBAN; Hans-Jürgen (Hrsg.): Karl Marx – Ratgeber der Gewerkschaften? Hamburg 2019, S. 63–88

ELSHOLZ, Uwe; MEYER, Rita: Konvergenzen gewerkschaftlicher und beruflicher Bildung. In: REPORT Literatur- und Forschungsreport Weiterbildung (2003) 1, S. 93–101

FREIRE, Paolo: Pädagogik der Unterdrückten: Bildung als Praxis der Freiheit. Kreuz 1971

HARDIN, Garret: The Tragedy of the Commons. In: Science (1968) 162, S. 1243–1248

JORCK, Gerrit von: Wachstumskritik als Ausgangspunkt transformativer sozioökonomischer Bildung – Erfahrungsbericht aus der Schreibwerkstatt „Exploring Ecological Economics". In: SCHRÖDER, Lisa-Marie; HANTKE, Harald; STEFFESTUN, Theresa, HEDTKE, Reinhold (Hrsg.): In Krisen aus Krisen lernen. Sozioökonomische Bildung und Wissenschaft im Kontext sozial-ökologischer Transformation. Wiesbaden, 2022

JORCK, Gerrit von; BOHNENBERGER, Katharina; FLEMMING; Jana; MUSTER, Viola; SCHRADER, Ulf; SHARP, Helen: Sozial-ökologische Arbeitspolitik. Berlin 2018

LUDWIG, Joachim: Das lernende Subjekt in der politischen Bildung. Didaktische Vermittlungskonzepte in der gewerkschaftlichen Bildungsarbeit. In: REPORT Literatur- und Forschungsreport Weiterbildung (2003) 1, S. 83–92

MAYRING, Philipp: Qualitative Inhaltsanalyse. 11. Aufl. Weinheim 2010

MEZIROW, Jack: Learning to think like an Adult. Core Concepts of Transformation Theory. In: JOSSEY-BASS INC., U. S. (Hrsg.): Learning as Transformation. Critical Perspectives on a Theory in Progress. San Francisco 2000, S. 3–33

MEZIROW, Jack: Transformative Erwachsenenbildung. Baltmannsweiler 1997a

MEZIROW, Jack: Transformative Learning: Theory to Practice. In: New Directions for Adult and Continuing Education (1997b) 74, S. 5–12

NIEHAUS, Moritz; HORNUNG, Benjamin: Gewerkschaftliche Bildung zur sozial-ökologischen Transformation – Ein Seminarkonzept und Praxisbericht. In: EICKER, Jannis; EIS, Andreas; HOLFELDER, Anne-Katrin; JACOBS, Sebastian; YUME, Sophie; KONZEPTWERK NEUE ÖKONOMIE (Hrsg.): Bildung Macht Zukunft: Lernen für die sozial-ökologische Transformation? Frankfurt/M. 2020, S. 120–128

PREISS, Hans: Perspektiven der Bildungsarbeit. In: Der Gewerkschafter – Monatszeitschrift für Funktionäre der IG Metall (1972) 11, S. 422–425

REUTER, Norbert: Der Arbeitsmarkt im Spannungsfeld von Wachstum, Ökologie und Verteilung. In: ZAHRNT, Angelika; SEIDL, Irmi (Hrsg.): Postwachstumsgesellschaft. Konzepte Für Die Zukunft. Marburg 2010, S. 85–102

RÖDER, Wolf Jürgen; DÖRRE, Klaus (Hrsg.): Lernchancen und Marktzwänge. Bildungsarbeit im flexiblen Kapitalismus. Münster 2002

SCHNEIDEWIND, Uwe; SINGER-BRODOWSKI, Mandy: Vom experimentellen Lernen zum transformativen Experimentieren: Reallabore als Katalysator für eine lernende Gesellschaft auf dem Weg zu einer Nachhaltigen Entwicklung. In: Zeitschrift für Wirtschafts- und Unternehmensethik (2015) 16, S. 10–23

SINGER-BRODOWSKI, Mandy; GRAPENTIN-RIMEK, Theresa: Die Transformation der beruflichen Bildung für nachhaltige Entwicklung voranbringen. Berlin 2018

SINGER-BRODOWSKI, Mandy: Transformative Bildung durch transformatives Lernen. Zur Notwendigkeit der erziehungswissenschaftlichen Fundierung einer neuen Idee. In: ZEP: Zeitschrift für internationale Bildungsforschung und Entwicklungspädagogik 39 (2016) 1, S. 13–17

THOMAS, Ian: Critical thinking, transformative learning, sustainable education, and problem-based learning in universities. In: Journal of Transformative Education (2009) 7, S. 245–264

UBA – UMWELTBUNDESAMT (Hrsg.): Transformatives Lernen durch Engagement. Ein Handbuch für Kooperationsprojekte zwischen Schulen und außerschulischen Akteur*innen im Kontext von Bildung für nachhaltige Entwicklung. Dessau-Roßlau 2021

VACHON, Todd E.; BRECHER, Jeremy: Are Union Members More or Less Likely to Be Environmentalists? Some Evidence from Two National Surveys. In: Labor Studies Journal 41 (2016) 2, S. 185–203

VARE, Paul; SCOTT, William: Learning for a Change. Exploring the Relationship between Education and Sustainable Development. In: Journal of Education for Sustainable Development 1 (2007) 2, S. 191–198

Sören Schütt-Sayed, Andreas Zopff, Werner Kuhlmeier

▶ Berufsbildung für nachhaltige Entwicklung im Denkmalschutz – Herausforderungen und Potenziale des Lernens an einem Realobjekt

Im vorliegenden Beitrag werden Erkenntnisse aus dem Forschungs- und Entwicklungsprojekt „Gewerke-übergreifende Qualifizierung im Rahmen energetischer Gebäudesanierung" (GESA) vorgestellt. Im Zentrum stehen Ergebnisse, die während der Entwicklung, Erprobung und Evaluierung von Qualifizierungsmodulen für Lernende in der Berufsbildung unter der gemeinsamen Berücksichtigung von Berufsbildung für nachhaltige Entwicklung (BBNE), Gewerkeübergreifender Qualifikation (Gwüq) und Denkmalschutz erzielt wurden. In diesem Kontext werden die didaktisch-methodischen Umsetzung von BBNE um die Gwüq und den Denkmalschutz erweitert und die Anpassungen zur Diskussion gestellt. Zudem werden Herausforderungen und Potenziale präsentiert, die sich für die Gestaltung und Durchführung von Lernmodulen auf der Grundlage eines realen Sanierungsprojekts ergeben.

1   Einleitung: Energetische Gebäudesanierung im Denkmalschutz zur Erreichung der Klimaziele

Spätestens seit der *Fridays-for-Future*-Bewegung ist der Klimaschutz im öffentlichen Bewusstsein zum prominentesten Thema im Bereich der nachhaltigen Entwicklung geworden. Die steigenden Temperaturen, die häufiger werdenden Wetterextreme sowie der ansteigende Meeresspiegel werden zunehmend von Menschen als Bedrohung wahrgenommen. Die näherkommenden Konsequenzen, wie Überschwemmungen, Dürre-Perioden und Waldbrände führen zu einer persönlichen Betroffenheit, die ein Bewusstsein für einen gesellschaftlichen Wandel in Richtung Nachhaltigkeit hervorruft. Die wissenschaftlichen Analysen erklären die Klimaerwärmung durch das „Überschießen" der Konzentration von Kohlendioxid in der Erdatmosphäre (vgl. STEFFEN u. a. 2015). Die von Menschen erzeugten Emissionen in die Erdatmosphäre führen zur Verstärkung des Treibhauseffekts und damit zur Erwärmung der Erdoberfläche.

Um den menschlich verursachten Klimawandel zu stoppen, wurde deshalb international auf dem Pariser Klimaschutzabkommen die Zwei-Grad-Celsius-Grenze beschlossen, die Klimaerwärmung deutlich auf unter zwei Grad Celsius und möglichst unter 1,5 Grad Celsius zu begrenzen. Zur Erreichung dieses Ziels dürfen nur noch knapp 1.170 Gigatonnen (Gt) CO_2 in die Atmosphäre abgegeben werden. Bei gleichbleibendem CO_2-Ausstoß würde dieser Gesamtwert in 25 Jahren erreicht werden (vgl. MCC 2021). Deutschland hat anschließend daran zahlreiche Maßnahmen, Initiativen und Programme ins Leben gerufen, z. B. zur Senkung der Treibhausgasemissionen um 55 Prozent bis 2030. Da auf den Gebäudesektor ca. 35 Prozent des Endenergieverbrauchs bzw. 30 Prozent der CO_2-Emissionen entfallen, wurde beschlossen, im Jahr 2030 nur noch höchstens 72 Millionen Tonnen CO_2 pro Jahr in diesem Bereich zu emittieren. Die Dekarbonisierung, also die kontinuierliche Reduzierung des Kohlenstoffeinsatzes in diesem Sektor, ist daher entscheidend, um das gesteckte Klimaziel in Deutschland erreichen zu können.

Ein gewichtiger Faktor für die Erreichung dieser ambitionierten Ziele ist vor allem die Sanierung des Gebäudebestands. Dazu gehört, auch die unter Denkmalschutz gestellten Objekte energieeffizient umzubauen. 19 Prozent der Anträge im Programm „Energieeffizient Sanieren" wurden im Jahre 2020 für Anträge für „Effizienzhäuser (EH) Denkmal" gestellt (vgl. DEUTSCHE ENERGIE-AGENTUR 2021, S. 15). Dies ist ein Indiz für den hohen Stellenwert, den die energetische Sanierung von Gebäuden im Denkmalschutz hat. Basierend auf der Energieeffizienzstrategie 2050 liegt das Ziel nicht nur darin, die denkmalgeschützten Gebäude zu sanieren, sondern den gesamten Gebäudebestand in Deutschland bis 2050 nahezu klimaneutral zu gestalten (vgl. BMWi 2015, S. 9)

Die energieeffiziente Sanierung, insbesondere im Altbau und von denkmalgeschützten Gebäuden, erfordert von den baubeteiligten Gewerken spezielle fachliche und gewerkeübergreifende Fähigkeiten. Eine Investition in eine energieeffiziente Gebäudetechnik ist umso lohnender, wenn gleichzeitig die Gebäudehülle wärmegedämmt und luftdicht ausgerüstet wird. Gebäudehülle, Gebäudetechnik und erneuerbare Energien müssen nicht nur von den Bauplanenden, sondern auch von den ausführenden Fachkräften zusammengedacht werden. Wesentliche Einflussgrößen, z. B. Luftbewegung, Luftfeuchtigkeit und Wärmeverteilung, sind in einem Gebäude abzustimmen. Zur Umsetzung der Planung ist eine kompetente Bauleitung besonders wichtig. Ebenso dürfen die Fachkräfte „die vielfältigen gegenseitigen Abhängigkeiten der einzelnen Maßnahmen nicht aus den Augen verlieren und [müssen sie] in Einklang bringen können" (RENZ/CHASSEIN/SCHÖNEBERGER 2018, S. 6). Fachkräfte sollten also darüber Bescheid wissen, dass es in einem Gebäude durch unsachgemäße Ausführungen der Arbeiten an der Gebäudehülle und der Gebäudetechnik sowie fehlende Abstimmung zwischen den Gewerken zu Energieverlusten und Unbehagen bei Bewohnerinnen und Bewohnern kommt. Zudem braucht denkmalgerechtes Sanieren besondere individuelle handwerkliche Fähigkeiten, die von der Kenntnis der Eigenschaften der seinerzeit genutzten Materialien bis hin zu den historischen Arbeitstechniken reichen.

Vor diesem Hintergrund ist das Projekt GESA („Gewerkeübergreifende Qualifizierung im Rahmen energetischer Gebäudesanierung") einzuordnen, das im Rahmen des Bundesprogramms „Berufsbildung für nachhaltige Entwicklung – Über grüne Schlüsselkompetenzen zu klima- und ressourcenschonendem Handeln im Beruf – BBNE" durch das Bundesministerium für Umwelt, Naturschutz und nukleare Sicherheit sowie den Europäischen Sozialfond gefördert wird. Ziel des Projektes ist es, den Sanierungsprozess einer in Hamburg unter Denkmalschutz gestellten Villa kontinuierlich zu begleiten, zu dokumentieren und berufswissenschaftlich auszuwerten (vgl. ZOPFF 2019). Die berufswissenschaftlichen Untersuchungen bilden die Grundlage, um einerseits Qualifizierungsmodule für Lernende aus unterschiedlichen Bildungseinrichtungen sowie deren Bildungspersonal zu entwickeln und andererseits die Förderung von beruflichen Fähigkeiten, die für energieeffizienzsteigerndes, gewerkeübergreifendes sowie denkmalgerechtes Arbeiten erforderlich sind, zu analysieren.

Da es bisher keine wissenschaftlichen Erkenntnisse über die didaktisch-methodische Konzipierung von Qualifizierungsmodulen unter der gemeinsamen Berücksichtigung von BBNE, Gewerkeübergreifender Qualifikation (Gwüq) und Denkmalschutz gibt, widmet sich der vorliegende Beitrag dieser Problematik. Zunächst werden das wissenschaftsmethodische Vorgehen und der theoretische Hintergrund als Ausgangsbasis für die Darstellung der berufswissenschaftlich ausgelegten Designstudie erläutert. Anhand zweier Beispiel-Lernmodule wird das grundsätzliche didaktisch-methodische Design der entwickelten Qualifizierungsmodule beschrieben. Daran anschließend werden Ergebnisse zur Diskussion gestellt, die sich für die Gestaltung von Qualifizierungsmodulen mit Blick auf die Förderung von gewerkeübergreifenden fachlichen Fähigkeiten im Denkmalschutz und der Energieeffizienzsteigerung ergeben. Den Abschluss bildet ein Fazit, in dem die Potenziale und weiteren Herausforderungen des Lernens an und in einem Realobjekt aufgezeigt werden.

2 Methodisches Vorgehen zur Entwicklung, Erprobung und Evaluation von gewerkeübergreifenden Qualifizierungsmodulen

Das vorliegende Forschungsvorhaben orientiert sich methodologisch am holistischen *Design-Based-Research*-Ansatz für die Hochschuldidaktik (vgl. REINMANN 2020). Dabei sind zwei Zielsetzungen zu berücksichtigen: Zum einen werden unmittelbar praktische Qualifizierungsmodule unter der gemeinsamen Berücksichtigung von BBNE, Gewerkeübergreifender Qualifikation (Gwüq) und Denkmalschutz für Lernende aus unterschiedlichen Bildungseinrichtungen sowie deren Bildungspersonal erarbeitet. Zum anderen werden theoretische Erkenntnisse zur Förderung von beruflichen Fähigkeiten im Kontext energetischer Sanierungsarbeiten im Denkmalschutz bei Lernenden generiert, die sich auch in andere, vergleichbare Felder übertragen lassen.

Der vorliegende Forschungsprozess beinhaltet fünf semantische Felder, die prototypisch in einem iterativ-zyklischen Zusammenhang stehen:

Die Zielsetzung

Am Ende der Projektlaufzeit sollen insgesamt 18 Querschnitts- und Fachmodule (à 10 Stunden) geplant, erprobt und evaluiert werden. In den ca. acht Querschnittsmodulen werden allgemeine grundlegende Inhalte, z. B. „Energetische denkmalgerechte Sanierung als Beitrag zur nachhaltigen Entwicklung" oder „gewaltfreie Kommunikation auf der Baustelle" thematisiert. In den ca. zehn Fachmodulen stehen die Schnittstellen mit den vor- und nachgelagerten Gewerken im Vordergrund. Themen wie „Denkmalgerechte Behandlung der Fenster in einem historischen Gebäude" oder „Energie- und gebäudetechnische Anlagen in einem denkmalgeschützten Gebäude gewerkeübergreifend planen und realisieren" sind Beispiele für diese fachgebundenen Module. Die Herausforderung besteht darin, sämtliche Module in unterschiedlichen Niveaustufen (Berufsorientierung, Erstausbildung, Weiterbildung) zu konzipieren sowie die Themenbereiche BBNE, gewerkeübergreifendes Arbeiten und denkmalgerechte Sanierung didaktisch-methodisch verbindend umzusetzen.

Die Entwürfe

Die angestrebten Qualifizierungsmodule verbinden berufsfachliche, fachwissenschaftliche und fachdidaktische Aspekte. Fachwissenschaftlich sind zukunftsfähige Inhalte einer denkmalgeschützten energetischen Sanierung relevant. Aus berufsfachlicher Perspektive stehen die Schnittstellen der unterschiedlichen am Bau beteiligten Gewerke im Kontext einer nachhaltigen Entwicklung sowie die gewerkeübergreifende Zusammenarbeit im Fokus. Unter Anwendung von Arbeitsprozessanalysen werden spezifische Arbeitsprozesse aus der Perspektive der Sanierungsbeteiligten der Villa untersucht. Für diese Analysen werden verschiedene Quellen genutzt: Ausgangspunkt sind die Leistungsverzeichnisse zu den einzelnen Gewerken. Darüber hinaus werden die regelmäßigen Baubesprechungen (Teilnehmende sind hier die Auftraggeber/-innen, der/die Architekt/-in, die Vertreter/-innen der unterschiedlichen Gewerke) teilnehmend beobachtet (bisher 24 Besprechungen) und die vom Architekten erstellten Protokolle ausgewertet. Die häufigen anschließenden Einzelgespräche zwischen dem Architekten und einzelnen Handwerkerinnen und Handwerkern werden ebenfalls dokumentiert.

Aus diesen Quellen werden konkrete fachwissenschaftliche und fachdidaktische Aspekte hergeleitet, die für die Ausbildung der Lehrkräfte, Ausbilder/-innen und Auszubildenden als wesentliche Handlungsfelder betrachtet werden. Zum Beispiel entsteht gerade eine Dokumentation der Schnittstellen in Form von übersichtlichen Tabellen.

Der bestehende Ansatz einer Didaktik der BBNE (vgl. Kuhlmeier/Vollmer 2018) bildet einen theoretischen Referenzrahmen für die Gestaltung der Qualifizierungsmodule. Er wird innerhalb der konkreten Umsetzung im Projekt evaluiert und weiterentwickelt.

Die Entwicklung

Alle Qualifizierungsmaßnahmen sind einheitlich aufgebaut. Für eine durchgängige Entwicklung wurden folgende rahmengebenden Aspekte berücksichtigt (vgl. Euler 2014, S. 106):

▶ organisationale, soziale Rahmenbedingungen sowie die individuellen Lernvoraussetzungen zur Bestimmung der Kontextbedingungen,

▶ die angestrebten Lernziele und -ergebnisse,

▶ die Ausgestaltung der Lehr-/Lernprozesse unter Berücksichtigung der Lern- und Lehraktivitäten sowie der Methoden, Medien und Arbeitsmaterialien.

Die Erprobung

Die Qualifizierungsmodule werden zunächst in einem Experten-Workshop, bestehend aus Lehrkräften und Fachseminarleitungen, hinsichtlich ihrer Stimmigkeit und Praktikabilität hinterfragt und beurteilt. Sofern sich Bestandteile der Qualifizierung als unpassend bzw. unpraktikabel herausstellen, werden die Module inhaltlich modifiziert. Anschließend werden die Module auf zweierlei Weise durchgeführt: Zum einen findet die Erprobung direkt in der Villa Mutzenbecher in Hamburg statt. Dort ist das Lernangebot so strukturiert, dass die Lernenden haptische und authentische Erfahrungen machen können. Dazu werden die benötigten Materialien (Anschauungsobjekte, Modelle, Beamer, Arbeitsblätter, Flipcharts etc.) bereitgestellt. Zum zweiten lassen sich die Module an jedem beliebigen Lernort durchführen, sofern für die Lernenden relevante lernprozessunterstützende Utensilien, z. B. Endgeräte (vorzugsweise Laptop oder Desktop-PC mit Internetzugang oder Flipcharts) für die Gruppenarbeit vorhanden sind. Das Lernangebot ist in diesem Fall digital ausgerichtet, z. B. durch einen virtuellen 3D-Rundgang durch die Villa.

Die Analyse

Parallel zur Erprobung der Qualifizierungsmodule werden unterschiedliche sozialwissenschaftliche Methoden zur Evaluation eingesetzt. Als Erhebungsmethoden werden qualitative und quantitative Befragungen der Teilnehmenden durchgeführt. Zudem werden die Durchführungen der Module beobachtet und die von den Teilnehmenden ausgearbeiteten Arbeitsergebnisse ausgewertet. Die einzelnen Auswertungen werden kombiniert und hinsichtlich der Funktionsfähigkeit, Praktikabilität sowie der Wirksamkeit der Qualifizierung analysiert. Im Sinne des holistischen Ansatzes befindet sich das Forschungsvorhaben zur Zeit der Erstellung dieses Beitrags unmittelbar vor dem beschriebenen Schritt der Erprobung (vgl. REINMANN 2020, S. 8). Dieser Schritt bildet den Kern des Forschungsprozesses. Die vorläufig entwickelten Qualifizierungsmodule werden in Form einer praktischen Intervention erprobt. Parallel werden sie analysiert und auf ihre Wirkung hin überprüft. Weitere Anpassungen sind möglich.

3   Theoretischer Hintergrund für die Entwicklung vorläufiger Qualifizierungsmodule

Erst ein genaues didaktisch-methodisches Verständnis zur Gestaltung von Lehr-/Lernprozessen ermöglicht die vorläufige Entwicklung der angestrebten Qualifizierungsmodule. Aus didaktischer Perspektive sind stets mindestens zwei Dimensionen zu klären. Die Zieldimension, die Aufschluss über die angestrebte Kompetenzförderung gibt und die Gestaltungsdimension, die klärt, welche didaktisch-methodischen Entscheidungen, Planungen und Durchführungen für die Zielsetzung leitend sind.

Der erste theoretische Bezugspunkt des vorliegenden Beitrags bezieht sich auf eine Didaktik gewerblich-technischer BBNE (vgl. SCHÜTT-SAYED/ZOPFF/KUHLMEIER 2020, S. 20ff.). Die Besonderheit dieser Didaktik besteht darin, dass sie Bildung, Beruflichkeit und Nachhaltigkeit verbindet. Aufgrund der Berücksichtigung der anerkannten berufspädagogischen Standards und Prinzipien ist sie als theoretischer Ausgangspunkt besonders gut geeignet. Basierend auf den didaktischen Leitlinien (vgl. KASTRUP u. a. 2012) bezieht sie sich unmittelbar auf die Verschränkung von Situations-, Wissenschafts- und Persönlichkeitsprinzip, auf die Handlungs-, Gestaltungs- und Kompetenzorientierung sowie auf die Förderung vernetzten Denkens. Das heißt, dass die Gestaltung der Qualifizierungsmodule

> „an authentischen Arbeitssituationen ansetzen, vollständige Handlungen abbilden, verschiedene Kompetenzdimensionen (Sach-, Sozial-, Selbstkompetenz) berücksichtigen, soziale Interaktionen im Lernprozess beinhalten und eine weitgehende Selbststeuerung des Lernprozesses durch die Lernenden anstreben" (ebd., S. 123).

Die Zieldimension einer gewerblich-technischen BBNE fokussiert auf eine berufliche nachhaltigkeitsbezogene Handlungskompetenz. Diese zeichnet sich dadurch aus, dass die Lernenden in der Lage sind,

▶ sachgerecht nachhaltig und zukunftsfähig (sachkompetent),

▶ gesellschaftlich verantwortlich (sozialkompetent) sowie

▶ sinnstiftend und selbstverantwortlich (selbstkompetent) zu handeln.

Dabei wird davon ausgegangen, dass das berufliche Handeln in die aktuellen Arbeitsprozesse, die betrieblich-organisatorischen und gesellschaftlich-politischen Rahmenbedingungen eingebunden ist. Die Gestaltungsdimension wird in Form eines Grundmodells zur didaktisch-methodischen Umsetzung von gewerblich-technischer BBNE empfehlend dargestellt (vgl. Abb. 1).

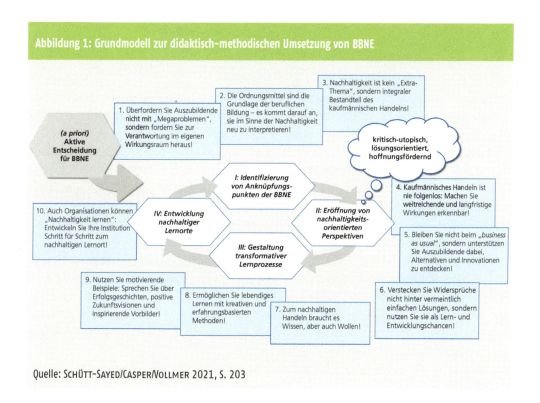

Abbildung 1: Grundmodell zur didaktisch-methodischen Umsetzung von BBNE

Quelle: SCHÜTT-SAYED/CASPER/VOLLMER 2021, S. 203

Grob strukturiert sich das Modell in vier Phasen (innerer Kreis):

I. **Identifizierung von Anknüpfungspunkten für BBNE:** Bei der Gestaltung von Lehr-/ Lernprozessen ist darauf zu achten, dass sie an die Arbeitsprozesse des beruflichen Alltags und die Ordnungsmittelvorgaben anknüpfen. Dadurch soll sichergestellt werden, dass die Lehr-/Lernprozesse die Verantwortlichkeit der Lernenden im eigenen Wirkungsraum herausfordern und somit integraler Bestandteil beruflichen Handelns werden können.

II. **Eröffnung von nachhaltigkeitsorientierten Perspektiven:** Lehr-/Lernprozesse im Kontext von BBNE fordern zur Reflexion langfristiger Wirkungen eigenen Handelns auf, verdeutlichen alternative und innovative Lösungen und nutzen Widersprüchlichkeiten als Lern- und Entwicklungschancen.

III. **Gestaltung transformativer Lernprozesse:** Die Didaktik einer BBNE berücksichtigt explizit neben der Wissensvermittlung ebenso handlungsmotivierendes, wahrnehmungssteigerndes und werteorientiertes Lernen. Die Lehr-/Lernprozesse sind lebendig zu gestalten, d. h., sie beruhen auf eigenen Erfahrungen und Erlebnissen. BBNE bedarf positiver Assoziationen durch Erfolgsgeschichten und inspirierende Vorbilder.

IV. Entwicklung nachhaltiger Lernorte: Die Durchführung nachhaltigkeitsorientierter Lehr-/Lernprozesse funktioniert am besten in einem nachhaltigen Kontext. Lernorte sollten im Sinne eines *Whole Institution Approach* selbst nachhaltig sein.

Die allgemeinen handlungsleitenden Empfehlungen bildet einen geeigneten theoretischen Bezugsrahmen für die Erstellung von Lehr-/Lernmodulen. Sie müssen entsprechend für die gewerblich-technischen BBNE-Prozesse konkretisiert werden.

Den zweiten Theoriebezugspunkt bilden die Anforderungen, die mit der gewerkeübergreifenden Kooperation aller am Bau Beteiligten einhergehen. Ein Blick in die einschlägige Fachliteratur zeigt allerdings, „dass Erkenntnisse zu Wissens- oder Qualifikationsanforderungen für das kooperative Handeln der Gewerke kaum vorhanden sind" (MERSCH/RULLÁN LEMKE 2016, S. 144). Es fehlt in diesem Bereich an beruflicher Qualifikationsforschung und damit an einer klaren Zielkategorie.

Die skizzenhafte Analyse von Mersch und Rullán Lemke gibt jedoch erste Anhaltspunkte. Ihre Systematisierung beruht auf einem Verständnis von Kooperation, das vorrangig als Arbeitsteilung zu verstehen ist. Das bedeutet, dass sich die Gewerke untereinander zeitlich und örtlich abstimmen müssen (vgl. AHLGRIMM/KREY/HUBER 2012, S. 26). Die Erstellung eines gemeinsamen Bauteils oder Bauproduktes als Zielsetzung bildet dabei die Grundvoraussetzung für das kooperative Handeln (ebd.).

Auch wenn Kommunikation eine wesentliche Voraussetzung für gewerkeübergreifende Kooperation darstellt, reicht sie nicht aus (vgl. ebd. S. 150). Vielmehr sind schnittstellenbezogene berufliche Qualifikationen und Kompetenzen notwendig, „die Fachkräfte zum Gewerke übergreifenden Kollaborieren und Kommunizieren befähigen" (ebd. S. 147). Dementsprechend werden berufliche Kompetenzanforderungen unter Berücksichtigung von Gewerkeschnittstellen systematisiert (vgl. ebd. S. 145ff.): im Hinblick auf

a) Organisation: Damit sind „gewerkespezifische Tätigkeiten im gleichen Raum auf kleiner Fläche" erforderlich (ebd.). Baufachkräfte sollten sich z. B. in einem gemeinsamen Arbeitsumfeld (z. B. dem Haustechnikraum) absprechen können.

b) Bauablauf/Bauprozess: „Hierbei werden zeitlich und produktbezogen klar abgrenzbare Leistungen mit nur geringer oder ohne zeitliche Überschneidung verstanden" (ebd.). Baufachkräfte sollten beispielsweise in der Lage sein, die eigenen Bauausführungen (z. B. Leitungsverlegung elektrischer Kabel) insbesondere bei Durchbrüchen und Aussparungen mit den vor- und nachgelagerten Gewerken zu koordinieren.

c) Bauteil/Produkt: „Dies betrifft eine zeitgleiche sowie räumlich und materiell komprimierte Zusammenarbeit zweier oder mehrerer Gewerke an einem Bauteil oder Bauprodukt" (ebd.). Baufachkräfte sollten fachliches sowie prozessuales und berufsübergreifendes Arbeitsprozesswissen (z. B. Luftdichtheit zwischen Fensterblendrahmen und Außenwandkonstruktion) besitzen.

Für die Gestaltung gewerkeübergreifenden Lernens fehlen gegenwärtig ebenso fachdidaktisch-theoretische Konzepte. Grundsätzlich wird vermutet, dass eine Kooperation zwischen der Berufsschule und den praktischen Tätigkeiten auf der Baustelle bestehen muss (vgl. MERSCH/RULLÁN LEMKE 2016, S. 149). Darauf aufbauend bieten sich spezielle Ausbildungs- und Unterrichtsverfahren als didaktisch-methodischer Gestaltungsrahmen an, z. B. ein Fachpraxisbericht oder eine Fertigungsanalyse (ebd.). Die Lernchance bestünde hier darin, den „Baukörper als Lehrkörper" zu nutzen.

Zusätzlich zu den oben beschriebenen didaktischen Bezugspunkten ist ein dritter Theoriebezug im Projekt von großer Bedeutung: die Anforderungen des Denkmalschutzes im historischen Kontext. Bereits in der erweiterten Techniklehre nach Rauner (1995) ist die Perspektive der „Historischen Gewordenheit" als wichtige Dimension zur Umsetzung von beruflichen Bildungsprozessen aufgenommen worden. Eine zentrale Leitfrage des gestaltungsorientierten Ansatzes lautet demgemäß: „Warum ist eine Technik so und nicht anders gestaltet, warum wurde sie so und nicht anders entwickelt" (RAUNER 1995, S. 5).

Die daraus resultierende Zieldimension besteht darin, „Technik" aufgeklärt und reflektiert beurteilen zu können, d. h., sie im Zusammenhang individueller Bedürfnisse und Potenziale sowie historisch-gesellschaftlicher Gewordenheit zu betrachten (vgl. GERDS 1991, S. 61). Die didaktisch-methodische Gestaltung zur Umsetzung dieser Perspektive beruht auf einer genetisch-historischen Vorgehensweise. Lerninhalte sind möglichst vielfältig aufzustellen, um über den Gegenstandsbereich „Technik" fachübergreifende Einsichten zu erhalten. Genetisches Lernen wird dabei als Einheit von genetisch, sokratisch und exemplarisch verstanden (vgl. WAGENSCHEIN 2008, S. 75). In diesem Dreiklang werden das „Werdende", das erkenntnisleitende „Gespräch" und beispielhafte „Themenbereiche" miteinander verbunden (ebd.). Genetisch-historische Lernprozesse sind häufig vergleichsweise offen gestaltet. Die grobe Grundstruktur ergibt sich aus einem Suchprozess, bei dem aufeinander aufbauende Teillösungen von den Lernenden durch die Unterstützung des bzw. der Lehrenden bis hin zu einer finalen Gesamtlösung entwickelt werden. Eine herausfordernde und problemhaltige Aufgabenstellung, die eine für die Lernenden bewegende Frage beinhaltet, ist Voraussetzung, um historisch-genetisches Lernen zu initiieren (vgl. WAGENSCHEIN 2008, S. 86).

Zusammenfassend wird gewerblich-technische BBNE als übergreifender Theorierahmen verstanden, der durch gewerkeübergreifendes und genetisch-historisches Lernen erweitert wird. Das Ziel von BBNE in der Baubranche kann grob damit zusammengefasst werden, dass Fachkräfte in der Lage sein sollten, ihr berufliches Handeln unter Beachtung ökologischer, sozialer und ökonomischer Wirkungen beurteilen zu können, um so zur Erstellung energieeffizienter bzw. klimaneutraler Gebäude beizutragen. Sobald Gebäude – insbesondere im Bestand – energetisch saniert werden, ist gewerkeübergreifende Kooperation eine unerlässliche Fähigkeit. Gebäude im Denkmalschutz stellen nochmals besondere Anforderungen an das berufliche Handeln der Fachkräfte, um auch hier nachhaltigkeitsbezogen zu sanieren. Die Qualifizierung der Fachkräfte zu nachhaltigkeitsorientiertem beruflichen Handeln bei der Sanierung von Gebäuden schließt demnach gewerkeübergreifendes und historisch-genetisches Lernen mit ein. Wie das konzeptionell umgesetzt werden kann, wird im nächsten Abschnitt beispielhaft dargestellt.

4   Beispiel zweier Lernmodule für die Elektroinstallation

Die grundsätzliche Idee der Lernmodule ist, dass sie sich an den durchgeführten Sanierungsarbeiten in der denkmalgeschützten Villa Mutzenbecher orientieren. Diese konkreten Sanierungsarbeiten werden mit den berufsfachlichen Anforderungen verknüpft, die sich aus den jeweiligen Ordnungsmitteln der Ausbildungsberufe ergeben. Sämtliche Lernmodule sind als haptische, erfahrungsorientierte und authentische Lernangebote angelegt; und ihre Durchführung dauert jeweils ca. zehn Zeitstunden. Die Module lassen sich in der Villa Mutzenbecher umsetzen, um direkt mit dem realen Gegenstand verknüpft zu sein. Zudem sind alle Materialien auch als *Open Educational Resources* veröffentlicht, wodurch sie sich auch räumlich und zeitlich entgrenzt durchführen lassen.

Die inhaltliche Struktur der am Ende insgesamt 18 konzipierten Lernmodule teilen sich in Querschnitts- und Fachmodule auf. Eine vorläufige inhaltliche Struktur beruht auf 13 Themenfeldern (vgl. Tabelle 1):

Tabelle 1: Überblick der thematischen Schwerpunkte der Qualifizierungsmodule	
Querschnittsmodule (à 10 Std.)	**Fachmodule (à 10 Std.)**
Bauen als Beitrag zur nachhaltigen Entwicklung	Energieeffiziente und ressourcenschonende Grenzraumkonstruktionen
Haus als energetisches System	Möglichkeiten der Dämmung bei denkmalgeschützten Fassaden
Gewerke übergreifende Zusammenarbeit	Dachkonstruktion und Dämmung
Rechtliche Regelungen des Denkmalschutzes	Elektroinstallation (1 und 2)
	Sanitär-Heizung-Klima
	Konstruktion des Innenausbaus
	Verwendung von Farben und Oberflächenbehandlung
	Fußbodenaufbau
	Wanddurchbrüche

Ein Lernmodul setzt sich immer aus zwei Teilen zusammen (siehe Abb. 2).

Abbildung 2: Beispiele für die zwei Teile der Qualifizierungsmodule

Quelle: eigene Darstellung

1. **Hinweise für Lehrende:** In diesem ersten Teil sind die didaktischen und methodischen Hinweise für die Lehrenden formuliert. Sie orientieren sich an einem einheitlichen Bezugsrahmen (vgl. EULER 2014), um das didaktische Design im Erprobungsprozess weiterentwickeln zu können. Gemäß diesem Rahmen werden zunächst zielgruppenbezogene, allgemein-organisatorische und ordnungsmittelbezogene Aspekte geklärt. In einer Sachdarstellung und didaktischen Analyse werden die thematischen Bereiche didaktisch aufbereitet. Eine Kurzübersicht für die schnelle Orientierung im Lernmodul, die ausformulierten Kompetenzziele sowie ein Ablaufplan, der die Lehr- und Lernaktivitäten für jede Lernphase beinhaltet, komplettieren die Hinweise für die Lehrenden. Am Ende dieses Teils finden sich außerdem sämtliche Beispiellösungen bzw. mögliche Ergebnishorizonte.

2. **Arbeitsmaterial für Lernende:** Der zweite Teil umfasst das Lernmaterial für die Lernenden, das sowohl Selbstlernphasen als auch Phasen beinhaltet, die von Lehrenden anzu-

leiten sind. Das Material besteht aus vier Elementen: 1. Szenario bzw. Kundenauftrag, 2. Aufgaben, 3. Material und 4. Informationen. Zur leichteren Orientierung wurden Icons entwickelt, die in einer Marginalspalte über die Lernmaterialien hinweg eingesetzt werden. Zusätzlich weisen drei Icons auf die drei inhaltlichen Schwerpunktthemen BBNE, gewerkeübergreifendes Arbeiten und Denkmalschutz.

Abbildung 3: Übersicht verwendeter Icons in den Lernmodulen

Icons zur schnelleren Orientierung		Szenario/ Kundenauftrag	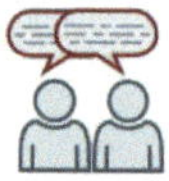
Gewerke übergreifendes Lernen	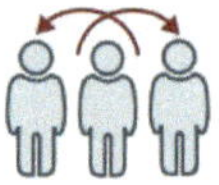	Informationen	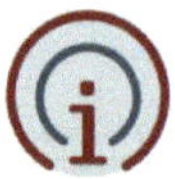
Bezug zur Beruflichen Bildung für nachhaltige Entwicklung	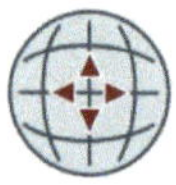	Aufgaben	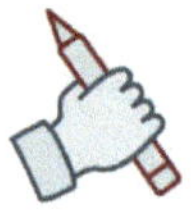
Besonderheiten des Denkmalschutzes	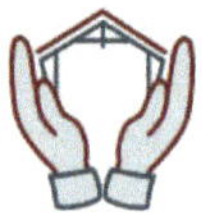	Material	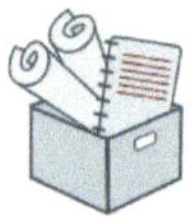

Quelle: eigene Darstellung

Die zwei Lernmodule zur Elektroinstallation sind darauf ausgelegt, bei den Lernenden Fähigkeiten zu fördern, die bei der Erneuerung bzw. Instandsetzung der Elektroinstallation in einem denkmalgeschützten und energieeffizienten Gebäude erforderlich sind.

Im **Lernmodul 1 – Elektrotechnik** „Erneuerung oder Instandsetzung der Elektrotechnik in einem denkmalgeschützten Gebäude" geht es zunächst um die Durchführung einer strukturierten Bestandsaufnahme der vorliegenden Elektroinstallation im Gebäude. Dazu begehen die Lernenden die Villa Mutzenbecher und nehmen den Bestand der elektrotechnischen Komponenten auf (z. B. Schalter, Stecker, Verteilerdosen, Stromkabel etc.). Weiterhin wird über das Gespräch mit dem Architekten oder der Architektin und dem/der Mitarbeiter/-in des Denkmalschutzamtes ein Lernprozess zur Planung einer nachhaltigen und denkmalgerechten Installationstechnik angestoßen. Die Lernenden führen ein Beratungs- und Abstimmungsgespräch mit dem Architekten bzw. der Architektin und dem/der Mitarbeiter/-in des Denkmalschutzamtes. Dadurch erhalten sie einen Überblick über die spezifischen Anforderungen, die für nachhaltiges und denkmalgerechtes Sanieren wesentlich sind. Abschließend werden die Lernenden über einen Informationstext für historische Gebäudetechnik sensibilisiert, um eine begründete Entscheidung zur Neuinstallation bzw. Instandsetzung treffen zu können.

Im **Lernmodul 2 – Elektrotechnik** „Energie- und gebäudetechnische Anlagen in einem denkmalgeschützten Gebäude gewerkeübergreifend planen und realisieren" werden den Lernenden schwerpunktmäßig gewerkeübergreifende Schnittstellen präsentiert, die auch während der realen Sanierung der Villa Mutzenbecher auftreten. Die Aufgabe der Lernenden besteht darin, eine Checkliste für die Besprechung einer Bausitzung mit anderen Gewerken und der Bauleitung zu erarbeiten. Zur Vorbereitung bearbeiten die Lernenden arbeitsteilig Aufgaben zu fünf unterschiedlichen Gewerkeschnittstellen (z. B. elektrische Bauteile an der Außenwand installieren) und setzen sich mit den Anforderungen in Bezug auf eine erfolgreiche denkmalgerechte und energetische Ausführung auseinander. Die Lernenden können bei Bedarf ein Abstimmungsgespräch mit dem Architekten bzw. der Architektin und den verschiedenen Gewerken durchführen. Dadurch üben sie, wie eine gewerkeübergreifende technische Planung zwischen allen Akteuren stattfindet.

5 Auswertungen und Interpretationen der Entwurfs- und Entwicklungsphase

Da sich der Forschungsprozess zum gegenwärtigen Zeitpunkt im sogenannten „Spielfeld – konkretes Entwickeln" (vgl. REINMANN 2020, S. 6ff.) befindet, sind die folgenden Evaluationsergebnisse als vorläufig zu verstehen. In diesem Spielfeld oszilliert der designorientierte Forschungsprozess zwischen den Phasen Entwurf, Entwicklung und Erprobung (ebd., S. 7), d. h., dass erste Erprobungen der entwickelten Lernmodulentwürfe stattfinden. Gleichzeitig werden Anpassungen hinsichtlich der Stimmigkeit und Praktikabilität getätigt. Die daraus abgeleiteten Ergebnisse sind entsprechend dem Grundmodell der didaktisch-methodischen Umsetzung von BBNE strukturiert (vgl. Abb. 1).

Aktive Entscheidung der Lehrenden ist Grundlage einer erfolgreichen Moduldurchführung

Es hat sich gezeigt, dass sich die Einbeziehung eines realen Sanierungsobjekts als durchgängiger Lerngegenstand auf die Motivation der Lehrenden und Lernenden auswirkt. Insbesondere Lehrende, die eine Affinität zu praxisorientiertem Lernen an einem Realobjekt und ein ausgeprägtes Interesse an historischen Gebäuden sowie geschichtlich-technischen Praktiken haben, sind überzeugter, genetisch-historisches Lernen aufzugreifen. Diese von einer Wertschätzung historischer Arbeiten ausgehende Überzeugungskraft ist nötig, da insbesondere die mit der Denkmalpflege verbundenen beruflichen Anforderungen über die üblichen Vorgaben der Berufsausbildung hinausgehen. Für die Gewinnung von Lehrenden zur Umsetzung der Qualifizierungsmodule ist diese Erkenntnis entscheidend, denn die Betroffenen sind für den Wert früherer Techniklösungen zu sensibilisieren und zu begeistern. Sobald sie erkannt haben, dass historisch betrachtete Fragestellungen ein umfangreicheres Technikverständnis befördern können, eröffnet sich ihnen die Nützlichkeit der Lerngegenstände. Ein zusätzlicher Mehrwert entsteht, wenn die Historizität mit moderner Technik für eine energieeffiziente Sanierung und dem Anspruch gewerkeübergreifender Kooperation verbunden wird. Es muss deutlich werden, dass dadurch erfolgversprechende berufspädagogische Bildungsprozesse möglich sind. Eine damit verbundene Qualitätssteigerung der Lernprozesse sollte den Lehrenden aufgezeigt werden, denn dadurch lässt sich die Entscheidung, die Qualifizierungsmodule umzusetzen, positiv unterstützen.

Identifizierung von Anknüpfungspunkten

Die ausgewerteten Arbeitsprozessanalysen lieferten zahlreiche Anknüpfungspunkte zu beruflichen Handlungsfeldern bzw. Aufgabenfeldern in Bezug auf BBNE, gewerkeübergreifende und denkmalgerechte Qualifikationen. Für BBNE und Gewerkeübergreifendes Arbeiten konnte z. B. bestätigt werden, dass bei den Fachkräften ein Verständnis nötig ist, das die Gebäudehülle, die Gebäudetechnik und erneuerbare Energien zusammen denkt („Haus als energetisches Gesamtsystem"). Eine energieeffiziente Gebäudetechnik ist nur mit einer gedämmten und luftdichten Außenhülle umsetzbar. Deshalb ist es beispielsweise beim Einbau von Betriebsmitteln (Steckdosen, Schaltern etc.) in die Außenwand wesentlich, auf Luft- und Winddichtigkeit zu achten und Wärmebrücken zu meiden. Hier sind Abstimmungen zwischen den Gewerken der Gebäudehülle und der Gebäudetechnik erforderlich. Für jeden Facharbeiter und jede Facharbeiterin bedeutet dies, über Kenntnisse der vor- und nachgelagerten Arbeitsprozesse anderer Gewerke zu verfügen.

Ist ein Architekturbüro mit der Planung der Sanierung beauftragt, werden die bauablaufbezogenen, prozessualen bzw. organisatorisch geprägten Schnittstellen auf dieser Ebene bereits geplant und organisiert. Die Bauplanenden organisieren die inhaltliche Zusammenarbeit und verweisen bei Bedarf auf die Anforderungen anderer Gewerke bzw. den Ablauf der Sanierung. Bei der Durchführung der Arbeitsaufgaben kommt es dann vielmehr darauf an, dass sich die Gewerke an die vorher getroffenen Abstimmungen halten. Im Sanierungsprozess hat sich gezeigt, dass vor allem die kurzen Gespräche zur Abstimmung der Fachkräfte auf der Baustelle dominieren, um das gewerkeübergreifende Arbeiten zum Erfolg zu führen.

Die Arbeitsprozessanalysen in Bezug auf die im Denkmalschutz erforderlichen Qualifikationen zeigen, dass die berufsfachlichen Anforderungen steigen. Gerade im Denkmalschutz lässt sich erkennen, dass kreativere fachliche Lösungen gefragt sind, um sowohl dem Denkmalschutz als auch den Maßnahmen zur Verbesserung der Energieeffizienz gerecht werden zu können. Auch wenn die Arbeitsprozesse grundsätzlich die gleichen sind, ist es möglich, sie um eine nachhaltigkeitsorientierte und auch um eine historische Perspektive zu erweitern. Dazu werden keine neuen Lernsituationen benötigt, vielmehr ist ihre Perspektive eine andere. Aus ordnungspolitischer Perspektive ist es bislang nicht in ausreichendem Maße gelungen, BBNE systematisch in den gewerblich-technischen Vorgaben zu verankern (vgl. VOLLMER/KUHLMEIER 2014, S. 214). Mit der Einführung der neuen Standardberufsbildposition „Umweltschutz und Nachhaltigkeit" ist ein erster Schritt getan. Ein Handlungsbedarf ergibt sich für die Qualifikationsanforderungen im Kontext der gewerkeübergreifenden Kooperation und der denkmalgerechten Sanierung. Kompetenzen, wie „Sie [...] stimmen dieses Gewerke übergreifend ab" finden sich lediglich in den Vorgaben des Energieelektronikers/der Energieelektronikerin für Gebäudesystemintegration (vgl. KMK 2020). In den weiteren handwerklichen Elektroberufsausbildungen wird dies allerdings nicht explizit benannt. Im Gegensatz zur gewerkeübergreifenden Kooperation werden Kenntnisse, Fähigkeiten und Fertigkeiten mit Blick auf den Denkmalschutz in den Ordnungsmitteln überhaupt nicht explizit erwähnt. In diesem Sinne gilt auch hier: Die offenen Spielräume der Ordnungsmittel wurden in den Modulen genutzt, um auch Akzente im Hinblick auf BBNE, gewerkeübergreifende Qualifizierung und Denkmalschutz setzen zu können. In den Qualifizierungsmodulen werden die auf die Berufe bezogenen Anknüpfungspunkte zu den Ordnungsmittel ausgewiesen.

Eröffnung von nachhaltigkeitsorientierten Perspektiven

Die Auswertungen der Arbeitsprozesse verdeutlichen, dass bei der energetischen Sanierung eines unter Denkmalschutz stehenden Gebäudes von den Fachkräften im besonderen Maße alternative und innovative Lösungen gefragt sind. Ein durchgängig auftretender Widerspruch zwischen denkmalgerechter Wiederherstellung und moderner energieeffizienter (Neu-)Ausstattung bietet entscheidende Lern- und Entwicklungschancen. Berufliche Aufgabenfelder, die sich mit der energetischen Sanierung im Denkmalschutz beschäftigen, eignen sich daher in besonderem Maße für die Gestaltung von Lernsituationen, die ein Denken und Handeln über die heute lebenden Generationen hinaus befördern können. Es lassen sich also Handlungsfelder ableiten, die zeitliche und systemische Auswirkungen beruflicher Problemlösungen beinhalten, so wie sie in einer Didaktik für BBNE angelegt sein sollten. Die Förderung einer intergenerationellen Perspektive – also einer der Nachhaltigkeit innewohnenden Grundidee – lässt sich somit erfolgreich umsetzen. Aus den Prozessanalysen geht zudem hervor, dass sich eine energieeffiziente und gleichzeitig denkmalgerechte Sanierung nur umsetzen lässt, wenn berufsbezogenes Fachwissen und Können in einen komplexen systemischen Zusammenhang gestellt werden. Einfache und konventionelle Problemlösungen sind nicht möglich. Energieeffiziente und denkmalgerechte bauliche Maßnahmen sind höchst anspruchsvoll und fordern über die normalen beruflichen Fähigkeiten hinaus kreativ-konstruktives Berufshandeln von den beteiligten Fachkräften. Die forschende Begleitung der real durchgeführten Sanierungstätigkeiten lieferten demgemäß wirklichkeitsgetreue und lebendige Probleme, die auf Lernsituation übertragen werden können.

Gestaltung transformativer Lernprozesse

Die Integration von gewerkeübergreifenden Kooperationen in die Kompetenzentwicklung mit Bezug zum Denkmalschutz kann transformativ, erfahrungsbasiert bzw. lebendig gestaltet werden. Die Begleitung und Dokumentation der Sanierungsarbeiten gaben diesbezüglich wichtige Impulse für die Gestaltung transformativen Lernens, welches zusätzlich mit realem Bezug zur Berufsarbeit ausgestattet ist. Dabei wird in allen Lernmodulen die Sanierung der Villa Mutzenbecher als motivierendes und inspirierendes Beispiel aufgenommen. Die getätigten Sanierungsfortschritte werden als reales Vorbild verwendet, jedoch lediglich als Basis genutzt: Die Lernmodule zielen darauf ab, dass die Lernenden weitere, über die umgesetzten baulichen Lösungen hinausgehende, innovative Ideen zur Verbesserung der energieeffizienten Ausstattung der Villa Mutzenbecher entwickeln. Die anstehenden weiteren Erprobungen werden zeigen, inwiefern Lernen am und im Realobjekt Potenziale für eine gelingende Gestaltung transformativer Lernprozesse in der gewerblich-technischen Ausbildung bietet.

Entwicklung nachhaltiger Lernorte

Da die Sanierungsarbeiten erst in diesem Jahr abgeschlossen werden, können noch keine Ergebnisse zur Gestaltung der Villa als nachhaltiger Lernort präsentiert werden. Vielmehr bestehen erste Überlegungen, die erprobt werden müssen. Unter dem Motto „Natürlich Neues Denken" wird die Villa als nachhaltiger Lernort verstanden, in welchem bei allen Beteiligten ein Selbstverständnis als lernende Organisation (vgl. SENGE 2011) etabliert werden soll. Die konkrete Entwicklung eines Nutzungskonzepts spielt hierbei die entscheidende Rolle. Es wurden erste Vorbereitungen zu einem Design-Thinking-Workshop getroffen, in dem die Frage geklärt wird, wie das Lernen der Zukunft in der Villa aussieht. Darin soll ergründet werden, wie verschiedene Aspekte, z. B.

▷ der Standort der Villa in einem Naherholungsgebiet,

▷ der historische Wert des Gebäudes,

▷ mögliche weitere kreative Projekte,

▷ die BBNE,

▷ die gewerkeübergreifende Kooperation und

▷ Denkmalschutz,

miteinander konzeptionell im Lernen verbunden werden können. Zudem sind durch die energetische Sanierung die Voraussetzungen für einen Lernort geschaffen worden, der das Konzept des *Whole Institution Approach* verfolgt. Denn schon jetzt wird die Villa Mutzenbecher als eine Bildungs- und Lernwerkstatt verstanden, die sich durch die Ausrichtung auf eine energieeffiziente Gebäudeausstattung in Verbindung mit einer Bildung für nachhaltige Entwicklung in der Hamburger Lernlandschaft etablieren soll.

6   Fazit und Ausblick: Herausforderungen und Potenziale

Zusammenfassend lässt sich feststellen, dass zum einen die Orientierung an der Sanierung eines realen Gebäudes aus berufsfachlicher, fachwissenschaftlicher und fachdidaktischer Perspektive sehr vielversprechend für die Gestaltung von anregenden beruflichen Lernsituationen ist und zum anderen sich die didaktisch-methodische Einbindung von gewerkeübergreifender Kooperation und Denkmalschutz im Kontext einer BBNE für alle Beteiligten lohnt. In den berufswissenschaftlichen Analysen, die durch die Begleitung eines kompletten Sanierungsprozesses durchgeführt wurden, stecken große Potenziale. Aus praktischer Sicht lassen sich wesentliche Aspekte herausstellen, die für die Konzeptionierung von authentischen Lehr-/Lernsituationen entscheidend sind. Berufliche Handlungsfelder, z. B. die Installation einer Außenbeleuchtung in einem energieeffizienten Gebäude im Denkmalschutz, bieten konkrete Vorlagen für berufsbildende Lehr-/Lernprozesse. Hinsichtlich einer theoretischen Betrachtung lässt sich das Grundmodell zur didaktisch-methodischen Umsetzung von BBNE um die Bereiche „Gewerkeübergreifende Qualifizierung" und „Historisch-genetisches Lernen" erweitern. Insbesondere bei der Identifizierung von Anknüpfungspunkten für BBNE lässt sich jetzt schon deutlich herausstellen, dass die bedeutenden Widersprüchlichkeiten zwischen kulturellem Erhalt und zukunftsfähiger Technik relevante Lern- und Entwicklungschancen beinhalten. Die daraus resultierenden Bildungsmaßnahmen erweitern eine auf gewerblich-technische Fachrichtungen ausgewiesene BBNE.

Als herausfordernd lässt sich festhalten, dass die Erprobung der Qualifizierungsmodule sowie ihre anschließende Verbreitung in die Berufsbildungspraxis dadurch erschwert sind, dass BBNE sowie die Themen des gewerkeübergreifenden Arbeitens und des Denkmalschutzes bislang lediglich rudimentär in den Ordnungsmitteln verankert sind. Ebenso lassen sich noch keine konkreten Aussagen über die Akzeptanz einer in der Villa etablierten Lern- und Bildungswerkstatt treffen. Um diese Fragen eindeutig beantworten zu können, bedarf es weiterer Untersuchungen, welche die Gelingensbedingungen für eine gewerkeübergreifende, nachhaltigkeitsorientierte und denkmalgerechte Qualifizierung in einem außerschulischen Bildungsort analysieren. Besonders interessant ist die Frage, inwiefern sich diese außerschulische Bildungsstätte ergänzend zu den „klassischen" Lernorten der berufsschulischen und betrieblichen Ausbildung gestalten lässt.

Literatur

AHLGRIMM, Frederik; KREY, Jens; HUBER, Stephan G.: Kooperation – was ist das? Implikationen unterschiedlicher Begriffsverständnisse. In: HUBER, Stephan G.; AHLGRIMM, Frederik (Hrsg.): Kooperation: Aktuelle Forschung zur Kooperation in und zwischen Schulen sowie mit anderen Partnern. Münster 2012, S. 17–30

BMWI – BUNDESMINISTERIUM FÜR WIRTSCHAFT UND ENERGIE (Hrsg.). Energieeffizienzstrategie Gebäude: Wege zu einem nahezu klimaneutralen Gebäudebestand. Berlin 2015.

URL: https://www.bmwi.de/Redaktion/DE/Publikationen/Energie/energieeffizienz-strategie-gebaeude.pdf?__blob=publicationFile&v=25 (Stand: 11.07.2022)

Deutsche Energie-Agentur (Hrsg.): dena-Gebäudereport 2021: Fokusthemen zum Klimaschutz im Gebäudebereich. Berlin 2021

Euler, Dieter: Design Principles als Kristallisationspunkt für Praxisgestaltung und wissenschaftliche Erkenntnisgewinnung. In: Euler, Dieter; Sloane, Peter (Hrsg.): Zeitschrift für Berufs- und Wirtschaftspädagogik: Beiheft 27. Design-Based Research (2014), S. 97–112

Gerds, Peter: Redaktionelle Nachbemerkung. In: lernen & lehren (1991) 21, S. 61. URL: http://lernenundlehren.de/heft_dl/Heft_21.pdf (Stand: 11.07.2022)

Kastrup, Julia; Kuhlmeier, Werner; Reichwein, Wilko; Vollmer, Thomas: Mitwirkung an der Energiewende lernen: Leitlinien für die didaktische Gestaltung der Berufsbildung für eine nachhaltige Entwicklung. In: lernen & lehren (2012)107, S. 117–124. URL: http://www.lernenundlehren.de/heft_dl/Heft_107.pdf (Stand: 11.07.2022)

KMK – Kultusministerkonferenz (Hrsg.): Rahmenlehrplan für den Ausbildungsberuf Elektroniker für Gebäudesystemintegration und Elektronikerin für Gebäudesystemintegration. Berlin 2020

MCC – Mercator Research Institute on Global Commons and Climate Change (Hrsg.): So schnell tickt die CO$_2$-Uhr. Berlin 2021. URL: https://www.mcc-berlin.net/forschung/co2-budget.html (Stand: 11.07.2021)

Mersch, Franz F.; Rullán Lemke, Christina: Kooperation der Baugewerke: Nur eine Frage der Kommunikation? In: Mahrin, Bernd (Hrsg.), Wertschätzung, Kommunikation, Kooperation: Perspektiven von Professionalität in Lehrkräftebildung, Berufsbildung und Erwerbsarbeit: Festschrift zum 60. Geburtstag von Prof. Dr. Johannes Meyser. Berlin 2016, S. 140–153

Pahl, Jörg-Peter: Makromethoden – Rahmengebende Ausbildungs- und Unterrichtsverfahren. Bausteine beruflichen Lernens im Bereich „Arbeit und Technik". 4. Aufl. Baltmannsweiler 2013

Rauner, Felix: Gestaltungsorientierte Berufsbildung. In: Berufsbildung – Zeitschrift für Praxis und Theorie in Betrieb und Schule (1995) 49, S. 3–8

Reinmann, Gabi: Ein holistischer Design-Based Research-Modellentwurf für die Hochschuldidaktik. In: EDeR. Educational Design Research (2020) 4, S. 1–18. URL: https://doi.org/10.15460/eder.4.2.1554 (Stand: 11.07.2022)

Renz, Lea; Chassein, Edith; Schöneberger, Lena: Grundlagen zur Entwicklung eines mediendidaktischen Angebotes für Gewerke übergreifende Schlüsselthemen im Handwerk. Karlsruhe 2018. URL: https://irees.de/wp-content/uploads/2020/04/DiKraft_LitAuswertung_AP1_final.pdf (Stand: 11.07.2022)

Schütt-Sayed, Sören, Casper, Marc; Vollmer, Thomas: Mitgestaltung lernbar machen – Didaktik der Berufsbildung für nachhaltige Entwicklung. In: Melzig, Christian; Kuhlmeier, Werner; Kretschmer Susanne (Hrsg.): Berufsbildung für nachhaltige Entwicklung: Die Modellversuche 2015–2019 auf dem Weg vom Projekt zur Struktur. Bonn 2021, S. 200–227. URL: https://www.bibb.de/dienst/veroeffentlichungen/de/publication/show/16974 (Stand: 11.07.2022)

Schütt-Sayed, Sören; Zopff, Andreas; Kuhlmeier, Werner: Didaktik gewerblich-technischer Berufsbildung im Kontext der Bildung für nachhaltige Entwicklung. In: berufsbildung – Zeitschrift für Theorie-Praxis-Dialog (2020) 184, S. 20–22

Steffen, Will; Broadgate, Wendy; Deutsch, Lisa; Gaffney, Owen; Ludwig, Cornelia: The trajectory of the Anthropocene: The Great Acceleration. In: The Anthropocene Review (2015) 2, S. 81–98. URL: https://doi.org/10.1177/2053019614564785 (Stand: 11.07.2022)

Senge, Peter M.: Die fünfte Disziplin: Kunst und Praxis der lernenden Organisation. Stuttgart 2011

Vollmer, Thomas; Kuhlmeier, Werner: Strukturelle und curriculare Verankerung der Beruflichen Bildung für eine nachhaltige Entwicklung. In: Kuhlmeier, Werner; Mohorič, Andrea; Vollmer, Thomas (Hrsg.): Berufsbildung für nachhaltige Entwicklung: Modellversuche 2010–2013: Erkenntnisse, Schlussfolgerungen und Ausblicke. Bielefeld 2014, S. 197–225. URL: https://www.bibb.de/dienst/veroeffentlichungen/de/publication/show/7453 (Stand: 11.07.2022)

Wagenschein, Martin: Verstehen lehren: Genetisch – Sokratisch – Exemplarisch. Weinheim, Basel 2008

Zopff, Andreas: Gewerke übergreifende Zusammenarbeit im Rahmen der energetischen Gebäudesanierung. In: Kuhlmeier, Werner; Meyser, Johannes; Schweder, Marcel (Hrsg.): Bezugspunkte beruflicher Bildung – Tradition, Innovation, Transformation. Ergebnisse der Fachtagung Bau, Holz, Farbe und Raumgestaltung. Norderstedt 2019, S. 116–126

Pia Spangenberger, Nadine Matthes, Felix Kapp, Linda Kruse

► Serious Games als methodischer Ansatz zur Auseinandersetzung mit erneuerbaren Energien in der beruflichen Bildung: zwei Anwendungsbeispiele

In der Beruflichen Bildung für nachhaltige Entwicklung (BBNE) gilt es, Nachhaltigkeitsaspekte mit beruflichen Handlungen zu verknüpfen. Für die gewerblich-technischen Ausbildungsberufe gewinnt dabei das Sustainable Development Goal (SDG) 7 „Bezahlbare und saubere Energie" an Bedeutung. Die Frage ist, wie das Thema im berufsbildenden Unterricht mit beruflichen Tätigkeiten verknüpft werden kann. Damit einher geht ein steigender Bedarf an entsprechenden didaktischen Ansätzen von Lehrkräften an berufsbildenden Schulen. Im vorliegenden Beitrag werden Serious Games als methodischer Ansatz vorgestellt, um Lernziele des SDG 7 mit konkreten beruflichen Tätigkeiten zu verknüpfen. Exemplarisch herangezogen werden die beiden Serious Games „Serena Supergreen" und „MARLA–Masters of Malfunction".

1   Einbettung von Nachhaltigkeitsaspekten in den berufsbildenden Unterricht

Unter dem Titel „Transforming our World: the 2030 Agenda for Sustainable Development" haben die Vereinten Nationen 17 *Sustainable Development Goals* (SDGs) formuliert (vgl. UN 2015). Diese SDGs dienen als Orientierungsrahmen für künftige Entscheidungen auf sozialer, ökonomischer und ökologischer Ebene. Sie definieren Kernaspekte einer nachhaltigen Entwicklung, die sich der Menschenrechte, der Geschlechtergerechtigkeit und dem Schutz des Planeten verschrieben hat. Um diese zukünftigen Herausforderungen zu meistern, kommt der Bildung für eine nachhaltige Entwicklung (BNE) eine wichtige Rolle zu. Die Vermittlung von Kompetenzen, die Menschen in die Lage versetzt, mit den vielfältigen Herausforderungen der stattfindenden Transformationen umzugehen, wird als ein zentraler Erfolgsfaktor für eine nachhaltige Entwicklung betrachtet (vgl. Rieckmann 2020; UNESCO

2020). Im Bereich der BBNE haben Kuhlmeier und Vollmer in der Vergangenheit bereits postuliert, dass Nachhaltigkeitsaspekte zusätzlich zu grundlegenden Kompetenzen und Fähigkeiten in den einzelnen Berufsbereichen domänenspezifisch behandelt werden sollten (vgl. KUHLMEIER/VOLLMER 2018). So erfordere eine gestaltungsorientierte Berufsbildung, dass Auszubildende die Konsequenzen des eigenen Handelns reflektieren und sie selbstwirksam erfahren, sodass sie an der Gestaltung der Zukunft mitwirken können. Dabei sollen die Kompetenzen einer nachhaltigkeitsorientierten Mitgestaltung eng an berufliche Handlungsfelder und Tätigkeitsfelder geknüpft sein. Wissen über nachhaltige Technologien sollte mit dem Bewusstsein gekoppelt werden, etwas verändern zu können (vgl. ebd.). Zur Einbettung von Nachhaltigkeitsaspekten in den berufsbildenden Unterricht ist es also erforderlich, didaktische Methoden entsprechend auszuwählen und zu gestalten. Sowohl in der BBNE als auch in der BNE wird allerdings bemängelt, dass es an einer Operationalisierung der Ziele einer nachhaltigen Entwicklung fehle, um didaktische Konzepte zu entwickeln (vgl. KUHLMEIER/VOLLMER 2018; SCHLICHT/MOSCHNER 2018; BRUNDIERS u. a. 2021; RIECKMANN 2020; REDMAN/WIEK/BARTH 2021; SINGER-BRODOWSKI 2016; TIKLY u. a. 2020; WIEK u. a. 2016). So steht die Frage im Raum, wie kognitive, sozial-emotionale oder behaviorale Ziele einer nachhaltigen Entwicklung neben der Kompetenzförderung einzelner Berufsbereiche in Lernarrangements zu adressieren sind, wie sie erfolgreich in konkrete Aufgabenstellungen überführt werden können und ein Lernerfolg überprüfbar wird.

Im vorliegenden Beitrag wird daher am Beispiel des Ziels SDG 7 „Bezahlbare und saubere Energie" die Frage behandelt, inwiefern es mithilfe von *Serious Games* gelingen kann, die Ziele einer nachhaltigen Entwicklung anhand von konkreten beruflichen Tätigkeiten erfahrbar zu machen. Zur Beantwortung dieser Fragestellung wird im ersten Schritt das Anwendungsfeld „Erneuerbare Energien in gewerblich-technischen Ausbildungsberufen" kurz beschrieben. Anschließend wird auf die Definition von *Serious Games* eingegangen sowie ein Einblick in den Forschungsstand zu *Serious Games* und die Möglichkeiten, wie diese den Wissenserwerb fördern können, gegeben. Im Anschluss werden zwei *Serious Games* vorgestellt, in denen konkrete Lernziele im Sinne einer nachhaltigen Entwicklung adressiert wurden: „Serena – Serious Game zur Berufsorientierung für technische Ausbildungsberufe" und „MARLA – Spielerische VR-Lernanwendung für die Erstausbildung im Bereich Metall- und Elektrotechnik"[1]. Abschließend werden Implikationen für die Entwicklung und Einbettung von *Serious Games* in den berufsbildenden Unterricht abgeleitet, um eine Auseinandersetzung mit regenerativen Energien in der beruflichen Ausbildung anzuregen.

---

1   Das Serious Game *„Serena Supergreen"* kann über die Internetseite https://serenasupergreen.de kostenlos heruntergeladen werden. Informationen zum VR- Game „MARLA-Masters of Malfunction" finden sich untere folgendem Link: https://marla. tech. Die Entwicklung und Evaluation der digitalen Lernanwendungen „Serena Supergreen" und „MARLA–Masters of Malfunction" erfolgten im Rahmen der drei Forschungsprojekte SERENA (FKA: 01PD14005; Laufzeit 01/2015-06/2017), MitEffekt (FKA: 01PD17005A; Laufzeit; 09/2017 -02/2019) und MARLA (FKA:01PV18004A; Laufzeit 03/2019-02/2022).

2   Anwendungsfeld Erneuerbare Energien in gewerblich-technischen Ausbildungsberufen

Erneuerbare Energien nehmen als Schlüsseltechnologie für eine nachhaltige Entwicklung in der gewerblich-technischen Berufsausbildung einen immer höheren Stellenwert ein (vgl. KUHLMEIER/VOLLMER 2018; FRANK u. a. 2017; SCHLICHT/MOSCHNER 2018). Dazu zählen sowohl technische Entwicklungen als auch Themen wie die Ressourcenschonung oder der Energieverbrauch. Viele Berufsabschlüsse der Metall- und Elektrobranche werden im Sektor Erneuerbare Energien nachgefragt (vgl. SPANGENBERGER u. a. 2016). Darüber hinaus sind auch Berufe, die diesem Sektor nicht primär zugeordnet werden, wie aus dem bau-, land- und forstwirtschaftlichen Bereich, von Bedeutung (vgl. JANSER 2019). In Ausbildungsstellenanzeigen lässt sich ein leichter Anstieg von Nachhaltigkeitsbezügen beobachten (vgl. BINNEWITT/SCHNEPF 2021). Seit dem 1. April 2021 hat das Bundesinstitut für Berufsbildung die Standardberufsbildposition „Umweltschutz" außerdem um den Begriff Nachhaltigkeit ergänzt. Die Ausbildungsberufsbilder und betrieblichen Ausbildungsrahmenlehrpläne sollen sich damit an entsprechenden standardisierten Mindestanforderungen im Sinne der drei Nachhaltigkeitsdimensionen (ökonomisch, ökologisch, sozial) orientieren.[2] Fischer, Hilse und Schütt-Sayed (in diesem Band) kritisieren allerdings, dass Nachhaltigkeitsaspekte in den einzelnen Ausbildungsordnungen bislang (noch) eher selten vorzufinden seien.

Spangenberger und Schrader (2019) beobachten im Rahmen einer Befragung von Studierenden des gewerblich-technischen Berufsschullehramts (n=47), dass das Thema Nachhaltigkeit vor allem für Studierende mit ausgeprägtem Nachhaltigkeitsbewusstsein von Bedeutung ist. Die Autorin und der Autor empfehlen, dass sich die Curriculumentwicklung noch stärker an Aspekten der Nachhaltigkeit ausrichten sollte. Auch Schlicht und Moschner (2018) argumentieren, dass angehende Lehrkräfte stärker darauf vorbereitet werden müssten, wie sie nachhaltigkeitsorientiertes Wissen fachlich und didaktisch-methodisch in den Unterricht einbringen können. Betrachtet man die Situation bei den Lernenden, lässt sich beobachten, dass es jungen Menschen, trotz Engagement, an konkretem Wissen über regenerative Energiesysteme fehlt (vgl. JORGENSON/STEPHENS/WHITE 2019). Insbesondere Berufsschülerinnen und -schüler würden im Vergleich mit Gymnasiastinnen und Gymnasiasten Nachhaltigkeitsthemen als weniger relevant einstufen und nicht auf ihren Alltag beziehen (vgl. HOLFELDER 2018). Somit steht die Frage im Raum, welche didaktischen Ansätze sich eignen, berufliche Tätigkeiten einzelner Ausbildungsberufe aus dem gewerblich-technischen Bereich mit Nachhaltigkeitsaspekten zu verknüpfen und im berufsbildenden Unterricht zu behandeln.

---

2   Vgl. URL: https://www.bibb.de/de/139364.php Standardberufsbildposition „Umweltschutz und Nachhaltigkeit" (Stand: 18.08.2022).

3 Einsatz von Serious Games als didaktischer Ansatz im Bereich BBNE

Ein innovativer Ansatz, Wissen, Kompetenzen und auch Einstellungen zu vermitteln, stellen sogenannte *Serious Games* dar. *Serious Games* unterscheiden sich von herkömmlichen digitalen Spielen dadurch, dass sie ein konkretes Bildungsziel verfolgen (vgl. WOUTERS u. a. 2013). Sie zeichnen sich weiterhin dadurch aus, dass sie interaktiv sind, auf Regeln basieren, Herausforderungen beinhalten sowie kontinuierliches Feedback ermöglichen (vgl. DÖRNER u. a. 2016). In der Vergangenheit haben bereits verschiedene Studien aufgezeigt, dass mit *Serious Games* kognitive, affektive und psychomotorische Lernziele adressiert und gefördert werden können (z. B. WOUTERS u. a. 2013; WOUTERS/van OOSTENDORP 2017; BRAGHIROLLI u. a. 2016; CONNOLLY u. a. 2012). Auch zur Auseinandersetzung mit energiewirtschaftlichen Fragestellungen im Kontext einer nachhaltigen Entwicklung wurden in der Vergangenheit erste Forschungserkenntnisse zu positiven Effekten von *Serious Games* publiziert (vgl. SPANGENBERGER u. a. 2021; FIJNHEER/van OOSTENDORP/VELTKAMP 2019; COWLEY/BATEMAN 2017; MEDEMA u. a. 2019; KATSALIAKI/MUSTAFEE 2015). Dabei bieten *Serious Games* die Möglichkeit, virtuelle Erfahrungsräume zu schaffen, die in der Realität nicht ohne Weiteres möglich sind, beispielsweise Zukunftsszenarien, Klimakatastrophen oder auch soziale Dilemmata. Sie können Lernende interaktiv in Lernumgebungen involvieren und ihnen die Auswirkungen der eigenen Handlungen direkt aufzuzeigen, einen Perspektivwechsel ermöglichen, persönliche Betroffenheit erzeugen oder auch komplexes Wissen anschaulich aufbereiten und einen Bezug zum Alltag herstellen (vgl. WU/LEE 2015; MORGANTI u. a. 2017; JANAKIRAMAN/WATSON/WATSON 2018).

Im Hinblick auf nachgewiesene positive Effekte von *Serious Games* im Kontext „Lernen" werden im vorliegenden Beitrag *Serious Games* als methodischer Ansatz zur Verknüpfung von Nachhaltigkeitsaspekten mit Lerninhalten von gewerblich-technischen Ausbildungsberufen näher betrachtet. Trotz eines wachsenden Spielemarkts im deutschsprachigen Raum[3] und einer steigenden Anzahl an *Serious Games* zur Auseinandersetzung mit ausgewählten Themen im Bereich Nachhaltigkeit (vgl. WILLENBACHER/LEPIORZ/WOLGEMUTH 2017) gibt es bislang nur sehr wenige *Serious Games*, die konkrete Lernziele des berufsbildenden Unterricht adressieren und diese mit den Zielen einer nachhaltigen Entwicklung verknüpfen. Daher werden zwei Beispiele von *Serious Games* herangezogen, die diesem Anspruch gerecht werden, um das beschriebene Potenzial von *Serious Games* für die BBNE genauer zu untersuchen. Es handelt sich dabei um die *Serious Games* „Serena Supergreen" und „MARLA-Masters of Malfunction". In den folgenden Abschnitten werden die *Serious Games* jeweils vorgestellt. Dabei wird auf die Formulierung von Lernzielen, die Ausarbeitung konkreter Aufgabenstellungen sowie deren Implementierung in das *Game Design* eingegangen. Anschließend wird diskutiert, inwiefern *Serious Games* sich eignen, um Nachhaltigkeitsaspekte mit konkreten Kompetenzen einzelner Berufsbereiche zu verknüpfen.

---

3 Vgl. URL: https://www.game.de/marktdaten/#Zahlen%20und%20Fakten (Stand: 18.08.2022).

4   „Serena Supergreen" – Einsatz eines Serious Game im Ausbildungskontext

Das *Serious Game* „Serena Supergreen" ist ein *Point-and-Click-Adventure* für Jugendliche im Alter von 12 bis 16 Jahren. Im Spiel übernehmen die Spielenden die Rolle des Charakters Serena, der ausreichend Geld verdienen muss, um gemeinsam mit seinen Freundinnen in den Urlaub zu fahren. Um dieses Ziel zu erreichen, muss Serena eine Vielzahl an technischen Aufgaben meistern. Sogenannte *Non-Player-Characters* (NPCs) unterstützen die Spielenden dabei, indem sie ihnen Hilfestellung und gezielt Feedback geben. Die Entwicklung des Spiels fand im Rahmen von zwei Forschungsvorhaben statt, die von 2015 bis 2019 vom Bundesministerium für Bildung und Forschung gefördert wurden. Die zu behandelnde Forschungsfrage war, inwiefern sich *Serious Games* eignen, um eine Berufswahl von Mädchen im Bereich technischer Ausbildungsberufe zu fördern. Im Rahmen eines iterativen Prozesses der Zusammenarbeit von Berufspädagogik, pädagogischer Psychologie und *Game Design* wurden zu Beginn des Vorhabens Lernziele und Lerninhalte festgelegt und diese mit den im Spiel vorkommenden Aufgaben (sog. *Quests*) abgestimmt (siehe Kasten). Zwei Ziele einer nachhaltigen Entwicklung wurden adressiert: Ziel 5 (Bezahlbare und saubere Energie) und Ziel 7 (Geschlechtergerechtigkeit). Im Vordergrund stand die Förderung des Fähigkeitsselbstkonzepts von Mädchen im Bereich Technik sowie die Stärkung ihrer Selbstwirksamkeit beim Lösen technischer Aufgaben. Nach dem Spielen sollten sich Mädchen technische Aufgaben eher zutrauen als vor dem Spielen von „Serena Supergreen" (vgl. Kapp u. a. 2019). Das Fähigkeitsselbstkonzept im Bereich Technik gilt als wichtiger Einflussfaktor auf die Wahl eines Berufs (vgl. Eccles 1994; Eccles/Wigfield 2002).

Lernziele des Serious Game „Serena Supergreen"

Lernziele

Primäres Lernziel (Nachhaltigkeitsaspekt SDG 5 „Gender Equality")	Mädchen trauen sich technische Aufgaben zu (Fähigkeitsselbstkonzept Technik, Selbstwirksamkeit).
Weitere Lernziele (Nachhaltigkeitsaspekt SDG 7 „Affordable and Clean Energy")	Spieler/-innen können sich an technische Inhalte über erneuerbare Energien erinnern und diese in Aufgaben anwenden.
	Spieler/-innen können Berufe benennen, die einen Bezug zu erneuerbaren Energien haben.

Quelle: eigene Darstellung

Als weiteres Lernziel wurden der Wissenserwerb zum Thema erneuerbare Energien unter Einbezug des didaktischen Konzepts sowie das Kennenlernen von Berufsbildern, die einen Bezug zu erneuerbaren Energien haben, festgelegt. Auf diese Weise soll das Spiel einen Beitrag dazu leisten, das Berufswahlspektrum von Jugendlichen zu erweitern.

Abbildung 1: Serena muss in der Gondel einer Windenergieanlage ein Wälzlager austauschen

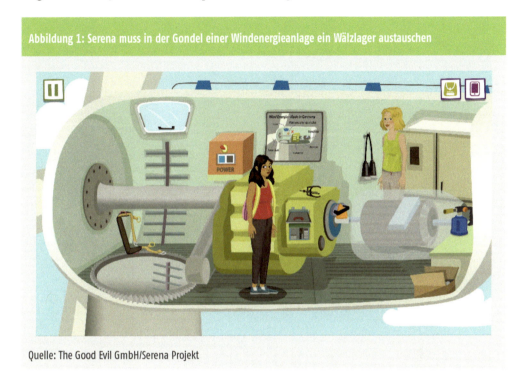

Quelle: The Good Evil GmbH/Serena Projekt

Die Lernziele wurden anschließend in konkrete Aufgaben im Spiel überführt. Der Aufgabenkonstruktion lag eine Anforderungs- und Kompetenzanalyse zugrunde, strukturiert nach relevanten naturwissenschaftlich-technischen Prinzipien, technischen Handlungs- und Problemsituationen und auch berufstypischen Systemen, Gegenständen und Werkzeugen. Die Lernsituationen haben entweder einen direkten Bezug zur Stromversorgung mit erneuerbaren Energien oder beinhalteten technische Bestandteile aus den Gebieten Solarthermie, Photovoltaik, Windenergie oder Elektromobilität.

So wurde z. B. das Thema Windstrom mit technischen Aufgaben im Spiel verknüpft, indem einfache technische Handlungen durch die Spielenden gemeistert werden mussten (Instandsetzung einer Strömungspumpe). Mit ansteigendem Schwierigkeitsgrad (Verstehen der Funktionsweise eines Volumenstromreglers) müssen die Spielenden dann zum Ende des Spiels den Aufbau und die Funktion einer Windenergieanlage verstehen, während sie eine Instandsetzungsaufgabe im Getriebe durchführen (siehe Abb. 1 und 2). Durch das erfolgreiche Lösen der Aufgaben können die Spielenden Erfolgserlebnisse erfahren („mastery experiences"), die sie darin bestärken, sich technische Aufgaben mehr zuzutrauen. Eingebettetes

Feedback durch NPCs verstärkt diesen Effekt (vgl. Kapp u. a. 2019). Die Instandsetzung erfolgt im Spiel mit dem Ziel, die Stromversorgung auf einer Insel wiederherzustellen und u. a. einer verletzten Freundin zu helfen.

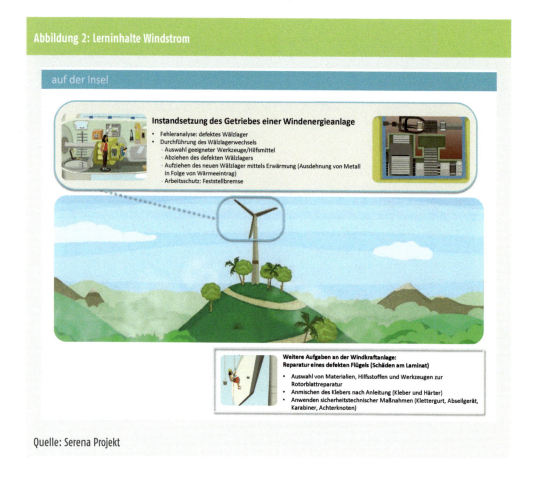

Abbildung 2: Lerninhalte Windstrom

auf der Insel

Instandsetzung des Getriebes einer Windenergieanlage
- Fehleranalyse: defektes Wälzlager
- Durchführung des Wälzlagerwechsels
  - Auswahl geeigneter Werkzeuge/Hilfsmittel
  - Abziehen des defekten Wälzlagers
  - Aufziehen des neuen Wälzlager mittels Erwärmung (Ausdehnung von Metall in Folge von Wärmeeintrag)
  - Arbeitsschutz: Feststellbremse

Weitere Aufgaben an der Windkraftanlage:
Reparatur eines defekten Flügels (Schäden am Laminat)
- Auswahl von Materialien, Hilfsstoffen und Werkzeugen zur Rotorblattreparatur
- Anmischen des Klebers nach Anleitung (Kleber und Härter)
- Anwenden sicherheitstechnischer Maßnahmen (Klettergurt, Abseilgerät, Karabiner, Achterknoten)

Quelle: Serena Projekt

Zur Überprüfung der Lernziele im Rahmen der Forschungsvorhaben wurden insgesamt sieben Studien konzipiert, die zu unterschiedlichen Zeitpunkten der Entwicklung durchgeführt und in enger Zusammenarbeit mit der Zielgruppe umgesetzt wurden. Zwei Studien untersuchten beispielsweise die Selbsteinschätzung der technischen Fähigkeiten mit 93 Schülerinnen und Schülern im Alter von 13 bis 15 Jahren, um zu überprüfen, inwiefern das Projektziel mit dem Spiel, das Fähigkeitsselbstkonzept im Bereich Technik zu fördern, erreicht werden konnte. Dabei zeigten die Ergebnisse, dass das Spiel die wahrgenommene technische Kompetenz, das Fähigkeitsselbstkonzept im Bereich Technik und die intrinsische Motivation, im Hinblick auf das Lösen technischer Aufgaben fördern kann (vgl. Kapp u. a. 2019). Eine *Logfile*-Analyse der während des Spieles gesammelten Daten zum Spielverhalten der Spielenden zeigte außerdem, dass positives Feedback und Unterstützung durch NPCs die wahrgenommene Kompetenz im Bereich Technik erhöhen kann. In einer weiteren Studie zum Wissenserwerb im Bereich erneuerbare Energien mit Schülerinnen und Schülern im Alter von 12 bis 14 Jahren in Jahrgangsstufe 8 (n = 82) mit Blick auf kurz- und mittelfristige Effekte zeigte sich, dass der Wissenserwerb bei denjenigen, die das Spiel gespielt haben, höher ist als bei denjenigen, die das Spiel nicht gespielt haben (vgl. SPANGENBERGER u. a. 2021). Nach elf Monaten konnten sich die Spielenden zudem an explizite technische Aufgaben aus dem Spiel erinnern. Zur Untersuchung des Wissenserwerbs wurde ein Wissenstest konzipiert. Dieser wurde einer Gruppe von Schülerinnen und Schülern, die das Spiel gespielt haben, und einer Kontrollgruppe vorgelegt, die das Themenfeld erneuerbare Energien im gleichen Zeitraum im regulären Unterricht zum Thema hatte.

Anhand des Spiels „Serena Supergreen" wird deutlich, wie konkrete berufliche Aufgaben aus dem Bereich gewerblich-technischer Ausbildungsberufe in einer Spielumgebung sowohl mit Wissen zum Thema erneuerbare Energien als auch mit sozial-emotionalen Zielen (Selbstwirksamkeit, Solidarität, Teamarbeit) verknüpft werden können. Berufstypische Handlungen (z. B. das Löten) finden am Beispiel nachhaltiger Technologie (Solarzellen) statt. Das Spiel bietet gleichzeitig ein sozial ausgerichtetes Narrativ (gemeinsam im Team etwas zu gestalten, Energieversorgung zu sichern, Tiere zu retten). Diese Erfahrungsräume beruflicher Tätigkeiten wurden bereits in der Spielentwicklung in Anlehnung an die Lebenswelt von Jugendlichen umgesetzt, sodass eine Übertragung auf die Realität möglich ist. Das Spiel dient als Einstieg in eine Auseinandersetzung mit gewerblich-technischen Tätigkeiten im Arbeitsfeld erneuerbare Energien mit seiner sozialen, ökologischen und ökonomischen Relevanz für die Gesellschaft. So stehen zum Spiel „Serena Supergreen" fächerspezifische und fächerübergreifende Unterrichtskonzepte für die Klassen 7 bis 10 zur Verfügung, die sich mit Lerninhalten (LED, Solarstrom, Solarwärme, Windenergie) und mit Berufsorientierung für technische Ausbildungsberufe im Arbeitsfeld erneuerbarer Energien befassen.

5   „MARLA-Masters of Malfunction" – Einsatz eines Virtual-Reality-Game im Ausbildungskontext

Im Virtual-Reality (VR)-Game „MARLA-Masters of Malfunction" begeben sich die Spielenden in die Rolle einer Fachkraft für Offshore-Windenergietechnik, die einen Fehler an einer Offshore-Windenergieanlage diagnostizieren und instand setzen muss. Um in das Spiel einzutauchen, setzen die Spielenden sich eine VR-Brille auf, ein sogenanntes *Head-Mounted-Display*. Mit der Hilfe des eigenen Sehvermögens und der manuellen Bedienung von zwei Controllern navigieren sich die Spielenden durch die virtuelle Welt. Sie starten am Hafen mit einer Einführung in die Aufgabenstellung (sogenannter *Tool-Box-Talk*), erfahren anhand eines Mini-Modells mehr über den Aufbau und die Funktion von Windenergieanlagen und starten anschließend mit dem Boot übers Meer zur Offshore-Windenergieanlage. Dort angekommen, müssen sie eine Fehlerdiagnose an einem hydraulischen Bremssystem der Windenergieanlage ausführen. Das VR-Game ist für die Erstausbildung im Bereich der Elektro-

und Metalltechnik konzipiert und adressiert Auszubildende im Alter von 16 bis 23 Jahren. Prioritäres Lernziel der Anwendung ist, einen Fehler in einer technischen Anlage fachgerecht diagnostizieren zu können. Damit verknüpft ist wiederum das sekundäre Lernziel, dass die Auszubildenden sich Wissen über den Aufbau und die Funktion einer Windenergieanlage sowie deren Leistungsfähigkeit aneignen (siehe Kasten).

Lernziele des Serious Game „MARLA–Masters of Malfunction"

Lernziele

Primäres Lernziel (Nachhaltigkeits-aspekt SDG 9 „Industry, Innovation & Infrastructure")	Spieler/-innen können Fehler in einer technischen Anlage fachgerecht diagnostizieren.
Weitere Lernziele (Nachhaltigkeits-aspekt SDG 7 „Affordable and Clean Energy")	Spieler/-innen können den Aufbau einer Windenergieanlage erklären und einzelne Bauteile benennen.
	Spieler/-innen erinnern sich an Fakten und Richtwerte der Leistungsfähigkeit einer Offshore-Windenergieanlage.

Quelle: eigene Darstellung

Der Fehlerdiagnoseprozess wird im VR-Game am hydraulischen Bremssystem einer Offshore-Windenergieanlage durchlaufen (mit und ohne Hilfestellung durch eine virtuelle pädagogische Agentin im Spiel). Im Vordergrund steht das Erlernen eines systematischen Vorgehens bei der Fehlerdiagnose, das in der Anwendung anhand von acht Schritten umgesetzt wird:

1. Fehler erfassen,
2. Ist-Zustand beschreiben,
3. Suchraum eingrenzen,
4. Hypothesen aufstellen und bewerten,
5. Hypothesen überprüfen,
6. Instandsetzung durchführen,
7. Wiederinbetriebnahme,
8. Fehlerdokumentation ausfüllen.

In einem ersten Spieldurchlauf wird der/die Spieler/-in dabei von einer pädagogischen Agentin namens Alex begleitet, welche die Handlung schrittweise demonstriert und sich anschließend aus dem Spielverlauf zurückzieht, sodass der/die Spieler/-in, ganz auf sich gestellt, in einem weiteren Spieldurchlauf eine Fehlerdiagnose erfolgreich durchführen muss. Dieses Vorgehen orientiert sich dabei am *Cognitive-Apprenticeship*-Ansatz nach Collins u. a. (1987).

Das Besondere am *Cognitive Apprenticeship* ist es, kognitive Prozesse, welche in der Regel nicht sichtbar ablaufen, für Lernende sichtbar zu machen. Im Sinne eines Meister/-in-Lehrling-Verhältnisses wird dabei die lernende Person durch eine Expertin oder einen Experten – im Spiel die pädagogische Agentin Alex – angeleitet. In der ersten Phase steht das modellhafte Demonstrieren im Vordergrund. Die pädagogische Agentin zeigt anhand eines typischen Fehlers beispielhaft den Fehlerdiagnoseprozess auf, indem Denkvorgänge verbalisiert sowie Intentionen und Ratschläge für relevante Aspekte der Thematik formuliert werden. Im Spielverlauf reduziert sich die Hilfestellung sukzessive für die Spielenden bis hin zur selbstständigen Bearbeitung einer Problemstellung mit allenfalls tutoriellen Hilfestellungen. Die Wirksamkeit dieses Ansatzes zur Förderung der Fehlerdiagnosekompetenz wurde bereits in Studien nachgewiesen (vgl. LINK/SCHÄFER/WALKER 2018; SCHÄFER/WALKER 2018).

Abbildung 3: Überprüfen der Messwerte am hydraulischen Bremssystem

Quelle: The Good Evil GmbH/MARLA Projekt

Die spielerische VR-Lernumgebung wurde in enger Zusammenarbeit mit den Zielgruppen (Auszubildende und Lehrkräfte) entwickelt. So wurde vor Beginn der Entwicklung eine Studie zum Bedarf von Lehrkräften und Ausbildenden (n=29) beim Trainieren der Fehlerdiagnosekompetenz durchgeführt. Diese bestätigte die in der Literatur diskutierten Defizite: das Fehlen didaktischer Konzepte für Lehrkräfte und ein defizitäres systematisches Vorgehen der Fehleranalyse durch Auszubildende (vgl. MATTHES u. a. 2021). In einer weiteren Vorstudie zum Vorwissen der Zielgruppe bezüglich Windenergieanlagen und Fehlerdiagnose mit Auszubildenden (n=58) konnte gezeigt werden, dass für die Mehrheit der Befragten die Fehlerdiagnose zu den regelmäßigen Tätigkeiten in ihren Betrieben gehört (29,8 % betreiben täglich Fehlerdiagnose, weitere 34 % ein- bis zweimal pro Woche). Es fehlt jedoch strategisches Wissen zur Vorgehensweise bei der systematischen Fehlersuche insgesamt sowie systemisches Verständnis für eine Windenergieanlage (vgl. KAPP u. a. 2021). Aktuell laufende Untersuchungen zur Lernumgebung von „MARLA-Masters of Malfunction" thematisieren dementsprechend, welche Kompetenzen mithilfe dieses *Serious Game* im Vergleich zu einer herkömmlichen Lernsituation mit Text-, Bild- und Videomaterial vermittelt werden können. In Bezug auf die didaktische Einbettung wird dabei auch betrachtet, wie immersiv die Auszubildenden die Umgebung erleben bzw. inwiefern sie den Besuch auf der virtuellen Windenergieanlage im Nachhinein ähnlich beschreiben wie eine reale Exkursion. Dafür werden sie im Nachgang an das Bearbeiten der Aufgabe zur Fehlerdiagnose hinsichtlich ihres Präsenzerlebens befragt.

Das VR-Game „MARLA-Masters of Malfunction" zeigt als weiteres Beispiel exemplarisch auf, wie eine domänenspezifische, berufliche Kompetenz (die Fehlerdiagnosekompetenz) mit einem Nachhaltigkeitsaspekt (Wissen über Windenergieanlagen) in einem Lernsetting verknüpft werden kann. Um die Fehlerdiagnose erfolgreich zu meistern, ist es erforderlich, sich mit Wissen über Offshore-Windenergieanlagen auseinanderzusetzen. Die immersive Technologie erlaubt es den Spielenden, als Fachkräfte zu agieren, die eine virtuelle Offshore-Windenergieanlage betreten, um Arbeitsprozesse aus dem Bereich der Elektro- und Metalltechnik virtuell zu erleben. Sie verfolgen dabei das übergeordnete Ziel, ein Problem zu lösen, um die Windenergieanlage wieder zum Laufen zu bringen und damit die Stromversorgung an Land zu sichern. Auch hier wird die berufliche Tätigkeit in einen direkten Zusammenhang mit einem gesellschaftlichen Beitrag gesetzt. Die Auszubildenden können sich Dank der immersiven Erfahrung als selbstwirksam erleben.

6   Implikationen für den Einsatz von Serious Games in der BBNE

Anhand der im Beitrag dargestellten Beispiele wird deutlich, dass sich *Serious Games* sehr gut eignen, um berufliche Handlungen mit Zielen einer nachhaltigen Entwicklung zu verknüpfen. Es stehen Gestaltungsdimensionen zur Verfügung wie u. a. Spielmechanik, visuelle Darstellungen, Narrativ, individuelles Feedback und Interaktionen, die das Berufshandeln mit Wissen über nachhaltige Technologien und (positiven) Auswirkungen abbilden und erfahrbar machen. So ermöglichen die Spiele eine interaktive Auseinandersetzung mit technischen Anlagen der erneuerbaren Energien, die in der Realität nicht ohne Weiteres zugänglich sind (z. B. Offshore-Windenergieanlagen oder Solaranlagen). Darüber hinaus ermöglichen sie das Aufzeigen sozialer Konsequenzen des eigenen beruflichen Handelns (Probleme lösen) sowie motivationale Aspekte über einen Unterhaltungswert zur Auseinandersetzung mit komplexen Fragestellungen der SDGs. Im Hinblick auf die von der BBNE geforderte gestaltungsorientierte Handlungskompetenz können *Serious Games* daher herangezogen werden, um kognitive, soziale und behaviorale Lernziele einer nachhaltigen

Entwicklung mit beruflichen Handlungsfeldern bzw. konkreten beruflichen Tätigkeiten zu verknüpfen. Grundsätzlich gilt es wie bei traditionellen Lehr-/Lernsettings auch bereits in der Entwicklung solcher Spiele, konkrete adressatengerechte und überprüfbare Lernziele zu formulieren, um diese im Spiel in entsprechende Aufgaben zu überführen (z. B. Fähigkeitsselbstkonzept, Fehlerdiagnosekompetenz, Wissenserwerb, Motivation). In beiden Spielen ist eine Aufbereitung von komplexem Wissen über erneuerbare Energien für eine Zielgruppe mit relativ wenig Vorwissen (Auszubildende in der Erstausbildung, Schülerinnen und Schüler im Alter von zwölf bis 16 Jahren) erforderlich. Damit einhergehend sollte das Verständnis für Relevanz einer nachhaltigen Energieversorgung gefördert werden. Im Hinblick auf die hier erwähnten Studien wäre es in künftigen Forschungsvorhaben außerdem interessant zu untersuchen, inwieweit die aktive Auseinandersetzung der Spielenden mit diesen *Serious Games* Auswirkungen auf deren Haltung zum Thema Nachhaltigkeit hat. So steht die Frage im Raum, inwiefern ein gesteigertes Bewusstsein für die gesellschaftliche Relevanz der beruflichen Tätigkeiten im Sektor der erneuerbaren Energien durch das Spielen geschaffen wurde. In kommenden Forschungsvorhaben wäre es daher von Interesse, über kognitive Lernziele im Sinne einer nachhaltigen Entwicklung hinaus auch sozial-emotionale und behaviorale Lernziele zu erfassen sowie deren Zusammenhang untereinander, um die Potenziale von *Serious Games* für die BBNE weiter zu untersuchen.

Im vorliegenden Beitrag wurde am Beispiel zweier *Serious Games* vorgestellt, warum sich diese als geeignete Methoden für die BBNE eignen, um berufliche Handlungen um Nachhaltigkeitsaspekte zu erweitern. In den beiden Spielen „Serena Supergreen" und „MARLA-Masters of Malfunction" wurden Aufgabenstellungen konzipiert, die konkrete Lernziele in den gewerblich-technischen Ausbildungsberufen adressieren und diese mit dem SDG 7 „Bezahlbare und saubere Energie" verknüpfen. In beiden Spielen stand im Vordergrund, dass die Spielenden berufliche Handlungen ausführen und sich bei steigendem Schwierigkeitsgrad als selbstwirksam im Meistern dieser Aufgaben erleben. Zur erfolgreichen Bewältigung der in den *Serious Games* beschriebenen Aufgaben mussten sie sich Wissen zum Thema erneuerbare Energien aneignen. An den ausgewählten Beispielen wird deutlich, dass *Serious Games* eine Vielzahl an Gestaltungsmöglichkeiten bieten, Nachhaltigkeitsaspekte gewerblich-technischer Ausbildungsberufe zu adressieren. *Serious Games* eignen sich daher, um berufliche Handlungskompetenzen (Fachkompetenz, Selbstkompetenz und Sozialkompetenz) abzubilden und einen konkreten Bezug zu Zielen einer nachhaltigen Entwicklung herzustellen.

Literatur

BINNEWITT, Johanna; SCHNEPF, Timo: Ökologische Nachhaltigkeit als Attraktivitätsdimension der Berufsausbildung – Extraktion von Aspekten der „Green Economy" aus Online-Stellenanzeigen. 2021 URL: https://www.agbfn.de/dokumente/pdf/AGBFN_Nachhaltigkeit_Praes_3.a.2_Binnewitt_Schnepf_Attraktivitaet.pdf (Stand: 11.07.2022)

BRAGHIROLLI, Lynceo Falavigna; RIBEIRO, José Luis Duarte; WEISE, Andreas Dittmar; PIZZOLATO, Morgana: Benefits of educational games as an introductory activity in industrial engineering education. In: Computers in Human Behavior (2016) 58, S. 315–324. URL: https://doi.org/10.1016/j.chb.2015.12.063

BIBB – BUNDESINSTITUT FÜR BERUFSBILDUNG (Hrsg.): „Datensystem Auszubildende" des Bundesinstituts für Berufsbildung auf Basis der Daten der Berufsbildungsstatistik der statistischen Ämter des Bundes und der Länder (Erhebung zum 31.12.). Bonn 2016

BRUNDIERS, Katja; BARTH, Matthias; CEBRIÁN, Gisela; COHEN, Matthew; DIAZ, Liliana; DOUCETTE-REMINGTON, Sonya; DRIPPS, Weston; HABRON, Geoffrey; HARRÉ, Niki; JARCHOW, Meghann; LOSCH, Kealalokahi; MICHEL, Jessica; MOCHIZUKI, Yoko; RIECKMANN, Marco; PARNELL, Roderic; WALKER, Peter; ZINT, Michaela: Key competencies in sustainability in higher education – toward an agreed-upon reference framework. In: Sustainability Science 16 (2016) 1, S. 13–29. URL: https://doi.org/10.1007/s11625-020-00838-2

CONNOLLY, Thomas M.; BOYLE, Elizabeth A.; MACARTHUR, Ewan; HAINEY, Thomas; BOYLE, James M.: A systematic literature review of empirical evidence on computer games and serious games. In: Computers & Education 59 (2012) 2, S. 661–686. URL: https://doi.org/10.1016/j.compedu.2012.03.004

COWLEY, Benjamin Ultan; BATEMAN, Chris: Green My Place: Evaluation of a Serious Social Online Game Designed to Promote Energy Efficient Behaviour Change. In: International Journal of Serious Games 4 (2017) 4, S. 71–90. URL: https://doi.org/10.17083/ijsg.v4i4.152

DÖRNER, Ralf; GÖBEL, Stefan; EFFELSBERG, Wolfgang; WIEMEYER, Josef (Hrsg.): Serious games: Foundations, concepts and practice. Cham 2016

ECCLES, Jacquelynne S.: Understanding Women's Educational And Occupational Choices: Applying the Eccles et al. Model of Achievement-Related Choices. In: Psychology of Women Quaterly 18 (1994) 4, S. 585–609. URL: https://doi.org/10.1111/j.1471-6402.1994.tb01049.x

ECCLES, Jacquelynne S.; WIGFIELD, Allan: Motivational Beliefs, Values and Goals. In: Annual Review Psychology (2002) 53, S. 109–132. URL: https://doi.org/10.1146/annurev.psych.53.100901.135153

FIJNHEER, Jan Dirk L.; VAN OOSTENDORP, Herre; VELTKAMP, Remco C.: Enhancing Energy Conservation by a Household Energy Game. In: GENTILE, Manuel; ALLEGRA, Mario; SÖBKE, Heinrich (Hrsg.): Information Systems and Applications, incl. Internet/Web, and HCI: Vol. 11385. Games and Learning Alliance: 7th International Conference, GALA 2018,

Palermo, Italy, December 5-7, 2018, Proceedings. Cham 2019, Vol. 11385, S. 257–266. URL: https://doi.org/10.1007/978-3-030-11548-7_24

FRANK, Oliver; FISCHER, Tibor; DORFINGER, Pia; PRAWATKY, Laura; SIMSTICH, Yannik; WESTPHAL, Marten; TRIANTAFYLLOS, Vassilios; ASMELASH, Elisa: Status and perspectives for renewable energy development in the UNECE region. Berlin 2017

HOLFELDER, Anne-Katrin: Orientierungen von Jugendlichen zu Nachhaltigkeitsthemen: Zur didaktischen Bedeutung von implizitem Wissen im Kontext BNE. Dissertation. Research. Wiesbaden 2018. URL: https://doi.org/10.1007/978-3-658-18681-4

JANAKIRAMAN, Shamila; WATSON, Sunnie Lee; WATSON, William R.: Using Game-based Learning to Facilitate Attitude Change for Environmental Sustainability. In: Journal of Education for Sustainable Development 12 (2018) 2, S. 176–185. URL: https://doi.org/10.1177/0973408218783286

JANSER, Markus: The Greening of Jobs: Empirical Studies on the Relationship between Environmental Sustainability and the Labor Market. Bamberg 2019

JORGENSON, Simon N.; STEPHENS, Jennie C.; WHITE, Beth: Environmental education in transition: A critical review of recent research on climate change and energy education. In: The Journal of Environmental Education 50 (2019) 3, S. 160–171. URL: https://doi.org/10.1080/00958964.2019.1604478

KATSALIAKI, Korina; MUSTAFEE, Navonil: Edutainment for Sustainable Development. In: Simulation & Gaming 46 (2015) 6, S. 647–672. URL: https://doi.org/10.1177/1046878114552166

KAPP, FELIX; MATTHES, Nadine; NIEBLING, Moritz; SPANGENBERGER, Pia: MARLA: Fehlerdiagnosekompetenz mit Virtual Reality trainieren. In: Arbeit HUMAINE gestalten: Dokumentation des 67. Arbeitswissenschaftlichen Kongresses. Dortmund 2021

KAPP, Felix; SPANGENBERGER, Pia; KRUSE, Linda; NARCISS, Susanne: Investigating changes in self-evaluation of technical competences in the serious game Serena Supergreen: Findings, challenges and lessons learned. In: Metacognition and Learning 14 (2019) 3, S. 387–411. URL: https://doi.org/10.1007/s11409-019-09209-4

KUHLMEIER, Werner; VOLLMER, Thomas: Ansatz einer Didaktik der Beruflichen Bildung für nachhaltige Entwicklung. In: TRAMM, Tade; CASPER, Mark; SCHLÖMER, Tobias (Hrsg.): Didaktik der beruflichen Bildung – Selbstverständnis, Zukunftsperspektiven und Innovationsschwerpunkte. Bielefeld 2018, S. 131–151

LINK, Nico; SCHÄFER, Pia; WALKER, Felix: Der Cognitive Apprenticeship Ansatz – Eine Möglichkeit zur Förderung der Fehleranalysefähigkeit in mechatronischen Systemen. In: DIETL, Stefan F.; SCHMIDT, Hermann; WEISS, Reinhold; WITTWER, Wolfgang (Hrsg.): Ausbilder-Handbuch. Aufgaben, Strategien und Zuständigkeiten für Verantwortliche in der Aus- und Weiterbildung (Aktualisierungslieferung Nr. 205). Köln 2018, S. 131–152

MATTHES, NADINE; SCHMIDT, Kristina; KYBART, Markus; SPANGENBERGER, Pia: Trainieren der Fehlerdiagnosekompetenz in der Ausbildung. Qualitative Studie mit Lehrenden im Bereich Metall- und Elektrotechnik. In: Journal of Technical Education (JOTED) 9 (2021) 1, S. 31–53. URL: https://doi.org/10.48513/joted.v9i1.222

MEDEMA, Wietske; MAYER, Igor; ADAMOWSKI, Jan; WALS, Arjen E.J.; CHEW, Chengzi: The Potential of Serious Games to Solve Water Problems: Editorial to the Special Issue on Game-Based Approaches to Sustainable Water Governance. In: Water 11 (2019) 12, S. 2562. URL: https://doi.org/10.3390/w11122562

MORGANTI, Luca; PALLAVICINI, Federica; CADEL, Elena; CANDELIERI, Antonio; ARCHETTI, Francesco; MANTOVANI, Fabrizia: Gaming for Earth: Serious games and gamification to engage consumers in pro-environmental behaviours for energy efficiency. In: Energy Research & Social Science (2017) 29, S. 95–102. URL: https://doi.org/10.1016/j.erss.2017.05.001

REDMAN, Aaron; WIEK, Arnim; BARTH, Matthias: Current practice of assessing students' sustainability competencies: a review of tools. In: Sustainability Science 16 (2021) 1, S. 117–135. URL: https://doi.org/10.1007/s11625-020-00855-1

RIECKMANN, MARCO: Bildung für nachhaltige Entwicklung im Kontext der Sustainable Development Goals. In: KMINEK, Helge; BANK, Franziska; FUCHS, Leon (Hrsg.): Frankfurter Beiträge zur Erziehungswissenschaft. Kontroverses Miteinander: Interdisziplinäre und kontroverse Positionen zur Bildung für eine nachhaltige Entwicklung. Frankfurt am Main 2020, S. 57-85

SCHÄFER, Pia; WALKER, Felix: Problemlösen im Bereich der Automatisierungstechnik – Entwicklung und Evaluation eines Lehrerfortbildungskonzepts. In: JOTED (2018) 4, S. 73

SCHLICHT, Juliana; MOSCHNER, Ute: Kommunizieren und kooperieren, um erneuerbare Energien zu nutzen: Befunde und Perspektiven für eine berufliche Bildung für Nachhaltigkeit. In: SCHLICHT, Juliana; MOSCHNER, Ute (Hrsg.): Berufliche Bildung an der Grenze zwischen Wirtschaft und Pädagogik. Wiesbaden 2018, S. 91–113

SINGER-BRODOWSKI, MANDY: Transformative Bildung durch transformatives Lernen. Zur Notwendigkeit der erziehungswissenschaftlichen Fundierung einer neuen Idee. In: Zeitschrift für Internationale Bildungsforschung und Entwicklungspädagogik 39 (2016) 1, S. 13–17

SPANGENBERGER, Pia: Zum Einfluss eines Nachhaltigkeitsbezugs auf die Wahl technischer Berufe durch Frauen. Dissertation. Detmold 2016

SPANGENBERGER, PIA; MATTHES, Nadine; KRUSE, Linda; DRAEGER, Iken; NARCISS, Susanne; KAPP, Felix: Experiences with a Serious Game Introducing Basic Knowledge About Renewable Energy Technologies: A Practical Implementation in a German Secondary School. In: Journal of Education for Sustainable Development 14 (2021) 2, S. 253–270. URL: https://doi.org/10.1177/0973408220981445

SPANGENBERGER, Pia; SCHRADER, Ulf: Transformation der Berufswahlmotivation? Nachhaltigkeit als Argument zur Steigerung des Interesses am gewerblich-technischen Lehramt. In: FRIESE, Marianne; MEYER, Rita (Hrsg.): berufsbildung. Zeitschrift für Theorie-Praxis-Dialog 73 (2019) 179, S. 15–17

TIKLY, Leon; BATRA, Poonam; DUPORGE, Vitalie; FACER, Keri; HERRING, Eric; LOTZ-SI-SITKA, Heila; McGRATH, Simon; MITCHELL, Rafael; SPRAGUE, Terra; WALS, Arjen E. J.: Transforming Education for Sustainable Development: Foundations Paper (extended background paper for consultation). Zenodo 2020. URL: https://doi.org/10.5281/ZE-NODO.3952648

UN – UNITED NATIONS (Hrsg): Transforming our world: the 2030 Agenda for Sustainable Development. Resolution adopted by the General Assembly on 25 September 2015. A/RES/70/1

UNESCO – UNITED NATIONS EDUCATIONAL, SCIENTIFIC AND CULTURAL ORGANIZATION (Hrsg.): Education for Sustainable Development: A Road Map. Paris 2020

WIEK, Arnim; BERNSTEIN, Michael J.; FOLEY, Rider W.; COHEN, Matthew; FORREST, Nigel; KUZDAS, Christopher; KAY, Braden; KEELER, Lauren Withycombe: Operationalising Competencies in Higher Education for Sustainable Development. In: BARTH, Matthias; MICHELSEN, Gerd; RIECKMANN, Mario; THOMAS, Ian (Hrsg.): Routledge international handbooks. Handbook of higher education for sustainable development. London, New York 2016, S. 241–260

WILLENBACHER, MARTINA; LEPIORZ, Reimund; WOHLGEMUTH, Volker: Serious Games, Umweltbewusstsein und Nachhaltigkeit. In: INFORMATIK 2017. Lecture Notes on Informatics (LNI). Bonn 2017, S. 2017–2026. URL: https://doi.org/10.18420/in2017_202

WU, JASON S.; LEE, Joey J.: Climate change games as tools for education and engagement. In: Nature Climate Change 5 (2015) 5, S. 413–418. URL: https://doi.org/10.1038/NCLI-MATE2566

WOUTERS, PIETER; VAN NIMWEGEN, Christof; VAN OOSTENDORP, Herre; VAN DER SPEK, Erik D.: A Meta-Analysis of the Cognitive and Motivational Effects of Serious Games. In: Journal of Educational Psychology 105 (2013) 2, S. 249–265. URL: https://doi.org/10.1037/a0031311

WOUTERS, PIETERS; VAN OOSTENDORP, Herre (Hrsg.): Advances in Game-Based Learning. Techniques to improve the effectiveness of serious games. Cham 2017

Linda Vieback, Stefan Brämer, Benjamin Apelojg

► Nachhaltigkeit in der betrieblichen Berufsausbildung der Lebensmittelbranche – Einblicke in die BIBB-Modellversuchsforschung

Ausgehend von der nötigen Implementierung und strukturellen Verankerung der Ergebnisse und Erkenntnisse der Modellversuche des Bundesinstituts für Berufsbildung (BIBB) in die Berufsbildungspraxis kommt dem Ausbildungspersonal eine Schlüsselfunktion zu. Nur eine ganzheitliche Qualifizierung des Berufsbildungspersonals ermöglicht eine Vorbereitung auf den digitalen Wandel sowie eine Verankerung von nachhaltiger Entwicklung in die berufliche Ausbildungspraxis und dadurch die Befähigung der Auszubildenden zur Mitgestaltung der Gesellschaft und Wirtschaft durch nachhaltiges Denken und Handeln. Hierfür bietet der Deutsche Qualifikationsrahmen (DQR) sowohl einen berufs- als auch bildungsbereichsübergreifenden Orientierungsrahmen, welcher für die Ordnungsarbeit und Berufsbildungspraxis nutzbar gemacht werden kann.

1   Herausforderung „Berufsbildung für nachhaltige Entwicklung (BBNE)"

Die menschliche Lernfähigkeit ist die zentrale Ressource, die für den gesellschaftlichen Wandel mobilisiert werden muss, denn Bildung ist der Schlüssel für eine nachhaltige Entwicklung. Gesellschaftlicher Wandel kann nicht politisch verordnet werden, da er auf der Gestaltungskompetenz und Veränderungsbereitschaft einer aufgeklärten Gesellschaft beruht. Bildung in unterschiedlichsten und vielfältigen Strukturen und Formen trägt dazu bei, dass in der Gesellschaft das erforderliche Wissen und die Kompetenzen für eine aktive Beteiligung am Transformationsprozess erlangt werden. Lern- und Bildungsprozesse spielen die entscheidende Rolle für eine zukunftsfähige nachhaltige Entwicklung und für sozialen Wandel. Eine nachhaltige Gestaltungskompetenz geht über eine reine „Vermittlung von Entwicklung" oder die Fähigkeit, sich am Leitbild einer nachhaltigen Entwicklung zu orientieren, hinaus (vgl. HAAN 2008, S. 31). Vielmehr müssen die mentalen und sozialen Voraussetzungen geschaffen werden, damit Menschen in der Lage sind, an der Bestimmung und Umsetzung nachhaltiger Entwicklungsziele mitzuwirken. Eine Herausforderung nachhaltiger Bildung besteht in der frühzeitigen und grundlegenden Förderung eines nachhaltigen Denkens und Handelns, damit der Transformationsprozess zur Nachhaltigkeit gelingt, denn Bildung für nachhaltige Entwicklung (BNE) gilt als Schlüssel für eine langfristige Verankerung der Ziele einer nachhaltigen Entwicklung (vgl. MELZIG/HEMKES/FERNÁNDEZ CARUNCHO 2018, S. 35).

Der beruflichen Bildung kommt die Aufgabe zu, lebensbegleitende Lernprozesse mit der Arbeitswelt zu verzahnen und dadurch den Grundstein für nachhaltiges berufliches sowie privates Handeln zu legen. Eine zentrale Voraussetzung und ein wichtiger Baustein hierfür ist ein entsprechend ganzheitlich umfassend qualifiziertes Berufsbildungspersonal. Für die Befähigung der Auszubildenden zur Mitgestaltung der Wirtschaft und Gesellschaft durch eigenes nachhaltiges Denken und Handeln ist es erforderlich, dass das Konzept der BNE ganzheitlich in der beruflichen Ausbildung und Qualifizierung verankert wird. Die Berufsbildung für nachhaltige Entwicklung (BBNE) setzt an dieser Stelle mit dem Ziel an,

> „Kompetenzen zu fördern, mit denen die Arbeits- und die Lebenswelt im Sinne der Nachhaltigkeit gestaltet werden können. Dabei gilt es, das berufliche Handeln an seinen intra- und intergenerativen Wirkungen der ökologischen, sozialen und ökonomischen Folgen orientieren zu können" (HEMKES 2014, S. 225).

Die Modellversuche sind ein praxisnahes und wissenschaftsorientiertes Instrument, um die Ziele der BBNE erfolgreich umzusetzen. Innerhalb der beruflichen Bildung eignen sie sich hervorragend „zur exemplarischen Entwicklung und Erprobung neuer, innovativer Lösungsansätze, die zur inhaltlichen und strukturellen Verbesserung der beruflichen Bildung beitragen" (BIBB 2010, S. 2). Im Rahmen des UNESCO-Weltaktionsprogramms „Bildung für nachhaltige Entwicklung 2015–2019" fördert das BIBB aus Mitteln des Bundesministeriums für Bildung und Forschung Modellversuche im Förderschwerpunkt „Berufsbildung für nachhaltige Entwicklung 2015–2019 (BBNE)". Insgesamt werden drei Förderlinien gefördert, die sich auf die Handlungsfelder im Weltaktionsprogramm beziehen:

I. Entwicklung von domänenspezifischen Nachhaltigkeitskompetenzen in kaufmännischen Berufen,
II. Gestaltung nachhaltiger Lernorte,
III. Entwicklung von domänenspezifischen Nachhaltigkeitskompetenzen in Berufen des Lebensmittelhandwerks und der Lebensmittelindustrie (vgl. MELZIG 2021).

Die Ergebnisse und Erkenntnisse dieser Modellversuche in die übergeordneten Strukturen der beruflichen Bildung zu integrieren („Vom Projekt zur Struktur") und so eine breite Wirkung zu erreichen, ist Ziel des Förderschwerpunkts „Berufsbildung für nachhaltige Entwicklung im Transfer für Ausbildungspersonal 2020–2022" (BBNE-Transfer) (vgl. BIBB 2020).

Mit den beiden Modellversuchen „NachLeben – Nachhaltigkeit in den Lebensmittelberufen" und „NiB-Scout – Nachhaltigkeit im Bäckerhandwerk" (BBNE 2015–2019 – Förderlinie III „Entwicklung von domänenspezifischen Nachhaltigkeitskompetenzen in Berufen des Lebensmittelhandwerks und der Lebensmittelindustrie") wurde sich der Herausforderung gestellt, neue Wege zur Umsetzung der Ziele der BBNE zu beschreiten. In beiden Projekten wurden gemeinsam mit einer Vielzahl an Praxispartnern neue analoge und digitale Lehr-/ Lernkonzepte entwickelt, die einen wichtigen Beitrag zu mehr Nachhaltigkeit leisten. Mit dem Transferprojekt „NachDenkEr – Nachhaltiges Denken Erleben" (BBNE-Transfer 2020–2022) soll dieses Know-how in die Breite getragen werden.

„NiB-Scout" verfolgt den Ansatz, Kompetenzen über die gesamte Wertschöpfungskette nachhaltiger Produktion und Verarbeitung von Lebensmitteln bei Auszubildenden und Fachkräften im Bäckerhandwerk auf- und auszubauen. Anliegen des Modellversuches „NachLeben" sind die Entwicklung, betriebliche Erprobung, Evaluation und Verbreitung von nachhaltigkeitsorientierten Lehr-/Lernarrangements für Ausbildungsberufe der Lebensmittelbranche. Das daran anschließende Transferprojekt „NachDenkEr" zielt auf die bedarfsgerechte Anpassung und den Transfer der Projektergebnisse aus „NiB-Scout" und „NachLeben", um die Qualifizierung des Ausbildungspersonals in den Unternehmen und überbetrieblichen Ausbildungsstätten der Lebensmittelbranche bezüglich der Aspekte Nachhaltigkeit und Digitalisierung langfristig zu fördern. Hierfür werden Qualifizierungsmodule aus den Ergebnissen adaptiert, weiterentwickelt und mit dem Ziel finalisiert, die Bewertungs-, Gestaltungs- und Systemkompetenz innerhalb der beruflichen Handlungskompetenz zu fördern.

Der Beitrag beschreibt zum einen Ergebnisse beider Modellversuche, bezogen auf die Integration nachhaltigkeitsbezogener Themenstellungen und Kompetenzvermittlung innerhalb der betrieblichen Ausbildungspraxis. Aufbauend auf den Ergebnissen und Erkenntnissen der Modellversuche werden erste Ansätze zur Professionalisierung des Ausbildungspersonals auf der Grundlage des DQR innerhalb des Transferprojekts „NachDenkEr" vorgestellt.

2   Praxisbeispiele: Sensibilisierung und Qualifizierung in der Praxis

2.1 NiB-Scout

Das Bäckerhandwerk zählt im Jahr 2020 mit über 10.000 Meisterbetrieben, 250.000 Beschäftigten, wovon ca. 13.000 Auszubildende sind, und einem Jahresumsatz von 14 Milliarden Euro zu den wichtigsten Wirtschaftsfaktoren Deutschlands (vgl. ZDBH 2021). Mit einer in Deutschland über 1.000 Jahre alten Tradition und dem aktuellen Trend hin zu immer weniger eingetragenen Betrieben bei gleichzeitig ähnlichem Bestand an Filialen befindet sich das Bäckerhandwerk in einem fortlaufenden Strukturwandel, der mit der Herausforderung verbunden ist, Tradition und Zukunftsfähigkeit unter Gesichtspunkten von Nachhaltigkeit miteinander zu verzahnen. Hier setzt das Projekt „NiB-Scout – Nachhaltigkeit im Bäckerhandwerk" an, in dem sich zum Ziel gesetzt wurde, das Bäckerhandwerk auf seinem Weg in eine nachhaltige Zukunft zu unterstützen. Ein Kernelement des Projekts besteht in der Förderung nachhaltiger Gestaltungskompetenzen für das Bäckerhandwerk, wobei Auszubildende und Ausbilderinnen bzw. Ausbildern sowie weiteres Bildungspersonal gleichermaßen im Fokus des Projektes stehen. Ein speziell für das Bäckerhandwerk entwickeltes Kompetenz-modell und domänenspezifische Lehr-/Lernarrangements, die durch eine digitale App flan-kiert werden, bilden das Grundgerüst einer kooperativen und kollaborativen Arbeitsweise im Projekt. Abbildung 1 zeigt das für das Bäckerhandwerk entwickelte Kompetenzmodell.

Abbildung 1: Kompetenzmodell für ein nachhaltiges Bäckerhandwerk

Quelle: eigene Darstellung

Das Kompetenzmodell besteht aus zehn Kompetenzdimensionen und legt dabei die Konzep-tion von nachhaltigem Handeln als spezifische Akzentuierung beruflicher Handlungs- und Gestaltungsfähigkeit zugrunde (vgl. KUHLMEIER/VOLLMER 2013). Mit dem Kompetenzmodell wurde eine Anschlussfähigkeit an die strukturgebende Matrix des DQR angestrebt (vgl. AKDQR 2011, S. 5). Die DQR-Systematik dient als Rahmen und Strukturmatrix, um Fachkompetenz und personale Kompetenz sowie die dazugehörigen Teilaspekte (Wissen, Fertigkeiten, Sozialkompetenz, Selbstkompetenz) näher zu bestimmen.

Für jede einzelne Kompetenzdimension wurde eine erklärende Kompetenzmatrix entwickelt. In der Matrix sind eine allgemeine Beschreibung der zentralen Anforderungen enthalten und eine Ausgestaltung von Wissen und Fertigkeiten sowie von Sozial- und Selbstkompetenzen auf drei Niveaustufen. Die Niveaustufen „Basiswissen und Anwendung (1)", „Vertiefung und Anwendung (2)", sowie „Transfer und Verknüpfung mit der Betriebspraxis (3)" orientieren sich an den DQR-Stufen 3 bis 6. Die Kompetenzmatrizen dienen neben vielfältigen Arbeits- und Unterrichtsmaterialien als Orientierung zur Formulierung kompetenzorientierter Aufgabenstellungen. Tabelle 1 zeigt eine Kompetenzmatrix für die Dimension „Regionalität und Saisonalität". Die Akademie Deutsches Bäckerhandwerk Nord gGmbH (ADB Nord) stellt in mehrfacher Hinsicht einen wesentlichen Baustein zur ebenenübergreifenden Qualifizierung nachhaltigkeitsbezogener Kompetenzen dar. So ist die ADB Nord sowohl Ausbildungsbetrieb für das Bäckerhandwerk als auch zuständig für alle Überbetrieblichen Lehrlingsunterweisungen (ÜLU) und für die Qualifizierung des Bildungspersonals im gesamten Norden. Somit besteht eine direkte Verbindung zu den Auszubildenden und betrieblichen Ausbilderinnen bzw. Ausbildern sowie dem Bildungspersonal der ÜLU-Stätten und weiterführender Qualifizierungsmaßnahmen.

Die ÜLUs dienen im Kern der Vertiefung für das Bäckerhandwerk relevanter Fähigkeiten und Fertigkeiten, die alle Auszubildenden in jedem Lehrjahr zwei Wochen zu besuchen haben. Dazu gehört beispielsweise die Herstellung von Broten, Brötchen und vielfältigen feinen Backwaren sowie das Herstellen von kleinen Gerichten und gebackenen Snacks. Für die ÜLUs wurden die bestehenden Pläne unter nachhaltigkeitsrelevanten Gesichtspunkten überarbeitet. Für die Ausbildung typische und praxisrelevante Lernanlässe wurden mit dem Thema der Nachhaltigkeit in den jeweiligen Arbeitskontexten verknüpft. Das methodisch-didaktische Konzept hat die nachhaltigen Lernaufgaben von vornherein als integrale Bestandteile in die fachbezogenen Ablaufpläne der ÜLU-Woche integriert. Eine große Herausforderung bestand darin, die Dimensionen der Nachhaltigkeit, ohne die vorgesehenen Fachinhalte zu beschneiden, einzubinden. Mit dem integrativen Ansatz für die ÜLUs besteht so ein Rahmen, der es ermöglicht, kontinuierlich anhand ganz spezifischer Nachhaltigkeitsdimensionen Kompetenzen bei den Auszubildenden aufzubauen und gleichzeitig das Bildungspersonal als Multiplikatorinnen und Multiplikatoren mit ins Boot zu holen.

Tabelle 1: Kompetenzmatrix zu Regionalität und Saisonalität (NiB-Scout: Nachhaltigkeit im Bäckerhandwerk)

KOMPETENZANFORDERUNGEN	ENTWICKLUNGSSTUFEN		
	1 Basiswissen und Anwendung	**2** Vertiefung und Anwendung	**3** Transfer und Verknüpfung mit der Betriebspraxis
Saisonalität und Regionalität von Produkten und Rohstoffen kennen und berücksichtigen	**Wissen & Fertigkeiten**		
BESCHREIBUNG	Er/Sie verfügt über grundlegendes Wissen zum Themenbereich Regionalität/Saisonalität. Dazu gehören bspw. Kenntnisse über den Saisonkalender für Obst und Gemüse, über regionale Erzeuger sowie über Rohstoff- und Produktsiegel.	Er/Sie verfügt über erweitertes Wissen zu dem Themenbereich Regionalität/Saisonalität. Dazu gehören bspw. Kenntnisse über regionale Prozess- und Wertschöpfungsketten sowie über betriebliche Restriktionen bei der Umsetzung von Regionalität bzw. Saisonalität.	Er/Sie verfügt über vertieftes Wissen zum Themenbereich Regionalität/Saisonalität und kann diese zur Betriebspraxis in Beziehung setzen.
Regionale Lebensmittel und Saisonalität gehen häufig Hand in Hand, denn nur was die Natur in der entsprechenden Jahreszeit zu bieten hat, kann in der Region angebaut und geerntet werden.	Er/Sie ist in der Lage, einfache Aufgaben zu Regionalität/Saisonalität zu bearbeiten und die dazugehörigen Ergebnisse zu bewerten.	Er/Sie ist in der Lage, die Bearbeitung von Aufgaben zum Thema Regionalität/Saisonalität zu planen und umzusetzen und die Ergebnisse sachgerecht zu beurteilen.	Er/Sie ist in der Lage, Aufgaben zum Thema Regionalität/Saisonalität selbstständig zu bearbeiten und bei der Ergebnisbeurteilung Handlungsalternativen einzubeziehen.
Gegenstand dieser Kompetenzdimension ist das umfassende Wissen über die Herkunft und Erzeugung von saisonalen und regionalen Produkten und Rohstoffen.		Er/Sie ist in der Lage, Aspekte von Regionalität/Saisonalität mit anderen Nachhaltigkeitsaspekten in Beziehung zu setzen.	Er/Sie ist in der Lage, Verknüpfungen mit anderen Nachhaltigkeitsdimensionen (Prozessketten, Transport, Rohstoffe etc.) zu erkennen, Synergien zu nutzen und Dilemmata abzuwägen.
Weiterführend werden die Fähigkeiten und Fertigkeiten saisonale und regionale Produkte in Rezepturen und Backverfahren einzubinden und unter Nachhaltigkeitsaspekten zu betrachten gefördert.	**Sozial- & Selbstkompetenzen**		
	Er/Sie kann die Anwendung von Saisonkalen- dern erklären.	Er/Sie kann Probleme und Konflikte bei der Umsetzung von Regionalität/Saisonalität (im betrieblichen Kontext) erkennen und entsprechend handeln.	Er/Sie formuliert eigenständig Entwicklungsziele um Regionalität/Saisonalität umzusetzen und kann deren Realisierbarkeit (im betrieblichen Kontext) realistisch einschätzen.
Auf der konkreten Handlungsebene steht die Auswahl und Nutzung regionaler, saisonaler Zutaten in neu entwickelten Backwaren/Snacks im Mittelpunkt und ggf. (sofern möglich) die Ausweitung und Etablierung von Regionalität und Saisonalität im Betriebskontext.	Er/Sie kann mit anderen (im Team) Vorschlä- ge für saisonale/regionale Backerzeugnisse entwickeln.	Er/Sie ist in der Lage, mit anderen das Thema Nachhaltigkeit in Bezug auf Regionalität/Saisonalität zu diskutieren und einen Bezug zu den eigenen Arbeitsprozessen herzustellen.	Er/Sie ist eigenständig in der Lage, die Wirksamkeit von nachhaltigkeitsorientierten Maßnahmen im Bereich Regionalität/Saisonalität unter ökonomischen, ökologischen und sozialen Aspekten zu bewerten.
	Er/Sie reflektiert die Vorteile und Nachteile von Regionalität und Saisonalität.	Er/Sie kann Lösungsstrategien für den Umgang mit Regionalität/Saisonalität im Team entwickeln und mit anderen entsprechende Umsetzungsschritte planen.	Er/Sie setzt sich individuell und im Team Methoden und Lösungsstrategien ein, um Regionalität/Saisonalität zu berücksichtigen und kann diese im Team argumentativ kommunizieren.
		Er/Sie ist in der Lage, Veränderungen, die sich aus dem Thema Regionalität/Saisonalität ergeben, für das eigene Arbeits- und Privatleben zu formulieren und Ideen für Handlungsstrategien zu entwickeln.	

Quelle: eigene Darstellung

Dem Bildungspersonal kommt eine Schlüsselfunktion zu, wenn es um die Förderung nachhaltigkeitsrelevanter Kompetenzen und deren Verankerung in den betrieblichen Strukturen geht. Das Ausbildungspersonal für ein nachhaltiges Wirtschaften zu gewinnen, schafft neues Know-how und Werte, die in der täglichen Praxis an die Auszubildenden weitergegeben werden können. Aus diesem Grund ist in dem „NiB-Scout"-Projekt von Anfang an an einer engen Partnerschaft mit dem Ausbildungspersonal der ADB Nord gearbeitet worden. Die ÜLU-Pläne sind in einem iterativen Prozess aus Entwicklung, Erprobung und Feedback kontinuierlich und für jedes Lehrjahr gemeinsam mit allen Projektpartnerinnen und -partnern weiterentwickelt worden. Durch die enge Zusammenarbeit ist dem Ausbildungspersonal nicht nur die Bedeutung der Nachhaltigkeit stärker ins Bewusstsein gedrungen, sondern sie wurden selbst zu Gestaltenden eines nachhaltigen Bäckerhandwerks. Das Thema „Regionalität und Saisonalität" wurde in die ÜLU-Wochen des ersten Ausbildungsjahrs integriert. Über die ganze Woche hinweg setzen sich die Teilnehmenden mit der Thematik auseinander, und am Ende setzen sie das gesammelte Know-how in einer Projektarbeit um. Die Auszubildenden erstellen am Anfang der Woche ihren eigenen ökologischen Fußabdruck und setzen sich mit dem Fußabdruck verschiedener Rohstoffe/Produkte auseinander. Dabei ziehen sie den Saisonkalender hinzu. In der Projektarbeit werden dann nachhaltige Snacks kreiert, welche im Besonderen aus saisonalen und regionalen Produkten hergestellt werden sollen. In einem gemeinsamen Reflexionsgespräch wird besprochen, inwieweit sich der jeweilige Snack in der eigenen betrieblichen Praxis umsetzen lässt. Über die ganze Woche hinweg kommt die NiB-Scout-App zum Einsatz. Zum einen findet sich ausführlicheres Wissen rund um das Thema Regionalität und Saisonalität im Wiki und zum anderen können die Auszubildenden spielerisch mit einem Quiz ihr Wissen erweitern und festigen.

Außerdem bietet die NiB-Scout-App einen *Challenge*-Bereich, in dem man sich individuellen Herausforderungen stellen kann. Abbildung 2 zeigt eine *Challenge* zur Kompetenzdimension „Soziale Verantwortung". Die *Challenges* bieten unterschiedliche Herausforderungen, die es innerhalb einer Woche zu bewältigen gilt, hier z. B. keine Lebensmittel wegzuwerfen und nicht mehr benötigte Kleidung zu spenden. Um eine *Challenge* erfolgreich abschließen zu können, muss man sich das Feedback eines Freundes oder einer Freundin einholen.

Das gewonnene Wissen und die damit verbundenen Kompetenzen können so nicht nur an die Auszubildenden, sondern auch an das Ausbildungspersonal weiterer ÜLU-Stätten und an die Ausbilderinnen und Ausbilder in der betrieblichen Praxis weitergegeben werden. Die entwickelte Weiterbildung für Fachlehrerinnen und Fachlehrer der ÜLU-Stätten ist mit dem Heinz-Piest-Institut für Handwerkstechnik (verantwortlich für die Inhalte der ÜLU-Lehrpläne) entstanden. Jährlich finden Weiterbildungen für die Fachlehrerinnen und Fachlehrer statt, in denen die relevanten Themen in dem Bereich der Nachhaltigkeit bearbeitet werden. Hier setzt vor allem das in diesem Beitrag beschriebene Transferprojekt „NachDenkEr" an.

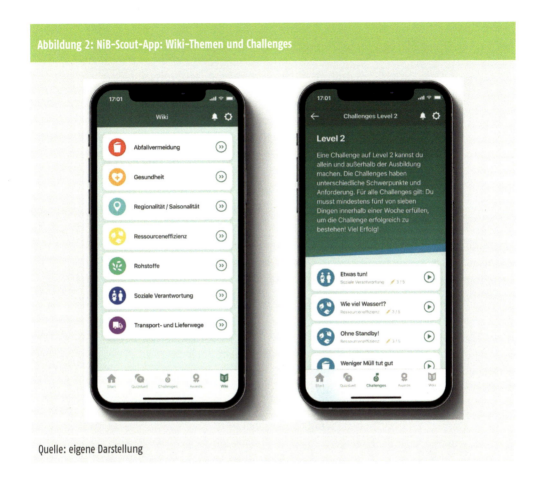

Abbildung 2: NiB-Scout-App: Wiki-Themen und Challenges

Quelle: eigene Darstellung

2.2 NachLeben

Lebensmittelproduzierenden Unternehmen, die Leistungen für unser tägliches Leben erbringen, kommen besonders auch in Sachsen-Anhalt als größte Branche (18,9 %) eine wesentliche Bedeutung zu und sind in der „Regionalen Innovationsstrategie Sachsen-Anhalt" als einer von fünf Leitmärkten fest verankert. Mit 173 Unternehmen mit jeweils mehr als 20 Beschäftigten bzw. insgesamt 22.500 Beschäftigten sowie einem Umsatz von knapp acht Milliarden Euro sind die Lebensmittelindustrie und das Lebensmittelhandwerk die umsatzstärksten und beschäftigungsintensivsten Branche im Land (vgl. SB 2020). Obwohl Ernährung ein zentrales Thema nachhaltiger Entwicklung ist, fehlen fachdidaktische Lehr-/Lernarrangements zu Vermittlung von Nachhaltigkeitskompetenzen bei Auszubildenden und Ausbildungspersonal. Dieser Herausforderung nimmt sich der BIBB-Modellversuch „NachLeben – Nachhaltigkeit in den Lebensmittelberufen. Situierte Lehr-/Lernarrangements zur Förderung der Bewertungs-, Gestaltungs- und Systemkompetenz" an und entwickelt nachhaltigkeitsorientierte, situierte Lehr-/Lernarrangements für die dualen Ausbildungsberufe in der Lebensmittelindustrie und im Lebensmittelhandwerk. Die Erprobungsberufe umfassen die Berufsausbildungen Süßwarentechnologe/Süßwarentechnologin, Fachkraft Lebensmitteltechnik, Brenner/-in, Destillateur/-in und Weintechnologe/Weintechnologin.

Um die nachhaltigkeitsorientierten Lehr-/Lernarrangements zielgruppengerecht zu gestalten, wurden im Vorfeld Bedarfe, Wünsche und Rahmenbedingungen der Praxispartner/ -innen in Form einer Bedarfs- und Anforderungsanalyse erhoben. Die Erhebung basiert u. a. auf leitfadengestützten Experteninterviews (vgl. GLÄSER/LAUDEL 2010) mit Mitgliedern der Geschäfts- und Werksleitungen sowie Ausbildungspersonal produzierender Unternehmen der Lebensmittelindustrie. Die Daten wurden anschließend mit der qualitativen Inhaltsanalyse (induktive Kategorienbildung) ausgewertet (vgl. MAYRING 2010). Die Auswertung des Datenmaterials hat ergeben, dass sich die Praxispartner/-innen eine Bewusstseinsschulung für ihre Auszubildenden wünschen. Neben der Klärung des Nachhaltigkeitsbegriffs soll ein Verständnis für ein unternehmerisches Nachhaltigkeitsverständnis entwickelt werden. Oft wurde in diesem Zusammenhang das Thema Gesundheitsschutz und Sensibilisierung für das Verstehen und Umsetzen von Maßnahmen angesprochen. Des Weiteren werden die Themen nachhaltige Mitarbeiterentwicklung, Umgang mit Ressourcen und Abfällen, Verpackungen, Zertifizierungen, körperliche und psychische Gesundheit, Ernährung, Bewegung und der Umgang mit Lebensmitteln als potenzielles Suchtmittel, beispielsweise Zucker und Alkohol, als wichtig erachtet. Hinsichtlich der inhaltlichen Gestaltung der Lehr-/Lernarrangements wünschen sich die Praxispartner/-innen eine praxisorientierte Umsetzung bzw. Aufbereitung der Nachhaltigkeitsthemen, sodass den Auszubildenden die Umsetzung der Lehr-/Lernarrangements und der Transfer des Erlernten auf die eigene Lebenswirklichkeit (sowohl im privaten als auch im beruflichen Alltag) ermöglicht wird. Die Auswertung der technischen, digitalen Ausstattung der Unternehmen sowie der Einsatz digitaler Medien im Unternehmen zeigen, dass alle beteiligten Praxispartner/-innen über Internet, W-LAN, Drucker, Beamer und PC verfügen, worauf die Ausbilderinnen und Ausbilder und Auszubildenden Zugriff haben können, um die entwickelten Lehr-/Lernarrangements zu nutzen. Digitale Medien für die betriebliche Ausbildung wie ein elektronisches Berichtsheft, Wikis, Lern-Apps und Lernplattformen sind bei einem Großteil der Praxispartner/-innen weder vorhanden noch werden digitale Medien in der betrieblichen Ausbildung eingesetzt. Ein wichtiger Eckpfeiler der organisatorischen Entwicklung der Lehr-/Lernarrangements ist der Umstand, dass die Unternehmen für ihre Auszubildenden keine einheitlichen digitalen Endgeräte bereitstellen. Bezüglich der zeitlichen Vorgaben wurde von den befragten Unternehmen zugesichert, den Auszubildenden und auch den Ausbildenden entsprechende Zeitfenster einzuräumen, um die Lehr-/Lernarrangements durchzuführen.

Unter Berücksichtigung der theoretischen Ausgangslage sowie der Auswertung der Experteninterviews ergibt sich für den Modellversuch „NachLeben", dass der didaktische Ansatz des situierten Lernens sich hervorragend zur Umsetzung der Projektziele eignet. Hierfür müssen Situationen geschaffen und in digitale Lernformate transferiert werden, die realitätsnah, problembasiert, authentisch und komplex gestaltet sind und so den Transfer des

Wissens erleichtern (vgl. RÖLL 2003). Die Lernsituationen müssen die Lernenden aktivieren, ihre eigenen Konstrukte zu entwickeln (konstruktivistischer Ansatz) sowie ein dynamisches Wechselspiel von Tun und Denken, aktivem Handeln und Reflexion ermöglichen (vgl. BÜNNING u. a. 2018; BÜNNING/LETTMANN 2010). Grundlage für eine erfolgreiche didaktische Umsetzung bieten die didaktischen Grundprinzipien: Kompetenzorientierung, Situations- und Handlungsorientierung sowie ein konstruktivistischer Ansatz (situiertes Lernen). Gleichzeitig ist es für die betriebliche Erprobung der situierten, nachhaltigkeitsorientierten Lehr-/Lernarrangements notwendig, sie an bestehende Ausbildungsschwerpunkte anzudocken und diese um den Aspekt nachhaltiger Entwicklung zu ergänzen (vgl. KUHLMEIER/ VOLLMER 2018, S. 146). Der didaktische Ansatz des situierten Lernens ermöglicht, dass alle aufbereiteten Inhalte ein arbeitsprozess- bzw. arbeitskontextorientiertes Lernen zulassen (vgl. BÜNNING u. a. 2018). Die Entwicklung von Handlungskompetenzen im beruflichen Umfeld sowie die Orientierung an praktischen und betrieblichen Arbeitszusammenhängen sind der methodisch-didaktische Leitgedanke der Lehr-/Lernarrangements des Modellversuchs. Dabei werden die Aufgaben nach dem Prozess der vollständigen Handlung (Informieren, Planung, Entscheiden, Durchführung, Kontrolle, Auswertung) für die jeweilige Lernsituation konzipiert (vgl. RIEDL 2011, S. 244).

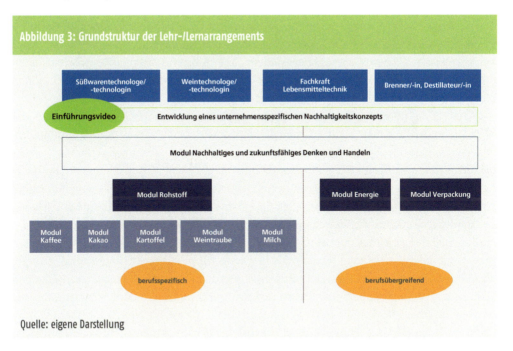

Abbildung 3: Grundstruktur der Lehr-/Lernarrangements

Quelle: eigene Darstellung

Im Ergebnis des Modellversuchs „NachLeben" entstanden neben einem Leitfaden für Ausbildende praxisnahe, situierte, flexible kurzzyklische sowie modularisierte Lehr-/Lernarrangements, welche sowohl online auf der Lehr-/Lernplattform CoSiTo (https://nachleben.cosito.

net), als auch in Form von Ausbildendenheften bzw. Lehrheften (inklusive Beschreibung der Module, angesprochene Kompetenzbereiche, Makroplanung, Arbeitsblätter und Musterlösungen) zu Verfügung stehen. Die Grundstruktur der Lehr-/Lernarrangements ist für alle betrachteten Ausbildungsberufe gleich (vgl. Abb. 3).

Ausgehend von dem Wunsch der Praxispartner/-innen, die Lehr-/Lernarrangements insbesondere zur Nachhaltigkeitssensibilisierung bzw. Bewusstseinsschulung der Auszubildenden zu nutzen, ist die übergeordnete Aufgabe der Lehr-/Lernarrangements die Erstellung eines unternehmensspezifischen Nachhaltigkeitskonzepts, welches durch die Bearbeitung der einzelnen Module „Rohstoff", „Verpackung" und „Energie" inklusive Submodule entsteht. Dieses Nachhaltigkeitskonzept ist unternehmensspezifisch ausgerichtet, obwohl die Module selbst für die im Modellversuch integrierten Ausbildungsberufe sowie ausgehend von beruflichen Handlungssituationen entwickelt wurden. Somit können alle Unternehmen, welche die Ausbildungsberufe ausbilden, die Lehr-/Lernarrangements anwenden. Der modularisierte Aufbau erlaubt es, einzelne Module separat voneinander und zum jeweiligen betrieblichen Kontext passend zu bearbeiten.

Erprobungsdurchläufe der Lehr-/Lernarrangements mit dem Ausbildungspersonal der Praxisunternehmen zeigen, dass vor allem das eingesetzte „Storytelling" innerhalb der Module („Vom Kleinen zum Großen", „Vom Einfachen zum Komplexen"), die Modularisierung und das übergeordnete zu entwickelnde Nachhaltigkeitskonzept als Gesamtaufgabe als sehr gut und gewinnbringend für die Unternehmen eingeschätzt wurden. Besonders hervorgehoben wurden die eingesetzten digitalen Medien (u. a. Ankervideos, digitale Arbeitsblätter), die nach Meinung des Ausbildungspersonals der Unternehmen besser geeignet sind, um in eine Thematik einzuführen als nur geschriebener Text.

Generell befürwortet das Ausbildungspersonal der Praxisunternehmen, dass sich die Auszubildenden mit dem Thema Nachhaltigkeit bereits während der Ausbildung auseinandersetzen, jedoch gilt es an dieser Stelle noch zusätzliche „Überzeugungsarbeit" bezüglich der Bedeutung der BBNE zu leisten, da diese zum Teil für die gesamtgesellschaftliche Relevanz sowie die systemischen Zusammenhänge noch zu wenig sensibilisiert sind. Exemplarisch stehen dafür u. a. die Aussagen: „[W]ozu sollen sich unsere Auszubildenden mit der Herkunft des Rohstoffs Weizen beschäftigen, wenn wir hier doch Mehl verarbeiten [?]" (I6 Z. 64f.) oder „[I]st das überhaupt prüfungsrelevant [?]" (I2 Z. 107). Dies gilt insbesondere, wenn Inhalte behandelt werden, die nicht explizit in der Ausbildungsordnung vorgeschrieben sind, sodass diese als „Extra-Aufwand" von den Auszubildenden und Ausbildenden wahrgenommen werden können. Sie merken aber gleichzeitig an, dass es wünschenswert wäre, wenn dieser „Mehraufwand" auch entsprechend mit einem Zertifikat belohnt würde. An dieser Stelle kann das Transferprojekt „NachDenkEr" einen großen Beitrag leisten, indem es die Ergebnisse der Modellversuche in Qualifikationsmodule für das Ausbildungspersonal unter Berücksichtigung des Referenzrahmens des DQR transferiert.

3   Orientierung und Einbindung in den Deutschen Qualifikationsrahmen

Für Europa bildet der Europäische Qualifikationsrahmen als Referenzrahmen für Lebenslanges Lernen die Leistungen der einzelnen nationalen Bildungssysteme auf europäischer Ebene in acht Niveaustufen ab (vgl. KMK 2019, S. 35):

> „Er dient als Übersetzungsinstrument zwischen den Bildungs- und Qualifikationssystemen der Mitgliedsstaaten und soll Lernergebnisse aus allen Bildungsbereichen international verständlicher und vergleichbarer machen, um so die Mobilität der ArbeitnehmerInnen in Europa zu fördern" (KMK 2019, S. 35).

Der DQR ist als Ergebnis des Europäischen Qualifikationsrahmens und des dahinterstehenden Prozesses in Deutschland seit 2013 in Kraft und verschreibt sich dem Ziel, das deutsche Qualifikationssystem transparenter zu machen sowie im Hinblick auf Verlässlichkeit, Durchlässigkeit und Qualitätssicherung Unterstützung zu bieten und zur Erhöhung der Vergleichbarkeit der Qualifikationen beizutragen (siehe Infokasten) (vgl. KMK 2019, S. 35).

Infokasten: Ziele des Deutschen Qualifikationsrahmens

▶ Das deutsche Qualifikationssystem transparenter zu machen, damit Vertrauen, Durchlässigkeit sowie Qualitätssicherung zu unterstützen und die Gleichwertigkeiten bzw. Unterschiede von Qualifikationen sichtbarer zu machen;

▶ den Akteuren im Bildungs- und Beschäftigungssystem ein Übersetzungsinstrument an die Hand zu geben, um Qualifikationen besser einordnen zu können und die Anerkennung von in Deutschland erworbenen Qualifikationen in Europa zu erleichtern;

▶ die Mobilität von Lernenden und Beschäftigten zwischen Deutschland und anderen europäischen Ländern sowie in Deutschland im Sinne bestmöglicher Chancen zu fördern;

▶ die Orientierung der Qualifikationen an Kompetenzen zu fördern;

▶ die Orientierung der Qualifizierungsprozesse an Lernergebnissen (Outcome-Orientierung) zu fördern;

▶ Möglichkeiten der Anerkennung und Anrechnung von Ergebnissen informellen und nicht formalen Lernens zu verbessern, um lebenslanges Lernen insgesamt zu stärken (vgl. SCHMIDT/HERSTIX 2012, S. 18).

Der DQR beschreibt insgesamt acht Kompetenzniveaus, denen sich die Qualifikationen des deutschen Bildungssystems zuordnen lassen (vgl. BLKDQR 2020, S. 3f.; DQR 2021).

Aus dieser Zuordnung von spezifischen Qualifikationen bzw. Qualifikationstypen aus dem deutschen (beruflichen) Bildungssystem lässt sich erkennen, dass insbesondere die Kompetenzniveaus 4 bis 6 (Auszubildende, Facharbeiter/-innen, Spezialistinnen/Spezialisten, Meister/-innen, Techniker/-innen) von besonderem Interesse für die vorgestellten Projekte und darin angesprochenen Zielgruppen sind. Aus diesem Grund werden nachfolgend nur diese drei Niveaus näher betrachtet. Für die detaillierte Beschreibung der acht Niveaustufen des DQR ist eine einheitliche Struktur bindend. Ausgehend von einem Niveauindikator, der die Anforderungsstruktur der jeweiligen Niveaustufe beschreibt, werden entsprechende Fachkompetenzen (bezüglich Wissen und Fertigkeiten) und Personale Kompetenzen (bezüglich Sozialkompetenz und Selbstständigkeit) definiert (vgl. AKDQR 2011, S. 5).

Im Kern wird beschrieben, mit welchem Grad Absolventinnen und Absolventen „in der Lage sind, mit Komplexität und unvorhersehbaren Veränderungen umzugehen, und mit welchem Grad von Selbständigkeit sie in einem beruflichen Tätigkeitsfeld oder in einem wissenschaftlichen Fach agieren können" (DQR 2021). Fachkompetenz umfasst dabei sowohl die Breite und Tiefe an Wissen sowie die zu erwerbenden Fertigkeiten als auch die Fähigkeit, entsprechende Methoden und Instrumente zu entwickeln und einzusetzen sowie diese Arbeitsergebnisse zu beurteilen (vgl. DQR 2021). Im Bereich Personale Kompetenz werden soziale Aspekte (u. a. Team- und Führungsfähigkeit, Kommunikationsfähigkeit, Mitgestaltung des Lern- oder Arbeitsumfeldes) sowie Aspekte der Eigenständigkeit und Verantwortung inklusive der Fähigkeit zur Reflexion und die individuelle Lernkompetenz mit betrachtet (vgl. DQR 2021). Hierbei wird Methodenkompetenz als Querschnittskompetenz verstanden, sodass sie innerhalb der Beschreibung der Kompetenzniveaus nicht extra erwähnt wird (vgl. AKDQR 2011, S. 4).

Tabelle 2: Modell zur Beschreibung nachhaltigkeitsbezogener Kompetenzen in Lebensmittelhandwerk und Lebensmittelindustrie

Kompetenzdimension	Nachhaltige Handlungskompetenz als Fähigkeit zu		
	sachgerecht nachhaltigem Handeln	gesellschaftlich verantwortlichem Handeln	sinn- und identitätsstiftendem Handeln
Handlungsebene			
Berufsbezogene Arbeitsprozesse — **Beschaffung und Bereitstellung von Rohwaren**	Rohstoffe bedarfsgerecht auswählen und bereitstellen	Vorgelagerte Arbeits- und Produktionsbedingungen sowie Lieferketten beurteilen	„Vom Feld bis in den Bauch" denken
Verarbeitung, Lagerung und Verpackung	Rohstoffe veredeln und eigene Arbeitsprozesse optimieren	Ressourcen- und klimabewusst produzieren	Durch Lebensmittelherstellung zu einer nachhaltigen Entwicklung beitragen
Produktentwicklung und Vermarktung	Nachhaltige Produktmerkmale stärken	Nachhaltige Ernährungsgewohnheiten unterstützen	Traditionen bewahren und Trends setzen
Betrieblich-organisatorisch	Nachhaltigkeit im Geschäftsmodell verankern	Sich für soziale und gesundheitliche Anliegen der Mitarbeiter/-innen einsetzen	Berufliche Gestaltungsspielräume nutzen
Gesellschaftlich, politisch	Die Rolle von Unternehmen als Nachhaltigkeitsakteure verstehen	Die regulative Idee der Nachhaltigkeit mittragen	Mit Lebensmitteln Lebensstile ausdrücken

Quelle: eigene Darstellung in Anlehnung an KASTRUP/KUHLMEIER/STROTMANN 2021, S. 26

Wie eine Kompetenzbeschreibung explizit für die Lebensmittelindustrie und das Lebensmittelhandwerk aussehen kann, wurde von der wissenschaftlichen Begleitung der Förderrichtlinie III der BIBB-BBNE-Modellversuche erarbeitet (siehe Tabelle 2). Hier wurde ein Modell zur Beschreibung nachhaltigkeitsbezogener Kompetenzen in Lebensmittelhandwerk und Lebensmittelindustrie entwickelt (vgl. KASTRUP/KUHLMEIER/STROTMANN 2021).

Insbesondere für den BIBB-Modellversuch „NachLeben" bildeten das Kompetenzmodell der wissenschaftlichen Begleitung (vgl. Tabelle 2) der Förderrichtlinie III der BIBB-BBNE-Modellversuche sowie die im DQR-Niveau 4 beschriebenen Kompetenzen den Ausgangspunkt für die entwickelten Lehr-/Lernarrangements für die Auszubildenden in den adressierten Lebensmittelberufen (vgl. Abb. 3). Hierfür wurden für die einzelnen Module (vgl. Abb. 3) Kompetenzbereiche formuliert sowie die fachwissenschaftlichen Inhalte und Arbeitsmaterialien entsprechend dem DQR-Niveau 4 didaktisch-methodisch für die einzelnen Submodule ausgearbeitet und umgesetzt (vgl. Tabelle 3). Diese Übersichten befinden sich in jedem modulspezifischen Arbeitsheft, das innerhalb des BIBB-Modellversuchs entwickelt wurde. Für die Weiterführung und strukturelle Verankerung werden die in den BIBB-Modellversuchen „NachLeben" und „NiB-Scout" entstandenen Lehr-/Lernarrangements (Abb. 3) im Transferprojekt „NachDenkEr" (siehe Abschnitt 4) für das hier adressierte Ausbildungspersonal in den Betrieben und den ÜLU-Stätten adaptiert und bezüglich ihres Kompetenzniveaus an die DQR-Niveaus 5 und 6 angepasst.

Zusammenfassend bietet damit der DQR ein bildungsbereichsübergreifendes Instrument zur Beschreibung von Kompetenzen und Lernergebnissen in der beruflichen (Aus- und Weiter-) Bildung. Insofern stellt sich die Frage, wie bildungsbereichsübergreifende Lernwege durch Verzahnung von beruflicher und akademischer Weiterbildung in der Praxis umgesetzt werden können. Hier können entsprechende Bildungs- und Qualifizierungsangebote einen entscheidenden Beitrag leisten, da genau an der Schnittstelle zwischen beruflicher und akademischer Bildung passfähige, mit der beruflichen Tätigkeit vereinbare, arbeitsprozessorientierte (kurzzyklische) Qualifizierungsmodule fehlen, die berufliche Kompetenzen, informelle Expertisen und Qualifikationen einschließen. Das DQR-Niveau 5 eignet sich dabei besonders für die Gestaltung bildungsbereichsübergreifender Arrangements, da es genau zwischen dem Facharbeiter/-innen-Niveau (DQR 4) und dem ersten akademischen Abschluss (Bachelor, DQR-Niveau 6) liegt. Das DQR-Niveau 5 beschreibt Kompetenzen, die zur selbstständigen Planung und Bearbeitung umfassender fachlicher Aufgabenstellungen in einem komplexen, spezialisierten, sich verändernden Lernbereich oder beruflichen Tätigkeitsfeld benötigt werden (vgl. BÜCHTER/DEHNBOSTEL/HANF 2012). Damit soll dem Wandel von einer berufs- und funktionsbezogenen zu einer prozessorientierten Arbeitsorganisation, die ein erweitertes Qualifikationsprofil von Facharbeitern und Facharbeiterinnen nach sich zieht, Rechnung getragen werden. Dabei bietet die Verzahnung von akademischer und beruflicher Aus- und Weiterbildung mit Blick auf die Förderung lebensbegleitenden Lernens eine Reihe von Potenzialen, berufspraktisches Erfahrungswissen mit wissenschaftlicher Reflexionsfähigkeit in Verbindung zu bringen und weiterzuentwickeln (vgl. BRÄMER/VIEBACK/ VOGEL 2019, S. 150).

Tabelle 3: Das Modul „Rohstoff Kakaobohne"				
Name des Moduls	**Rohstoff Kakaobohne**			
Ausbildungsberufe	Brenner/-in, Destillateur/-in			☐
	Fachkraft Lebensmitteltechnik			☐
	Süßwarentechnologin/Süßwarentechnologe			☒
	Weintechnologin/Weintechnologe			☐
Lehrjahr	1. Lehrjahr	2. Lehrjahr	3. Lehrjahr	Unabhängig
	☒	☒	☐	☐
Einordnung Ausbildungsrahmenplan	▶ Nummer 4 „Annehmen, Lagern und Vorbereiten von Roh-, Zusatz und Hilfsstoffen für Süßwaren" (Roh-, Zusatz- und Hilfsstoffe kontrollieren und annehmen) ▶ Nummer 4 „Annehmen, Lagern und Vorbereiten von Roh-, Zusatz und Hilfsstoffen für Süßwaren" (Roh-, Zusatz- und Hilfsstoffe für die Weiterverarbeitung auswählen, prüfen und vorbereiten)			
Adressierte Kompetenzbereiche	Auszubildende können ... ▶ ... konkrete Nachhaltigkeitsaspekte ihrer Rohstoffe benennen (Ökonomie, Ökologie, Soziales, Gesundheit und Kultur) und diese bei der Rohstoffauswahl berücksichtigen. ▶ ... einschlägige Nachhaltigkeitsstandards und Nachhaltigkeitslabel ihrer Branche als Entscheidungsgrundlage bei der Rohstoffauswahl nutzen. Dabei können sie die Aussagekraft und Glaubwürdigkeit dieser Nachhaltigkeitsstandards und Nachhaltigkeitslabel kritisch beurteilen. ▶ ... ökologische Bedingungen und Konsequenzen der Rohstofferzeugung (einschließlich ihrer Vorstufen), ihrer Lagerung und ihres Transports recherchieren und bewerten. ▶ ... soziale Bedingungen und Konsequenzen der Erzeugung, Vorverarbeitung und des Transports von Rohstoffen recherchieren und bewerten. ▶ ... ökologische und soziale Auswirkungen der Rohstoffgewinnung herausstellen und diese bei der Entscheidungsfindung berücksichtigen. ▶ ... die Sinnhaftigkeit einer verantwortungsvollen Rohstoffbeschaffung und Rohstoffverwertung im Sinne der Gerechtigkeit erkennen und diese nach außen vertreten. ▶ ... beurteilen, welchen Beitrag ihr Unternehmen zu einer nachhaltigen Entwicklung aktuell leistet und potenziell leisten kann. ▶ ... Widersprüche und Konflikte im Zusammenhang mit der Nachhaltigkeitsidee aushalten, wenn sie diese nicht beeinflussen können. ▶ ... Veränderungsvorschläge entwickeln, um nachhaltigkeitsbezogenen Zielkonflikten entgegenzuwirken und diese als Gestaltungsherausforderungen wahrnehmen – nicht als Entscheidungsprobleme. ▶ ... die aktuellen und künftigen Gestaltungsmöglichkeiten ihrer beruflichen Tätigkeit für ein nachhaltiges Arbeiten erkennen und bewerten. Sie nehmen Berufsarbeit und unternehmerische Entscheidungen als Möglichkeiten wahr, die Gesellschaft mitzugestalten und nachhaltig zu verändern. ▶ ... unternehmerisches Handeln in ihrer Branche im Spannungsfeld ökonomischer, sozialer und ökologischer Auswirkungen kritisch beurteilen. ▶ ... die Möglichkeiten des eigenen Unternehmens zur Wahrnehmung gesellschaftlicher Verantwortung benennen.			

Name des Moduls	Rohstoff Kakaobohne				
Thematischer Rahmen	Im Zentrum des Lehr-/Lernarrangements „Rohstoff Kakaobohne" steht die Produktion von Schokolade, ausgehend vom Anbau des Kakaobaums bis zur fertigen Schokolade mit Bezug zu Nachhaltigkeits-aspekten.				
Submodule (SM)	SM1:	Kakao und Anbaubedingungen			
	SM2:	Wertschöpfungskette Schokolade			
	SM3:	Preiskalkulation Schokolade			
	SM4:	Nachhaltige Handlungsstrategien			
Zeitlicher Umfang	SM1	SM2	SM3	SM4	Gesamt
	60 min	30 min	30 min	390 min	520 min

Quelle: eigene Darstellung

Bildungspolitisch interessant ist dabei der festgestellte Bedarf an Weiterbildungsformaten auf DQR-Niveau 5, um die bestehende Lücke zwischen Erstausbildung (DQR 4) und staatlich anerkannten Fortbildungen bzw. dem Bachelorabschluss (DRQ 6) im deutschen Bildungs-system zu schließen (vgl. BRÄMER/VIEBACK/VOGEL 2019, S. 154f.). Vor allem mit Blick auf sich technologisch schnell wandelnde Branchen lässt sich dies dahingehend interpretieren, dass zur Förderung der Karrieren von Spezialisten und Spezialistinnen ein großes Potenzial für die Verzahnung von beruflicher und hochschulischer Bildung besteht (vgl. BRÄMER/VIE-BACK/VOGEL 2019, S. 155). So wird mit der Konstruktion bildungsübergreifender Arrange-ments auf DQR-Niveau 5 z. B. die Möglichkeit verbunden, als modularisierter Brückenkurs für den Zugang zu einer Hochschule oder als Zusatzqualifikation in der Berufsausbildung zu fungieren (vgl. WILBERS 2014, S. 38).

4   Das Transferprojekt „NachDenkEr"

Während die BIBB-Modellversuche zur „Berufsbildung für nachhaltige Entwicklung" eine Vielzahl an Instrumenten und Materialien zur Nachhaltigkeit für die berufliche Aus- und Weiterbildung entwickelt und erprobt haben, muss es nun Aufgabe sein, die Ergebnisse und Erkenntnisse gezielt in der Berufsbildungspraxis sowie in die übergeordneten Strukturen der beruflichen Bildung zu integrieren („Vom Projekt zur Struktur"). An dieser Stelle setzt das Transferprojekt „NachDenkEr" an, in dem es Qualifizierungsmodule für das betriebliche Ausbildungspersonal sowie das Ausbildungspersonal in den überbetrieblichen Bildungsstät-ten im Lebensmittelhandwerk und in der Lebensmittelindustrie, (weiter-)entwickelt sowie in der Berufsbildungspraxis umsetzt. Grundlage hierfür bilden die Ergebnisse der BIBB-Mo-dellversuche zur BBNE der Förderrichtlinien I bis III. Die inhaltliche sowie didaktisch-me-thodische Ausgestaltung basiert auf diesen Projektergebnissen und den entwickelten Lehr-/ Lernarrangements, welche für die Zielgruppe auf DQR-Niveau 5 adaptiert werden. Durch die (Weiter-)Entwicklung der Qualifikationsmodule auf Basis des DQR können durch das

Transferprojekt die ersten Grundsteine für eine spätere ordnungspolitische Implementierung gelegt werden.

Ausgangspunkt bildet dabei die Adaption und Weiterentwicklung der Modellversuchsergebnisse von u. a. „NachLeben" und „NiB-Scout" für die Zielgruppe betriebliches Ausbildungspersonal in Form von kurzzyklischen Qualifizierungsangeboten im *Blended-Learning*-Format mit entsprechender Einordnung in den DQR. Hierbei gilt es, einerseits bestehende Qualifizierungsstrukturen (z. B. Meister/-innen-Schulen, überbetriebliche Ausbildungsstätten) sowie vorhandene curriculare Ankerpunkte (z. B. „Ausbildung der Ausbilder" – „AdA-Schein") und andererseits die neuen Standardberufsbildpositionen „Umweltschutz und Nachhaltigkeit" und „Digitalisierte Arbeitswelt" als „Türöffner" zu nutzen, um die adressierte Zielgruppe zu erreichen. Die Förderung der Gestaltungskompetenz als integrativer Bestandteil der beruflichen Handlungskompetenz aufseiten der Auszubildenden gelingt nur, wenn auch das betriebliche Ausbildungspersonal als Multiplikator mit eingebunden wird. Dafür bedarf es allerdings im Vorfeld nachhaltigkeits- und digitalisierungsbezogener Weiterbildungen für das betriebliche Ausbildungspersonal, z. B. als Angebot innerhalb entsprechender Meister- und Technikerlehrgänge. Die Zielgruppen der Qualifizierungsmodule sind damit aktive und zukünftige Ausbilder/-innen der Unternehmen mit einem Abschluss als Facharbeiter bzw. Fachabeiterin (DQR-Niveau 4), die Ausbilder/-innen in den überbetrieblichen Berufsbildungsstätten des Handwerks und der Industrie sowie die Teilnehmenden von Meister- und Technikerlehrgängen (DQR-Niveau 6) inklusive der entsprechenden Vorbereitungskurse. Die Erprobungsstrategie sieht vor, das Qualifikationsangebot als einwöchiges „*Add-on*" zum Vorbereitungskurs „Ausbildung der Ausbilder" (AdA-Schein), welcher zukünftige betriebliche Ausbilder/-innen auf die Prüfung nach Ausbilder-Eignungsverordnung vorbereitet, sowie zu entsprechenden Meister- und Technikerlehrgängen anzubieten. Parallel dazu erfolgt die Qualifizierung von Ausbilderinnen und Ausbildern in überbetrieblichen Berufsbildungsstätten des Handwerks und der Industrie. Damit liegen im Ergebnis Qualifizierungsmodule im *Blended-Learning*-Format für betriebliches Ausbildungspersonal sowie in überbetriebliche Berufsbildungsstätten und in der Meistervorbereitung in Lebensmittelhandwerk und -industrie vor. Mit dem Projekt „NachDenkEr", welches die Vorgängerprojekte und deren Konzeptionen in durchdachter Weise mittels eines großen Netzwerkes an Praxispartnern den nächsten Jahren einer großen Gruppe an Ausbilderinnen und Ausbildern zugänglich macht und so Multiplikatoreneffekte schafft, kann sichergestellt werden, dass die Ergebnisse und Ansätze auch in die betriebliche Praxis transferiert werden. Modellversuche sind eben nicht nur Pilotprojekte, sondern ein Instrument, wirtschaftliche und gesellschaftliche Veränderungen nachhaltig voranzubringen.

Literatur

AKDQR – Arbeitskreis Deutscher Qualifikationsrahmen (Hrsg.): Deutscher Qualifikationsrahmen für lebenslanges Lernen. Berlin 2011. URL: https://www.dqr.de/dqr/shareddocs/downloads/media/content/der_deutsche_qualifikationsrahmen_fue_lebenslanges_lernen.pdf?__blob=publicationFile&v=1 (Stand: 02.11.2022)

BIBB – Bundesinstitut für Berufsbildung (Hrsg.): Nachhaltigkeit in die Ausbildung integrieren. Pressemitteilung 10/2020. URL: https://www.bibb.de/dokumente/pdf/pmbbnemodell.pdf (Stand: 15.07.2022)

BIBB – Bundesinstitut für Berufsbildung (Hrsg.): Richtlinien zur Förderung von Modellversuchen im Förderschwerpunkt „Neue Wege in die duale Ausbildung – Heterogenität als Chance für die Fachkräftesicherung" vom 14. Mai 2010. URL: https://www.bibb.de/dokumente/pdf/Foerderrichtlinie_Heterogenitaet(1).pdf (Stand: 15.07.2022)

BLKDQR – Bund-Länder-Koordinierungsstelle für den Deutschen Qualifikationsrahmen für lebenslanges Lernen (Hrsg.): Liste der zugeordneten Qualifikationen. Aktualisierter Stand: 1. August 2020. URL: https://www.dqr.de/dqr/shareddocs/downloads/media/content/2020_dqr_liste_der_zugeordneten_qualifikationen_01082020.pdf?__blob=publicationFile&v=1 (Stand: 02.11.2022)

Brämer, Stefan; Vieback, Linda; Vogel, Christian: Die Rolle der Hochschule als Akteur der beruflichen (Weiter-)Bildung. Eine multiperspektivische Betrachtung der Verzahnung beruflicher und akademischer Aus- und Weiterbildung am Beispiel von Composite-Berufen. In: Gramlinger, Franz; Iller, Carola; Ostendorf, Annette; Schmid, Kurt; Tafner, Georg (Hrsg.): Bildung = Berufsbildung?! Beiträge zur 6. Berufsbildungsforschungskonferenz (BBFK). Bielefeld 2019, S. 145–158

Büchter, Karin; Dehnbostel, Peter; Hanf, Georg: Der Deutsche Qualifikationsrahmen (DQR): Ein Konzept zur Erhöhung von Durchlässigkeit und Chancengleichheit im Bildungssystem? Bielefeld 2012

Bünning, Frank; Brämer, Stefan; Krumbach, Jeanette; König, Hannes; Lehmann, Juliane; Martsch, Marcel; Röhming, Marcus: Technikunterricht mit CoSiTo – situiert – multimedial – schülerzentriert. Bielefeld 2018

Bünning, Frank; Lettmann, Julia: Education for sustainable development und didaktische Gestaltungsansätze in der Berufsbildung. Potentialanalyse didaktischer Modellvorstellungen hinsichtlich der Umsetzung des Konzepts education for sustainable development. Kassel 2010

DQR – Deutscher Qualifikationsrahmen (Hrsg.): DQR-Niveaus. 2021. URL: https://www.dqr.de/content/2315.php (Stand: 15.07.2022)

Gläser, Jochen; Laudel, Grit: Experteninterviews und qualitative Inhaltsanalyse als Instrument rekonstruierender Untersuchungen. Wiesbaden 2010

Haan, Gerhard de: Gestaltungskompetenz als Kompetenzkonzept der Bildung für nachhaltige Entwicklung. In: Bormann, Inka; Haan, Gerhard de (Hrsg.): Kompetenzen der Bildung für nachhaltige Entwicklung. Operationalisierung, Messung, Rahmenbedingungen, Befunde. Wiesbaden 2008, S. 22–43

HEMKES, Barbara: Vom Projekt zur Struktur – Das Strategiepapier der AG „Berufliche Weiterbildung". In: KUHLMEIER, Werner; MOHORIČ, Andrea; VOLLMER, Thomas (Hrsg.): Berufsbildung für nachhaltige Entwicklung. Modellversuche 2010–2013: Erkenntnisse, Schlussfolgerungen und Ausblicke. Bielefeld 2014, S. 225–229. URL: https://www.bibb.de/dienst/veroeffentlichungen/de/publication/show/7453 (Stand: 15.07.2022)

KASTRUP, Julia; KUHLMEIER, Werner; STROTMANN, Christina: Entwicklung nachhaltigkeitsbezogener Kompetenzen in der Ausbildung. Ein Strukturmodell für Lebensmittelhandwerk und -industrie. In: Berufsbildung in Wissenschaft und Praxis 50 (2021) 3, S. 24–27. URL: https://www.bwp-zeitschrift.de/dienst/veroeffentlichungen/de/bwp.php/de/bwp/show/17302 (Stand: 15.07.2022)

KMK – SEKRETARIAT DER STÄNDIGEN KONFERENZ DER KULTUSMINISTER DER LÄNDER IN DER BUNDESREPUBLIK DEUTSCHLAND (Hrsg.): Das Bildungswesen in der Bundesrepublik Deutschland 2017/2018. Darstellung der Kompetenzen, Strukturen und bildungspolitischen Entwicklungen für den Informationsaustausch in Europa. Bonn 2019

KUHLMEIER, Werner; VOLLMER, Thomas: Ansatz einer Didaktik der beruflichen Bildung für nachhaltige Entwicklung. In: TRAMM, Tade; CASPER, Marc; SCHLÖMER, Tobias (Hrsg.): Didaktik der beruflichen Bildung – Selbstverständnis, Zukunftsperspektiven und Innovationsschwerpunkte. Bielefeld 2018, S. 131–149

KUHLMEIER, Werner, VOLLMER, Thomas: Didaktik gewerblich-technischer Berufsbildung im Kontext der UN-Dekade „Bildung für eine nachhaltige Entwicklung" In: bwp@ Berufs- und Wirtschaftspädagogik online (2013) 24. URL: https://www.bwpat.de/ausgabe/24/kuhlmeier-vollmer (Stand: 26.07.2021)

MAYRING, Philipp: Qualitative Inhaltsanalyse. Grundlagen und Techniken. Weinheim 2010

MELZIG, Christian: Hintergründe, Ansätze und Ziele des Förderschwerpunkts „BBNE 2015–2019". In: MELZIG, Christian; KUHLMEIER, Werner; KRETSCHMER, Susanne (Hrsg.): Berufsbildung für nachhaltige Entwicklung. Die Modellversuche 2015–2019 auf dem Weg vom Projekt zur Struktur. Bonn 2021, S. 15–32. URL: https://www.bibb.de/dienst/veroeffentlichungen/de/publication/show/16974 (Stand: 15.07.2022)

MELZIG, Christian; HEMKES, Barbara; FERNÁNDEZ CARUNCHO, Verónica: Wissenschafts-Politik-Praxis-Dialog zur Umsetzung einer politischen Leitidee. Erfahrungen aus den Modellversuchen zur „Berufsbildung für nachhaltige Entwicklung 2015–2019". In: Berufsbildung in Wissenschaft und Praxis 47 (2018) 6, S. 35–39. URL: https://www.bwp-zeitschrift.de/dienst/veroeffentlichungen/de/bwp.php/de/bwp/show/9472 (Stand: 15.07.2022)

RIEDL, Alfred: Didaktik der beruflichen Bildung. Stuttgart 2011

RÖLL, Franz J.: Pädagogik der Navigation selbstgesteuertes Lernen durch Neue Medien. München 2003

SB – STATISTISCHES LANDESAMT SACHSEN-ANHALT (Hrsg.): Tabellen Verarbeitendes Gewerbe sowie Bergbau und Gewinnung von Steinen. 2020. URL: https://statistik.sachsen-anhalt.de/themen/wirtschaftsbereiche/industrie-verarbeitendes-gewerbe/tabellen-verarbeitendes-gewerbe/#c166471 (Stand: 15.07.2022)

SCHMIDT, Susanna; HERSTIX, Lothar: Der Deutsche Qualifikationsrahmen für lebenslanges Lernen – Bildungspolitische Optionen. In: BÜCHTER, Karin; DEHNBOSTEL, Peter; HANF, Georg (Hrsg.): Der Deutsche Qualifikationsrahmen (DQR): Ein Konzept zur Erhöhung von Durchlässigkeit und Chancengleichheit im Bildungssystem? Bielefeld 2012, S. 17–22

WILBERS, Karl: Das Niveau 5 des Deutschen Qualifikationsrahmens (DQR) als Plattform für die Gestaltung bildungsbereichsübergreifender Arrangements. 2014. URL: https://www.wipaed.rw.fau.de/files/2017/02/Das_Niveau_5_des_DQR_als_Plattform.pdf (Stand: 15.07.2022)

ZDBH – ZENTRALVERBAND DES DEUTSCHEN Bäckerhandwerks e. V. (Hrsg.): Wirtschaftsfaktor Bäckerhandwerk. 2021. URL: http://www.baeckerhandwerk.de/baeckerhandwerk/zahlen-fakten/ (Stand: 15.07.2022)

Claudia Müller, Jan Pranger, Jens Reißland

▶ Das betriebliche Bildungspersonal als Schlüsselfigur und Multiplikator zur Umsetzung von Nachhaltigkeit?

Nachhaltigkeit gewinnt in der beruflichen Bildungspraxis zunehmend an Bedeutung. Dies zeigt sich aktuell an der Verabschiedung der modernisierten Standardberufsbildpositionen im Bereich „Umweltschutz und Nachhaltigkeit", die für die betriebliche Ausbildung verpflichtend werden. Die Modellversuchsforschung konnte herausstellen, dass das betriebliche Bildungspersonal zugleich Schlüsselfigur und Multiplikator für Nachhaltigkeitsthemen ist. Allerdings bestehen derzeit mehrere Herausforderungen bei der praktischen Umsetzung von Nachhaltigkeitsthemen in der Berufsbildung. Im Beitrag werden diese zunächst skizziert und im Feld der beruflichen Bildungspraxis verortet. Darauf aufbauend wird die doppelte Multiplikatorenqualifizierung als möglicher Ansatz zur Bewältigung dieser Herausforderungen vorgestellt.

1   Überblick zur Nachhaltigkeit in der beruflichen Bildungspraxis

Eine weitreichende Implementierung der Nachhaltigkeit hat in der beruflichen Bildungspraxis – hier im Speziellen der betrieblichen Ausbildung – trotz erprobter und offen zugänglicher didaktischer Konzepte bisher nur unzureichend stattgefunden. Damit einhergehend ist eine strukturelle Verankerung von Bildung für nachhaltige Entwicklung (BNE) bisher ebenfalls nur in Ansätzen erfolgt. Es ist allerdings ein wesentliches Ziel des Nationalen Aktionsplans, die Nachhaltigkeit bzw. die Themen der Nachhaltigkeit in der Bildungspraxis strukturell zu verankern. Diese Zielsetzung wiederum ist und bleibt zugleich eine Herausforderung für die Berufsbildung für nachhaltige Entwicklung (BBNE). Theoretisch ist den meisten Menschen bekannt, dass es eines bewussteren und verantwortungsvolleren Umgangs mit den sozialen, ökonomischen und ökologischen Ressourcen bedarf, um die Lebensgrundlage heutiger und zukünftiger Generationen sicherstellen zu können. Vielen von ihnen erscheint es jedoch schwierig, praktische Handlungsalternativen zu entwickeln. Neben einem nachhaltigkeitsorientierten Umdenken ist also auch die Transformation des Wissens in nachhaltigere Handlungsweisen erforderlich (vgl. HAAN/HOLST/SINGER-BRODOWSKI 2021, S. 13).

Diese Formen der Perspektivübernahme bedürfen bewusster und angeleiteter Bildungsprozesse. Die eigene Perspektive zu hinterfragen, die Sichtweise zu wechseln und die Welt, im metaphorischen Sinn, mit der Brille eines anderen zu sehen, kann den Grundstein für ein nachhaltigkeitsorientiertes Denken und Handeln darstellen. Zunächst unerkannte negative Auswirkungen können auf diese Weise bewusst und damit bearbeitbar werden. Bereits in den Überlegungen zur nachhaltigkeitsbezogenen Gestaltungskompetenz (vgl. HAAN u. a. 2008, S. 188), welche eine Zielkategorie von BNE darstellt, ist die Fähigkeit zur Perspektivübernahme enthalten. „Erst die Perspektive anderer Nationen und Kulturen […] zu kennen, zu bewerten und zu nutzen macht es möglich, Interessengegensätze und differente Lösungswege für nachhaltige Entwicklungsprozesse […] zu identifizieren" (ebd., S. 189). Es bedarf dann eines reflexiven Prozesses, eines Abgleichs der eigenen Perspektive mit der zunächst neuen/unvertrauten, um entweder die Auswirkungen eigenen Handelns auf andere zu erkennen oder Sichtweisen anderer auf das eigene Handeln nachzuvollziehen. Die Reflexion des eigenen Denkens und Handelns, im Falle von Pädagoginnen und Pädagogen der eigenen pädagogischen Arbeit (vgl. REISSLAND/MÜLLER 2020), ist Prämisse zur Perspektivübernahme. Folglich sollte diese auch Grundbestandteil pädagogischer Angebote im Bereich BNE sein.

Mit der Modernisierung der Standardberufsbildpositionen wird eine notwendige Bedingung zum Transfer von Nachhaltigkeit in die berufliche Aus- und Weiterbildungspraxis erfüllt. Das jedoch ist keinesfalls ein Garant für die praktische Umsetzung von Nachhaltigkeit. Fraglich ist, ob eine strukturelle Verankerung auch immer eine Umsetzung der Inhalte in der betrieblichen Ausbildungspraxis bedeutet. Es braucht also pädagogisch begründete und in Bildungsinstitutionen verankerte Angebote u. a. für betriebliche Ausbilder/-innen, da sie diejenigen sind, die unter Vorgabe der Standardberufsbildpositionen entsprechende Bildungsinhalte aufbereiten müssen. So konnte die Modellversuchsforschung herausstellen, dass das betriebliche (Aus-)Bildungspersonal Schlüsselfigur und zugleich Multiplikator für (Berufs-)Bildung für nachhaltige Entwicklung ist (vgl. WEBER u. a. 2021, S. 481; HEMKES/ MELZIG 2021, S. 22). Im Rahmen des Weltaktionsprogramms „Bildung für nachhaltige Entwicklung" hat das Bundesinstitut für Berufsbildung (BIBB) mit Mitteln des Bundesministeriums für Bildung und Forschung (BMBF) Modellversuche zur „Berufsbildung für nachhaltige Entwicklung (BBNE) 2015–2019" gefördert. Innerhalb dieser Förderphase wurden in drei verschiedenen Förderlinien z. B. Merkmale eines nachhaltigen Lernorts (Förderlinie II) sowie konkrete Lehr-/Lernmaterialien (Förderlinien I und III) entwickelt. Allerdings gilt es zu klären, wie die Angebote zur BBNE für das betriebliche Bildungspersonal didaktisch aufbereitet sein müssen, um diese in die Ausbildungspraxis übertragen und umsetzen zu können.

Eine mögliche Antwort auf diese Frage kann in dem Ansatz der doppelten Multiplikatorenqualifizierung gefunden werden, der u. a. auf die Befähigung des betrieblichen Bildungspersonals zur Gestaltung eines nachhaltigkeitsorientierten Lernortes zielt. Dieser Ansatz, welcher sich im Projekt „TraNaxis" des aktuellen Förderschwerpunktes „Berufsbildung für nachhaltige Entwicklung im Transfer für Ausbildungspersonal 2020–2022" (BBNE-Transfer)" in der Umsetzung befindet, wird im Folgenden hinsichtlich seiner didaktischen Grundlegung vorgestellt und kurz erörtert. Die erprobten Ergebnisse beruhen auf zwei Modellversuchen der Förderlinie I (Pro-DEENLA) und der Förderlinie II (KoProNa). Die Verknüpfung beider Modellversuche schließt die bisherige Lücke zwischen struktureller Umsetzung und inhaltlich-methodischer Gestaltung. Eine Grundlage des Vorgehens bietet das im Modellversuch KoProNa entwickelte Analyseraster zur Gestaltung nachhaltiger Lernorte (KoProNa o. J.), welches das betriebliche Bildungspersonal befähigt, die eigene Ausbildung anhand von acht Merkmalen auf ihre nachhaltige Ausrichtung zu analysieren. Damit das betriebliche Bildungspersonal den nachhaltigen Lernort im Sinne der BBNE (weiter-)gestalten kann, braucht es inhaltliche und methodisch Kenntnisse. Hier greift das Konzept von TraNaxis auf die in Pro-DEENLA entwickelten Lernaufgaben zurück. Damit erlernt das betriebliche Bildungspersonal zudem im Sinne des *Whole Institution Approach* (BNE-Portal o. J.), demzufolge Lernorte in ihrer Ganzheitlichkeit begriffen werden sollen, diese Lernaufgaben adäquat und zielgruppengerecht in den eigenen betrieblichen Strukturen einzusetzen.

2   Die zunehmende strukturelle Verankerung von BBNE und das fortbestehende Problem der praktischen Umsetzung

Berufsschulen, Betriebe und überbetriebliche Bildungsstätten sind die drei wesentlichen Lernorte in der beruflichen Bildung. Der hier dargestellte Problemaufriss entstammt der Modellversuchsforschung und fokussiert daher vornehmlich den Lernort Betrieb, wobei die dargestellten Erkenntnisse und Herausforderungen sicher auch für die anderen Lernorte zutreffen.

Der Berufsbildungsbericht 2018 bezeichnet die berufliche Bildung als „Schlüssel zu nachhaltiger Entwicklung" (BMBF 2018). Das erscheint nachvollziehbar angesichts der Tatsache, dass z. B. 36,8 Prozent der Anfänger/-innen im (Aus-)Bildungsgeschehen im Jahre 2019 (vgl. BMBF 2020, S. 83) eine berufliche Ausbildung als Einstieg ins Berufsleben wählen. Allerdings ist in Bezug auf nachhaltige Entwicklung festzustellen, dass zwar Schwerpunkte bezüglich der Nachhaltigkeit in der beruflichen Bildung gesetzt werden, „die feste Verankerung in den politischen Rahmendokumenten und Ordnungsmitteln mit größerer Steuerungsfunktion" (Holst/Singer-Brodowski 2020) aber eher weniger dynamisch verlaufen. Ähnlich gestaltet es sich im Bereich der Schulgesetze, denn auch da lasse sich für die Schulgesetze der Länder eine bislang unzureichende „explizite Positionierung zu BNE in diesen wichtigen Rahmendokumenten" (ebd.) feststellen. Ebenso sei eine „umfassende Verankerung von Nachhaltigkeit, BNE oder verwandten Konzepten" (ebd.) auch in den Ausbildungsordnungen bisher nicht zu erkennen. Damit wird auf den Handlungsbedarf im Bereich der strukturellen Verankerung von BBNE hingewiesen.

Allerdings ist auf der Ebene der Ausbildungsordnungen mit der Verabschiedung der modernisierten Standardberufsbildpositionen eine verbesserte Situation festzustellen, da diese verbindlich anzuwenden bzw. zu vermitteln sind (vgl. BIBB 2021, S. 5). Für die BBNE bedeutet dies konkret, dass die bisherige Berufsbildposition „Umweltschutz" um den Aspekt der Nachhaltigkeit erweitert wurde. Die neue Berufsbildposition „Umweltschutz und Nachhaltigkeit" umfasst damit folgende sechs Positionen, die durch spezifische Fertigkeiten, Kenntnisse und Fähigkeiten während der gesamten Ausbildung (mindestens) zu vermitteln sind:

a) „Möglichkeiten zur Vermeidung betriebsbedingter Belastungen für Umwelt und Gesellschaft im eigenen Aufgabenbereich erkennen und zu deren Weiterentwicklung beitragen",

b) „bei Arbeitsprozessen und im Hinblick auf Produkte, Waren oder Dienstleistungen Materialien und Energie unter wirtschaftlichen, umweltverträglichen und sozialen Gesichtspunkten der Nachhaltigkeit nutzen",

c) „für den Ausbildungsbetrieb geltende Regelungen des Umweltschutzes einhalten",

d) „Abfälle vermeiden sowie Stoffe und Materialien einer umweltschonenden Wiederverwertung oder Entsorgung zuführen",

e) „Vorschläge für nachhaltiges Handeln für den eigenen Arbeitsbereich entwickeln",

f) „unter Einhaltung betrieblicher Regelungen im Sinne einer ökonomischen, ökologischen und sozial nachhaltigen Entwicklung zusammenarbeiten und adressatengerecht kommunizieren" (ebd., S. 12f.).

Dies impliziert allerdings keineswegs – und dies stellt die eigentliche Herausforderung bei der Verankerung von BBNE dar – die praktische Umsetzung nachhaltigkeitsbezogener Bildungsinhalte. Verantwortlich dafür zeichnen auf betrieblicher Ebene die betrieblichen Ausbilder/-innen, welche für BBNE (vgl. Mohorič 2014, S. 189), aber auch andere wichtige Querschnittsthemen, beispielsweise Qualität in der beruflichen Bildung (vgl. Eckert/Müller/Schröter 2011), als Schlüsselfiguren beschrieben werden. Soll also BBNE als Bildungsinhalt gesetzt werden, führt der Weg über die Ausbilder/-innen. Damit sind sie zum einen Promotorinnen bzw. Promotoren, indem sie Aktivitäten im Sinne einer BBNE überhaupt erst initiieren. Zum anderen sind sie Multiplikatorinnen bzw. Multiplikatoren, da sie die nachhaltigkeitsorientierten Bildungsinhalte in weitere Unternehmensbereiche streuen und die Lernenden hinsichtlich ihrer (beruflichen) Identität und Wertvorstellungen prägen (vgl. Weber u. a. 2021, S. 481). Folgerichtig fasst der Präsident des BIBB, Friedrich Hubert Esser, zusammen:

> „Nur technologisch und methodisch qualifiziertes Ausbildungspersonal ist in der Lage, die nötige berufliche Handlungskompetenz der angehenden Fachkräfte zu fördern. Denn Ausbilderinnen und Ausbilder vermitteln berufliche Handlungskompetenz und schaffen damit auch ein Wertebewusstsein, das ein nachhaltiges berufliches Handeln ermöglicht. Sie gestalten Lerninhalte so, dass Auszubildende ihr Vorgehen mit Blick auf ökologische, wirtschaftliche und soziale Auswirkungen abwägen können" (Esser 2021, S. 3).

In den letzten Jahren wurden dementsprechend zahlreiche Modellversuche zur BBNE durchgeführt, in denen eine breite Auswahl von BBNE-bezogenen Instrumenten und Materialien entwickelt und erprobt wurden. Die Bandbreite erstreckt sich von wissenschaftlichen Publikationen über Lehr-/Lernmaterialien und Maßnahmen zur Gestaltung des betrieblichen Lernorts bis hin zu vollständigen Fortbildungen und Curricula (vgl. MELZIG 2021, S. 24f.). Die unterschiedlichen Modellversuchsergebnisse sind als Open-Access-Publikationen auf der Homepage des BIBB frei abrufbar. Das ist zwar eine bedeutende Maßnahme hinsichtlich des praxisorientierten Transfers von Modellversuchsergebnissen (vgl. KUHLMEIER/WEBER 2021, S. 435), allerdings garantiert dies nicht den Transfer in die Praxis bzw. die Nutzung der Materialien durch das betriebliche Bildungspersonal. Dieses ist aufgefordert, sich eigeninitiativ die entsprechenden Produkte zu beschaffen, sich diese eigenständig zu erschließen und für die eigene betriebliche pädagogische Praxis zu adaptieren. In diesem Zusammenhang ist zu konstatieren, dass eine pädagogisch ausreichende formale Qualifizierung der betrieblichen Ausbilder/-innen für ihre Tätigkeit im Vergleich zu anderen Berufsgruppen kaum gegeben ist (vgl. DIETTRICH/HARM 2018, S. 17). So erscheint auch „die Ausbildereignungsprüfung, [...] vom Inhalt und Umfang eher schmal" (ECKERT 2017, S. 123), und didaktische Ausformungen sind in den Ausbildungsordnungen, anders als in den schulischen Rahmenlehrplänen, nicht enthalten (vgl. PAHL 2020, S. 300). Auch in der modernisierten Form der Standardberufsbildpositionen werden lediglich stichpunktartig Erläuterungen und Beispiele zur praktischen Umsetzung gegeben (vgl. BIBB 2021, S. 8ff.). Bei eben diesen Berufsbildpositionen ist darüber hinaus weiterhin fraglich, inwieweit Ausbilder/-innen diese auch im Detail kennen und innerhalb der betrieblichen Ausbildung methodisch-didaktisch umsetzen (können) (vgl. PAHL 2020, S. 300).

3   Die Adaptionsproblematik bei der Verankerung von BBNE in die betriebliche Praxis und mögliche Ursachen

Aus dem erläuterten Spannungsfeld zwischen struktureller Verankerung und praktischer Umsetzung von BBNE innerhalb der betrieblichen Aus- und Weiterbildung wird im Folgenden die These einer Adaptionsproblematik bei der Verankerung von BBNE in die betriebliche Praxis abgeleitet. Anschließend werden mögliche Ursachen skizziert.

In Anbetracht der Fülle von publizierten Lehr- und Lernmaterialien entsteht der Eindruck, dass von der Zielgruppe der betrieblichen Ausbilder/-innen, eine „Holschuld" erwartet wird. Konkret bedeutet dies, die Initiative wird auf die Ebene der Zielgruppe verlagert, welche dann für den Erwerb und die Adaption der neuen Erkenntnisse an die eigene betriebliche Ausbildungspraxis verantwortlich ist. Das Leitbild dieser Vorgehensweise folgt einer Denkfigur, welche Peter Sloane polemisch als den „lesenden Praktiker" (SLOANE 2017, S. 357) bezeichnet. Mit Rückblick auf die im vorherigen Kapitel herausgestellte, eher minimale pädagogische Qualifikation des betrieblichen Ausbildungspersonals scheint diese Logik mit der (betrieblichen) Praxis nicht im Einklang zu stehen.

Vor diesem Hintergrund zeichnet sich eine mögliche Ursache der Adaptionsproblematik innerhalb der Berufsbildungsforschung selbst ab. Denn festzuhalten ist, dass die Gruppe des betrieblichen Ausbildungspersonals eine in dieser Disziplin vernachlässigte Zielgruppe darstellt, deren pädagogische Qualifizierung sich auf die Inhalte der Ausbilder-Eignungs-verordnung (AEVO) stützt (vgl. BAHL/BRÜNNER 2018). So stellen Diettrich und Harm bei-spielsweise fest, dass nur wenige empirische Untersuchungen zu Arbeitsaufgaben und zur Arbeitssituation von Ausbilderinnen und Ausbildern bestehen (vgl. DIETTRICH/HARM 2018, S. 14f.). Die schon länger postulierte Forderung, „dass sich Berufsbildungsforschung auf das betriebliche Ausbildungspersonal zurückbesinnt, das sie seit Beginn der 1990er Jahre ver-nachlässigt" (SEVERING 2018, S. 23), gewinnt angesichts der erläuterten Adaptionsproble-matik von BBNE in die betriebliche Praxis erneut an Bedeutung. Dabei drängt sich die Frage auf, wer das betriebliche Ausbildungspersonal für den Umgang mit aktuellen Herausforde-rungen wie Nachhaltigkeit oder Digitalisierung methodisch-didaktisch qualifiziert, wenn aktuelle Weiterbildungsangebote (vgl. REISSLAND/MÜLLER 2020) und die Ausbilder-Eig-nungsprüfung dies nicht ausreichend abdecken können (vgl. SEVERING 2018).

3.1 Weiterbildner/-innen: Eine (weitere) vernachlässigte Zielgruppe innerhalb der BBNE

Das betriebliche Bildungspersonal kann für seine eigene Weiterbildung verschiedene Kanäle nutzen. Angefangen bei Schulungen im eigenen Unternehmen, über Lernzirkel bis hin zu An-geboten bei Kammern und Verbänden, stehen diverse Wege offen. Das dort tätige Weiterbil-dungspersonal stellt jedoch eine äußerst heterogene Gruppe dar, über deren pädagogische Qualifikation zwar einige Erkenntnisse vorliegen (vgl. AUTORENGRUPPE WB-PERSONALMONI-TOR 2016, S. 110), deren Affinität zu Themen der Nachhaltigkeit und Kenntnisstand über BBNE jedoch völlig unklar ist.

Die Berufsgruppe der Weiterbildner/-innen findet innerhalb der Berufsbildungsfor-schung bisher noch weniger Beachtung als die der betrieblichen Ausbilder/-innen. So liegt der Fokus dieses Beitrags zunächst auf der Weiterbildungsbranche. Hier ist wichtig, darle-gen zu können, welche beruflichen Hintergründe die dort tätigen Personen aufweisen und auf welche Expertise ihre pädagogische Arbeit zurückzuführen ist. Weiterbildner/-innen, ob freiberuflich oder im Anstellungsverhältnis tätig, haben ebenfalls eine Schlüssel- und Multi-plikatorenfunktion innerhalb des Transfers von BBNE in die Bildungspraxis. Deshalb ist auch die Frage nach dem Weiterbildungsverhalten der Weiterbildner/-innen von hoher Relevanz.

Nur wenige Studien geben über den Qualifikationsstatus und die Beschäftigungsbedin-gungen von Weiterbildner/-innen Auskunft, „da sie in den meisten Erhebungen [...] unterre-präsentiert und/oder als Teilgruppe nicht explizit ausgewiesen sind" (WISSHAK u. a. 2020, S. 103). Weitere Aspekte erschweren die Verortung und offenbaren die große Heterogenität der Weiterbildungsbranche. So existieren unterschiedliche Bezeichnungen für das Weiterbil-dungspersonal, gekoppelt mit einer bestehenden Vielfalt in deren Bildungs- und Berufsbiografien mit verschiedenen Qualifikationsniveaus. Zudem weisen die Weiterbildungsangebote an sich verschiedene Merkmale auf:

- unterschiedliche Bezeichnungen für das Weiterbildungspersonal, wie Lehrkraft, Trainer/-in, Dozent/-in, Lehrer/-in;

- Weiterbildner/-innen weisen vielfältige Bildungs- und Berufsbiografien mit verschiedenen Qualifikationsniveaus auf;

- Weiterbildungen werden unterschieden in allgemeine, berufliche oder auch beruflich-betriebliche Angebote (vgl. WISSHAK u. a. 2020; AUTORENGRUPPE WB-PERSONALMONITOR 2016).

3.2 Qualifikationsmerkmale der Weiterbildner/-innen

Die Gruppe der Weiterbildner/-innen weist einen hohen Akademikeranteil auf und wird in lehrend und nicht lehrend Tätige unterschieden. In der Studie „wb-personalmonitor" gaben 63,7 Prozent der Weiterbildner/-innen an, einen Fachhochschul- oder Hochschulabschluss zu besitzen (vgl. AUTORENGRUPPE WB-PERSONALMONITOR 2016). Auffällig ist, dass nur 26,3 Prozent aller Befragten über einen pädagogischen oder erziehungswissenschaftlichen Studienabschluss verfügen. Nur sieben Prozent gaben an, dass sie ein pädagogisches Nebenfach studiert haben. Damit zeigt sich, dass 33,3 Prozent der akademisch Vorgebildeten ohne pädagogischen Bezug in der Weiterbildung lehrend tätig sind. Allerdings gaben 59,3 Prozent der Weiterbildner/-innen an, über eine Zusatzqualifikation zu verfügen. So besitzt ein Viertel von ihnen die Ausbildereignung nach AEVO. Weitere zusätzliche Qualifikationen wurden durch Ausbildungen im Coaching, *Train-the-Trainer*, Systemischer Beratung usw. erworben. Zudem zeigt sich, dass 81,8 Prozent der Weiterbildner/-innen, die „im Bereich Lehre bzw. Training oder Coaching tätig" (ebd., S. 127) sind, selbst an Weiterbildungen teilnehmen. Offen bleibt dabei, wie und in welchen Themen sich Weiterbildner/-innen weiterbilden. Interessant ist auch, dass einige von ihnen sowie Ausbilder/-innen über eine Ausbildereignung nach AEVO verfügen, was auf ein Mindestmaß an pädagogischer Vorbildung weist. Dieser Aspekt zeigt, dass sich auch Weiterbildner/-innen den Angeboten zu Nachhaltigkeitsthemen selbst öffnen müss(t)en. Aktuell existieren für diese Berufsgruppe nur wenige Weiterbildungskonzepte für BBNE, die derzeit noch keine flächendeckende Anerkennung in Form von Zertifikaten erreicht haben.

Neben der geringen Berücksichtigung des betrieblichen Ausbildungspersonals und der daraus resultierenden geringen Erkenntnislage zu dieser Berufsgruppe innerhalb der Berufsbildungsforschung, offenbart sich so mit der „Blackbox" Weiterbildner/-innen eine weitere mögliche Ursache, die für die Adaptionsproblematik bei der Verankerung von BBNE in die betriebliche Praxis herangezogen werden kann.

Die beiden herausgestellten Ursachen verdeutlichen, dass die Adaptionsproblematik durch die mangelnde Verankerung von BBNE in die betriebliche Praxis zwar auf der Mikroebene des Berufsbildungssystems besonders deutlich wird, gleichzeitig aber auch dessen

Meso- und Makroebene tangiert. Denn mit der Gruppe der Weiterbildner/-innen sind auch die Akteure auf der den betrieblichen Ausbilderinnen und Ausbildern übergeordneten Ebene, die für deren methodisch-didaktische Qualifizierung maßgeblich verantwortlich sind, gering für die Bildungsinhalte der BBNE qualifiziert. Zum einen kann hieraus geschlussfolgert werden, dass nicht nur dem betrieblichen Bildungspersonal eine Schlüsselfunktion und somit die Rolle als Multiplikator/-in zur Umsetzung von Nachhaltigkeit zukommt, auch das überbetriebliche Bildungspersonal nimmt eine bedeutende Rolle ein. Zum anderen weisen die herausgestellten Ursachen zur Adaptionsproblematik bei der Verankerung von BBNE in die betriebliche Praxis auf zentrale Herausforderungen hin, die für einen ganzheitlichen Transfer von BBNE handlungsweisend sind. So entstehen für den Transfer von Nachhaltigkeit in die berufliche Aus- und Weiterbildungspraxis unterschiedliche Herausforderungen, die in Anlehnung an das Transfermodell von Mohorič, Vollmer und Kuhlmeier (2017) zusammenfassend auf der Ebene des vertikalen Transfers verdeutlicht werden können (siehe Tabelle 1).

Tabelle 1: Herausforderungen auf der Ebene des vertikalen Transfers von Nachhaltigkeit innerhalb der beruflichen Aus- und Weiterbildungspraxis		
Ebene	**Transfertätige Akteure**	**Herausforderungen**
Mikro	Betriebliche Ausbilder/-innen in ihrer Rolle als Multiplikatoren und Multiplikatorinnen für BBNE	unzureichende pädagogische Qualifizierung, die eine Barriere zur ganzheitlichen Adaption von entwickelten BBNE-bezogenen Instrumenten und Maßnahmen darstellt
Meso	Weiterbildner/-innen in regionalen Einrichtungen (z. B. bei Kammern, Weiterbildungsanbietern, Wirtschaftsverbänden etc.)	sehr heterogene Berufsgruppe unzureichende pädagogische Qualifizierung kaum Angebote zur BBNE-Fortbildung für Weiterbildner/-innen
Makro	Bundesweite Akteure, die den Transfer auf den regionalen Ebenen vorantreiben können (z. B. Dachverbände, BIBB etc.)	keine bundesweit anerkannten Zertifikate zur BBNE-Fortbildung für Weiterbildner/-innen

Quelle: eigene Darstellung in Anlehnung an Mohorič/Vollmer/Kuhlmeier 2017, S. 231

4 Eine doppelte Multiplikatorenqualifizierung als didaktischer Lösungsansatz

Vor dem Hintergrund der dargestellten Herausforderungen schlussfolgern Kuhlmeier und Weber aus den Erkenntnissen zu BBNE-Modellversuchen: „Die größte Herausforderung besteht daher nicht in der Entwicklung neuer Konzepte, sondern in der Etablierung neuer Praktiken" (2021, S. 434). Das Transferprojekt „TraNaxis – Transfer von Nachhaltigkeit in die berufliche Aus- und Weiterbildungspraxis durch Multiplikatorenqualifizierung" nimmt sich explizit dieser Herausforderung an. Wie bereits beschrieben, ist TraNaxis in den aktuellen Förderschwerpunkt BBNE-Transfer eingebunden und wird durch die Universität Erfurt und die Leuphana Universität Lüneburg gemeinsam im Verbund mit Praxispartnern umgesetzt. Durch die Verknüpfung erprobter Konzepte aus den zwei vorangegangenen Modellversuchen der beiden Universitäten zur Entwicklung von domänenspezifischen Nachhaltigkeits-kompetenzen in kaufmännischen Berufen und zur Gestaltung nachhaltiger Lernorte (siehe Tabelle 2) wird die bisherige Lücke zwischen struktureller Umsetzung und inhaltlich-methodischer Gestaltung geschlossen.

Tabelle 2: Fundament des Transferprojekts TraNaxis

Vorgängerprojekte aus dem Förderschwerpunkt „Berufsbildung für nachhaltige Entwicklung 2015-2019" als Basis für den Transfer

	BIBB-Modellversuch Pro-DEENLA	BIBB-Modellversuch KoProNa
Zielgruppe	betriebliches Bildungspersonal und Auszubildende	betriebliches Bildungspersonal und Auszubildende
Ziel	Kompetenzförderung für ein nachhaltig ausgerichtetes berufliches Handeln in der Transport- und Logistikbranche	Entwicklung und Erprobung von Konzepten zur Professionalisierung des Ausbildungspersonals für eine nachhaltige berufliche Bildung
Ergebnisse	14 nachhaltig ausgerichtete Lernmodule für den Einsatz in der betrieblichen Ausbildung zur Kauffrau/zum Kaufmann für Spedition und Logistikdienstleistung. Die Lernmodule orientieren sich am Ausbildungsrahmenplan für die Berufsausbildung Ausbildung zur Kauffrau/zum Kaufmann für Spedition und Logistikdienstleistung	► sechsteilige Workshopreihe inklusive Konzept zum Thema Nachhaltigkeit in der Ausbildung für betriebliches Bildungspersonal ► Konzept für Azubiworkshop mit Fotoprojekt „Nachhaltigkeit in meinem Ausbildungsbetrieb" ► 1 Analyseraster zur Einschätzung der Nachhaltigkeit in der betrieblichen Ausbildung für betriebliches Bildungspersonal basierend auf den Merkmalen eines nachhaltigen Lernortes (MnaL)

↓

Transferprojekt TraNaxis

Förderschwerpunkt BBNE-Transfer 2020-2022 „Berufsbildung für nachhaltige Entwicklung im Transfer für Ausbildungspersonal 2020-2022" (BBNE-Transfer)

Ziel	Transfer der Ergebnisse aus den Modellversuchen „KoProNa" und „Pro-DEENLA". Zentrales Transferprodukt sind die Lernaufgaben von Pro-DEENLA. Diese werden mittels Weiterbildungen (KoProNa) in die betriebliche Praxis transferiert.	**Zielgruppe**	Weiterbildner/-innen (angestellt oder freiberuflich) Betriebliche Ausbilder/-innen
Laufzeit	November 2020 bis Oktober 2022	**Ansatz/Vorgehen**	Multiplikatorenqualifizierung in zwei Phasen
Förderung	Gefördert vom BIBB aus den Mitteln des BMBF		► Phase 1: Qualifizierung von Weiterbildnerinnen und Weiterbildnern zu BBNE-Inhalten durch das Projektteam
Projekt-verbund	Universität Erfurt; Leuphana Universität Lüneburg; GILDE – Gewerbe- und Innovations-Zentrum Lippe-Detmold GmbH; VHS Bildungswerk Gotha, Steinbeis-Innovationszentrum Logistik und Nachhaltigkeit (SLN); IBBF Berlin		► Phase 2: Qualifizierung von betrieblichen Ausbilderinnen und Ausbildern durch die Weiterbildner/-innen Transfer und Verstetigung erfolgen über die Verbundpartner sowie weitere assoziierte Partner aus dem TraNaxis-Netzwerk

Quelle: eigene Darstellung

Der im Projekt entwickelte Ansatz der doppelten Multiplikatorenqualifizierung leitet sich aus den gewonnenen Ergebnissen der beiden Vorgängerprojekte ab. Im Rahmen der Zusammenarbeit mit Ausbildungsbetrieben stellte sich beispielsweise für den Modellversuch Pro-DEENLA die Entwicklung systematischer Weiterbildungskonzepte im Hinblick auf eine nachhaltig ausgerichtete Ausbildungsarbeit als wesentliches Desiderat in der BBNE heraus (vgl. FISCHER/HANTKE/ROTH 2021, S. 104). Dieses Desiderat führte zum Laufzeitende der Modellversuche zwangsläufig zu der Frage, wer das betriebliche Ausbildungspersonal zu den Themen der BBNE außerhalb der Modellförderstrukturen weiterbildet. Deutlich wurde hierdurch, dass den Weiterbildnerinnen und Weiterbildnern, ob freiberuflich oder im Anstellungsverhältnis tätig, ebenfalls eine Schlüssel- und Multiplikatorenfunktion innerhalb des Transfers von Nachhaltigkeit bzw. BBNE in die Bildungspraxis zugeschrieben werden kann (siehe Abschnitt 3). Mit dieser Fokussierung auf die Qualifizierungsbedarfe und mit der Zuschreibung der Multiplikatorenrolle auf betriebliche Ausbilder/-innen und Weiterbildner/-innen ist der Ansatz der doppelten Multiplikatorenqualifizierung entstanden.

Durch TraNaxis soll mit dem Ansatz der doppelten Multiplikatorenqualifizierung deshalb einerseits ein konkretes Angebot zur Bewältigung der skizzierten Herausforderungen beim Transfer von Nachhaltigkeit in die berufliche Aus- und Weiterbildungspraxis geschaffen werden, welches sich über alle drei Ebenen eines vertikalen Transfers (siehe Tabelle 1) erstreckt. Andererseits sollen wissenschaftliche Erkenntnisse zu Gelingensbedingungen für den BBNE-Transfer generiert werden. In Abbildung 1 werden die Phasen des Ansatzes dargestellt und anschließend hinsichtlich ihrer praxisorientierten sowie wissenschaftsbezogenen Relevanz genauer erläutert.

Abbildung 1: Doppelter Multiplikatorenansatz von TraNaxis

Weiterbildungs-institutionen	• Kontaktaufnahme und Kooperation mit überregionalen Weiterbildungsträgern • Gewinnung von interessierten Weiterbildner/-innen für die Qualifizierung zu BBNE
Qualifizierung von Weiterbildner/-innen	• Projektteam qualifiziert Weiterbildner/-innen • Ableitung eines Weiterbildungsleitfadens • Weiterbildungsleitfaden verbleibt in Weiterbildungsträgern zur weiteren Nutzung
Qualifizierung von betrieblichen Ausbilder/-innen	• Weiterbildner/-innen qualifizieren betriebliche Ausbilder/-innen • Ableitung einer zertifizierten Weiterbildung • Verstetigung in Weiterbildungsträgern und Kammern

Quelle: eigene Darstellung

Nach der Akquise von (Weiter-)Bildungsinstitutionen, als vorgelagerte Phase der Koordination, wurden in der **ersten Qualifizierungsphase** zunächst die Weiterbildner/-innen in Workshops mit den bereits erprobten Bildungsinhalten und Materialien durch die universitären Projektmitarbeiter/-innen vertraut gemacht. Für die Qualifizierung konnten Lehrkräfte von Weiterbildungsanbietern, Dozenten und Dozentinnen von Industrie- und Handelskammern oder auch freiberufliche Trainer/-innen über Wirtschaftsverbände und -vereine aus verschiedenen Regionen Deutschlands gewonnen werden. Folglich waren deren berufliche Kontexte sowie erworbene Qualifikationen äußerst heterogen (vgl. MÜLLER/PRANGER/REISSLAND 2021, S. 29). Vorerst ließen sich die bestehenden Qualifikationen der teilnehmenden Weiterbildner/-innen lediglich hinsichtlich der Kategorien „berufspädagogische Vorbildung", „allgemeine pädagogische Vorbildung" und „keine pädagogische Vorbildung" voneinander abgrenzen. Insgesamt nahmen 22 Weiterbildner/-innen an der Qualifizierung teil, von denen elf auf eine berufspädagogische und fünf auf eine allgemeine pädagogische Qualifikation verweisen konnten. Lediglich sechs Personen konnten keine pädagogischen Qualifikationen nachweisen.

Die meisten Weiterbildner/-innen (n=16) hatten mit den Themen der (B)BNE oder auch verwandten pädagogischen Bildungsinhalten noch keine Berührungspunkte. Für die Durchführung der Workshops folgte daraus, dass sowohl eine Sensibilisierung sowie Qualifizierung im Bereich (B)BNE als auch das Einüben berufs- und wirtschaftspädagogischer Methoden nötig war. Diese Bedingungen bildeten den Ausgangspunkt der Adaptionsprozesse und bedurften der Reflexion sowie Explikation, um auf diese Weise die Grundlage für den Lernprozess der Weiterbildner und Weiterbildnerinnen zu bieten. Die Bildungsinhalte fokussierten dabei die BBNE, z. B. Merkmale eines nachhaltigen Lernortes sowie Merkmale nachhaltigkeitsorientierter Lernaufgaben. Zudem wurden die Weiterbildner/-innen mit den methodisch-didaktischen Grundlagen der beruflichen Bildung vertraut gemacht. Ziel war es, die Qualifizierungsreihe an die individuellen Bedarfe der Weiterbildner/-innen in den Projektregionen anzupassen, durchzuführen und zu evaluieren.

Nach der erfolgreichen Qualifizierung der Weiterbildner/-innen folgte die **zweite Qualifizierungsphase**, die zum Zeitpunkt der Veröffentlichung dieses Beitrags stattfand: die Weiterbildung der betrieblichen Ausbilder/-innen. In dieser Phase wurden die betrieblichen Ausbilder/-innen von den methodisch-didaktisch qualifizierten Weiterbildnerinnen und Weiterbildnern zu BBNE in der Ausbildungspraxis fortgebildet. Ziel war es, das Ausbildungspersonal mit den erprobten Produkten vertraut zu machen und sie bei der Adaption der Bildungsinhalte an ihre eigene betriebliche Ausbildungssituation zu unterstützen.

Das Projektteam war in dieser Phase beratend und evaluierend tätig. Hierbei verfolgt TraNaxis einen partizipativen, gestaltungsorientierten Forschungsansatz. Durch diesen sollen sowohl ein bildungspraktischer Nutzen als auch theoretische Erkenntnisse im Rahmen der iterativen Entwicklung, Erprobung, Evaluation und Verbreitung der Modellversuchsergebnisse erlangt werden (siehe dazu exemplarisch REINMANN 2017, S. 50). Zur Strukturierung dieses Ansatzes wird das Sechs-Phasen-Modell von Euler (2014) herangezogen, bei dem die Generierung übergeordneter Gestaltungsprinzipien für einen ganzheitlichen BBNE-Transfer im Vordergrund steht.

Die ersten Ergebnisse aus der **ersten Qualifizierungsphase** zeigten, dass verschiedene Reflexionsprozesse bei den Teilnehmenden angestoßen wurden. Die Reflexion der eigenen Praxis stellt nicht nur für Weiterbildner/-innen, sondern auch für betriebliche Ausbilder/-innen eine entscheidende Bedingung zur erfolgreichen Adaption von Bildungsinhalten dar und macht einen grundlegenden Bestandteil pädagogischer Professionalität aus (vgl. REISSAND/MÜLLER 2020, S. 6). Als Ergebnis der beiden in TraNaxis vereinten Modellversuche konnte herausgestellt werden, dass dem betrieblichen Ausbildungspersonal Reflexionsräume (vgl. FISCHER/HANTKE/ROTH 2021) mit konkreten Reflexionsanlässen eröffnet werden müssen. Weiterbildner/-innen sollten folglich befähigt werden, individuelle Reflexionsprozesse für die Zielgruppe der betrieblichen Ausbilder/-innen zu ermöglichen, um auch betriebliche Lern- und Veränderungsprozesse anstoßen zu können. Der TraNaxis-Ansatz einer doppelten Mulitplikatorenqualifizierung stellt eine maßgebliche didaktische Grundlage für die Herausbildung einer reflexiven beruflichen Handlungsfähigkeit im Kontext nachhaltiger Entwicklung dar (vgl. PRANGER/HANTKE 2020). Der Qualifizierungsansatz der Weiterbildner/-innen, die durch das Projektteam mittels Weiterbildungsleitfaden befähigt wurden, die bestehenden Ergebnisse pädagogisch und methodisch fundiert, individuell, bedarfsgerecht und domänenübergreifend weiterzuentwickeln, ist neu. In der **zweiten Phase** der Qualifizierung konnten durch die erworbenen Erkenntnisse die betrieblichen Ausbilder/-innen eigenständig weitergebildet werden. Das universitäre Projektteam nahm dann eine evaluierende und beratende Rolle ein. Eine elementare Bruchstelle ist der Verbleib und die eigenständige Adaption der Weiterbildungsleitfäden in das eigene Produktportfolio. Damit eröffnet sich ein drittes Problemfeld, welches hier nur kurz erwähnt wird: Weiterbildungskonzepte für BBNE haben derzeit noch keine flächendeckende Anerkennung in Form von Zertifikaten erreicht. Die Entwicklung eines anerkannten Zertifikats wird, wenn auch aktuell nicht flächendeckend, im Transferprojekt deshalb angestrebt (vgl. MÜLLER/PRANGER/REISSLAND 2021, S. 29).

Insgesamt entsteht eine didaktische Grundlage zur nachhaltigkeitsorientierten Qualifizierung des Berufsbildungspersonals, die auf erprobten Konzepten aufbaut und durch den innovativen pragmatischen Ansatz der doppelten Multiplikatorenqualifizierung die bisher bestehenden Verankerungslücken schließt. Konkret werden in TraNaxis ausgewählte Ergebnisse und Produkte unter einer doppelten Multiplikatorenqualifizierung zusammengefasst, welche aktuell weiträumig verbreitet und langfristig verstetigt werden sollen.

Der doppelte Multiplikatorbezug betrifft das neue Vorgehen, zunächst die BBNE-Multiplikatorengruppe der Weiterbildner/-innen nachhaltigkeitsbezogen zu qualifizieren, die dann wiederum selbstständig die weitere BBNE-Multiplikatorengruppe der betrieblichen Ausbilder/-innen qualifizieren. Das Verständnis richtet sich aber nicht nur auf die genannten Multiplikatorengruppen, sondern schließt analog zu den Ergebnissen zum nachhaltigen Lernort aus dem Modellversuch KoProNa auch die Organisationen mit ein, in denen die jeweiligen Multiplikatorinnen und Multiplikatoren tätig sind (Weiterbildungsinstitutionen,

Beratungsunternehmen sowie Ausbildungsbetriebe aus unterschiedlichen Domänen). Im Folgenden wird diese Perspektive in Form eines Ausblicks näher skizziert.

5   Ein domänenübergreifendes Vorgehen als Antwort auf die Anforderungen an das betriebliche Bildungspersonal?

In ihren Ausführungen zur Genese der BBNE konstatieren Haan, Holst und Singer-Brodowski, „dass die berufliche Bildung eine entscheidende Rolle innerhalb der gesellschaftlichen Transformation zur Nachhaltigkeit innehat" (HAAN/HOLST/SINGER-BRODOWSKI 2021, S. 14). Hinzu kommt der fortschreitende Digitalisierungsprozess, der Organisationen vor Herausforderungen hinsichtlich neuer Arbeitsformen und Arbeitsaufgaben stellt. An das betriebliche Bildungspersonal werden innerhalb dieser Transformationsprozesse veränderte Qualifikationsanforderungen herangetragen. Bei der Gestaltung von Lernprozessen bedarf es weiterhin einer neuen didaktischen Ausrichtung, sodass Berufsbildung hier gefordert ist, Transformationsprozesse mitzugestalten (vgl. DIETTRICH/FASSHAUER/KOHL 2021, S. 23ff.).

Mit den modernisierten Standardberufsbildpositionen, die neben der bereits erläuterten Berufsbildposition „Umweltschutz und Nachhaltigkeit" auch die Berufsbildposition „Digitalisierte Arbeitswelt" neu für die schulische und betriebliche Ausbildung festlegen, werden auf der ordnungspolitischen Ebene die Weichen für diesen Transformationsprozess gestellt. In den vorangegangenen Abschnitten konnte herausgestellt werden, dass der Transfer von Qualifizierungsangeboten in die pädagogische Aus- und Weiterbildungspraxis eine weitere Herausforderung darstellt, für die noch praxisorientierte Lösungsansätze gefunden werden müssen, um dem Leitgedanken der „Zukunftsstrategie BNE 2015+" „Vom Projekt zur Struktur" gerecht zu werden. Ergebnisse aus den Modellversuchen der Förderlinien I und II wurden bislang hauptsächlich mit personalen Ansätzen transferiert, bei denen die Förderung der Kompetenzen der Mitarbeitenden einer Organisation (vorwiegend Berufsbildungspersonal und Auszubildende) im Fokus stand, um zur Unterstützung und Bewältigung von Veränderungsprozessen beizutragen (vgl. KUHLMEIER/WEBER 2021, S. 431f.).

Mit dem doppelten Multiplikatorenansatz, bei dem die Zielgruppen überbetrieblicher Weiterbildner/-innen und betrieblicher Ausbilder/-innen angesprochen werden, verfolgt TraNaxis auf den ersten Blick ein ähnliches Vorgehen, welches sich auf die personale Ebene von Organisationen bezieht. Allerdings wird auch gezielt die strukturelle Organisationsebene adressiert, indem sich die didaktische Konzeption der Weiterbildungen an dem *Whole Institution Approach* orientiert. Dieser ist konkreter Bestandteil des Handlungsfelds 2 „Lern- und Lehrumgebungen" der aktuellen Roadmap BNE 2030 (vgl. UNESCO 2021). Nach diesem sollen sich die gesamte Organisation und die dort stattfindenden Bildungsprozesse an den Prinzipien der BNE und der nachhaltigen Entwicklung ausrichten. Das transformative Ziel ist hier, dass (betriebliche) Lernorte ihre volle Innovationskraft entfalten können, indem Nachhaltigkeit nicht nur ein Thema darstellt, sondern ganzheitlich in Lernprozesse, Methoden usw. einfließt (vgl. ebd., S. 9; HOLZBAUR 2020, S. 352).

Damit das betriebliche Bildungspersonal methodisch-didaktisch so qualifiziert werden kann, dass es in der Lage ist, Ausbildung im Sinne des *Whole Institution Approach* zu gestalten, wurden die Weiterbildungen bei TraNaxis domänenübergreifend strukturiert. Zum einen sind die für TraNaxis tätigen Weiterbildner/-innen in der Regel nicht in einer konkreten Domäne tätig, sondern arbeiten domänenübergreifend für unterschiedliche Branchen und qualifizieren Personen aus unterschiedlichen Berufsgruppen. Somit bilden diese eine neutrale Basis mit dem nötigen Bewusstsein für einen Perspektivwechsel (siehe Abschnitt 1). Zum anderen findet bei der betrieblichen Qualifizierungsphase eine Verknüpfung der kaufmännischen und gewerblich-technischen Ausbildung statt (soweit dies die Rahmenbedingungen in den jeweiligen Ausbildungsbetrieben hergeben). So ist vorgesehen, jeweils Ausbilder/-innen kaufmännischer sowie gewerblich-technischer Berufe eines Betriebs gemeinsam zu qualifizieren, sodass ein abteilungsübergreifender Lernprozess im Sinne des *Whole Institution Approach* stattfinden kann. Diese zweite Qualifizierungsphase startete Anfang 2022 und wurde, wie in Abschnitt 4 beschrieben, wissenschaftlich evaluiert. Die modernisierten Standardberufsbildpositionen dienen für diese zweite Qualifizierungsphase als didaktischer Anker, da diese zur curricularen Strukturierung der betrieblichen Ausbildung den *Whole Institution Approach* implizit vorgeben und somit auch ein domänenübergreifendes Vorgehen fokussieren. Ein Ausschnitt aus den Berufsbildpositionen „Umweltschutz und Nachhaltigkeit" und „Digitalisierte Arbeitswelt" soll dies verdeutlichen. Es zeigt sich hier, dass sowohl Nachhaltigkeit als auch Digitalisierung keine „Themen" darstellen, die innerhalb der beruflichen Bildung „vermittelt" werden können. Vielmehr bedarf es einer ganzheitlichen Betrachtungsweise, die Lernende und Lehrende dazu befähigt, die (außer-)betriebliche Arbeitswelt transformativ mitzugestalten (siehe Tabelle 3).

Die modernisierten Berufsbildpositionen stellen somit eine wesentliche Grundlage für berufliches Handeln dar und können durchaus neben der fachlichen zu einer persönlichen Weiterentwicklung bei Auszubildenden beitragen. Mit den einzelnen Berufsbildpositionen gelingt es, sich mit den aktuellen gesellschaftlichen Herausforderungen innerhalb und über die Ausbildungszeit hinweg auseinanderzusetzen. Vor allem der Fokus auf die Themen Nachhaltigkeit und Umweltschutz sowie Digitalisierung sind von großer Bedeutung in den Ausbildungsberufen. Nachhaltiges Handeln verändert die Arbeitswelt und damit einhergehend die Arbeits- und Geschäftsprozesse. Mit dem nachhaltigen Denken und Handeln in der beruflichen Praxis gewinnt auch die Digitalisierung von Arbeitsschritten und -prozessen mehr an Bedeutung und wird unverzichtbar für das berufliche Handeln.

Tabelle 3: Domänenübergreifende Didaktik in den modernisierten Standardberufsbildpositionen

Berufsbildpositionen, Fertigkeiten, Kenntnisse und Fähigkeiten	Zeitliche Zuordnung	Erläuterungen/Beispiele
3 Umweltschutz und Nachhaltigkeit		
f) unter Einhaltung betrieblicher Regelungen im Sinne einer ökonomischen, ökologischen und sozial nachhaltigen Entwicklung zusammenarbeiten und **adressatengerecht kommunizieren**	**während der**	▶ Aufbereitung von Informationen und Aufbau einer Nachricht ▶ betriebliches Umweltmanagement ▶ Aufbau und Pflege von Kooperationsbeziehungen ▶ vernetztes, ressourcensparendes Zusammenarbeiten ▶ abgestimmtes Vorgehen ▶ Nachhaltigkeit und Umweltschutz als Wettbewerbsvorteil
4 Digitalisierte Arbeitswelt		
c) **ressourcenschonend, adressatengerecht** und effizient **kommunizieren** sowie Kommunikationsergebnisse dokumentieren	**gesamten Ausbildung**	▶ analoge und digitale Formen der Kommunikation und deren Vor- und Nachteile ▶ Aufbau, Phasen und Planung eines Gespräches ▶ verbale und nonverbale Kommunikation ▶ Techniken der Gesprächsführung ▶ Reflexion des eigenen Kommunikationsverhaltens ▶ Qualität einer Dokumentation, z. B.: Adressatenbezug, Aktualität, Barrierefreiheit, Richtigkeit, Vollständigkeit

Quelle: eigene Darstellung in Anlehnung an BIBB 2021, S. 12ff.

Literatur

AUTORENGRUPPE WB-PERSONALMONITOR (Hrsg.): Das Personal in der Weiterbildung. Arbeits- und Beschäftigungsbedingungen, Qualifikationen, Einstellungen zu Arbeit und Beruf. DIE Survey Daten und Berichte zur Weiterbildung. Bielefeld 2016

BAHL, Anke; BRÜNNER, Kathrin: Das betriebliche Ausbildungspersonal – Eine vernachlässigte Gruppe in der Berufsbildungsforschung. In: RAUNER, Felix; GROLLMANN, Philipp (Hrsg.): Handbuch Berufsbildungsforschung. Bielefeld 2018, S. 362–369

BIBB – BUNDESINSTITUT FÜR BERUFSBILDUNG (Hrsg.): Vier sind die Zukunft. Die modernisierten Standardberufsbildpositionen anerkannter Ausbildungsberufe. Bonn 2021. URL: https://www.bibb.de/dienst/veroeffentlichungen/de/publication/show/17281 (Stand: 15.07.2022)

BMBF – BUNDESMINISTERIUM FÜR BILDUNG UND FORSCHUNG (Hrsg.): Berufsbildungsbericht 2018. Bonn 2018

DIETTRICH, Andreas; FASSHAUER, Uwe; KOHL, Matthias: Betriebliches Lernen gestalten – Konsequenzen von Digitalisierung und neuen Arbeitsformen für das betriebliche Bildungspersonal. In: KOHL, Matthias; DIETTRICH, Andreas; FASSHAUER, Uwe (Hrsg.): „Neue Normalität" betrieblichen Lernens gestalten. Konsequenzen von Digitalisierung und neuen Arbeitsformen für das Bildungspersonal. Bonn 2021, S. 17–33. URL: https://www.bibb.de/dienst/veroeffentlichungen/de/publication/show/17244 (Stand: 15.07.2022)

DIETTRICH, Andreas; HARM, Stefan: Berufspädagogische Begleitung und Qualitätsentwicklung. Tätigkeiten und Anforderungen an das betriebliche Ausbildungspersonal. In: Berufsbildung in Wissenschaft und Praxis 47 (2018) 3, S. 14–18. URL: https://www.bwp-zeitschrift.de/dienst/veroeffentlichungen/de/bwp.php/de/bwp/show/8790 (Stand: 15.07.2022)

ECKERT, Manfred: Praxisforschung zwischen Empirie und Diskurs: die Expertise der Ausbilderinnen und Ausbilder stärken. In: SCHEMME, Dorothea; NOVAK, Hermann (Hrsg.): Gestaltungsorientierte Forschung – Basis für soziale Innovationen. Erprobte Ansätze im Zusammenwirken von Wissenschaft und Praxis. Bielefeld 2017, S. 113–130. URL: https://www.bibb.de/dienst/veroeffentlichungen/de/publication/show/8423 (Stand: 15.07.2022)

ECKERT, Manfred; MÜLLER, Claudia; SCHRÖTER, Tom: Der Ausbilder als Akteur der Qualitätsentwicklung – BIBB-Modellversuch „ProfUnt" zur Qualitätsentwicklung in der betrieblichen Berufsausbildung. In: bwp@ Berufs- und Wirtschaftspädagogik – online, (2011) 21, S. 1–12. URL: http://www.bwpat.de/ausgabe21/eckert_etal_bwpat21.pdf (Stand: 15.07.2022)

EULER, Dieter: Design-Research. A Paradigm under Development. In: Zeitschrift für Berufs- und Wirtschaftspädagogik (2014) Beiheft 27, S. 15-41

ESSER, Friedrich Hubert: Nachhaltig für eine Berufsbildung der Zukunft. In: Berufsbildung in Wissenschaft und Praxis 50 (2021) 3, S. 3. URL: https://www.bwp-zeitschrift.de/dienst/veroeffentlichungen/de/bwp.php/de/bwp/show/17287 (Stand: 15.07.2022)

FISCHER, Andreas; HANTKE, Harald; ROTH, Jens-Jochen: Innovatives Lernen zwischen betrieblichen Anforderungen und nachhaltigen Herausforderungen. In: MELZIG, Christian; KUHLMEIER, Werner; KRETSCHMER, Susanne (Hrsg.): Berufsbildung für nachhaltige Entwicklung. Die Modellversuche 2015–2019 auf dem Weg vom Projekt zur Struktur. Bonn 2021, S. 85–107. URL: https://www.bibb.de/dienst/veroeffentlichungen/de/publication/show/16974 (Stand: 15.07.2022)

KAMP, GEORG; HAAN, Gerhard de; LERCH, Achim; MARTIGNON, Laura; MÜLLER-CHRIST, Georg; NUTZINGER, Hans Gottfried; WÜTSCHER, Friederike: Nachhaltigkeit und Gerechtigkeit. Grundlagen und schulpraktische Konsequenzen. Berlin, Heidelberg 2008

HAAN, Gerhard de; HOLST, Jorrit; SINGER-BRODOWSKI, Mandy: Berufliche Bildung für nachhaltige Entwicklung (BBNE). Genese, Entwicklungsstand und mögliche Transformationspfade. In: Berufsbildung in Wissenschaft und Praxis 50 (2021) 3, S. 10–14. URL: https://www.bwp-zeitschrift.de/dienst/veroeffentlichungen/de/bwp.php/de/bwp/show/17293 (Stand: 15.07.2022)

HEMKES, Barbara; MELZIG, Christian: Auf dem Weg vom Projekt zur Struktur – Erkenntnisse zur Verankerung von Nachhaltigkeit aus den BIBB-Modellversuchen zur BBNE. In: Berufsbildung in Wissenschaft und Praxis 50 (2021) 3, S. 20–23. URL: https://www.bwp-zeitschrift.de/dienst/veroeffentlichungen/de/bwp.php/de/bwp/show/17299 (Stand: 15.07.2022)

HOLST, Jorrit; SINGER-BRODOWSKI, Mandy: Bildung für nachhaltige Entwicklung (BNE) in der beruflichen Bildung. Strukturelle Verankerung zwischen Ordnungsmitteln und Nachhaltigkeitsprogrammatik. Kurzbericht zu Beginn des UNESCO BNE-Programms „ESD for 2030". Berlin 2020

HOLZBAUR, Ulrich: Nachhaltige Entwicklung. Der Weg in eine lebenswerte Zukunft. Wiesbaden 2020

KoProNa (Hrsg.): Das Analyseraster zur Erfassung von Merkmalen eines nachhaltigen Lernortes. o. J. URL: https://www.bibb.de/dokumente/pdf/Analyseraster_Vorlage_11122019.pdf (Stand 15.07.2022)

KUHLMEIER, Werner; WEBER, Heiko: Transfer und Verstetigung von Modellversuchsergebnissen. In: MELZIG, Christian; KUHLMEIER, Werner; KRETSCHMER, Susanne (Hrsg.): Berufsbildung für nachhaltige Entwicklung. Die Modellversuche 2015–2019 auf dem Weg vom Projekt zur Struktur. Bonn 2021, S. 426–437. URL: https://www.bibb.de/dienst/veroeffentlichungen/de/publication/show/16974 (Stand: 15.07.2022)

MELZIG, Christian: Hintergründe, Ansätze und Ziele des Förderschwerpunkts „BBNE 2015–2019". In: MELZIG, Christian; KUHLMEIER, Werner; KRETSCHMER, Susanne (Hrsg.): Berufsbildung für nachhaltige Entwicklung. Die Modellversuche 2015–2019 auf dem Weg vom Projekt zur Struktur. Bonn 2021, S. 15–32. URL: https://www.bibb.de/dienst/veroeffentlichungen/de/publication/show/16974 (Stand: 15.07.2022)

MOHORIč, Andrea: Berufsbildung für nachhaltige Entwicklung – Das Bundesinstitut für Berufsbildung als Akteur und Moderator bei der Gestaltung des Transfers der Modellversuchsergebnisse. In: KUHLMEIER, Werner; VOLLMER, Thomas; MOHORIč, Andrea (Hrsg.): Berufsbildung für nachhaltige Entwicklung. Modellversuche 2010-20-3: Erkenntnisse, Schlussfolgerungen und Ausblicke. Bielefeld 2014, S. 183–196. URL: https://www.bibb.de/dienst/veroeffentlichungen/de/publication/show/7453 (Stand: 15.07.2022)

MOHORIč, Andrea; VOLLMER, Thomas; KUHLMEIER, Werner: Transfer und Nachhaltigkeit – Anschluss an die Ordnungsarbeit. In: SCHEMME, Dorothea; NOVAK, Hermann; GARCIA-WÜLFING, Isabel (Hrsg.): Transfer von Bildungsinnovationen – Beiträge aus der Forschung. Bielefeld 2017, S. 219–242

MÜLLER, Claudia; PRANGER, Jan; REISSLAND, Jens: Transfer von Nachhaltigkeit in die Praxis. Ein doppelter Qualifizierungsansatz für das Aus- und Weiterbildungspersonal. In:

Berufsbildung in Wissenschaft und Praxis 50 (2021) 3, S. 28–29. URL: https://www. bwp-zeitschrift.de/dienst/veroeffentlichungen/de/bwp.php/de/bwp/show/17305 (Stand: 15.07.2022)

PAHL, Jörg-Peter: Berufliche Didaktiken. Werkzeuge zur Gestaltung der Berufsausbildung. Bielefeld 2020

PRANGER, Jan; HANTKE, Harald: Die Wertschöpfungskette der Lebensmittelindustrie als Resonanzraum – Ein offenes Lernaufgabenkonzept im betrieblichen Einsatz. In: Haushalt in Bildung und Forschung 9 (2020) 3, S. 81–98

REINMANN, Gabi: Design-Based-Research. In: SCHEMME, Dorothea; NOVAK, Hermann (Hrsg.): Gestaltungsorientierte Forschung – Basis für soziale Innovationen. Erprobte Ansätze im Zusammenwirken von Wissenschaft und Praxis. Bonn 2017, S. 49–61. URL: https://www.bibb.de/dienst/veroeffentlichungen/de/publication/show/8423 (Stand: 15.07.2022)

REISSLAND, Jens; MÜLLER, Claudia: Zukünftige Herausforderungen in der betrieblichen Ausbildung gestalten – Reflexivität als Grundlage für das betriebliche Ausbilderhandeln. In: bwp@ Spezial 17: Zukunftsdiskurse – berufs- und wirtschaftspädagogische Reflexionen eines Modells für eine nachhaltige Wirtschafts- und Sozialordnung – online (2020) S. 1–23. URL: https://www.bwpat.de/spezial17/reissland_mueller_spezial17. pdf (Stand: 15.07.2022)

SEVERING, Eckart: Aktuelle Herausforderungen an die Berufsbildung und daher an die Berufsbildungsforschung. In: WEISS, Reinhold; SEVERING, Eckart (Hrsg.): Multidisziplinär – praxisorientiert – evidenzbasiert: Berufsbildungsforschung im Kontext unterschiedlicher Anforderungen. Leverkusen 2018, S. 15–24. URL: https://www.bibb.de/ dienst/veroeffentlichungen/de/publication/show/9028 (Stand: 15.07.2022)

SLOANE, Peter F. E.: Unbekannte Praxis – Über die Schwierigkeit einiger, Forscher die Welt zu verstehen. Eine Polemik. In: Zeitschrift für Berufs- und Wirtschaftspädagogik (2017) 3, S. 355–365

WEBER, Heiko; KUHLMEIER, Werner; MELZIG, Christian; VOLLMER, Thomas; KRETSCHMER, Susanne: Lessons Learned – Resümee der Erfahrungen und Erkenntnisse aus dem BBNE-Förderschwerpunkt. In: MELZIG, Christian; KUHLMEIER, Werner; KRETSCHMER, Susanne (Hrsg.): Berufsbildung für nachhaltige Entwicklung. Die Modellversuche 2015–2019 auf dem Weg vom Projekt zur Struktur. Bonn 2021, S. 478–490. URL: https://www. bibb.de/dienst/veroeffentlichungen/de/publication/show/16974 (Stand: 15.07.2022)

WISSHAK, Susanne; BONNES, Caroline; KELLER, Inka; BARTH, Dorothee; HOCHHOLDINGER, Sabine: Qualifikationen von Lehrenden in der beruflich-betrieblichen Weiterbildung. In: Zeitschrift für Bildungsforschung 10 (2020) 1, S. 103–123

UNESCO – UNITED NATIONS EDUCATIONAL, SCIENTIFIC AND CULTURAL ORGANIZATION (Hrsg.): Bildung für nachhaltige Entwicklung. Eine Roadmap. Bonn 2021. URL: https://www. unesco.de/sites/default/files/2021-10/BNE_2030_Roadmap_DE_web-PDF_nicht-bf. pdf (Stand: 15.07.2022)

Wilhelm Trampe

▶ Berufliche Bildung für eine nachhaltige Entwicklung in der zweiten Phase der Lehrkräfteausbildung

Im Diskurs über die Notwendigkeit einer Professionalisierung des Bildungspersonals zum Thema nachhaltige Entwicklung wird die zweite Phase der Lehrkräfteausbildung bisher nahezu ausgeblendet. Das Potenzial dieser Ausbildungsphase soll daher in diesem Beitrag aufgezeigt werden.

Nach einer Bestandsaufnahme vorhandener Ansätze zur beruflichen Bildung für nachhaltige Entwicklung (BBNE) innerhalb der ersten Phase der Lehrkräfteausbildung wird das Konzept einer Zusatzqualifikation für die zweite Phase vorgestellt. Die Zusatzqualifikation wird aufgrund ihrer Wissenschaftsbasiertheit und transdisziplinären methodisch-didaktischen Ausrichtung als ein Weg angesehen, um Lehrkräften im Vorbereitungsdienst die nötigen Kompetenzen zu vermitteln, BBNE als wesentliches Element ihrer Lehrtätigkeit zu erkennen und umzusetzen.

1   Die Relevanz von (beruflicher) Bildung für das Leitbild der nachhaltigen Entwicklung

Spätestens seit der Weltkonferenz für Umwelt und Entwicklung der Vereinten Nationen in Rio de Janeiro im Jahre 1992 wurde das Leitbild der nachhaltigen Entwicklung international populär. Auch wenn die Kulturgeschichte des Begriffs „Nachhaltigkeit" auf eine lange Tradition mit zahlreichen Vorläufern verweisen kann (vgl. dazu GROBER 2010), wurden hier erstmals globale Nachhaltigkeitsziele formuliert, um insbesondere die wachsende soziale Kluft zwischen den Industrieländern und sogenannten Entwicklungsländern zu reduzieren und den zerstörerischen Umgang mit den natürlichen Lebensgrundlagen einzudämmen. Hierzu verabschiedeten die teilnehmenden Staaten der Rio-Konferenz die sogenannte Rio-Deklaration mit einem Aktionsplan: die „Agenda 21" (UN 1992). In dieser wird Bildung als unerlässliche Voraussetzung für die Förderung einer nachhaltigen Entwicklung und Fähigkeit des Menschen bezeichnet, sich mit sogenannten Umwelt- und Entwicklungsfragen auseinanderzusetzen. Weitere Konferenzen folgten, die eine zunehmende Ausdifferenzierung von Zielen einer nachhaltigen Entwicklung hervorbrachten – bis hin zu der „Agenda 2030" (UN 2015) mit 17 Nachhaltigkeitszielen.

Bildung gilt bis dato unbestritten als notwendige Bedingung einer Entwicklung hin zu einer nachhaltigen Wirtschafts- und Gesellschaftsform mit dem Ziel, Bildung für nachhaltige Entwicklung (BNE) in allen Bildungsbereichen strukturell zu verankern (vgl. UNESCO-Programm „BNE 2030").

Auch der Bereich der beruflichen Bildung wird bereits in der „Agenda 21" als wichtige Voraussetzung für eine Veränderung von sozialen Systemen im Hinblick auf Nachhaltigkeit eingestuft und angesehen: „Aus- und Fortbildung ist eine der wichtigsten Voraussetzungen für die Erschließung der menschlichen Ressourcen und die Erleichterung des Übergangs in eine nachhaltigere Welt" (UN 1992, S. 334).

Versucht man eine zeitliche Einordnung der Entstehung des Diskurses über Nachhaltigkeit im Berufsbildungsbereich, so lässt sich der Zeitpunkt etwa um die Jahrtausendwende einordnen (vgl. z. B. FISCHER 1998; MERTINEIT/NICKOLAUS/SCHNURPEL 2001; TRAMPE 2001). Einen wichtigen Impuls setzte die Verabschiedung eines Orientierungsrahmens zur BBNE im Jahr 2003 in Osnabrück, der u. a. das Desiderat formulierte, dass berufsspezifische Qualifikationen zur Erfüllung des Leitbildes der nachhaltigen Entwicklung zu identifizieren sowie dauerhafte und zugleich dynamische Nachhaltigkeitsstrukturen in der beruflichen Aus- und Weiterbildung zu schaffen wären (BMBF 2003, S. 174). Seither werden vom Bundesministerium für Bildung und Forschung zahlreiche Projekte zu diesem Aufgabenbereich unter Federführung des Bundesinstituts für Berufsbildung gefördert (vgl. dazu z. B. KUHLMEIER/MOHORIČ/VOLLMER 2014; BIBB 2017; MELZIG/KUHLMEIER/KRETSCHMER 2021).

Trotz dieser Modellversuche und zahlreicher solitärer Ansätze stehen Konzepte der Bildung für eine nachhaltige Entwicklung nach wie vor an der Peripherie der beruflichen Bildungsarbeit (vgl. REBMANN/SCHLÖMER 2020, S. 11). Es fehlt ihnen gegenwärtig nach wie vor der Status einer „umfassenden Modernisierungsstrategie" (vgl. DIETTRICH/HAHNE/WINZIER 2007, S. 10) im Sinne einer „Großen Transformation". Der für den postmodernen Diskurs über Nachhaltigkeit zentrale Begriff der „Großen Transformation" geht auf den Wirtschaftshistoriker und Sozialwissenschaftler Karl Polanyi zurück, der damit den Übergang von der vorindustriellen Gesellschaft zur markwirtschaftlich geprägten Industriegesellschaft bezeichnete (vgl. POLANYI 2019 (orig. 1944)). Es klingt wie eine Ironie des Schicksals, dass dieser Begriff heute verwendet wird, um auf die radikalen Notwendigkeiten der Veränderung der Industriegesellschaften hin zu einer nachhaltigen sozial-ökologischen Gesellschaft hinzuweisen. Dies geschieht mit dem Ziel, die Lebensgrundlagen der Menschheit generationenübergreifend zu sichern, Chancen auf ein gutes Leben inter- und intragenerational gerecht zu verteilen und irreversible Schäden ökologischer Systeme zu vermeiden – damit sind drei Dimensionen integriert: das Ökologische, das Soziale und das Ökonomische (zu dem damit verbundenen Drei-Säulen-Modell und weiteren Modellen vgl. z. B. PUFÉ 2017, S. 27–58; IBISCH u. a. 2018, S. 51ff.). In der viel beachteten Studie des Wissenschaftlichen Beirats der Bundesregierung Globale Umweltveränderungen wird diese Wende in ihrer Bedeutung verglichen mit den bisher fundamentalsten Transformationen der Menschheitsgeschichte: der neolithischen Revolution, d. h. der Erfindung und Verbreitung von Ackerbau und Viehzucht, und der industriellen Revolution, dem Übergang von der Agrar- zur Industriegesellschaft (vgl. WBGU 2011, S. 5).

Vielleicht sind es die mit dieser „Großen Transformation" verbundenen Konsequenzen, die (Berufs-)Bildungsakteurinnen und -akteure davor zurückschrecken lassen, sich mit zentralen Fragen umfassender Modernisierungsstrategien im Rahmen einer BNE zu beschäftigen?

So stellen Haan/Holst/Singer-Brodowski (2021, S. 12) zusammenfassend fest, dass eine entscheidende Voraussetzung für mehr Nachhaltigkeit im Berufsbildungsalltag fehle, nämlich eine systematische Förderung von BBNE und Nachhaltigkeit in der Aus- und Weiterbildung des Ausbildungspersonals in Berufsschulen sowie Betrieben, und konstatieren mit Bezug auf Holst u. a. (2020) einen akuten Handlungsbedarf.

Das bislang kaum ausgeschöpfte Potenzial einer BBNE besteht darin, geeignete Fragen und Themen auszuwählen, an denen die Elemente und die Interdependenzen der Dimensionen nicht nachhaltiger Entwicklungen exemplarisch und systematisch erfahrbar, analysierbar und damit erkennbar werden, um aus dem Veränderungsnotwendigen Alternativen zu entwickeln. Voraussetzung hierfür ist eine entsprechende Ausbildung und Professionalisierung des Ausbildungspersonals.

Lehrkräfte an berufsbildenden Schulen können als einflussreiche Multiplikatorinnen und Multiplikatoren für die Umsetzung der Transformationsziele aus der „Agenda 2030" angesehen werden, da sie einen wesentlichen pädagogischen Beitrag zur Förderung einer nachhaltigen Entwicklung leisten könnten. Eine entsprechende (Aus-)Bildung der Lehrkräfte ist für die Umstrukturierung der Bildungsprozesse und Bildungseinrichtungen im Hinblick auf das Leitbild der Nachhaltigkeit somit unerlässlich.

Im Hinblick auf die oben angesprochene Notwendigkeit, Bildung für eine nachhaltige Entwicklung innerhalb der beruflichen Bildung zu integrieren, ergeben sich konkrete Kernaufgaben: Beispielsweise hat die Verwirklichung einer Entwicklung hin zu einer „Großen Transformation" und die in diesem Zusammenhang notwendige Veränderung der bestehenden sozialen und ökonomischen Systeme weitreichende Konsequenzen für Bildungs- und Arbeitsprozesse. Und im Hinblick auf nicht nachhaltiges Handeln in sämtlichen gesellschaftlichen Bereichen gilt es, entsprechende Strategien (z. B. *Greenwashing*) zu identifizieren, zu analysieren, zu bewerten und ggf. Alternativen zu entwickeln. Allerdings stellt die Vermittlung dieses komplexen und transdisziplinären Vorgehens hohe Anforderungen an die Lehrkräfte, die aus fachdidaktischer, berufs- und wirtschaftspädagogischer sowie nachhaltigkeitswissenschaftlicher Sicht zu betrachten wären. Hierbei gilt es, einer Überforderung durch lernpsychologisch angemessene Sukzession der Inhalte vorzubeugen.

2   Berufliche Bildung für nachhaltige Entwicklung in der ersten Phase der Lehrkräfteausbildung

Im Hochschulbereich sind in den letzten 15 Jahren Bestrebungen erkennbar, BNE in die Hochschullehre zu integrieren, obwohl zahlreiche Hindernisse vorliegen, die einer breiten und langfristigen strukturellen Verankerung im Wege stehen (vgl. LEAL FILHO 2018).

Die Ausbildung von Lehrkräften für berufsbildende Schulen besteht traditionell aus drei Schwerpunkten: dem Studium innerhalb einer beruflichen Fachrichtung, eines Unterrichtsfaches sowie der Berufs- und Wirtschaftspädagogik. Grundsätzlich wären Bezüge zum Thema Nachhaltigkeit in allen drei genannten Bereichen möglich, allerdings ist das erkenntnisleitende Interesse an nachhaltigkeitsrelevanten Themen in den einzelnen wissenschaftlichen Disziplinen unterschiedlich ausgeprägt. Dazu kommen strategische Schwerpunktsetzungen der einzelnen Hochschulen, die eine Orientierung an sogenannten „starken Nachhaltigkeitskonzepten" als mehr oder weniger erstrebenswert ansehen.

Die Unterscheidung zwischen starker und schwacher Nachhaltigkeit stellt bei der Grundausrichtung einer BNE sowohl in der ersten als auch zweiten Phase der Lehrkräfteausbildung eine zentrale Orientierungsgröße dar, deshalb ist es wichtig, die beiden Konzepte einzuführen.

Das Konzept der starken Nachhaltigkeit wird häufig verwendet, wenn es um Versuche geht, die oben beschriebene Idee der „Großen Transformation" innerhalb des Leitbildes der nachhaltigen Entwicklung mit Leben zu füllen. Vertreter/-innen dieses Konzepts, die in diesem Zusammenhang auch von „echter Nachhaltigkeit" sprechen, gehen davon aus, dass Elemente der Natur nicht generell ersetzbar sind durch menschlich Erschaffenes. Zur Ausdifferenzierung der Kategorie der starken Nachhaltigkeit verwenden Ott/Döring, orientiert an einem monetaristisch-ökonomischen Denken und dem oben genannten Drei-Säulen-Modell, die Vorstellung von drei Kapitalarten: Naturkapital, Sozialkapital und Sachkapital (vgl. OTT/DÖRING 2011). Die Position der starken Nachhaltigkeit geht davon aus, dass Naturkapital – und damit ökologische Ressourcen und Bestandteile ökologischer Systeme – nicht ersetzbar sind durch Human- und Sachkapital. Diese Bewahrungsstrategie setzt radikale Veränderungen unserer Lebensform und damit aller sozialen Systeme voraus, und zwar im Sinne einer Orientierung an Werten wie Suffizienz (Selbstbegrenzung, Selbstgenügsamkeit) und Resilienz (Homöostase, Grenzen der Belastbarkeit natürlicher Systeme).

„Schwache Nachhaltigkeit" hingegen beinhaltet die Vorstellung, dass Natur und natürliche Ressourcen (Naturkapital) durch Human- und Sachkapital ersetzt werden können. Strategien der schwachen Nachhaltigkeit zielen auf eine Fortführung der beschrittenen technisch-ökonomischen Wachstums- und Fortschrittspfade, obwohl diese überwiegend im Widerspruch zu den Nachhaltigkeitszielen der „Agenda 2030" stehen, sodass sich die Grenzen zu *Greenwashing*-Strategien aufzulösen scheinen (vgl. dazu FARLEY/SMITH 2020).

Im Rahmen einer Gesamtbetrachtung der derzeitigen Situation im Rahmen der Lehrkräfteausbildung stellen Rieckmann/Holz (2017, S. 9) resümierend fest: „Bisher gibt es in

Deutschland keine einzige Hochschule, die BNE tatsächlich als Querschnittsanliegen der Lehrerbildung versteht und systematisch in die Fächer, Fachdidaktiken, Bildungswissenschaften sowie auch die schulpraktischen Studien integriert." Diese Einschätzung findet ihre Bestätigung im Bericht der Kultusministerkonferenz zur Situation und zu Perspektiven der BNE, in dem es heißt, dass von einer flächendeckenden und systematischen Verankerung einer BNE in der Lehrkräftebildung nicht gesprochen werden kann (vgl. KMK 2017, S. 5); das gilt auch für den Zustand der Lehrkräfteausbildung an den berufsbildenden Schulen.

Wenn nachhaltigkeitsbezogene Themen in der Ausbildung der Lehrkräfte an berufsbildenden Schulen innerhalb der ersten Phasen behandelt werden, dann geschieht dies primär in Anbindung an fachdidaktische Seminare einzelner beruflicher Fachrichtungen (z. B. Agrarwissenschaften, Ökotrophologie, Wirtschaftswissenschaften). So wurden häufig im Zuge der oben aufgeführten Aktivitäten im Kontext von Modellversuchen an einigen Hochschulstandorten in beruflichen Fachrichtungen Ansätze entwickelt, um das Thema nachhaltige Entwicklung in die Fachdidaktiken zu integrieren, so beispielsweise in den Berufsfeldern Bau-, Holz- und Farbtechnik (vgl. HAHNE/KUHLMEIER 2008), Elektrotechnik (vgl. REICHWEIN 2015), Ernährung und Hauswirtschaft (vgl. KETTSCHAU/MATTAUSCH 2014), Metall (vgl. WOLF 2011) und Wirtschaftswissenschaften (vgl. TIEMEYER/WILBERS 2006), um nur einige zu nennen.

Bei einer vergleichenden Betrachtung vorhandener Ansätze innerhalb der Fachdidaktiken ist von der Tendenz her jedoch überwiegend eine Orientierung an einem Konzept der „schwachen Nachhaltigkeit" erkennbar bzw. eine Konzentration auf einzelne Aspekte nachhaltiger Entwicklung – verbunden mit einer fachdidaktischen Perspektivierung (vgl. TRAMPE 2020). Darüber hinaus treten innerhalb fachdidaktischer Ansätze einer BBNE kurzfristige Machbarkeitsüberlegungen in den Vordergrund, die sich an nicht nachhaltigen Wachstums- und Fortschrittsidealen orientieren. Und zu guter Letzt ist durchgehend ein Konzept von Handlungsorientierung erkennbar, das der Handlungsregulationstheorie nach Hacker und Volpert (vgl. HACKER/SACHSE 2014) folgt und die kognitionspsychologische Auffassung von handlungsorientiertem Lernen, wie sie ursprünglich von Aebli 1980 begründet wurde, anwendungs- und verwertungsbezogen wendet. Lehrangebote, die sich auf der Basis entsprechender Fachdidaktiken dem Thema BNE nähern, bleiben daher in ihrer Ausrichtung tendenziell reduktionistisch.

Hieraus ergibt sich die Notwendigkeit von eigenständigen Überlegungen einer Berufs- und Wirtschaftspädagogik für eine nachhaltige Entwicklung, die eine Ergänzung und Erweiterung der partikulären Ansätze in den beruflichen Didaktiken vornimmt, denn BBNE ist ein fächerübergreifendes Handlungsfeld. Erst vor dem Hintergrund einer berufs- und wirtschaftspädagogisch fundierten Bildung für eine nachhaltige Entwicklung kann den transformativen Zielen einer nachhaltigen Entwicklung entsprochen werden, die auch die oben genannten Lücken der fachdidaktischen Ansätze zu schließen vermag.

Ausgangspunkt für eine solche Berufs- und Wirtschaftspädagogik sind somit sämtliche Dimensionen des Leitbildes der Nachhaltigkeit – nicht konkrete berufliche Handlungsfelder und -situationen, wie sie in fachdidaktischen Ansätzen entworfen werden (vgl. z. B. KUHL-MEIER/VOLLMER 2018, S. 146 oder SCHÜTT-SAYED 2020). Berufs- und Wirtschaftspädagogik für eine nachhaltige Entwicklung ist somit immer mehr als die Summe der Teile der fach-didaktischen Ansätze einer beruflichen Bildung für eine nachhaltige Entwicklung, dennoch gilt es natürlich, diese Ansätze zu berücksichtigen.

Bei der Entwicklung von pädagogischen Konzeptionen einer BNE sollten Erkenntnisse der Nachhaltigkeitswissenschaften (vgl. HEINRICHS/MICHELSEN 2014) und weitere nachhal-tigkeitsrelevante Ansätze (z. B. der Ökopsychologie) berücksichtigt werden. Daraus lassen sich folgende Schwerpunkte einer wissenschaftstheoretischen Orientierung einer Berufs- und Wirtschaftspädagogik für eine nachhaltige Entwicklung festhalten: Handlungsorientie-rung als Problem- und Erfahrungsorientierung, Einbeziehung von Ideen der starken Nach-haltigkeit, Berücksichtigung nachhaltigkeitsethischer Kategorien, Integration partizipativer Veranstaltungsstrukturen, Orientierung an einem ganzheitlich-nachhaltigen Weltbild und der Primat der Inter- und Transdisziplinarität (vgl. ausführlich dazu TRAMPE 2020).

Die komplexe und kontroverse Struktur der Probleme (z. B. Überwindung der eindimen-sionalen Wachstums- und Fortschrittsideologie), die sich im Kontext einer Entwicklung hin zu einer nachhaltigen Gesellschaft ergeben, erfordert disziplinübergreifendes Denken. Der Forschungs- und Lehrmodus einer Berufs- und Wirtschaftspädagogik für eine nachhaltige Entwicklung kann daher nur ein transdisziplinärer Ansatz sein, der zunächst einmal sämt-liche Bereiche in den Blick nimmt, die nachhaltigkeitsrelevant sind. Abbildung 1 spannt den Bogen der verschiedenen Dimensionen einer BNE als transdisziplinären Ansatz auf (zur wei-teren Erläuterung vgl. TRAMPE 2001).

Abbildung 1: Dimensionen der BBNE als transdisziplinäre Aufgabe

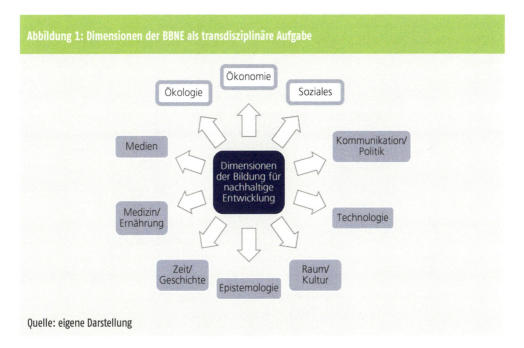

Quelle: eigene Darstellung

Als Desiderat bleibt festzuhalten: Wenn die Ausbildung der Lehrkräfte für berufsbildende Schulen sich aus den drei Wissensbereichen – Fachwissen, fachdidaktischem Wissen sowie berufs- und wirtschaftspädagogischem Wissen – zusammensetzt, so sind grundsätzlich sämtliche Bereiche gefordert, Beiträge zu leisten zu einer gesellschaftlichen Transformation im Hinblick auf eine nachhaltige Entwicklung. Hier wäre die Integration von Konzepten erforderlich, die an einer starken nachhaltigen Entwicklung ausgerichtet sind und ein berufs- und wirtschaftspädagogisch ausformuliertes Leitbild einer nachhaltigen Entwicklung ermöglichen bzw. entwerfen (vgl. dazu TRAMPE 2020).

3   BBNE in der zweiten Phase der Lehrkräfteausbildung für das Lehramt an berufsbildenden Schulen

3.1   Zur aktuellen Situation in den Ausbildungs- und Studienseminaren

Auch die länderspezifischen Institutionen der zweiten Phase der Lehrkräfteausbildung, also vornehmlich Ausbildungs- und Studienseminare, sind als Bildungsorte für nachhaltige Entwicklung zu verstehen, da gerade sie dafür prädestiniert sind, einen besonders praxisnahen Zugang zu einer BNE, bezogen auf die Weiterentwicklung von Schulwirklichkeit und die curriculare Umsetzung einer BNE, zu leisten. So muss der zweiten Phase der Lehrkräfteausbildung ein hoher Stellenwert beigemessen werden.

Doch auch für die zweite Phase konstatiert das bereits für die erste Phase zitierte Gutachten der KMK aus dem Jahre 2017, dass hier derzeit noch nicht von einer verbindlichen, flächendeckenden und systematischen Verankerung von BNE in allen Ländern gesprochen werden kann, aber dass BNE weitgehend als Querschnittsaufgabe bzw. -kompetenz im Kontext fächerübergreifender Bildungs- und Erziehungsaufgaben sowie als impliziter Bestandteil aller Ausbildungsfächer bzw. BNE-affiner Fächer verstanden werden kann (vgl. KMK 2017, S. 5).

Bislang wurde der zweiten Phase generell bei der Vermittlung von Kompetenzen für eine BNE wenig Bedeutung beigemessen, wenn auch vereinzelt für den allgemeinbildenden Bereich Modelle bzw. Ansätze vorliegen. So haben die Studienseminare Wiesbaden, Darmstadt und Heppenheim spezifische Vorstellungen einer BNE in ihre Ausbildung integriert; Wiesbaden verbindlich in einem fachübergreifenden Modul „Schule entwickeln und gestalten" (vgl. FISCHER/SUNDERMANN 2018). Das Studienseminar Lüneburg und seine Außenstelle in Uelzen haben BNE als Zusatzqualifikation eingeführt (vgl. HINTZE/SELLMANN 2013).

Mit den genannten vereinzelten Anstrengungen kann jedoch von einer breiten strukturellen Verankerung einer BNE in den curricularen Gegenstandsbereich der zweiten Phase der Lehrkräfteausbildung derzeit nicht gesprochen werden. Auch liegen für den berufsbildenden Bereich bislang keine veröffentlichen Konzepte vor, die von einer systemischen Integration von BNE in die Ausbildungsinhalte ausgehen.

3.2 Die Entstehung des Qualifizierungskonzepts BBNE am Studienseminar Osnabrück für das Lehramt an berufsbildenden Schulen

Erste Schritte auf dem Weg, BBNE innerhalb der zweiten Phase der Lehrkräfteausbildung für das Lehramt an berufsbildenden Schulen zu integrieren, machte das Studienseminar Osnabrück im Jahr 2011 im Rahmen der Teilnahme am Projekt „BBS futur" (vgl. FISCHER 2011), in dem sich berufsbildende Schulen in Niedersachsen und das Studienseminar Osnabrück in einem Netzwerk organisierten, um Nachhaltigkeit im Unterricht und in Schulentwicklungsprozessen zu verankern.

Zunächst sollten innerhalb eines Projekts Schülerinnen und Schüler von Lehrkräften im Vorbereitungsdienst zu sogenannten Nachhaltigkeitsagentinnen und Nachhaltigkeitsagenten an berufsbildenden Schulen ausgebildet werden. Gleichzeitig entstand die Idee, nachhaltige Entwicklung als integralen Bestandteil der Ausbildung in die Seminarveranstaltungen der Fachrichtungen und Unterrichtsfächer einzuführen. Hier ist analog zur Kritik der ersten Phase der Lehrkräftebildung anzumerken, dass sich eine Beschäftigung mit nachhaltigkeitsrelevanten Themen nicht nur auf einzelne fachspezifische Probleme konzentrieren darf, sondern fächerübergreifend erfolgen sollte. Im Studienseminar Osnabrück für das Lehramt an berufsbildenden Schulen wurde daher im Jahre 2012 ein Konzept entwickelt, den Lehrkräften im Vorbereitungsdienst BNE über das Projekt hinaus als Zusatzqualifikation anzubieten. Grundidee war, zukunftsorientierte Unterrichtskonzeptionen zum Thema Nachhaltigkeit zu entwickeln und gleichzeitig die Ausbildungsschulen bei der Entwicklung nachhaltigkeitsthemenintegrierender schuleigener Curricula und bei nachhaltigen Schulentwicklungsprozessen zu unterstützen.

Damit war die Rahmenkonzeption des Osnabrücker Modells, BBNE als Zusatzqualifikation innerhalb der zweiten Phasen der Lehrkräfteausbildung anzubieten, geschaffen – mit dem Ziel, Lehrkräften im Vorbereitungsdienst ein Angebot vorzuhalten, mit dem sie BNE in ihre Ausbildung integrieren können.

3.3 Rechtliche Rahmenbedingungen und Zielgruppe

Die rechtlichen Vorgaben für den Vorbereitungsdienst, die „Verordnung über die Ausbildung und Prüfung von Lehrkräften im Vorbereitungsdienst (APVO-Lehr)" und die „Durchführungsbestimmungen (DB)", die die Ausbildung und Prüfung für Lehrkräfte im Vorbereitungsdienst für alle allgemeinbildenden und berufsbildenden Schulen in Niedersachsen regeln, lassen den Erwerb von Zusatzqualifikationen zu. Laut § 6 der APVO-Lehr und der Durchführungsbestimmungen können Referendarinnen und Referendare zusätzliche Qualifikationen zu Themenbereichen erwerben, die unterrichtsrelevant, aber nicht studierbar sind.

Folgende Mindestanforderungen sind dabei zu erfüllen:

► ein aktenkundig gemachtes Ausbildungskonzept des Seminars,

► mindestens 20 Stunden Seminarveranstaltungen,

▶ soweit vom Konzept geboten, Erprobung im Ausbildungsunterricht und

▶ ein erfolgreich bestandenes Kolloquium von mindestens 20 Minuten Dauer.

Das Konzept sieht vor, dass nach erfolgreicher Teilnahme jede Lehrkraft im Vorbereitungsdienst eine Bescheinigung als Nachweis über den Erwerb einer zusätzlichen Qualifikation gemäß APVO-Lehr erhält. Diese kann auf dem Bewerbungsbogen für die Einstellung in den niedersächsischen Schuldienst eingetragen werden.

Die Bescheinigung enthält Informationen über die absolvierten Inhalte der Zusatzqualifikation, das erprobte Konzept zu BNE/BBNE im Ausbildungsunterricht sowie Hinweise auf ggf. weitere absolvierte Unterrichtsbesuche zum Thema Nachhaltigkeit sowie auf das Kolloquium, das sich zum einen auf allgemeine Kompetenzen zu nachhaltiger Entwicklung und zum anderen auf fachrichtungsbezogene Aspekte bezieht.

Da inzwischen zahlreiche berufsbildende Schulen nachhaltige Entwicklung als zentralen Bestandteil in ihr Leitbild aufgenommen haben und die Beschäftigung mit nachhaltiger Entwicklung sowohl als curriculare als auch als Schulentwicklungsaufgabe gesehen wird, erweist sich diese Zusatzqualifikation für die Absolventinnen und Absolventen des Vorbereitungsdienstes oftmals als einstellungsrelevant. Darüber hinaus gilt seit 2021 für Niedersachsen ein Erlass des Kultusministeriums, der vorsieht, in Schulen ein explizites Verständnis von BNE zu entwickeln und BNE systemisch in Unterricht und Schulkultur zu verankern sowie qualitativ weiterzuentwickeln (vgl. NIEDERSÄCHSISCHES KULTUSMINISTERIUM 2021).

Das Angebot für den Erwerb der Zusatzqualifikation wendet sich nicht nur an alle Lehrkräfte im Vorbereitungsdienst des Studienseminars Osnabrück mit den dort angebotenen beruflichen Fachrichtungen, sondern es können auch Lehrkräfte im Vorbereitungsdienst anderer Studienseminarstandorte in Niedersachsen teilnehmen.

Von den Teilnehmenden wird insbesondere die Bereitschaft gefordert, sich selbstständig Grundlagenwissen anzueignen und sich mit multidisziplinären Zugängen zu einer BNE vertraut zu machen. Die durch Einbezug aller beruflichen Fachrichtungen vorhandene fachliche Heterogenität der Zielgruppe eröffnet die Möglichkeit fächerübergreifender und -verbindender Organisationsformen, die gerade im Hinblick auf BNE von besonderer Relevanz sind (siehe Abb. 1).

Bei der Konzeption der Zusatzqualifikation ist die Analyse der vorhandenen Kompetenzen der Zielgruppe zum Thema Nachhaltigkeit bedeutsam. Aus diesem Grund werden zu Beginn eines jeden Durchgangs, der in der Regel nach Jahrgangsgruppen getrennt durchgeführt wird, standardisierte Abfragen durchgeführt, um ggf. vorhandene Vorkenntnisse festzustellen und berücksichtigen zu können.

Aus den Auswertungen der Fragebögen geht stets hervor, dass in einigen Fachrichtungen (insbesondere Agrarwissenschaften, Gesundheitswissenschaften und Ökotrophologie) oft bereits Kenntnisse vorliegen, die allerdings vom Umfang und von der Tiefe her recht unterschiedlich sind. Bei der Mehrheit der Teilnehmenden ist nur rudimentäres Wissen vorhanden. Die Ergebnisse aus den Jahren 2012 bis 2021 bestätigen die vorhergehenden Aussagen, dass eine Beschäftigung mit dem Thema nachhaltige Entwicklung während des Studiums nur vereinzelt erfolgt ist. Diese heterogenen Voraussetzungen sind bei der Gestaltung des Qualifizierungsangebots zu berücksichtigen.

3.4 Methodisch-didaktische Prinzipen der Zusatzqualifikation

Die methodisch-didaktische Konzeption ist auf die Verzahnung von Wissensvermittlung, Erfahrungslernen, Werteaneignung und Persönlichkeitsentwicklung zum Erwerb von entsprechenden (Lehr-)Kompetenzen (auf der fachlichen, sozialen, kommunikativen, methodischen, medialen usw. Ebene) durch die Auseinandersetzung mit fachrichtungsspezifischen und fächerübergreifenden Inhalten im Hinblick auf das Leitbild der nachhaltigen Entwicklung ausgerichtet (zur Akzentuierung möglicher Kompetenzen von Lehrpersonen vgl. RAUCH/STEINER/STREISSLER 2008).

Bei der Gestaltung der Seminarveranstaltungen werden methodisch-didaktische Grundorientierungen verfolgt, die sich an Standards bzw. Zugängen aus der einschlägigen Literatur zu methodisch-didaktischen Prinzipien einer BNE orientieren (u. a. nach BLK 1998; COHEP-BNE KONSORTIUM 2013; KÜNZLI DAVID/BERTSCHY 2008; HAAN/TRANSFER 21 2009; RIESS/MISCHO/WALTNER 2018; siehe Tabelle 1).

Auch ist in dieser Phase die Öffnung des Seminars durch das Einbeziehen alternativer Lernorte und außerschulischer Partner (wie Entsorgungsunternehmen, landwirtschaftliche Betriebe usw.) in den Lehr-/Lernprozess möglich (regionale/lokale Verortung), sodass sich eine Integration der lokalen und globalen Perspektive ergibt (globales Lernen im Lokalen).

Darüber hinaus wird von den Teilnehmenden selbstständiges Arbeiten auf der Basis von „Studienbriefen" (auch Webinaren) erwartet, die mit entsprechenden Aufgabenstellungen durchzuarbeiten sind. Damit sollen die Kenntnisse vermittelt werden, die die Lehrkräfte im Vorbereitungsdienst in die Lage versetzen, am aktuellen gesellschaftlichen und wissenschaftlichen Nachhaltigkeitsdiskurs teilzunehmen, sodass sie auch befähigt werden, Elemente des Leitbildes einer nachhaltigen Entwicklung zu reflektieren.

Tabelle 1: Methodisch-didaktische Prinzipien einer Bildung für nachhaltige Entwicklung

Prinzipien	Erläuterung
Problem- und Handlungsorientierung	▶ Identifizierung, Analyse und Bewertung konkreter Problemsituationen nicht nachhaltigen Denkens und Handelns; Abschätzung von Folgen, Risiken und Gefahrenpotenzialen ▶ Berücksichtigung von Zielkonflikten auf verschiedenen Ebenen ▶ Entwicklung von Lösungsansätzen
Wissensaufbau durch Systemorientierung	▶ Systemtheoretische Zugänge zu der Beschreibung, Analyse und Bewertung von ökologischen, sozialen und ökonomischen Systemen unter Einbeziehung nachhaltigkeitsrelevanter Elemente (z. B. Einbeziehung von Unbestimmtheit, Wechselwirkungen, Nebenwirkungen, Rebound-Effekte) ▶ Unterscheidung zwischen räumlichen (lokal, regional und global) und zeitlichen Spezifika (z. B. Bedürfnisse künftiger Generationen) ▶ Epistemologie (z. B. ganzheitliche vs. reduktionistische Zugänge, Aufdeckung von Gefahren einer isolierenden einseitigen Betrachtung)
Erfahrungsorientierung	▶ Berücksichtigung von Lebenswelt- und Naturerfahrungen, die konkrete kognitive Dissonanzen beinhalten (z. B. ökologisches Bewusstsein vs. ökonomisches Handeln vs. soziales Handeln, Kommunikation vs. Handeln)
Orientierung an einem nachhaltigen Welt- und Menschenbild	▶ Selbstbestimmung und Selbstständigkeit (Kritikfähigkeit) ▶ Förderung und Entwicklung einer umfassenden Wahrnehmungsfähigkeit (Sinnesbildung, ästhetische und emotionale Bildung: Lernen mit Kopf, Herz und Hand)
Werteorientierung	▶ Reflexion eigener und fremder Wertvorstellungen ▶ Einbeziehung von Gerechtigkeitsvorstellungen/von ethischen Positionen, die auch der Natur und anderen Lebewesen einen moralischen Wert zusprechen (z. B. Ökozentrismus)
Kooperations- und Verständigungsorientierung	▶ Entwicklung reflexiver und kommunikativer Kompetenz (im Sinne von Habermas) auf der Basis partizipativer Positionen: gelebte Demokratie auf der Basis von Gleichheit, Solidarität und Empathie (Kooperation und solidarisches Handeln)
Interdisziplinarität/Transdisziplinarität	▶ Fächerübergreifende Zugänge zu Problemen ▶ Multiperspektivität ▶ Einbeziehung aller Betroffenen (auch Praktiker/-innen)
Kreativitätsorientierung	▶ Berücksichtigung spielerischer, assoziativer und kreativer Lernformen (z. B. mithilfe einer Zukunftswerkstatt)

Quelle: eigene Darstellung

3.5 Aufbau und Inhalte der Zusatzqualifikation

Von der inhaltlichen Progression des Aufbaus der Zusatzqualifikation sind drei Phasen zu unterscheiden: Einführung, Erweiterung und Vertiefung mit unterrichtlicher Umsetzung.

In der Einführungsphase erfolgt auf der Basis des Vorwissens der Teilnehmenden ein Vortrag mit Diskussion zu den Herausforderungen, vor denen soziale Systeme im Hinblick auf das Thema nachhaltige Entwicklung stehen. Hier findet zunächst eine Aufarbeitung des aktuellen Diskussionsstandes anhand konkreter Beispiele statt (z. B. Klimaveränderung, Lebensmittelverschwendung, Postkolonialismus).

Die anschließende Erweiterungsphase dient nach definitorischen Klärungen und Abgrenzungen sowie einem Überblick über bestehende theoretische Zugänge – auf der Basis systemtheoretischer Ansätze und Orientierungen – der Erweiterung des Zugangs zum Thema nachhaltige Entwicklung. Hier gilt es, durchgehend Probleme und Hindernisse einer Transformation sozialer Systeme zu identifizieren, zu analysieren, zu bewerten und ggf. Lösungsansätze zu diskutieren. Die folgende Liste vermittelt einen Eindruck von möglichen Schwerpunkten. Veränderungen – also Verkürzungen und Ergänzungen – können teilnehmerorientiert vorgenommen werden.

Schwerpunktthemen der Erweiterungsphase:

▶ Genese und Geschichte der Verwendung der Begriffe „Nachhaltigkeit" bzw. „nachhaltige Entwicklung"

▶ Nachhaltige Entwicklung im Rahmen internationaler und nationaler Konferenzen und Initiativen

▶ Modelle und Elemente des Leitbildes „nachhaltige Entwicklung"

▶ Problembereiche: ökologische Krise – Bewusstsein – Handeln – Nachhaltigkeitskommunikation

▶ Eine systemtheoretische Perspektive: Nachhaltigkeit in ökologischen, sozialen und ökonomischen Systemen

▶ Die Relevanz von Bildung für das Leitbild der nachhaltigen Entwicklung

▶ Von der Umweltbildung zur BNE

▶ BNE-Leitziele und zentrale Kompetenzen

▶ Fachdidaktische Ansätze einer BBNE

▶ Nachhaltige Entwicklung als paradigmatische Transformationsidee: Konturen eines berufs- und wirtschaftspädagogischen Zugangs

▶ Methodisch-didaktische Prinzipien für BNE

Nach Abschluss dieser eher theoriebezogenen Phase erfolgt in der Vertiefungsphase die Übertragung auf die pädagogischen Handlungsfelder der Lehrkräfte im Vorbereitungsdienst im Rahmen eines Kompaktseminars. Das Kompaktseminar wird als mehrtägige ökologische Exkursion auf einer Nordseeinsel durchgeführt. Auf der Basis einer Zukunftswerkstatt wird zum einen die Bedeutung von Naturerfahrung thematisiert; im Zentrum stehen Fragen wie: Welche Naturerfahrungen sind nötig, damit wir (in unserer natürlichen Mitwelt) überleben können und damit eine nachhaltige Entwicklung möglich wird? Brauchen wir ein anderes

Naturverständnis? Inwiefern ist eine „naturgemäße Berufsbildung" (VOGEL 2011) möglich? Hierbei werden Bezüge zu Nachhaltigkeitsethiken hergestellt. Zum anderen werden praktische Naturerfahrungen ermöglicht, beispielsweise durch die exemplarische Betrachtung des aquatischen Systems und UNESCO-Weltnaturerbes Wattenmeer, sodass gleichzeitig Gefahren- und Zerstörungspotenziale unserer nicht nachhaltigen Lebensform unmittelbar greifbar werden. Hierbei wird auch auf kooperative Beziehungen zu externen Partnern aus dem Naturschutzbereich (z. B. Bund für Umwelt- und Naturschutz, Schutzstation Wattenmeer) zurückgegriffen. Neben der Teilnahme an der Zukunftswerkstatt und der ökologischen Naturerkundung stellen die Teilnehmenden aus ihren beruflichen Fachrichtungen und den Unterrichtsfächern Konzepte für Unterrichtsplanungen vor. Anhand dessen diskutieren sie gemeinsam die Übertragung und Einordnung der erworbenen Kenntnisse auf die berufsrelevanten Praxisfelder in Form von Referaten einschließlich Unterrichtsverlaufsskizzen bzw. Projektskizzen für die konkrete curriculare Umsetzung thematischer Schwerpunkte.

Ausgehend von den Fachrichtungen und Unterrichtsfächern entwickelten die Lehrkräfte im Vorbereitungsdienst in der Vergangenheit eine Reihe unterrichtspraktischer Zugänge zum Thema Nachhaltigkeit, von denen hier nur einige aufgeführt werden (siehe Tabelle 2).

Tabelle 2: Nachhaltigkeitsthemen innerhalb verschiedener beruflicher Fachrichtungen und Unterrichtsfächer	
Fach/Fachrichtung	**Themenbeispiele**
Agrarwissenschaft	Flächenabhängige Viehhaltung, Agrarkonzerne und Abhängigkeiten, Formen alternativer Landwirtschaft, Nachbaugebühren, Pestizideinsatz
Biologie	Grundlagen der Ökologie, Humanökologie, natürliche und humane Ökosysteme, Darstellung exemplarischer Ökosysteme wie Wattenmeer oder Wald, Aspekte der ökologischen Krise lokal und global, Klimaveränderung, agrarindustrieller Umgang mit Natur, Zerstörung natürlicher Diversität
Deutsch	Nachhaltigkeitskommunikation, Analyse des Diskurses über Nachhaltigkeit, ökologische Sprachkritik, ökologische Sprachpflege, ökokritische Literatur wie Öko-Lyrik, negative/positive Utopien
Elektrotechnik	Energiegewinnung, -effizienz wie *Offshore*-Windanlagen, Einsparungsmöglichkeiten, Substitutionsmöglichkeiten, erneuerbare Energien und Atomkraft, Digitalisierung als Energiefresser
Farb- und Raumtechnik	Nachhaltige Farben, Natur und Raum, Architektur und Nachhaltigkeit, grünes Bauen/Baubiologie
Fremdsprachen	*Ecocriticism*, *Greenwashing*, Umweltlexika in England, Frankreich, Spanien und deren Begrifflichkeiten
Geschichte	Umgang mit Natur im Mittelalter und der Renaissance, Naturbilder und Naturkonzepte bis zu Postmoderne
Gesundheitswissenschaft	Gesunde/ganzheitliche Lebensführung, Einheit von Körper und Geist, Homöopathie, Sinn von Krankheit, Globalisierung und Epidemien
Kosmetologie	Natürlichkeit vs. Künstlichkeit, Scheinwelten – Körperwelten, nachhaltige Kosmetik
Kraftfahrzeugtechnik	Kritische Betrachtung alternativer Antriebstechniken wie Elektromobilität, Hybridfahrzeuge, Wasserstofftechnik; zukunftsfähige Verkehrskonzepte

Fach/Fachrichtung	Themenbeispiele
Metalltechnik	Ressourcenschonung, „Mythos der Maschine", Verschleißreduktion, Vermeidung von Sollabnutzungsstellen, Problem der Obsoleszenz
Ökotrophologie	Gesunde Nahrung, Chemie in Lebensmitteln, Hunger/Welternährungslagen, Vegetarismus und Ökologie, vegane Ernährung und Zukunftsfähigkeit, Schulgärten, Geschmacksbildung
Pflegewissenschaft	Körper-/Sinnenbewusstsein, Familienpflege und Monetarisierung, Pflege als Markt, Verlust von Nähe, Pflegeroboter
Politik	LOHAS, *Greenwashing*, Umweltpolitik und Nachhaltigkeit, Risikoforschung, ökologische Kommunikation in sozialen Systemen, Müllpolitik, sogenannte „Naturvölker" und ihr Wissen um Nachhaltigkeit
Religion	Bewahrung der Schöpfung und Nachhaltigkeit, die Ethik der Achtung vor der Natur, Natur im Buddhismus, Hinduismus, Islam, Anthropozentrismus vs. Biozentrismus
Sozialpädagogik	Natur- und Waldpädagogik, soziale Arbeit für Nachhaltigkeit, Naturerfahrung und soziales Lernen
Sport	Vom Sinn der Bewegung, Ergonomie, Fitness – sinnvolle Bewegung, *Nordic Walking* und Kommerz, Körperoptimierung
Werte und Normen	Ökologische Ethik, Biozentrismus vs. Anthropozentrismus, Prinzip der Verantwortung, Gefahr des eindimensionalen Denkens
Wirtschaftswissenschaft	Ökologische Ökonomie, Postwachstumsökonomie, Umweltökonomie und Nachhaltigkeit, soziale Kosten, suffiziente Geschäftsmodelle, Abfallwirtschaft

Quelle: eigene Darstellung

Der fachrichtungs- und fächerübergreifende Dialog verdeutlicht den Teilnehmenden zum einen den Umgang mit Komplexität, fördert zum anderen aber auch Fähigkeiten zum systemischen Denken sowie zur interdisziplinären und transdisziplinären Zusammenarbeit unter Berücksichtigung kommunikativer Kompetenz.

Gleichzeitig sollen Lösungsideen für identifizierte Probleme aus der Perspektive einer starken und schwachen Nachhaltigkeit entwickelt werden, wobei motivationale, volitionale und soziale Bereitschaften, Einstellungen und Fähigkeiten berücksichtigt werden.

4 Ausblick

Die existenzielle Bedeutung nachhaltigen Denkens und Handelns ist als globales Politikziel zwar bereits in den 1990er-Jahren erkannt und formuliert worden; die Umsetzung innerhalb nationaler bildungspolitischer Prozesse in Deutschland allerdings ist auch rund 30 Jahre später noch nicht zufriedenstellend erfolgt. Insbesondere in der Lehrkräftebildung, die eine – wenn nicht gar die – entscheidende Multiplikatorenfunktion im Hinblick auf die BNE einnehmen könnte, kommen entsprechende Entwicklungen und Konzepte erst allmählich an und werden im Bereich beruflicher Lehrkräftebildung oftmals durch eine fachspezifische Reduktion den eigentlichen Zielen von Nachhaltigkeit im Sinne einer umfassenden, großen Transformation nicht gerecht.

Doch gerade vor dem Hintergrund aktueller Entwicklungen wie den zunehmend sichtbar werdenden Folgen der Klimaveränderungen (z. B. verheerende Brände in Südosteuropa oder die Flutkatastrophen in Nordrhein-Westfalen und Rheinland-Pfalz im Sommer 2021) wird die Transformation unserer nicht nachhaltigen Lebensform immer dringlicher. Und auch die Bedeutsamkeit des Themas Nachhaltigkeit für die Lebenswelten der Schülerinnen und Schüler (*Fridays-for-Future*-Bewegung) erfordert es, dass sich alle Phasen der Lehrkräfteausbildung mit dieser Thematik beschäftigen. Während in der ersten Phase immerhin Ansätze und Konzepte vorliegen – auch wenn diesen im Sinne einer starken Nachhaltigkeit die notwendige Ganzheitlichkeit fehlt –, ist die zweite Phase bislang ein weitgehend unbeschriebenes Blatt, obwohl sich hier durch den Praxisbezug sogar eine besondere Chance eröffnen könnte.

Mit der in diesem Beitrag beschriebenen Zusatzqualifikation „Bildung für nachhaltige Entwicklung" wird einerseits ein Beitrag zur beruflichen BNE geleistet, andererseits kann damit auch eine Neuausrichtung von Unterricht, Seminar und Schule hin zur Transformation der Gesellschaft in Richtung nachhaltiger Entwicklung initiiert werden. Denn Ziel der beruflichen Lehrkräftebildung für eine nachhaltige Entwicklung muss es sein, Lehrkräfte zu befähigen, eine nachhaltige Entwicklung mitzugestalten und die eigenen Handlungen diesbezüglich kritisch zu reflektieren.

Zudem ist deutlich geworden, dass eine fachliche Interdisziplinarität (die als immanenter Bestandteil der BNE gilt) der Zusatzqualifikation der zweiten Phase für die erste Phase der Lehrkräftebildung wichtige Impulse liefern könnte, um eine große Transformation aller gesellschaftlichen Bereiche in Zukunft zu ermöglichen.

Literatur

Aebli, Hans: Denken: das Ordnen des Tuns. Bd. 1: Kognitive Aspekte der Handlungstheorie. Stuttgart 1980

BLK – Bund-Länder-Kommission für Bildungsplanung und Forschungsförderung (Hrsg.): Bildung für eine nachhaltige Entwicklung – Orientierungsrahmen. Materialien zur Bildungsplanung und Forschungsförderung. Heft 69. Bonn 1998

BIBB – Bundesinstitut für Berufsbildung (BIBB) (Hrsg.): Modellversuche Berufsbildung für nachhaltige Entwicklung 2015–2019. Bonn 2017. URL: https://www2.bibb.de/bibbtools/de/ssl/42885.php (Stand: 15.07.2022)

BMBF – Bundesministerium für Bildung und Forschung (Hrsg.): Erste bundesweite Fachtagung „Berufsbildung für eine nachhaltige Entwicklung", 26. und 27. März 2003 in Osnabrück. Bonn 2003

COHEP-BNE Konsortium (Hrsg.): Didaktische Grundlagen zur Bildung für Nachhaltige Entwicklung in der Lehrerinnen- und Lehrerbildung. Zürich, Fribourg 2013

Diettrich, Andreas; Hahne, Klaus; Winzier, Dagmar: Berufsbildung für eine nachhaltige Entwicklung: Hintergründe, Aktivitäten, erste Ergebnisse. In: Berufsbildung in Wissenschaft und Praxis 36 (2007) 5, S. 7–12. URL: https://www.bwp-zeitschrift.de/dienst/veroeffentlichungen/de/bwp.php/de/bwp/show/1262 (Stand: 15.07.2022)

FARLEY, Heather M.; SMITH, Zachary A.: Sustainability. If It's Everything, Is It Nothing? New York 2020

FISCHER, Andreas: Nachhaltiges Schulnetzwerk: bbs-futur. In: FISCHER, Andreas; MERTINEIT, Klaus-Dieter; STEENBLOCK, Wilfried (Hrsg.): Hochschultage Berufliche Bildung 2011, Workshop 08. In: bwp@ Spezial (2011) 5, S. 1–11. URL: http://www.bwpat.de/ht2011/ws08/fischer_ws08-ht2011.pdf (Stand: 18.07.2022)

FISCHER, Andreas: Wege zu einer nachhaltigen beruflichen Bildung. Theoretische Überlegungen. Bielefeld 1998

FISCHER, Daniel; SUNDERMANN, Anna: Bildung für nachhaltige Entwicklung in der zweiten Phase der Lehrerbildung – Empirische Erkenntnisse zu Wirkungen und Wirksamkeit. In: BAUMGÄRTNER, Daniel; PETRISCHAK, Hannes; WESSELA, Eva (Hrsg.): Bildung für nachhaltige Entwicklung in der zweiten Phase der Lehrerbildung. Hintergründe, Ansatz und Wirkungen eines Pilotprojekts. In: POLIS (2018) 59, S. 85–96

GROBER, Ulrich: Die Entdeckung der Nachhaltigkeit. Kulturgeschichte eines Begriffs. München 2010

HAAN, Gerhard de; TRANSFER „21": Bildung für eine nachhaltige Entwicklung: Bildung für nachhaltige Entwicklung – Hintergründe, Legitimationen und (neue) Kompetenzen. Berlin 2009

HAAN, Gerhard de; HOLST, Jorrit; SINGER-BRODOWSKI, Mandy: Berufliche Bildung für eine nachhaltige Entwicklung (BBNE). Genese, Entwicklungsstand und mögliche Transformationspfade. In: Berufsbildung in Wissenschaft und Praxis 50 (2021) 3, S. 10–14. URL: https://www.bwp-zeitschrift.de/dienst/veroeffentlichungen/de/bwp.php/de/bwp/show/17293 (Stand: 18.07.2022)

HACKER, Winfried; SACHSE, Pierre: Allgemeine Arbeitspsychologie. Psychische Regulation von Tätigkeiten. 3. vollst. überarb. Aufl. Göttingen 2014

HAHNE, Klaus; KUHLMEIER, Werner: Kompetenzentwicklung für nachhaltiges Bauen. In: bwp@ Spezial (2008) 4, S. 1–15. URL: https://www.bwpat.de/ht2008/ft01/hahne_kuhlmeier_ft01-ht2008_spezial4.pdf (Stand: 18.07.2022)

HEINRICH, Harald; MICHELSEN, Gerd (Hrsg.): Nachhaltigkeitswissenschaften. Berlin, Heidelberg 2014

HINTZE, Rudolf; SELLMANN, Michael: Bildung für nachhaltige Entwicklung (BNE) als Bestandteil der gymnasialen Lehrerausbildung. In: Seminar – Lehrerbildung und Schule (2013) 3, S. 60–72

HOLST, Jorrit; BROCK, Antje; SINGER-BRODOWSKI, Mandy; HAAN, Gerhard de: Monitoring Progress of Change: Implementation of Education for Sustainable Development (ESD) within Documents of the German Education System. In: Sustainability 12 (2020) 10, 4306. URL: https://doi.org/10.3390/su12104306 (Stand: 18.07.2022)

IBISCH, Pierre L.; MOLITOR, Heike; CONRAD, Alexander; WALK, Heike; MIHOTOVIC, Vanja; GEYER, Juliane: Der Mensch im globalen Ökosystem. Eine Einführung in die nachhaltige Entwicklung. München 2018

KETTSCHAU, Irmhild; MATTAUSCH, Nancy: Nachhaltigkeit im Berufsfeld Ernährung und Hauswirtschaft am Beispiel der Gemeinschaftsverpflegung. Hamburg 2014

KMK – KULTUSMINISTERKONFERENZ (Hrsg.): Zur Situation und zu Perspektiven der Bildung für nachhaltige Entwicklung. Bericht der Kultusministerkonferenz vom 17.03.2017. Berlin 2017. URL: https://www.kmk.org/fileadmin/Dateien/veroeffentlichungen_beschluesse/2017/2017_03_17-Bericht-BNE-2017.pdf (Stand: 18.07.2022)

KUHLMEIER, Werner; MOHORIČ, Andrea; VOLLMER, Thomas (Hrsg): Berufsbildung für eine nachhaltige Entwicklung: Modellversuche 2010–2013: Erkenntnisse, Schlussfolgerungen und Ausblicke. Bielefeld 2014. URL: https://www.bibb.de/dienst/veroeffentlichungen/de/publication/show/7453 (Stand: 18.07.2022)

KUHLMEIER, Werner; VOLLMER, Thomas: Ansatz einer Didaktik der Beruflichen Bildung für nachhaltige Entwicklung. In: TRAMM, Tade; CASPER, Marc; SCHLÖMER, Tobias (Hrsg.): Didaktik der beruflichen Bildung. Selbstverständnis, Zukunftsperspektiven und Innovationsschwerpunkte. Bielefeld 2018, S. 131–151. URL: https://www.bibb.de/dienst/veroeffentlichungen/de/publication/show/8602 (Stand: 18.07.2022)

KÜNZLI DAVID, Christine; BERTSCHY, Franziska: Didaktisches Konzept. Bildung für eine nachhaltige Entwicklung. 3. überarb. Fassung. Bern 2008

LEAL FILHO, Walter: Nachhaltigkeit in der Lehre: Eine Herausforderung für Hochschulen. Berlin 2018

MELZIG, Christian; KUHLMEIER, Werner; KRETSCHMER, Susanne (Hrsg.): Berufsbildung für nachhaltige Entwicklung: Die Modellversuche 2015–2019 auf dem Weg vom Projekt zur Struktur. Bielefeld 2021. URL: https://www.bibb.de/dienst/veroeffentlichungen/de/publication/show/16974 (Stand: 18.07.2022)

MERTINEIT, Klaus Dieter; NICKOLAUS, Reinhold; SCHNURPEL, Ursula: Berufsbildung für eine nachhaltige Entwicklung. Machbarkeitsstudie im Auftrag des Bundesministeriums für Bildung und Forschung (BMBF). Bonn 2001

NIEDERSÄCHSISCHES KULTUSMINISTERIUM (Hrsg.): Bildung für nachhaltige Entwicklung (BNE) an öffentlichen allgemeinbildenden und berufsbildenden Schulen sowie Schulen in freier Trägerschaft. Runderlass. Hannover 2021

OTT, Konrad; DÖRING, Ralf: Theorie und Praxis starker Nachhaltigkeit. Marburg 2011

POLANYI, Karl: The Great Transformation. 14. Aufl. Frankfurt am Main 2019 (orig. 1944)

PUFÉ, Iris: Nachhaltigkeit. Konstanz, München 2017

RAUCH, Franz; STEINER, Regina; STREISSLER, Anna: Kompetenzen von Bildung für nachhaltige Entwicklung von Lehrpersonen: Entwurf für ein Rahmenkonzept. In: BORMANN, Inka; HAAN, Gerhard de (Hrsg.): Kompetenzen der Bildung für eine nachhaltige Entwicklung. Entwicklungen, Rahmenbedingungen, Messung, Befunde. Wiesbaden 2008, S. 141–158

REBMANN, Karin; SCHLÖMER, Tobias: Berufsbildung für eine nachhaltige Entwicklung. In: ARNOLD, Rolf; LIPSMEIER, Antonius; ROHS, Matthias (Hrsg.): Handbuch Berufsbildung. 3. völlig neu bearb. Aufl. Wiesbaden 2020, S. 325–37

REICHWEIN, Wilko: Berufsbildung für eine nachhaltige Entwicklung in Unternehmen: eine explorative Studie am Beispiel der industriellen Elektroberufe. Berlin 2015

RIECKMANN, Marco; HOLZ, Verena: Verankerung von Bildung für nachhaltige Entwicklung in der Lehrerbildung in Deutschland. In: Zeitschrift für internationale Bildungsforschung und Entwicklungspädagogik (ZEP) (2017) 3, S. 4–10

RIESS, Werner; MISCHO, Christoph; WALTNER, Eva-Maria: Ziele einer Bildung für nachhaltige Entwicklung in Schule und Hochschule. Auf dem Weg zu empirisch überprüfbaren Kompetenzen. In: GAiA (2018) 3, S. 298–305

SCHÜTT-SAYED, Sören: Nachhaltigkeit im Unterricht beruflicher Schulen. Bielefeld 2020

TIEMEYER, Ernst; WILBERS, Karl (Hrsg.): Berufliche Bildung für nachhaltiges Wirtschaften. Konzepte – Curricula – Methoden – Beispiele. Bielefeld 2006

TRAMPE, Wilhelm: Berufs- und Wirtschaftspädagogik für eine nachhaltige Entwicklung. In: KEIL, Andreas; KUCKUCK, Miriam; FASSBENDER, Mira (Hrsg.): BNE-Strukturen gemeinsam gestalten. Fachdidaktische Perspektiven und Forschungen zu Bildung für nachhaltige Entwicklung in der Lehrkräftebildung. Münster 2020, S. 111–122

TRAMPE, Wilhelm: Berufliche Bildung für eine nachhaltige Entwicklung. In: Seminar – Lehrerbildung und Schule (2001) 4, S. 101–108

UN – UNITED NATIONS (Hrsg.): Transforming our world: The 2030 Agenda for sustainable development. 2015. URL: http:/www.undocs.org/A/RES/70/1 (Stand: 18.07.2022)

UN – UNITED NATIONS (Hrsg.): AGENDA 21 – Konferenz der Vereinten Nationen für Umwelt und Entwicklung Rio de Janeiro. Juni 1992. URL: http://www.un.org/depts/german/conf/agenda21/agenda_21.pdf (Stand: 18.07.2022)

VOGEL, Thomas: Naturgemäße Berufsbildung – Gesellschaftliche Naturkrise und berufliche Bildung im Kontext Kritischer Theorie. Norderstedt b. Hamburg 2011

WBGU – WISSENSCHAFTLICHER BEIRAT DER BUNDESREGIERUNG GLOBALE UMWELTVERÄNDERUNGEN (Hrsg.): Welt im Wandel. Gesellschaftsvertrag für eine Große Transformation. Berlin 2011

WOLF, Stefan: Berufsbildung für nachhaltige Entwicklung im Berufsfeld Metall – Konzepte, Möglichkeiten, Rahmenlehrpläne. In: bwp@ Berufs- und Wirtschaftspädagogik – online (2011) 20, S. 1–20. URL: https://www.bwpat.de/content/ausgabe/20/wolf/index.html (Stand: 18.07.2022)

IV. Nachhaltigkeit und Berufsbildung

Monika Hackel, Markus Bretschneider

▶ # Die Modernisierung von Ordnungsmitteln als Impuls für Berufsbildung für nachhaltige Entwicklung

Ausgehend von der Funktionslogik des deutschen dualen Systems der beruflichen Bildung gibt der Bei-trag einen Überblick über die Entstehungsgeschichte der Standardberufsbildposition „Umweltschutz und Nachhaltigkeit" sowie zu deren Verankerung in Ordnungsmitteln. Ebenso geht der Beitrag auf die unter-schiedlichen Anlässe und Möglichkeiten der Verankerung von Nachhaltigkeitsaspekten in Ordnungsmit-teln ein. Es werden Hintergründe und Intention, aber auch die Inhalte der modernisierten Standard-berufsbildpositionen vorgestellt und weitere berufsspezifische Beispiele der Verankerung erläutert. Ein besonderes Augenmerk wird dabei auf die Anknüpfungspunkte für Gestaltungsorientierung, Reflexion und Selbstbestimmung gelegt. Abschließend werden Chancen und Grenzen von Ordnungsmitteln für die Umsetzung von BBNE aufgezeigt.

1 Die Rolle von Ordnungsmitteln im System der beruflichen Bildung in Deutschland

Bildung für nachhaltige Entwicklung (BNE) soll bildungsbereichsübergreifend ein lösungs-orientiertes Bildungskonzept für eine partizipative und resiliente Bildung anbieten und Men-schen zu selbstbestimmtem Handeln und zur Gestaltung ihrer Zukunft befähigen. Um dieses Ziel zu erreichen, sind die besonderen Systemstrukturen der unterschiedlichen Bildungs-bereiche zu berücksichtigen und hierauf abgestimmte Wege der Zielerreichung zu entwi-ckeln. Im Kontext der beruflichen Bildung bieten Ausbildungsordnungen eine Richtschur für die Ausbildung nach Berufsbildungsgesetz (BBiG) und Handwerksordnung (HwO) und definieren rechtsverbindliche Mindeststandards, die an den Erwerb beruflicher Handlungs-kompetenz im Rahmen einer beruflichen Erstausbildung gelegt werden. Ordnungsmittel sind daher ein essenzieller Baustein für die Verankerung von BBNE.

Im Unterschied zu anderen Bildungsbereichen in Deutschland obliegt die Ausgestaltung des rechtlichen Rahmens im Berufsbildungssystem nicht vorrangig den Bundesländern. Vielmehr wird die Verantwortlichkeit für die berufliche Bildung zwischen Bund und Ländern

geteilt. Grundlage für die Berufsausbildung in den aktuell 327 anerkannten Ausbildungsberufen des dualen Berufsbildungssystems sind das BBiG und die HwO. Beide Rechtsgrund-
lagen definieren als Ziel einer Berufsausbildung die Vermittlung der für die Ausübung einer
qualifizierten beruflichen Tätigkeit notwendigen Fertigkeiten, Kenntnisse und Fähigkeiten
sowie den Erwerb der erforderlichen Berufserfahrung (vgl. § 1 Absatz 3 BBiG). Zu diesem
Zweck werden die Ausbildungsberufe in untergesetzlichen Rechtsverordnungen spezifisch
geregelt. Diese umfassen die Berufsbezeichnung, die Ausbildungsdauer, das Ausbildungsbe-
rufsbild, die sachliche und zeitliche Gliederung der Ausbildung (Ausbildungsrahmenplan)
sowie die Prüfungsregelungen. Die Organisation und Durchführung des Unterrichts an beruflichen Schulen – als zweitem Lernort im dualen System – liegen in der Verantwortung
der 16 Bundesländer. In Anlehnung an eine jeweilige Ausbildungsordnung und den Ausbildungsrahmenplan wird ein damit abgestimmter Rahmenlehrplan erarbeitet und bundesweit
als Grundlage für den berufsspezifischen Unterricht genutzt.

Das Konzept des Ausbildungsberufes bietet somit ein Scharnier zwischen Bildung und
Wirtschaft und ist in dieser Funktion gefordert, neben allgemeinbildenden Aspekten der politischen Bildung gleichzeitig die Anforderungen und Möglichkeiten des für die Ausbildung
zentralen Lernorts, nämlich des Ausbildungsbetriebes, zu berücksichtigen. In den Gover-
nancestrukturen des dualen Systems spielt dabei die Einbindung der Praxis eine besondere
Rolle.

1.1 Die Relevanz der Praxis für die Entwicklung von Ordnungsmitteln

Wenn im vorliegenden Beitrag von Ordnungsmitteln gesprochen wird, beziehen sich die
Aussagen vor allem auf die jeweilige Ausbildungsordnung und den Ausbildungsrahmenplan,
die für die betriebliche Ausbildung bindende Standards sind. Die Entwürfe für diese Rechtsverordnungen werden im Bundesinstitut für Berufsbildung (BIBB) gemeinsam mit den Stakeholdern der beruflichen Bildung, also mit Vertreterinnen und Vertretern der Arbeitgeber
und Arbeitnehmer, entwickelt, vom zuständigen Fachministerium auf Bundesebene verordnet und im Bundesgesetzblatt veröffentlicht. Die Erarbeitung verläuft entlang eines über die
Jahre etablierten Verfahrens (vgl. BIBB 2017) und lebt vom Einbezug betrieblicher Praktikerinnen und Praktiker. Als Sachverständige des Bundes legen diese Praktikerinnen und
Praktiker diejenigen Fertigkeiten, Kenntnisse und Fähigkeiten fest, die im jeweiligen Beruf
als Mindeststandard vermittelt und geprüft werden. Dabei sind ihre unmittelbaren Praxiserfahrungen von zentraler Bedeutung. Koordiniert werden sie durch die jeweilige Sozialpart-
nerorganisation, der ebenfalls eine wichtige Rolle zukommt. Parallel zur Entwicklung der
Entwürfe auf Bundesseite werden auf der Länderseite schulische Rahmenlehrpläne durch
eine Rahmenlehrplankommission, die sich aus Vertreterinnen und Vertretern von Berufsschulen zusammensetzt, erarbeitet. Die oder der Vorsitzende der einen Seite nimmt dabei
beratend an den Sitzungen der anderen Seite teil; im Sinne einer Qualitätssicherung werden
betrieblicher Ausbildungsrahmenplan und schulischer Rahmenlehrplan zudem mittels einer
Entsprechungsliste aufeinander abgestimmt.

Die Vertreterinnen und Vertreter der Spitzenorganisationen von Arbeitgebern und Arbeitnehmern identifizieren dabei im engen Austausch mit ihren Mitgliedsorganisationen Modernisierungsbedarfe aus der Praxis. Fachgewerkschaften, Arbeitgeberverbände und Innungen entwickeln bereits vor der Antragstellung beim zuständigen Fachministerium auf Bundesebene im gemeinsamen Dialog sogenannte Eckwerte für die nachfolgende Erarbeitung eines Verordnungsentwurfs. Häufig wird der Qualifizierungsbedarf vor einem Neuordnungsverfahren auch durch wissenschaftliche Voruntersuchungen des BIBB erhoben (vgl. CONEIN/HACKEL/BRETSCHNEIDER 2021). Während eines Ordnungsverfahrens reflektieren die Koordinatorinnen und Koordinatoren Teilergebnisse aus den Sitzungen und identifizieren inhaltliche Stolpersteine und Ergänzungsbedarfe, die sie mit den Dachorganisationen abstimmen. All dies dient dazu, die Konsensfindung im Verfahren zu unterstützen. Nach Abschluss der Sachverständigensitzungen erfolgt dann die Anhörung der Sozialpartner und weiterer Gremien. Zu nennen sind hier der BIBB-Hauptausschuss, aber auch der Bund-Länder-Koordinierungsausschuss, in dem die Zustimmung der Kultusministerkonferenz zur Ausbildungsordnung eingeholt wird.

Seitens der Ständigen Konferenz der Kultusminister der Länder in der Bundesrepublik Deutschland (KMK) wird parallel zum Ordnungsverfahren im BIBB der schulische Rahmenlehrplan entwickelt und erlassen. Im Rahmenlehrplanausschuss sind Berufsschullehrerinnen und Berufsschullehrer aus den verschiedenen Bundesländern vertreten. Der Rahmenlehrplan wird durch Lernfelder strukturiert, die sich an betrieblichen Geschäfts- und Arbeitsprozessen orientieren. Mit dem Ziel der Entwicklung umfassender Handlungskompetenzen, die sich in den Dimensionen Fachkompetenz, Selbstkompetenz und Sozialkompetenz entfalten, werden die Lernfelder ausformuliert und mit den zuvor erarbeiteten Berufsbildpositionen der Ausbildungsrahmenpläne abgeglichen. Die Lernfelder greifen die in der Praxis zu vermittelnden Fertigkeiten, Kenntnisse und Fähigkeiten auf und integrieren dabei den theoretischen und fachsystematischen Hintergrund der Ausbildung. An den Sitzungen des Rahmenlehrplanausschusses nimmt die BIBB-Projektleitung beratend teil, umgekehrt wird in den Sachverständigensitzungen des Bundes der Vertreter oder die Vertreterin des federführenden Landes beratend beteiligt.

Ausbildungsordnungen und der Prozess ihrer Entstehung lassen sich governancetheoretisch auf der Mesoebene im Mehrebenensystem (vgl. KUSSAU/BRÜSEMEISTER 2007; STREBEL/ENGELAGE/BAUMELER 2019, S. 201) der beruflichen Bildung verorten. Daneben gibt es aber weitere Akteurskonstellationen auf der Makro- und Mikroebene, die für die Umsetzung von BBNE relevant sind und daher im Folgenden beleuchtet werden sollen.

Die relevanten Stakeholder des dualen Berufsbildungssystems sind eng in den berufsbildungspolitischen Dialog eingebunden. Ein zentraler Ort für diesen Dialog ist gemäß BBiG das BIBB, welches als gesetzliche Aufgaben Berufsbildungsforschung, Ordnungsarbeit und Dienstleistungen im Kontext der Berufsbildung unter einem Dach vereint. Im BIBB-Hauptausschuss sind Arbeitgeber und Gewerkschaften sowie Bund und Länder als die sogenannten vier Bänke mit jeweils acht Stimmen paritätisch vertreten. In Unterausschüssen und Arbeitsgruppen wird intensiv zu Fragen der beruflichen Bildung gearbeitet, und es werden Empfehlungen für die Bundesregierung sowie die Ausbildungs- und Prüfungspraxis formuliert. Dabei werden Entscheidungen und Empfehlungen stets im Konsens der vier Bänke getroffen.

1.2 Die Relevanz der Praxis für die Umsetzung von Ordnungsmitteln

Die praktische Umsetzung der Ausbildung soll hier als Mikroebene bezeichnet werden. Sie ist das eigentliche Herz des dualen Systems und hier entscheiden sich maßgeblich Qualität, Zukunftsorientierung und Nachhaltigkeit des Systems. Durch die intensive Einbindung in die Arbeitsprozesse in unterschiedlichen betrieblichen Handlungsfeldern lernen Auszubildende den Arbeitsalltag kennen und berufliche Aufgaben zu planen, durchzuführen, zu kontrollieren und zu reflektieren. Sie lernen Sprache, Umgangsformen und Habitus einer Branche und Berufsgruppe am praktischen Vorbild und werden so beruflich sozialisiert (vgl. LEMPERT 2006). Hierdurch werden betrieblich benötigte Kompetenzen an aktuellen Arbeitsaufgaben vermittelt. Ergänzend hierzu ist der berufsschulische Unterricht zu sehen. Berufsschulen haben die Aufgabe, die Allgemeinbildung der Auszubildenden zu vertiefen, insbesondere die für den Beruf erforderliche fachtheoretische Grundbildung zu vermitteln, fachpraktische Erfahrungen zu ermöglichen und damit den Erfahrungsraum des Ausbildungsberufs insgesamt zu weiten. Durch den Berufsschulunterricht lernen Auszubildende auch von den unterschiedlichen Erfahrungen ihrer Mitschülerinnen und Mitschüler. So werden die eigene Ausbildung und der Ausbildungsberuf reflektiert (vgl. HACKEL u. a. 2017). Der Unterricht wird in der Regel als Teilzeitunterricht an ein oder zwei Tagen in der Woche oder als Blockunterricht in zusammenhängenden Abschnitten in Vollzeitform erteilt. Er steht in inhaltlichem Zusammenhang zur Ausbildung im Betrieb. Als dritter Lernort können in überbetrieblichen Bildungsstätten Ausbildungsinhalte der praktischen Ausbildung betriebsübergreifend vermittelt werden. Die Lernortkooperation als Ausdruck von Kreativität und Engagement des betrieblichen und schulischen Ausbildungspersonals kann z. B. durch Projektarbeiten, aber auch durch die Nutzung des schriftlichen Ausbildungsnachweises als Reflexionsgrundlage befördert werden.

Neben dem betrieblichen und schulischen Berufsbildungspersonal sind auch die zuständigen Stellen wichtige Akteure der Berufsbildungspraxis. Dies können Industrie- und Handelskammern, Handwerkskammern, Landwirtschaftskammern, Kammern der freien Berufe und zuständige Stellen des Bundes, der Länder oder der Kirchen sein. Sie sind für die Beratung von Ausbildungsbetrieben, die Dokumentation der Ausbildungsverträge und die Überwachung der Ausbildungsqualität zuständig. Ein wesentlicher Zuständigkeitsbereich ist die Organisation der Prüfungen inklusive der Zuständigkeit für die Prüfungsordnungen auf der Grundlage der in der Ausbildungsordnung geregelten Vorgaben, die Zulassung zu Prüfungen und die Berechtigung zum Ausstellen von Prüfungszeugnissen.

In den Prüfungsausschüssen spiegelt sich erneut die Verfasstheit des dualen Systems wider. Sie werden durch ehrenamtliche Prüferinnen und Prüfer aus der Praxis von Arbeitgeber- und Arbeitnehmerseite paritätisch besetzt. Auch die Schulen stellen ein Prüfungsausschussmitglied (§ 40 BBiG). Wichtigste Voraussetzung ist die Sachkunde im zu prüfenden Beruf, hier greift insbesondere der Grundsatz „aus der Praxis für die Praxis". Allgemeinbildende Fachinhalte werden im Prüfungsbereich Wirtschafts- und Sozialkunde mittels schriftlicher Fragen abgeprüft. Berufsfachliche Inhalte werden gemäß ihrer Spezifik sowohl mit einer Reihe von praktisch-mündlichen Prüfungsinstrumenten als auch durch schriftlich zu bearbeitende Aufgaben geprüft. Die Prüfungen sollen gemäß BIBB-Hauptausschussempfehlung 158 handlungsorientiert sein und sich an betrieblichen Geschäfts- und Arbeitsprozessen orientieren (vgl. BIBB 2006).

Die Beschreibung des Zusammenwirkens der verschiedenen Institutionen und Akteurskonstellationen auf den unterschiedlichen Governance-Ebenen verdeutlicht die Vielstimmigkeit des Systems (siehe auch CLEMENT 2007) und deutet auf Stellschrauben und Ansatzpunkte für die systematische Verankerung von BBNE hin. Es wird auch deutlich, dass die Verankerung in den Ordnungsmitteln ein wichtiger, aber nicht allein hinreichender Ansatzpunkt für den Umsetzungserfolg ist. Vielmehr ist die Adressierung des Themas über alle Ebenen hinweg und das Zusammenspiel der Akteure notwendig (siehe Abb. 1). Besonders relevant für den Umsetzungserfolg sind die Akteure der Ausbildungs- und Prüfungspraxis, vorrangig das Ausbildungspersonal.

Abbildung 1: Funktionslogik des dualen Systems in Bezug auf Bildung für nachhaltige Entwicklung

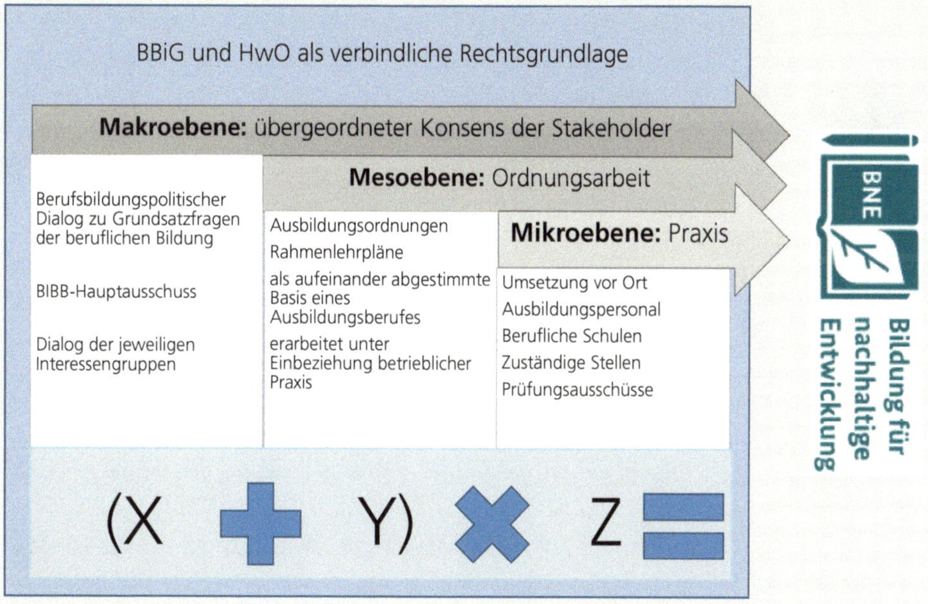

Quelle: eigene Darstellung

2   Vom Leitgedanken in die Ordnungsarbeit

Im Folgenden werden die unterschiedlichen Verankerungsmöglichkeiten für BBNE in Ausbildungsordnungen aufgezeigt; dabei wird zunächst ausführlich auf die 2020 modernisierten Standardberufsbildpositionen eingegangen. Danach werden weitere Möglichkeiten der
Berücksichtigung von Nachhaltigkeitsaspekten in den Ordnungsmitteln und entlang der mit
einer Neuordnung verbundenen Prozesse aufgezeigt.

2.1   Berufsübergreifende Verankerung von Nachhaltigkeitsaspekten in Standardberufsbildpositionen

Standardberufsbildpositionen sind in allen Ausbildungsordnungen nach BBiG und HwO
identische Mindestinhalte, die während der gesamten Ausbildung integrativ zu vermitteln
sind. Bereits 1980 wurden Formulierungen berufsspezifischer Lernziele zur Energieeinsparung durch den BIBB-Hauptausschuss empfohlen. 1988 wurden diese durch die berufsspezifische Einbeziehung von Fragen des Umweltschutzes erweitert, die Einsichten in die konkreten Zusammenhänge zwischen Berufsausübung und möglichen Auswirkungen auf die
Umwelt vermitteln sollen. Schließlich wurde 1991 der Eckwert Umweltschutz in der beruflichen Bildung fest verankert. Mit der Standardberufsbildposition Umweltschutz wurde 1997
ein weiterer Bezugspunkt für die Vermittlung betrieblicher Aspekte des Umweltschutzes
gesetzt. Dieser Setzung war eine lange, kontroverse Diskussion seit Mitte der 1980er-Jahre
vorausgegangen (vgl. KRAMPE 2003). In den folgenden Jahrzehnten konnte eine wachsende
Bedeutung von Nachhaltigkeitsaspekten in Ordnungsmitteln beobachtet werden. Einzelne
Berufe, z. B. in der chemischen Industrie, oder die umwelttechnischen Berufe gingen über
diesen Mindeststandard hinaus und verankerten berufsspezifische Standards, die in den
Branchen von hoher praktischer Relevanz sind. Kritik wurde seitens der berufspädagogischen Befassung an der Standardberufsbildposition Umweltschutz laut. So befand z. B. Kettschau diese Position für unzureichend, weil

> „die dort gewählten Formulierungen dem heutigen komplexen Verständnis des Nachhal-
> tigkeitsbegriffes nicht mehr entsprechen, da sie einen eher technizistischen und regel-
> orientierten Ablauf der Handlungsanforderungen beim ‚Umweltschutz' nahelegen (‚gel-
> tende Regeln des Umweltschutzes anwenden'). Zudem erstrecken sich die formulierten
> Fähigkeiten und Kenntnisse lediglich auf den Binnenraum des Ausbildungsbetriebes,
> sparen also Themen mit Interdependenzen zur wirtschaftlichen und sozialen Umwelt wie
> Produktentwicklung oder Kundenkommunikation ganz aus" (KETTSCHAU 2014, S. 66).

Als Argument gegen eine übergreifende Verankerung von Nachhaltigkeit in den Standardberufsbildpositionen äußerten einige Akteure Befürchtungen, dass eine Erweiterung der Standardberufsbildposition Umweltschutz um das Thema Nachhaltigkeit eine Vernachlässigung
des Themas im berufsspezifischen Teil nach sich ziehen könnte. Begründet wurde dies etwa
mit O-Tönen aus der Praxis wie: „Das haben wir ja schon mit den Standardberufsbildposi-

tionen erledigt" oder „Das soll dann in der Berufsschule behandelt werden". Aufgrund der berufsspezifischen Relevanz des Themas sei dies nicht angemessen.

Im Kontext der Dekade der Vereinten Nationen „Bildung für nachhaltige Entwicklung" wurde im Rahmen eines Nationalen Aktionsplans (vgl. BMBF 2017, S. 49) schließlich vereinbart, dass die Standardberufsbildposition Umweltschutz aktualisiert werde sollte. Dies war einer von mehreren Gründen, die schließlich zu einer grundsätzlichen Überarbeitung aller Standardberufsbildpositionen führte. Hierzu wurde eine Arbeitsgruppe des BIBB-Hauptausschusses konstituiert, in der auch die KMK vertreten war. Handlungsleitend war die Identifikation eines für alle Ausbildungsbetriebe gültigen Mindeststandards auf der Grundlage aktueller Anforderungen. Dem Konsensprinzip folgend wurden im April 2020 vier modernisierte Standardberufsbildpositionen vom BIBB-Hauptausschuss verabschiedet. Eine davon ist die Position „Umweltschutz und Nachhaltigkeit".

Im Zentrum der Modernisierung der Standardberufsbildposition Umweltschutz stand die Erweiterung des sehr eng geführten Begriffs Umweltschutz um Nachhaltigkeitsaspekte. Letztere stehen im Zusammenhang mit den Nachhaltigkeitszielen der Nationalen Plattform „Bildung für nachhaltige Entwicklung" und damit im Kontext der *Sustainable Development Goals* der Vereinten Nationen. Im Nationalen Aktionsplan „Bildung für nachhaltige Entwicklung" verpflichteten sich die Akteure der beruflichen Bildung zu einer Überarbeitung der Standardberufsbildpositionen. Vor diesem Hintergrund wurde eine Arbeitsgruppe des BIBB-Hauptausschusses gebildet, die im Konsens und unter Beteiligung der KMK Mindeststandards für Umweltschutz und Nachhaltigkeit identifizierte. Grundlage der Erörterungen waren Ergebnisse von Analysen in jüngerer Vergangenheit entwickelter Ordnungsmittel und aus Modellversuchen zu Nachhaltigkeit in der Bildung. Ziel war die Definition eines verbindlichen übergreifenden Mindeststandards für alle Ausbildungsberufe, der durch die zusätzliche Berücksichtigung berufsspezifischer Aspekte im berufsprofilgebenden Teil eines Ordnungsmittels angereichert werden soll. Dieser Mindeststandard sieht die folgenden Fertigkeiten, Kenntnisse und Fähigkeiten vor (BIBB 2020):

> „a) Möglichkeiten zur Vermeidung betriebsbedingter Belastungen für Umwelt und Gesellschaft im eigenen Aufgabenbereich erkennen und zu deren Weiterentwicklung beitragen)
>
> b) bei Arbeitsprozessen und im Hinblick auf Produkte, Waren oder Dienstleistungen Materialien und Energie unter wirtschaftlichen, umweltverträglichen und sozialen Gesichtspunkten der Nachhaltigkeit nutzen)
>
> c) für den Ausbildungsbetrieb geltende Regelungen des Umweltschutzes einhaltend)
>
> d) Abfälle vermeiden sowie Stoffe und Materialien einer umweltschonenden Wiederverwertung oder Entsorgung zuführende)
>
> e) Vorschläge für nachhaltiges Handeln für den eigenen Arbeitsbereich entwickeln)

f) unter Einhaltung betrieblicher Regelungen im Sinne einer ökonomischen, ökologischen und sozial nachhaltigen Entwicklung zusammenarbeiten und adressatengerecht kommunizieren"

In Erläuterungen, die im Stil der BIBB-Reihe „Ausbildung gestalten" ebenfalls in der Arbeitsgruppe des BIBB-Hauptausschusses erarbeitet wurde, wurden diese Positionen konkretisiert.
So sollen z. B. die Ressourcenintensität und soziale Bedeutung von Geschäfts- und Arbeitsprozessen bzw. Wertschöpfungsketten reflektiert werden und Sensibilität für Umweltbelastungen auch in angrenzenden Arbeitsbereichen aufgebaut werden. Themen wie Transport-
wege, Prüfsiegel und Zertifikate (z. B. *Fair Trade*) im eigenen Berufsfeld sollen vermittelt und
Zielkonflikte und Zusammenhänge zwischen ökonomischen, ökologischen und sozialen Anforderungen thematisiert werden. Dabei wird auch der Wettbewerbsvorteil durch nachhaltiges Handeln angesprochen. Auszubildende sollen dazu angeregt werden, Optimierungsan-
sätze und Handlungsalternativen unter Berücksichtigung von ökologischer Effektivität und
Effizienz im eigenen Arbeitsbereich zu entwickeln und dabei Vor- und Nachteile von Op-
timierungsansätzen und Handlungsalternativen zu reflektieren. In diesem Zusammenhang
stehen auch das Fördern und Wertschätzen von Kreativität, Eigeninitiative und innovativen
Ideen der Auszubildenden.

Dabei steht die Standardberufsbildposition „Umweltschutz und Nachhaltigkeit" nicht allein: Auch die anderen drei Standardberufsbildpositionen beinhalten Aspekte einer nachhaltigkeitsorientierten Berufsbildung. So werden in der Berufsbildposition „Organisation des
Ausbildungsbetriebes, Berufsbildung sowie Arbeits- und Tarifrecht" wirtschaftliche und soziale Aspekte der Ausbildung thematisiert, indem Tarif- und Mitbestimmungsrechte, recht-
liche Grundlagen der Ausbildung und berufliche Weiterentwicklungsmöglichkeiten nach
der Ausbildung aufgegriffen werden. Ergonomische Arbeitsplatzgestaltung, Prävention und
Maßnahmen des Unfallschutzes und der Arbeitssicherheit stehen in engem Zusammenhang
mit sozialer Nachhaltigkeit. Sie werden in der Standardberufsbildposition „Sicherheit und
Gesundheit bei der Arbeit" thematisiert. Die Vermittlung von grundlegenden Kompetenzen
für ein reflektiertes und selbstbewusstes Agieren in der zukünftigen Arbeitswelt adressiert
neben Aspekten des Datenschutzes und der Datensicherheit in der Position „Digitalisierte
Arbeitswelt" schließlich wichtige wirtschaftliche und soziale Nachhaltigkeitsdimensionen.
Hier werden z. B. eine angemessene Kommunikation und der wertschätzende Umgang mit
gesellschaftlicher Vielfalt adressiert. Im Vergleich zu 1997 fällt auf, dass die Modernisierung
der Standardberufsbildpositionen mit einer starken Betonung von Eigenverantwortung, Reflexionsfähigkeit und Gestaltungsorientierung als zukunftsorientiertes Fundament der Ausbildungsberufe einhergeht.

2.2 Berufsspezifische Verankerung von Nachhaltigkeitsaspekten

Darüber hinaus werden in den Ordnungsverfahren auch weiterhin fortlaufend Nachhaltigkeitsaspekte erörtert und im Zusammenhang mit Geschäfts- und Arbeitsprozessen im

spezifischen Teil des jeweiligen Berufsprofils verankert. Dies muss im Ordnungsverfahren bewusst gesteuert werden, und es muss dabei geprüft werden, an welchen Stellen berufsspezifische Besonderheiten und Vertiefungen sinnvoll aufzunehmen sind. Hierzu sollen bereits im Eckwertegespräch vor Beginn der Neuordnung erste Möglichkeiten diskutiert werden (vgl. BIBB 2017; BMBF 2017). In den Ordnungsverfahren selbst wurde ein Konzept erprobt, das im Rahmen von BIBB-Modellversuchen entwickelt wurde (vgl. BRETSCHNEIDER/ CASPER/MELZIG 2020; CASPER/SCHÜTT-SAYED/VOLLMER 2021). Hierbei wird in verschiedenen Arbeitsschritten der Beitrag eines Berufes zur BBNE identifiziert und den profilgebenden Handlungsfeldern und Arbeitsprozessen zugeordnet. Ausgehend von der Prüfung der unterschiedlichen Kompetenzen werden hierbei handlungsorientierte Formulierungen entwickelt. Diese werden abschließend in Bezug auf die Passung zum Kompetenzprofil des Ausbildungsberufs und die Konsistenz mit der Leitidee „Bildung für nachhaltige Entwicklung" geprüft. So kam dieser Ansatz z. B. im Rahmen der Modernisierung des Ausbildungsberufs Hauswirtschafter/-in zur Anwendung. Im Verordnungstext kann dies an folgenden Stellen beispielhaft nachvollzogen werden (vgl. Verordnung Hauswirtschafter/-in 2020):

▶ „Arbeitsaufgaben unter Berücksichtigung betrieblicher Gegebenheiten sowie unter Berücksichtigung ökonomischer und ökologischer Aspekte durchführen und Arbeitsabläufe steuern" (§ 4 Absatz 2 Nummer 7e),

▶ „Gebrauchs- und Verbrauchsgüter, insbesondere unter Berücksichtigung von Herkunft, Herstellung und langfristiger Nutzbarkeit beschaffen" (§ 4 Absatz 2 Nummer 8h),

▶ „Speisen und Getränke personen- und anlassorientiert auswählen und dabei insbesondere […] ökologische und soziale Aspekte berücksichtigen" (§ 4 Absatz 2 Nummer 8a),

▶ „Bedeutung von hauswirtschaftlichen Betreuungsleistungen für die Lebensqualität, insbesondere zur selbstbestimmten Lebensführung und gesellschaftlichen Teilhabe, erläutern" (§ 4 Absatz 2 Nummer 1a),

▶ „den betrieblichen Erzeuger-Verbraucher-Dialog im Zusammenhang mit der Vermittlung und Vermarktung nachhaltiger Produkte und Dienstleistungen mitgestalten" (§ 4 Absatz 3 Nummer 3d) sowie

▶ „Vorgehen interdisziplinär planen und abstimmen und dabei eine ökonomisch, ökologisch und sozial nachhaltige Entwicklung berücksichtigen" (§ 4 Absatz 2 Nummer 13e).

Es wird deutlich, dass die Verankerung in den Ordnungsmitteln hier immer nur in begleitenden Signalwörtern vorgenommen wird. Diese wandeln sich im Laufe der Zeit auch infolge der gesellschaftlichen oder politischen Relevanz, die die Begriffe erlangen. So war der Begriff „nachhaltig" in einer Ordnungsmittelanalyse 2016 nicht vorzufinden, stattdessen wurden Begriffe wie „Umwelt", „ökologisch", „Kommunikation", „Team", „selbstständig"

usw. identifiziert. Insgesamt kann man seit dieser Zeit eine Zunahme an Nachhaltigkeitsaspekten in den Ordnungsmitteln ausmachen. Jedoch führt eine automatisierte Verschlag-
wortung nicht zu einer Fülle von Treffern, da die berufsspezifische Verankerung sich der
Fachsprache im jeweiligen Berufsfeld bedient und vor allem in älteren Verordnungen selten
Begriffe der politischen Nachhaltigkeitsdebatte verwendet wurden. So wurde z. B. in der
Ausbildungsordnung Chemielaborant/-in die Berufsbildposition „Umweltbezogene Arbeits-
techniken" (§ 4 Absatz 4 Nummer 6) folgendermaßen definiert (vgl. Verordnung über die
Berufsausbildung im Laborbereich Chemie, Biologie und Lack 2009):

> „a) bei einem prozessbezogenen Verfahren der Abfallwirtschaft, Boden-, Luft- oder Ge-
> wässerreinhaltung mitwirken,
>
> b) Konzentrationen und Kenngrößen von Umweltparametern unter Beachtung ein-
> schlägiger Vorschriften bestimmen,
>
> c) Emissionen und Immissionen messen,
>
> d) Untersuchungsergebnisse mit Bestimmungen von Regelwerken vergleichen, doku-
> mentieren und beurteilen sowie Maßnahmen veranlassen."

Dies sind anspruchsvolle ökologische Qualifizierungsziele, die sich bei einer automatisierten
Verschlagwortung wahrscheinlich lediglich in wenigen Treffern beim Begriff „Umwelt" nie-
derschlagen würden. Bei der Ordnungsmittelanalyse muss daher notwendigerweise immer
auch der Kontext eines Treffers mittels qualitativer Analysen nachvollzogen werden, damit
diese Methode valide Ergebnisse erzielen kann. Dies gilt gleichermaßen für andere Schlag-
wortsuchen z. B. zum Begriff „Nachhaltigkeit".

3   Von der Ordnungsarbeit in die Praxis

Die Verankerung von Nachhaltigkeitsaspekten in der Ordnungsarbeit ist ein wichtiger erster Schritt, um BBNE im Berufsbildungssystem zu verankern. Letztendlich entfalten sie ihre
Wirkung jedoch nur, wenn sie in der Berufsbildungspraxis aufgegriffen werden. Hierzu bedarf es betrieblicher Anwendungsfälle und Ausbildungsbeispiele. Damit die Ergebnisse der
Ordnungsarbeit in der Praxis bekannt werden, ist die breite Öffentlichkeitsarbeit aller an
der Ordnungsarbeit beteiligten Stakeholder sowie der Kammerorganisationen und zuständigen Stellen notwendig. Dieser Schritt sollte durch anschauliche Beispiele guter Praxis begleitet werde. Hier können Ergebnissen aus Modellversuchen wichtige berufsspezifische
Anschauungsbeispiele liefern. Diese liegen bereits in einer Reihe von Berufsfeldern vor.[1]
Für die Praxis bietet das BIBB mit der Reihe „Ausbildung gestalten" auch berufsspezifische
Implementationsbroschüren und Onlinematerialien kostenfrei zum Download an, um die
praktische Umsetzung von Ordnungsmitteln zu unterstützen. Autorinnen und Autoren dieser

---

1   Vgl. URL: https://www.bibb.de/de/33716.php (Stand: 06.09.2022).

Reihe sind Sachverständige aus dem jeweiligen Ordnungsverfahren. Eine Sonderedition in dieser Reihe ist auch zur Umsetzung der modernisierten Standardberufsbildpositionen erschienen (BIBB 2021); abweichend vom üblichen Vorgehen wurden zentrale Inhalte diesmal durch die Beteiligten der Arbeitsgruppe des BIBB-Hauptausschusses zur Entwicklung der Standardberufsbildpositionen erstellt.

Onlineplattformen wie foraus.de, die sich gezielt an berufliches Bildungspersonal richten, oder Weiterbildungsmaßnahmen zur Förderung von Ausbilderinnen und Ausbildern, z. B. Vorbereitungskurse zur AEVO, können genutzt werden, um auf die Neuerungen aufmerksam zu machen. Berufsschullehrerinnen und Berufsschullehrer sind ebenfalls wichtige Multiplikatorinnen und Multiplikatoren. Langfristig ist es darüber hinaus notwendig, Nachhaltigkeitsaspekte auch in Prüfungen stärker zu verankern, denn die Orientierung an Prüfungsinhalten ist nach wie vor der „heimliche Lehrplan" im dualen System und bietet die Gewähr, dass Inhalte in die Praxis gelangen.

4   Ordnungsmittel als notwendiger Impuls für Berufsbildung für nachhaltige Entwicklung

Die Bedeutung von BBNE ist in den letzten Jahren kontinuierlich gestiegen und aus einer bildungspolitischen Nische stärker in die Mitte der Berufsbildung gerückt. Die bildungspolitische Wirksamkeit der Standardberufsbildpositionen wird durch einen breiten Konsens aller genannten Stakeholder getragen. Dabei geht von der berufsübergreifenden Verankerung von Nachhaltigkeit für alle Berufe des dualen Systems eine nicht zu unterschätzende Signalwirkung aus. Verbindliche Mindestanforderungen weisen auf einen sich vollzogenen und weiterentwickelnden Bedeutungszuwachs hin und geben in Bezug auf die inhaltliche Ausgestaltung nachhaltigkeitsbezogener Aspekte Orientierung. Erfreulich ist dabei, dass ein deutlicher Schwerpunkt auf Eigenverantwortung, Kreativität und Reflexionsfähigkeit gelegt wird, ganz im Sinne einer zukunftsorientierten Bildung, die Gestaltungsorientierung und die Fähigkeit zum lebensbegleitenden Lernen fördert.

Über die Standardberufsbildposition „Umweltschutz und Nachhaltigkeit" hinaus sind aber weitergehende berufsspezifische Verankerungen unverzichtbar, um die nachhaltige Transformation der Gesellschaft im Rahmen der Berufsbildung zu unterstützen. Gerade beruflich Qualifizierte tragen ganz praktisch zu einer nachhaltigen Transformation bei, insbesondere z. B. zur Dekarbonisierung von Produktionsprozessen, der Bereitstellung der für die Transformation notwendigen Infrastruktur und der nachhaltigen Gestaltung von Dienstleistungen. Durch die Qualifizierung in den entsprechenden Ausbildungsberufen leistet die berufliche Bildung hier einen wesentlichen gesellschaftlichen Beitrag. Viele Ziele werden ohne ausreichend beruflich qualifizierte Fachkräfte nicht realisierbar sein.

Die Verankerung von Nachhaltigkeitsaspekten in den Ordnungsmitteln ist ein erster Schritt in Richtung BBNE. Um tatsächlich zu einer auf Nachhaltigkeit ausgerichteten Ausbildung zu gelangen, müssen die verordneten Inhalte in der Ausbildungspraxis mit Leben gefüllt und praxisnah ausgebildet werden. Die allgemeinen und berufsspezifischen Inhalte müssen in der praktischen Ausbildung, im Berufsschulunterricht und in der Prüfung adaptiert werden. Für die Implementation der Standardberufsbildpositionen hat die Arbeitsgruppe des BIBB-Hauptausschusses (vgl. BIBB 2020) eine diesbezügliche Empfehlung erarbeitet. Schon bei der Formulierung berufsspezifischer Ausbildungsinhalte besteht eine Herausforderung darin, Fertigkeiten, Kenntnisse und Fähigkeiten möglichst konkret zu formulieren, um sie für die Praxis anschlussfähig zu machen. Auch hier kommt der Erarbeitung von Erläuterungen zum Ausbildungsrahmenplan eine wichtige Rolle zu. Daneben sind Arbeitshilfen für die Praxis ein wichtiger Baustein (z. B. BIBB 2021), in denen Beispiele für berufsspezifische Umsetzungsszenarien oder Anregungen für die Kooperation der Lernorte gegeben werden.

Literatur

BIBB – BUNDESINSTITUT FÜR BERUFSBILDUNG (Hrsg.): Vier sind die Zukunft. Digitalisierung. Nachhaltigkeit. Recht. Sicherheit. Die modernisierten Standardberufsbildpositionen anerkannter Ausbildungsberufe. Bonn 2021. URL: https://www.bibb.de/dienst/veroeffentlichungen/de/publication/show/17281 (Stand: 18.07.2022)

BIBB – BUNDESINSTITUT FÜR BERUFSBILDUNG (Hrsg.): Empfehlung des Hauptausschusses des Bundesinstituts für Berufsbildung vom 17. November 2020 zur „Anwendung der Standardberufsbildpositionen in der Ausbildungspraxis". Empfehlung Nr. 172. Bonn 2020. URL: https://www.bibb.de/dokumente/pdf/HA172.pdf (Stand: 18.07.2022)

BIBB – BUNDESINSTITUT FÜR BERUFSBILDUNG (Hrsg.): Ausbildungsordnungen und wie sie entstehen. 8. Aufl. Bonn 2017. URL: https://www.bibb.de/veroeffentlichungen/de/publication/show/8269 (Stand: 18.07.2022)

BIBB – BUNDESINSTITUT FÜR BERUFSBILDUNG (Hrsg.): Empfehlung des Hauptausschusses des Bundesinstituts für Berufsbildung (BIBB) zur Struktur und Gestaltung von Ausbildungsordnungen – Prüfungsanforderungen. Empfehlung Nr. 158. Bonn 2006. URL: https://www.bibb.de/dokumente/pdf/HA158.pdf (Stand: 18.07.2022)

BMBF – BUNDESMINISTERIUM FÜR BILDUNG UND FORSCHUNG (Hrsg.): Nationaler Aktionsplan Bildung für nachhaltige Entwicklung. Berlin 2017. URL: https://www.bne-portal.de/files/Nationaler_Aktionsplan_Bildung_f%c3%bcr_nachhaltige_Entwicklung_neu.pdf (Stand: 18.07.2022)

BRETSCHNEIDER, Markus; CASPER, Marc; MELZIG, Christian: Nachhaltigkeit in Ausbildungsordnungen verankern. Das Beispiel Hauswirtschafter/-in. In: Berufsbildung in Wissenschaft und Praxis 49 (2020) 2, S. 54–55. URL: https://www.bwp-zeitschrift.de/dienst/veroeffentlichungen/de/bwp.php/de/bwp/show/16461 (Stand: 18.07.2022)

BUNDESAMT FÜR JUSTIZ (Hrsg.): Verordnung über die Berufsausbildung im Laborbereich Chemie, Biologie und Lack vom 25.06.2009: Bundesgesetzblatt Teil I Nr. 21, ausgegeben zu Bonn am 24. April 2020, S. 868. URL: https://www.gesetze-im-internet.de/chembiolackausbv_2009/BJNR160000009.html (Stand: 07.09.2022)

BUNDESAMT FÜR JUSTIZ (Hrsg.): Verordnung über die Berufsausbildung zum Hauswirtschafter und zur Hauswirtschafterin vom 19.03.2020: Bundesgesetzblatt Jahrgang 2020 Teil I Nr. 16, ausgegeben zu Bonn am 1. April 2020, S. 730–742. URL: https://www.gesetze-im-internet.de/hawiausbv/BJNR073000020.html (Stand: 07.09.2022)

CASPER, Marc; SCHÜTT-SAYED, Sören; VOLLMER, Thomas: Nachhaltigkeitsbezogene Gestaltungskompetenz in kaufmännischen Berufen des Handels. In: MELZIG, Christian; KUHLMEIER, Werner; KRETSCHMER, Susanne (Hrsg.): Berufsbildung für nachhaltige Entwicklung. Die Modellversuche 2015–2019 auf dem Weg vom Projekt zur Struktur. Bonn 2021, S. 179–199. URL: https://www.bibb.de/dienst/veroeffentlichungen/de/publication/show/16974 (Stand: 18.07.2022)

CLEMENT, Ute: Educational Governance an der Schnittstelle sozialer Systeme. Das Beispiel der beruflichen Bildung. In: ALTREICHTER, Herbert; BRÜSEMEISTER, Thomas; WISSINGER, Jochen (Hrsg.): Educational Governance. Handlungskoordination und Steuerung im Bildungssystem. Wiesbaden 2007, S. 207–230

CONEIN, Stephanie; HACKEL, Monika; BRETSCHNEIDER, Markus: Kontinuität und Wandlungsfähigkeit dualer Berufsbilder – der Beitrag der Ordnungsarbeit. In: Berufsbildung in Wissenschaft und Praxis 50 (2021) 1, S. 53–57. URL: https://www.bwp-zeitschrift.de/dienst/veroeffentlichungen/de/bwp.php/de/bwp/show/17004 (Stand: 18.07.2022)

HACKEL, Monika; MILOLAZA, Anita; JUNGGEBURTH, Christoph; REYMERS, Magret; ZÖLLER, Maria: Berufsschule im dualen System – Daten, Strukturen, Konzepte. Bonn 2017. URL: https://www.bibb.de/dienst/veroeffentlichungen/de/publication/show/8367 (Stand: 18.07.2022)

KETTSCHAU, Irmhild: Nachhaltigkeitsbildung in Ernährungs- und Hauswirtschaftsberufen. Konzept und Ergebnisse. In: Haushalt in Bildung & Forschung (2014) 3, S. 60–74. URL: https://www.pedocs.de/volltexte/2020/20420/pdf/HiBiFo_2014_2_Kettschau_Nachhaltigkeitsbildung_in_Ernaehrungs.pdf (Stand: 18.07.2022)

KRAMPE, Marion: Umweltschutzinhalte in Ausbildungsordnungen. Ausbilder-Handbuch 65. Ergänzungslieferung. Kapitel 5.12.1.1. Dezember 2003. Köln 2003

KUSSAU, Jürgen; BRÜSEMEISTER, Thomas: Educational Governance: Zur Analyse der Handlungskoordination im Mehrebenensystem der Schule. In: ALTRICHTER, Herbert; BRÜSEMEISTER, Thomas; WISSINGER, Jochen (Hrsg.): Educational Governance. Handlungskoordination und Steuerung im Bildungssystem. Wiesbaden 2007, S. 15–54

LEMPERT, Wolfgang: Berufliche Sozialisation. Persönlichkeitsentwicklung in der betrieblichen Ausbildung und Arbeit. Hohengehren 2006

STREBEL, Alexandra; ENGELAGE, Sonja; BAUMELER, Carmen: Der Beitrag der institutional work-Perspektive zu Educational Governance. In: LANGER, Roman; BRÜSEMEISTER, Thomas (Hrsg.): Handbuch Educational Governance Theorien. Wiesbaden 2019, S. 201–218

Christina Strotmann, Anna-Franziska Kähler, Moritz Ansmann

▶ Wie trägt die Berufsbildung zu einer nachhaltigen Entwicklung bei?

Ein Modell zur Beschreibung nachhaltigkeitsbezogener Kompetenzen für das Lebensmittelhandwerk und die Lebensmittelindustrie

Eine nachhaltige Transformation der Berufswelt setzt voraus, dass die Berufsbildung die dafür nötigen Kompetenzen vermittelt. Aber welche Aspekte der Nachhaltigkeit sind überhaupt berufs- bzw. ausbildungsrelevant? Über welche Kompetenzen müssen Auszubildende verfügen, um im Beruf nachhaltig handeln zu können? Der vorliegende Beitrag nimmt sich dieser Fragen am Beispiel der Berufe der Lebensmittelproduktion an. Ziel des Beitrags ist die Herleitung eines Strukturmodells, das domänenspezifische Nachhaltigkeitskompetenzen entlang der Dimensionen beruflicher Handlungskompetenz beschreibbar macht. Das entwickelte Modell kann Impulse für die curriculare und didaktische Berufsbildungsarbeit setzen, aber auch für die Neuordnungen von Ausbildungsberufen.

1 Berufsbildung für nachhaltige Entwicklung in der Domäne der lebensmittel-produzierenden Berufe

Nachhaltigkeit stellt ein Transformationsprojekt dar, das sämtliche Bereiche und Sphären der Gesellschaft durchdringt und das „Zukunftsverträglichkeit" zum zentralen Maßstab gesellschaftlicher Entwicklung macht. In diesem Sinne ist eine nachhaltige Entwicklung als eine Entwicklung zu begreifen, „die den Bedürfnissen der heutigen Generation entspricht, ohne die Möglichkeiten künftiger Generationen zu gefährden, ihre eigenen Bedürfnisse zu befriedigen und ihren Lebensstil zu wählen", wie es in der vielzitierten Definition der Brundlandt-Kommission heißt (HAUFF 1987, S. 46). Wirtschaft und Gesellschaft wird im Rahmen dieser „großen Transformation zur Nachhaltigkeit" (WBGU 2011, S. 89) eine Neuausrichtung etablierter Produktionstechniken, Konsummuster und Lebensstile abverlangt (vgl. WGBU 2011, S. 5).

Die Arbeits- und Berufswelt ist in diesem Zusammenhang von ausschlaggebender Bedeutung. Das eigene Arbeitsumfeld und der persönliche Berufsalltag bieten nicht nur einen großen Erfahrungs- und Gestaltungsraum für das eigene nachhaltige Handeln, darüber hinaus werden hier auch die maßgeblichen Innovationen eines nachhaltigen Transformations-prozesses entwickelt und diffundieren von dort aus in die Gesellschaft. Um die Arbeits- und Berufswelt umfassend auf den Pfad einer nachhaltigen Entwicklung zu setzen, müssen je-doch die dafür nötigen Kompetenzen gefördert und Werte vermittelt werden. Damit erfährt die berufliche Bildung eine „Schlüsselrolle" (Kuhlmeier u. a. 2017, S. 3). Die berufliche Bildung steht damit vor der Aufgabe, den Grundstein für die Herausbildung nachhaltigkeits-bezogener beruflicher Handlungsfähigkeit von Auszubildenden als kommende Fach- und Führungskräfte zu legen. Ihr Anliegen sollte es demzufolge sein,

> „Kompetenzen zu fördern, mit denen die Arbeits- und Lebenswelt im Sinne der Nach-haltigkeit gestaltet werden können. Dabei gilt es, das berufliche Handeln an seinen intra- und intergenerativen Wirkungen der ökologischen, sozialen und ökonomischen Folgen orientieren zu können" (Hemkes 2014, S. 225).

Jüngst wurde zu diesem Zweck eine Modernisierung von Standardberufsbildpositionen vor-genommen, in denen dezidiert Kompetenzziele zum Thema „Umweltschutz und Nachhaltig-keit" hinterlegt wurden (vgl. BIBB 2021). Damit wurde das auf der Ebene der Ordnungs-mittel bereits zuvor festgelegte Thema „Umweltschutz" ausdrücklich um die Anforderungen nachhaltigen Handelns erweitert. Sämtliche Ausbildungsordnungen enthalten fortan über-arbeitete sowie neue verbindliche Standards zur Förderung beruflicher Nachhaltigkeits-kompetenzen. Dies stellt einen wichtigen Schritt zur strukturellen Verankerung einer Be-rufsbildung für nachhaltige Entwicklung (BBNE) dar. In der Praxis der Ausbildung ist das Berufsbildungspersonal damit umso stärker gefordert, Nachhaltigkeit zum Ausbildungsin-halt zu machen und die damit zusammenhängenden komplexen ökologischen, ökonomi-schen und sozialen Realitäten fundiert zu vermitteln.

Hierzu bieten die Standardberufsbildposition selbst jedoch nur einen allgemeinen Ori-entierungsrahmen, der in der betrieblichen Ausbildungspraxis mit Leben zu füllen ist. Vor diesem Hintergrund stellt sich die Aufgabe, tragfähige Konzepte und Methoden zu erarbei-ten, die im Sinne von Gestaltungshilfen zu einer Konkretisierung und Realisierung nach-haltigkeitsbezogener Ausbildungsstandards beitragen. Insbesondere gilt es, das betriebliche Führungs- und Ausbildungspersonal für das Thema nachhaltige Entwicklung zu sensibili-sieren, vor allem aber: zu qualifizieren. Nur wenn das Berufsbildungspersonal zu nachhal-tigem Denken und Handeln fähig ist, kann es seinerseits auch den Auszubildenden entspre-chende Fähigkeiten, Fertigkeiten und Kenntnisse vermitteln. Weil es sich bei nachhaltiger Entwicklung um eine so komplexe wie abstrakte Thematik handelt, ist es ratsam, möglichst handlungsnahe Bezüge zwischen dem Nachhaltigkeitspostulat, der realen Berufsbildungs-arbeit und der betrieblichen Realität herzustellen (vgl. Vollmer/Kuhlmeier 2014, S. 201). Ganz in diesem Sinne legen auch die Ergebnisse des Förderschwerpunkts „Berufsbildung für nachhaltige Entwicklung" des Bundesinstituts für Berufsbildung (BIBB) nahe, Nachhaltig-keit nicht etwa additiv als zusätzlichen Lerninhalt der Ausbildung hinzuzufügen, sondern vielmehr integrativ mit dem bereits vorhandenen Lerninhalt zu verknüpfen (vgl. SRBENY/ HEMKES 2017, S. 44; MELZIG/KUHLMEIER/KRETSCHMER 2021).

Aber welche Aspekte der Nachhaltigkeit sind überhaupt berufs- und damit ausbildungsrelevant? Was meint eigentlich „nachhaltigkeitsbezogene Handlungs- und Gestaltungskompetenz"? Über welche Fertigkeiten, Fähigkeiten und Kenntnisse müssen Auszubildende also verfügen, um im beruflichen wie dann auch im privaten Kontext ökologisch, ökonomisch und sozial verantwortlich handlungsfähig zu sein?

Der vorliegende Beitrag nimmt sich dieser grundlegenden Fragen an und beantwortet sie, indem er ein Strukturmodell herleitet, das Nachhaltigkeitskompetenzen entlang der Dimensionen beruflicher Handlungskompetenz identifiziert und modelliert. Mit Blick auf die praktische Berufsbildungsarbeit sollen damit Impulse für eine nachhaltigkeitsorientierte curriculare und didaktische Berufsbildung und somit die weitere strukturelle Verankerung von BBNE gesetzt werden.

Ausgangspunkt ist die Prämisse, dass eine wirkungsvolle BBNE an berufsspezifischen Handlungsfeldern und -situationen ansetzt. Nachhaltigkeit kann schwerlich als allgemeines Bildungsziel vermittelt werden, sondern muss vielmehr induktiv vom jeweiligen beruflichen Handlungsfeld und den spezifischen beruflichen Arbeitsprozessen und Verfahren ausgehend betrachtet werden (vgl. HEMKES/KUHLMEIER/VOLLMER 2013, S. 31). Gerade in Anbetracht der Unterschiedlichkeit von Berufsfeldern wird damit eine Konkretisierung und Formulierung der Nachhaltigkeitsidee entlang einer domänen- bzw. berufsspezifischen Perspektive unausweichlich. Diese Aspekte berücksichtigend zeigt dieser Beitrag spezifische Nachhaltigkeitsziele für die lebensmittelproduzierenden Berufe auf.

Ernährung ist ein zentrales Handlungsfeld nachhaltiger Entwicklung. So sind die Bezüge zwischen Ernährung, Lebensmittelproduktion und den im Rahmen der Agenda 2030 der Vereinten Nationen festgehaltenen Zielen für eine nachhaltige Entwicklung, den *Sustainable Development Goals* (SDGs), so vielfältig wie tiefgreifend (vgl. UN 2015): Nicht nur das Ziel der Beseitigung von Hunger (SDG Nr. 2), auch die Förderung von Gesundheit und Wohlergehen (SDG Nr. 3), der globale Klimaschutz (SDG Nr. 13) und vor allem der Aspekt nachhaltiger Produktion und Konsumption (SDG Nr. 12) sind eng mit dem Thema Ernährung verknüpft. In ihrer Funktion als Lebensmittelproduzenten und Konsumgestaltende sind also auch die Lebensmittelindustrie und das Lebensmittelhandwerk aufgefordert, einen Beitrag zum Erreichen der globalen Nachhaltigkeitsziele zu leisten: „Wie nachhaltig unser Ernährungssystem gestaltet ist, hängt davon ab, welche Lebensmittel hergestellt und konsumiert werden, woher die Rohstoffe dafür stammen, und auch unter welchen Bedingungen diese produziert und transportiert werden", halten Fernández Caruncho, Kastrup und Nölle-Krug (2020, S. 5) treffend fest.

Dementsprechend wird der Lebensmittelbranche zunehmend auch vonseiten der Verbraucher/-innen abverlangt, nicht nachhaltige Herstellungsverfahren zu minimieren. In Zeiten kritischer Verbraucher/-innen ist ein ökologisch, sozial und ökonomisch verantwortliches Agieren für viele Unternehmen damit längst nicht mehr nur „lästige Pflicht", sondern vielmehr ein „Verkaufsargument". Zudem stellt es auch einen Wettbewerbsvorteil auf dem Ausbildungsmarkt dar, auf dem die Unternehmen bei der Akquise von Nachwuchskräften miteinander in Konkurrenz stehen. Um die damit verbundenen Chancen zu nutzen, müssen jedoch die Nachhaltigkeitskompetenzen der Beschäftigten in lebensmittelproduzierenden Berufen systematisch weiterentwickelt werden.

Lebensmittelhandwerk und -industrie umfassen eine Vielzahl von Berufen; im Allgemeinen werden dabei drei Berufsgruppen mit jeweils mehreren dazugehörigen dualen Ausbildungsgängen unterschieden (siehe Tabelle 1) (vgl. BIBB 2020).

Tabelle 1: Berufsgruppen und Berufe der Lebensmittelherstellung und -verarbeitung

Berufsgruppe	Ausbildungsberuf(e)
291 Getränkeherstellung	Brauer/-in und Mälzer/-in, Destillateur/-in, Fachkraft für Fruchtsafttechnik
291 Lebensmittel- und Genussmittel-herstellung	Bäcker-/in, Fachkraft für Lebensmitteltechnik, Fleischer/-in, Konditor/-in, Milch-, Süßwaren-, Weintechnologe/-technologin, Verfahrenstechnologe/-technologin Mühlen und Getreidewirtschaft
293 Speisenzubereitung	Koch/Köchin

Quelle: eigene Darstellung

Unter diesen Berufen befinden sich sowohl Handwerksberufe (z. B. Konditor/-in), die sich einer bestimmten Handwerkstradition verpflichtet sehen, als auch solche, zu denen in Industrie- und Handel ausgebildet wird (z. B. Fachkraft für Lebensmitteltechnik). Grundsätzlich unterscheiden sich die Berufe der Lebensmittelherstellung und -produktion somit darin, dass die Ausbildungsordnungen entweder auf Grundlage der Handwerksordnung oder auf Basis des Berufsbildungsgesetzes erlassen werden.

2 Der Forschungskontext: Die Modellversuche der BBNE-Förderlinie III

Seit 2018 fördert das BIBB mit Mitteln des Bundesministeriums für Bildung und Forschung (BMBF) Modellversuche zur Entwicklung von nachhaltigkeitsorientierten Konzepten zur Kompetenzentwicklung in Berufen des Lebensmittelhandwerks und der Lebensmittelindustrie. Im Rahmen dieser Modellversuche werden Ansätze und Materialien zur Förderung von Nachhaltigkeitskompetenzen erarbeitet, wissenschaftlich reflektiert, praktisch erprobt und schließlich in den Transfer gebracht. Im Ergebnis entstehen theoretisch fundierte, *mit* der Praxis *in* der Praxis erprobte curriculare und didaktische Konzepte sowie Lehr-/Lernmaterialien, die sich an das Ausbildungspersonal und an Auszubildende richten.

Modellversuche sind hierbei als transdisziplinäre Projektvorhaben zu verstehen, die der „exemplarischen Entwicklung und Erprobung neuer, innovativer Lösungsansätze" dienen und damit „zur inhaltlichen und strukturellen Verbesserung der beruflichen Bildung beitragen" (BIBB 2010, S. 2). Die besondere Qualität von Modellversuchen liegt dabei weniger im Ziel der qualitativen Verbesserung der Berufsbildungspraxis, sondern vielmehr in der für Modellversuche konstitutiven Akteurskonstellation: Kennzeichnend – und gleichzeitig wichtigster Erfolgsfaktor – ist ein integratives und partnerschaftliches Arrangement von Wissenschaft und Praxis. Akteure aus der Wissenschaft und aus der Berufsbildungspraxis schließen sich zusammen, um forschungsbasierte wie anwendungsorientierte Lösungen für Probleme zu finden, die weder von der Wissenschaft noch von der Praxis allein zufriedenstellend bearbeitet werden könnten. Diese Lösungen werden in einem Prozess gestaltungsorientierter Forschung und Entwicklung koproduktiv erarbeitet, theoretisch fundiert und praktisch erprobt. In diesem Sinne werden Modellversuche auch treffend als „Innovationspartnerschaften zwischen Wissenschaft und Praxis" beschrieben (HEMKES 2012, S. 397).

Die sechs derzeit geförderten Modellversuchsvorhaben zum Bereich der Lebensmittelproduktion und -verarbeitung entstammen der BBNE-Förderlinie III („Entwicklung von domänenspezifischen Nachhaltigkeitskompetenzen in Berufen des Lebensmittelhandwerks und der Lebensmittelindustrie"). Sie werden als Verbundprojekte von Partnern aus der Wissenschaft (Hochschulen) sowie der Berufsbildungspraxis durchgeführt. Die einzelnen Projektvorhaben verfügen über ein weitgespanntes Netz an Praxis- und Strategiepartnern, die zum einen die praktische Erprobung der Ergebnisse gewährleisten und zum anderen gemäß dem Motto des UNESCO-Weltaktionsprogramms Bildung für nachhaltige Entwicklung „Vom Projekt zur Struktur" (DUK 2014) den Transfer und die Implementationen der entwickelten Ergebnisse in die Praxis unterstützen. Hierbei handelt es sich um Betriebe und Berufsbildungseinrichtungen auf der einen und um intermediäre Institutionen wie Kammern, Arbeitgeberverbände und Gewerkschaften auf der anderen Seite.

Die Modellversuche der Förderlinie zielen darauf ab, Nachhaltigkeitskompetenzen in Lebensmittelhandwerk und -industrie zu fördern. Dabei legen die sechs Vorhaben ihren Fokus auf unterschiedliche Ausbildungsberufe (siehe Tabelle 2).

Für das Berufsbildungspersonal entwickeln die Modellversuche Orientierungshilfen und praktisch einsetzbare Lehr-/Lernmaterialien, mittels derer Auszubildende dieser Berufe Nachhaltigkeitskompetenzen entwickeln können. Dabei werden sie von einer projektübergreifenden wissenschaftlichen Begleitung unterstützt. Deren Kernaufgabe ist die prozessorientierte Beratung, Unterstützung und Evaluation der einzelnen Vorhaben. Genauso gewährleistet die wissenschaftliche Begleitung die projektübergreifende Zusammenarbeit und die Bündelung der Ergebnisse. Im Fall der BBNE-Förderlinie III steht hierbei vor allem die Entwicklung von transferfähigen Modellen für die Gestaltung von Lehr-/Lernprozessen sowie von allgemeinen Konzepten für die Qualifizierung von Berufsbildungspersonal im Vordergrund. Fundament dessen ist eine intensive Beschäftigung mit der Frage, welche nachhaltigkeitsrelevanten Fertigkeiten, Kenntnisse und Fähigkeiten für die Berufe der Lebensmittelbranche sowohl besonders spezifisch als auch besonders nötig sind. Um diese Frage zu beantworten, wurden die Erkenntnisse der Modellversuche projektübergreifend ausgewertet und mit weiteren wissenschaftlichen Erkenntnissen angereichert bzw. kontextualisiert.

Modellversuch	Beruf(e)
Tabelle 2: Übersicht zu den Modellversuchen der Förderlinie III „Entwicklung von domänenspezifischen Nachhaltigkeitskompetenzen in Berufen des Lebensmittelhandwerks und der Lebensmittelindustrie (2018–2021)"	
KORN-SCOUT: Vom Getreidekorn und seinen vielfältigen Nutzern – Korn-Kompetenzen für Nachhaltigkeit im Lebensmittelhandwerk stärken	Brauer/-in und Mälzer/-in, Fachkraft für Lebensmitteltechnik, Verfahrenstechnologe/-technologin für Mühlen- und Getreidewirtschaft, Konditor/-in, Bäcker/-in
NachLeben: Nachhaltigkeit in den Lebensmittelberufen. Situierte Lehr-/Lernarrangements zur Förderung der Bewertungs-, Gestaltungs- und Systemkompetenz in der betrieblichen Ausbildung	Fachkraft für Lebensmitteltechnik, Weintechnologe/-technologin, Destillateur/-in, Süßwarentechnologe/-technologin
NaMiTec: Entwicklung eines Aus- und Weiterbildungskonzeptes zur Erhöhung des Beitrages zur nachhaltigen Entwicklung in der Milchtechnologie	Milchtechnologe/-technologin
NaReLe: Nachhaltige Resonanzräume in der Lebensmittelindustrie: Entwicklung, Erprobung, Implementierung und Verbreitung transferfähiger, OER-basierter Lernaufgaben zum Einsatz in der Berufsausbildung zur Fachkraft für Lebensmitteltechnik	Fachkraft für Lebensmitteltechnik
NIB-Scout: Kompetenzmodell für Nachhaltigkeit im Bäckerhandwerk	Bäcker/-in
TRANS-SUSTAIN: Transversales Kompetenzmanagement für mehr Nachhaltigkeit in den Berufsbildern am Beispiel des Fleischerhandwerks und der Fleischwarenindustrie	Fleischer/-in

Quelle: eigene Darstellung

3 Modellierung nachhaltigkeitsbezogener Kompetenzen in der Lebensmittelproduktion

Das Modell zur Beschreibung nachhaltigkeitsbezogener Kompetenzen für Auszubildende lebensmittelproduzierender Berufe ist eines der zentralen Ergebnisse der Arbeit der wissenschaftlichen Begleitung der BBNE-Förderlinie III. Es berücksichtigt die Ergebnisse der Modellversuche und trägt ihrem Wunsch nach einem universellen Kompetenzstrukturmodell Rechnung.

Folgende zentrale Fragestellungen galt es zunächst zu beantworten, um den Erwerb nachhaltiger Handlungskompetenz bei den Auszubildenden und damit den zukünftigen Fachkräften im Lebensmittelhandwerk und der Lebensmittelindustrie zu fördern:

▶ Welche allgemeinen und welche spezifischen Aspekte der Nachhaltigkeit sind in den Ausbildungsberufen des Lebensmittelhandwerks und der Lebensmittelindustrie relevant?

▶ Wie lassen sich Kompetenzen identifizieren, die (zukünftige) Fachkräfte in der Lebensmittelproduktion zur Mitgestaltung ihrer Arbeitsplätze im Sinne einer nachhaltigen Entwicklung benötigen?

▶ Wie lassen sich diese Kompetenzen systematisch darstellen und beschreiben, sodass hiervon abgeleitet nachhaltigkeitsorientierte Kompetenzziele formuliert werden können?

Im Folgenden wird zunächst die nachhaltigkeitsorientierte Handlungskompetenz definiert, um anschließend die zuvor genannten Fragen zu beantworten. Somit wird zugleich der Werdegang des hier vorgestellten Kompetenzmodells – bestehend aus einer Matrix und konkret ausformulierten Kompetenzzielen – nachvollzogen.

3.1 Nachhaltigkeitsorientierte berufliche Handlungskompetenz

Die Kultusministerkonferenz (KMK 2007) empfiehlt, Kompetenzen für eine nachhaltige Entwicklung zu erwerben: „Dabei geht es darum, Probleme ‚nicht-nachhaltiger' Entwicklung erkennen und bewerten zu können und Wissen über nachhaltige Entwicklung anzuwenden." Hierbei handelt es sich um einen ganzheitlichen Ansatz, der „umweltgerechte Lösungen mit wirtschaftlicher Leistungsfähigkeit und sozialer Gerechtigkeit" verbinden möchte (KMK 2007).

Zunächst steht für die Berufsbildung jedoch grundsätzlich der Erwerb einer beruflichen Handlungskompetenz im Vordergrund. Diese beinhaltet bereits die Voraussetzung, auch verantwortungsvolle Entscheidungen treffen und Aspekte der Ökologie, Ökonomie und soziale Belange miteinander abwägen zu können. Der Begriff der Handlungskompetenz wird daher im Folgenden konkretisiert und für diesen Beitrag in einem zweiten Schritt um den Nachhaltigkeitsaspekt erweitert, sodass hiervon die nachhaltigkeitsbezogene Handlungskompetenz für das Lebensmittelhandwerk und die Lebensmittelindustrie abgeleitet werden kann.

Definition des beruflichen (Handlungs-)Kompetenzbegriffs

Das BIBB definiert den Begriff Kompetenz wie folgt: Kompetenzen seien „interne Dispositionen und Repräsentationen von Wissen, Fähigkeiten und Fertigkeiten, die erlern- und vermittelbar sind sowie grundsätzliche Handlungsanforderungen innerhalb eines Fachs oder Berufsfelds widerspiegeln".[1] Auch Weinert (2001, S. 27) beschreibt den Begriff Kompetenz als „die bei Individuen verfügbaren oder durch sie erlernbaren kognitiven Fähigkeiten und Fertigkeiten, um bestimmte Probleme zu lösen, sowie die damit verbundenen motivationalen, volitionalen und sozialen Bereitschaften und Fähigkeiten, um die Problemlösungen in variablen Situationen erfolgreich und verantwortungsvoll nutzen zu können". Klieme/Leutner (2006) beziehen den Kompetenzbegriff auf die berufliche Handlungsfähigkeit, wobei Kompetenz eine **kontextspezifische** kognitive **Leistungsdisposition** sei, die sich auf Situationen sowie Anforderungen in bestimmten Berufen bezieht. Passend dazu unterscheidet Heinrich Roth (1971) in seiner pädagogischen Anthropologie (Band II) zudem bei der Auseinandersetzung mit der **Handlungsfähigkeit** in:

---

1   Vgl. URL: https://www.bibb.de/de/8570.php (Stand: 18.07.2022).

▸ Sachkompetenz (sachkundiges und -einsichtiges Handeln),

▸ Sozialkompetenz (sozialeinsichtiges und -konstruktives Verhalten in der Gesellschaft),

▸ Selbstkompetenz (werteinsichtiges Verhalten, moralische Kompetenz, Ich-Kompetenz).

Die grundlegende Relevanz dieser vorgenannten drei Aspekte der Handlungskompetenz wurde bei der Erstellung des Kompetenzmodells für die lebensmittelproduzierenden Berufe berücksichtigt und für dessen Kompetenzmatrix als Orientierungsrahmen verwendet.

Auch die KMK differenziert in Lehrplänen den Begriff der Handlungskompetenz und beschreibt diese als „Bereitschaft und Fähigkeit des einzelnen, sich in gesellschaftlichen, beruflichen und privaten Situationen sachgerecht, durchdacht sowie individuell und sozial verantwortlich zu verhalten" (KMK 2007, S. 10).

Definition einer nachhaltigkeitsorientierten Handlungskompetenz

Bei der Förderung nachhaltigkeitsbezogener Handlungskompetenzen sollen die konkreten beruflichen Handlungsfelder (vgl. Abschnitt 2.2) im Zentrum stehen, so wie es generell für die berufliche Bildung laut der berufspädagogischen Leitlinien von Nöten ist (vgl. VOLLMER/ KUHLMEIER 2014, S. 206). Vollmer/Kuhlmeier verwenden in der Arbeit zur Berufsbildung für nachhaltige Entwicklung hierfür den Begriff der **Gestaltungskompetenz** als „Fähigkeit, Wissen über nachhaltige Entwicklung anwenden und Probleme nicht nachhaltiger Entwicklung erkennen zu können" (VOLLMER/KUHLMEIER 2014, S. 202).

Vollmer/Kuhlmeier (2014, S. 211) zufolge ist die Nachhaltigkeitskompetenz zudem in Bezug auf die Arbeitsprozesse zu sehen: „Dies bedeutet, sich handlungsleitende Kriterien anzueignen, auf deren Grundlage Arbeitssituationen kritisch-konstruktiv beurteilt und schließlich nachhaltigkeitsbezogene Handlungsoptionen entwickelt werden können." Das betrifft beispielsweise die Bereitschaft Auszubildender, ihr berufliches Handeln bei der Entwicklung und Vermarktung von Lebensmitteln im Hinblick auf eine nachhaltige und gesundheitsfördernde Ernährung zu reflektieren. So sollten sie möglichst schon bei der Produktentwicklung angemessene (u. a. fair gehandelte) Rohstoffe mit möglichst geringen Klimaauswirkungen auswählen und damit ihrer sozialen Verantwortung nachkommen.

Nachhaltigkeitsbezogene Gestaltungskompetenz bedarf „einer ganzheitlichen, systemischen Betrachtungsweise nicht nur der technischen Prozesse und Produkte, sondern auch der jeweiligen Arbeitsprozesse im Zusammenhang ihrer gesellschaftlichen Wechselwirkungen" (ebd., S. 211). Gerade für Berufe im Lebensmittelhandwerk und der Lebensmittelindustrie erscheint daher zudem die Aussage von Keppeler/Overmann (2014, S. 141), dass Auszubildende „ein Bewusstsein gesellschaftlicher Mitverantwortung" zu entwickeln hätten, als beachtenswert.

Laut Vollmer/Kuhlmeier (2014, S. 217) müsse jedoch zunächst geklärt werden, „wie der Begriff der Nachhaltigkeit im Kontext der Berufsarbeit generell zu verstehen und für die Ausbildung zu operationalisieren ist". Eine Antwort sollen die Perspektiven der BBNE geben:

- Soziale, ökologische und ökonomische Aspekte mit ihren Wechselbezügen, Widersprüchen und Dilemmata,

- Auswirkungen auf andere – lokal, regional und global,

- Auswirkungen in der Zukunft im Sinne einer positiven Vision,

- Handlungsstrategien Suffizienz, Effizienz und Konsistenz,

- Produktlebenszyklen und Prozessketten.

Casper u. a. (2017) hinterfragen zudem die Begrifflichkeiten **Sach-, Sozial-** und **Werteinsicht** bzw. **Sach-, Sozial-** und **Selbstkompetenz** und spezifizieren diese für die Bedarfe des nachhaltigkeitsbezogenen Handelns. Der Beruf, verstanden als „soziales Schema", führt laut Casper u. a. (2017, S. 19) zu einem Verständnis von sozialer und verantwortungsbewusster Eingebundenheit sowie zu einer Werteinsicht, die als „sinnstiftendes Identitätsmerkmal" gedeutet wird. In der folgenden Abbildung wird dies mit den Begriffen der „Wertschöpfung, -schätzung sowie -empfinden" (Casper u. a. 2017, S. 20) in Verbindung gebracht.

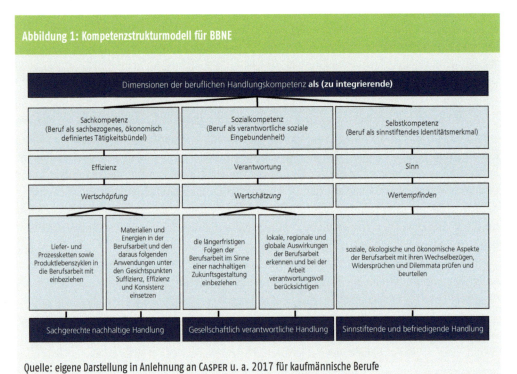

Abbildung 1: Kompetenzstrukturmodell für BBNE

Quelle: eigene Darstellung in Anlehnung an Casper u. a. 2017 für kaufmännische Berufe

Die berufliche Handlungskompetenz ergibt sich demzufolge aus den verschiedenen Dimensionen und kann nur durch deren Ineinandergreifen ihre volle Entfaltung erfahren und damit auch zu einer vollumfänglichen nachhaltigkeitsbezogenen Kompetenz führen.

Für Berufe des Lebensmittelhandwerks und der Lebensmittelindustrie bieten zudem die fünf Dimensionen einer nachhaltigen Ernährung (vgl. KOERBER 2014, S. 261) und deren Ziele eine hilfreiche Orientierung (vgl. Abb. 2). Diese weisen eine enge Verbindung mit den Zielen der Agenda 2030 und den bekannten Sphären der Nachhaltigkeit im Allgemeinen auf (Ökologie, Ökonomie und Soziales).

Abbildung 2: Die fünf Dimensionen und Ziele nachhaltiger Ernährung

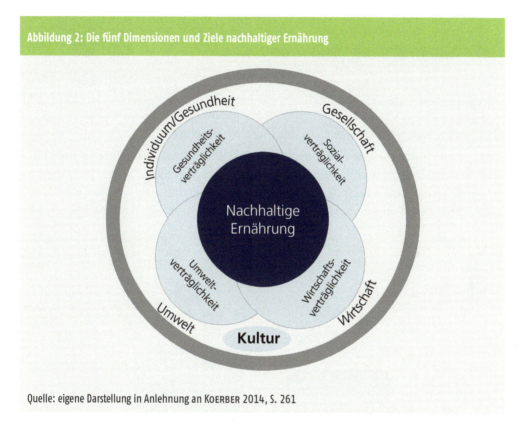

Quelle: eigene Darstellung in Anlehnung an KOERBER 2014, S. 261

Im Folgenden wird nunmehr das Vorgehen zur Erstellung des modellversuchsübergreifenden Kompetenzmodells für das Lebensmittelhandwerk und die Lebensmittelindustrie ausgeführt.

3.2 Herangehensweise zur Entwicklung des Modells

Zur Entwicklung dieses Modells wurden folgende Schritte durchgeführt:

a) Identifizierung relevanter Handlungsfelder und Arbeitsprozesse für die Berufe im Lebensmittelhandwerk und in der Lebensmittelindustrie,

b) Bestimmung der Dimensionen einer nachhaltigkeitsorientierten beruflichen Handlungskompetenz,

c) Ermittlung nachhaltigkeitsrelevanter Aspekte der Arbeitstätigkeit,

d) Strukturierung und Zuordnung der relevanten Nachhaltigkeitsthemen in das domänenspezifische Kompetenzraster,

e) Formulierung von Kompetenzzielen und

f) Validierung des Kompetenzmodells.

Diese Schritte werden im Folgenden näher erläutert.

a) Identifizierung relevanter Handlungsfelder und Arbeitsprozesse

Um nachhaltigkeitsbezogene Kompetenzen bei den Auszubildenden der lebensmittelproduzierenden und -verarbeitenden Berufe in Handwerk und Industrie zu fördern, ist es zunächst notwendig, die relevanten Handlungsfelder der Beschäftigten zu identifizieren. Abbildung 3 zeigt dabei die Vielseitigkeit des Betätigungsfeldes der Beschäftigten der genannten Berufe.

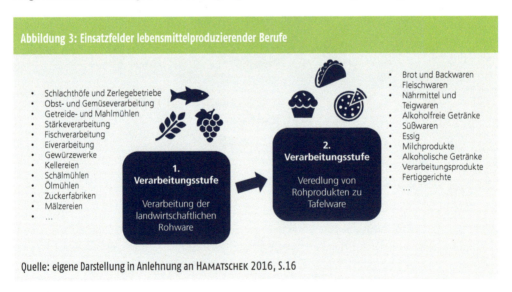

Abbildung 3: Einsatzfelder lebensmittelproduzierender Berufe

- Schlachthöfe und Zerlegebetriebe
- Obst- und Gemüseverarbeitung
- Getreide- und Mahlmühlen
- Stärkeverarbeitung
- Fischverarbeitung
- Eiverarbeitung
- Gewürzewerke
- Kellereien
- Schälmühlen
- Ölmühlen
- Zuckerfabriken
- Mälzereien
- ...

1. Verarbeitungsstufe

Verarbeitung der landwirtschaftlichen Rohware

2. Verarbeitungsstufe

Veredlung von Rohprodukten zu Tafelware

- Brot und Backwaren
- Fleischwaren
- Nährmittel und Teigwaren
- Alkoholfreie Getränke
- Süßwaren
- Essig
- Milchprodukte
- Alkoholische Getränke
- Verarbeitungsprodukte
- Fertiggerichte
- ...

Quelle: eigene Darstellung in Anlehnung an HAMATSCHEK 2016, S.16

Während sich das Einsatzfeld bei einigen Beschäftigten eindeutig zuordnen lässt (z. B. Bäcker/-in oder Fleischer/-in), ist es bei anderen Berufen breiter gefächert (z. B. Fachkraft für Lebensmitteltechnik). Alle Berufe haben jedoch einige Arbeitsprozesse gemeinsam (vgl.

Abb. 4). Diese lassen sich in Kern- und Unterstützungsprozesse unterscheiden. Während Kernprozesse in direktem Zusammenhang mit der Wertschöpfung im Unternehmen stehen, umfassen Unterstützungsprozesse übergreifende Aufgaben, z. B. die Reinigung oder Wartung von Maschinen oder die Qualitätssicherung.

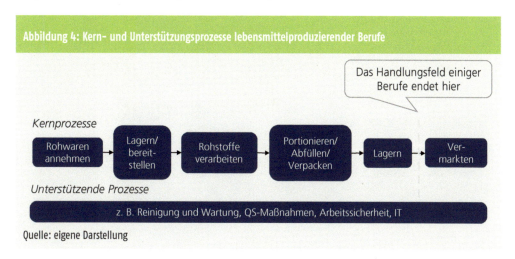

Abbildung 4: Kern- und Unterstützungsprozesse lebensmittelproduzierender Berufe

Quelle: eigene Darstellung

Die Kernprozesse beziehen sich auch auf die Aufgaben vor und nach der Verarbeitung der Lebensmittel. Erstere umfassen die Annahme und Qualitätsprüfung der Rohwaren bei ihrer Anlieferung sowie deren Lagerung und Bereitstellung für den Verarbeitungsprozess. Letztere umfassen das Portionieren und Verpacken der verarbeiteten Lebensmittel oder die sich anschließenden Lager- und Distributionstätigkeiten. Die Vermarktung der Endprodukte spielt nur in einigen Berufen eine Rolle, z. B. bei der Weintechnologin/dem Weintechnologen.

Neben den berufsbezogenen Prozessen beeinflussen weitere relevante Handlungsebenen das Agieren der Beschäftigten lebensmittelproduzierender Berufe. Diese lassen sich durch verschiedene Erfahrungskreise darstellen (vgl. Abb. 5). Die oben dargestellten berufsbezogenen Prozesse sind dem inneren Erfahrungskreis der Auszubildenden zuzuordnen. Hier stehen die unmittelbaren Arbeitsausführungen im Mittelpunkt, auf die Auszubildende und Arbeitskräfte direkt Einfluss nehmen können. Der mittlere Erfahrungskreis beschreibt die betrieblich-organisatorische Handlungsebene. Dort lassen sich Entscheidungen der Unternehmensleitung einordnen, wozu beispielsweise das gewählte Geschäftsmodell zählt. Ergänzend dazu umfasst der äußere Erfahrungskreis die gesellschaftlichen und politischen Rahmenbedingungen. Diese umfassen etwa Ernährungstrends, die sich auf das Geschäftsfeld auswirken oder gesetzliche Vorgaben, die es bei der Produktion von Lebensmitteln einzuhalten gilt.

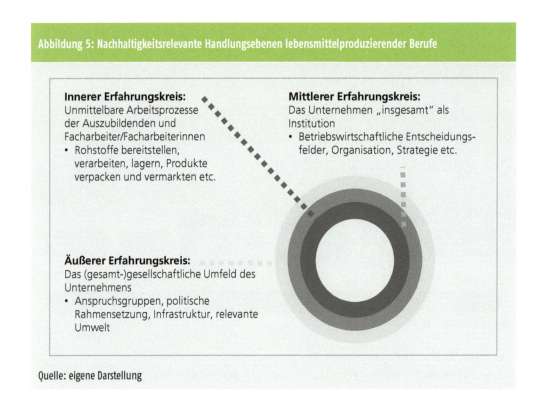

Abbildung 5: Nachhaltigkeitsrelevante Handlungsebenen lebensmittelproduzierender Berufe

Innerer Erfahrungskreis:
Unmittelbare Arbeitsprozesse
der Auszubildenden und
Facharbeiter/Facharbeiterinnen
• Rohstoffe bereitstellen,
   verarbeiten, lagern, Produkte
   verpacken und vermarkten etc.

Mittlerer Erfahrungskreis:
Das Unternehmen „insgesamt" als
Institution
• Betriebswirtschaftliche Entscheidungs-
   felder, Organisation, Strategie etc.

Äußerer Erfahrungskreis:
Das (gesamt-)gesellschaftliche Umfeld des
Unternehmens
• Anspruchsgruppen, politische
   Rahmensetzung, Infrastruktur, relevante
   Umwelt

Quelle: eigene Darstellung

Obwohl der Einfluss der Auszubildenden auf die Entscheidungen des Unternehmens oder auf gesellschaftliche Rahmensetzungen begrenzt ist, sollten diese Zusammenhänge im Sinne einer umfassenden beruflichen Bildung reflektiert werden. Um jedoch Auszubildende davor zu bewahren, sich mit unrealistischen moralischen Ansprüchen an die eigene Person konfrontiert zu sehen, ist die Kenntnis der unterschiedlichen Verantwortlichkeiten für nachhaltigkeitsrelevante Entscheidungen unerlässlich. Alle drei zuvor beschriebenen Ebenen beeinflussen das Handeln der Beschäftigten im Lebensmittelhandwerk und in der Lebensmittelindustrie. Sie werden daher in die weiteren Überlegungen zur Entwicklung des Modells einbezogen und bilden dessen drei Handlungsebenen (vgl. Abb. 6): erstens die Ebene der unmittelbaren berufsspezifischen Arbeitsprozesse, zweitens die Ebene der unternehmerischen und organisationalen Entscheidungen und drittens die Ebene des gesellschaftlichen und politischen Umfelds.

b)   Bestimmung der Dimensionen einer nachhaltigkeitsorientierten beruflichen Handlungskompetenz

Um nun die notwendigen Kompetenzen zu identifizieren, die zukünftige Fachkräfte in der Lebensmittelproduktion zur Mitgestaltung ihrer Arbeitsplätze im Sinne einer nachhaltigen Entwicklung benötigen, muss dargelegt werden, welche Dimensionen die nachhaltigkeitsorientierte berufliche Handlungskompetenz umfasst. Wie bereits in Abschnitt 2.1 ausgeführt, kann – in Anlehnung an das im Diskurs der beruflichen Bildung weitgehend adaptierte Kompetenzmodell von Roth (1971) – nachhaltigkeitsorientierte berufliche Handlungskompetenz verstanden werden als die Fähigkeit zu:

▶ sachgerecht nachhaltigem Handeln im Sinne der Sachkompetenz,

▶ gesellschaftlich verantwortlichem Handeln im Sinne der Sozialkompetenz sowie

▶ subjektiv sinnstiftendem Handeln im Sinne der Selbstkompetenz.

Die Verbindung dieser drei Kompetenzdimensionen mit den drei Handlungsebenen der Erfahrungskreise (vgl. Abbildung 5) bildet schließlich das in Abbildung 6 dargestellte allgemeine Raster zur Strukturierung einer nachhaltigkeitsbezogenen Handlungskompetenz (vgl. CASPER/SCHÜTT-SAYED/VOLLMER 2021; BRETSCHNEIDER/CASPER/MELZIG 2020).

Abbildung 6: Allgemeines Kompetenzraster für Nachhaltigkeit als Basis für die Förderlinie III

Kompetenz-dimensionen	Nachhaltige Handlungskompetenz als Fähigkeit zu...		
Handlungsebene	...sachgerecht nachhaltigem Handeln	...sozial verantwortlichem Handeln	...sinnstiftendem und selbstverantwortlichem Handeln
unmittelbare, berufsspezifischen Arbeitsprozesse			
Unternehmerische und organisationale Entscheidungen			
Gesellschaftliches und politisches Umfeld			

Quelle: eigene Darstellung in Anlehnung an ROTH 1971, BRETSCHNEIDER/CASPER/MELZIG 2020 und CASPER/SCHÜTT-SAYED/VOLLMER 2021

Die unmittelbar berufsspezifischen Arbeitsprozesse lassen sich darüber hinaus den folgenden Themenfeldern zuordnen: Beschaffung und Bereitstellung von Rohwaren, Verarbeitung, Lagerung und Verpackung, sowie Produktentwicklung und Vermarktung (vgl. Abb. 7).

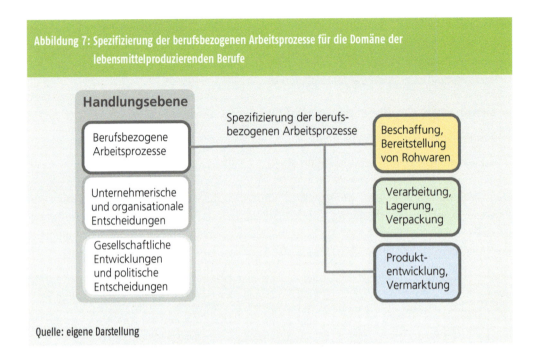

Abbildung 7: Spezifizierung der berufsbezogenen Arbeitsprozesse für die Domäne der lebensmittelproduzierenden Berufe

Quelle: eigene Darstellung

Durch Integration dieser spezifizierten Arbeitsprozesse in die berufsbezogene Handlungsebene des allgemeinen Kompetenzrasters für Nachhaltigkeit, ergibt sich ein domänenspezifisches Raster, das explizit die lebensmittelproduzierenden Berufe adressiert.

c) Ermittlung nachhaltigkeitsrelevanter Aspekte der Arbeitstätigkeit

Um festzulegen, welche Aspekte der Nachhaltigkeit in den Berufen des Lebensmittelhandwerks- und der Lebensmittelindustrie relevant und zu berücksichtigen sind, wurden die zuvor genannten berufsspezifischen Tätigkeiten der Auszubildenden auf nachhaltigkeitsrelevante Bezüge hin untersucht. Dies erfolgte übergreifend durch die wissenschaftliche Begleitung mithilfe von Recherchen, bei denen sowohl vorhandene Literatur bzw. Studien als auch Ergebnisse der beteiligten sechs Modellversuche berücksichtigt wurden. Im Ergebnis entstand eine Sammlung nachhaltigkeitsrelevanter Inhalte, die übergreifend für alle Berufe des Lebensmittelhandwerks und der Lebensmittelindustrie bedeutsam sind.

d) Strukturierung und Zuordnung der relevanten Nachhaltigkeitsthemen in das domänenspezifische Kompetenzraster

In einem nächsten Schritt wurden die gesammelten nachhaltigkeitsrelevanten Inhalte den Feldern des domänenspezifischen Rasters zugeordnet. Das Resultat ist eine Kompetenzmatrix zur Beschreibung nachhaltigkeitsbezogener Kompetenzen im Lebensmittelhandwerk und der Lebensmittelindustrie (vgl. Abb. 8).

Abbildung 8: Kompetenzmatrix aus dem Modell zur Beschreibung nachhaltigkeitsbezogener Kompetenzen in Lebensmittelhandwerk und Lebensmittelindustrie		

Kompetenz-dimensionen / Handlungsebene	Nachhaltige Handlungskompetenz als Fähigkeit zu…		
	…sachgerecht nachhaltigem Handeln	…sozial verantwortlichem Handeln	…sinnstiftendem und selbstverantwortlichem Handeln
Berufsbezogene Arbeitsprozesse — Beschaffung, Bereitstellung von Rohwaren	Rohstoffe bedarfs-gerecht auswählen und bereitstellen	Vorgelagerte Arbeits- und Produktionsbedingungen sowie Lieferketten beurteilen	„Vom Feld bis in den Bauch" denken
Verarbeitung, Lagerung, Verpackung	Rohstoffe veredeln und eigene Arbeitsprozesse optimieren	Ressourcen- und klimabewusst produzieren	Durch Lebensmittel-herstellung zu einer nachhaltigen Entwicklung beitragen
Produkt-entwicklung, Vermarktung	Nachhaltige Produktmerkmale stärken	Nachhaltige Ernährungsgewohn-heiten unterstützen	Traditionen bewahren und Trends setzen
Unternehmerische und organisationale Entscheidungen	Nachhaltigkeit im Geschäftsmodell verankern	Sich für soziale und gesundheitliche Anlie-gen der Mitarbeitenden einsetzen	Berufliche Gestaltungsspiel-räume nutzen
Gesellschaftliche Entwicklungen und politische Entscheidungen	Politische Rahmensetzungen der Lebensmittel-produktion beurteilen	Die regulative Idee der Nachhaltigkeit mittragen	Mit Lebensmitteln Lebensstile ausdrücken

Quelle: eigene Darstellung

Abschließend wurden für jedes Feld der Matrix detaillierte nachhaltigkeitsrelevante Kompetenzziele formuliert, worauf nachfolgend eingegangen wird.

e)   Formulierung von Kompetenzzielen

Im Folgenden werden diese Kompetenzziele für ausgewählte Felder der Kompetenzmatrix exemplarisch vorgestellt.

Zunächst folgen Beispiele für das berufsspezifische Handlungsfeld „Beschaffung und Bereitstellung von Rohstoffen". Bei den ausgewählten Beispielen handelt es sich um Kompetenzen, die die Auszubildenden zu **sachgerecht** nachhaltigem Handeln befähigen.

Rohstoffe bedarfsgerecht auswählen und bereitstellen

Kompetenzziele:

Auszubildende handeln bedarfsgerecht im Bestell- und Lagerprozess, indem sie Lebensmittelverluste vermeiden, Teilprozesse optimieren und auf detaillierte Spezifikationen ihrer typischen Rohstoffe achten.

Auszubildende können

▶ konkrete Nachhaltigkeitsaspekte ihrer Rohstoffe benennen (Ökonomie, Ökologie, Soziales, Tierwohl, Gesundheit und Kultur), kritisch hinterfragen und diese bei der Rohstoffauswahl berücksichtigen.

▶ die zur Beschaffung nötigen Informationen recherchieren und dokumentieren.

▶ detaillierte Rohstoffspezifikationen festlegen, um Fehlkäufe zu vermeiden.

▶ Bestellmengen und Lieferdaten an Lager-, Produktions- und Absatzplanung anpassen und somit Übereinkauf vermeiden.

Das folgende Beispiel umfasst Ziele zur Förderung der Kompetenz zu **sozial verantwortlichem** Handeln. Die Ziele sind dem berufsspezifischen Handlungsfeld „Produzieren, Lagern und Verpacken" zugeordnet.

Ressourcen- und klimabewusst produzieren

Kompetenzziele:

Auszubildende haben verstanden, dass eine ressourcenschonende Produktion nicht nur eine Frage der betrieblichen Kosten ist, sondern – im Kontext der globalen Klimaveränderungen und sozialer Ungerechtigkeiten – auch eine soziale Verantwortung. Sie entwickeln Vorschläge für Maßnahmen zur Ressourceneinsparung. Sie können

▶ den indirekten CO_2-Ausstoß durch den Einsatz von Energie bei der Produktion, beim Verpacken und Lagern unter Nutzung verschiedener Energieträger (erneuerbar und konventionell) vergleichen. Sie können in diesem Zusammenhang den Unterschied zwischen erneuerbaren und fossilen Energieträgern erläutern, die Auswirkungen auf die Umwelt bewerten und die Folgen des Klimawandels im globalen Kontext darstellen.

▶ das Potenzial zum Einsparen von Kosten und Ressourcen (z. B. Roh-, Hilfs- und Betriebsstoffe, Wasser, Energie) einschätzen und erläutern, inwiefern betriebliche Ziele und Klimaziele sich decken oder zueinander in Konflikt stehen.

▶ Argumente für eine wertschätzende Grundhaltung gegenüber Lebensmitteln anführen, die über das rein Ökonomische hinausgehen (z. B. Beachtung der globalen Biokapazität, soziale Ungerechtigkeit beim Zugriff auf Nahrungsmittel, Überfluss versus Hunger).

▶ Ursachen für Lebensmittelverluste und -abfälle erläutern, deren Auswirkungen (lokal, regional und global) beurteilen und Maßnahmen zur Vermeidung und Verwertung von Lebensmittelverlusten identifizieren und umsetzen (z. B. Verkauf als B-Ware, Weitergabe an karitative Einrichtungen).

Im nachfolgenden Beispiel werden Kompetenzziele vorgestellt, die **sinnstiftendes und selbstverantwortliches** Handeln fördern. Diese werden dem Handlungsfeld der gesellschaftlichen und politischen Funktionen, die das Unternehmen betreffen, zugeordnet.

Mit Lebensmitteln Lebensstile ausdrücken

Kompetenzziele:

Auszubildende verstehen, dass Ernährung eine existenzielle Bedeutung im Leben aller Menschen hat und von biologischer Notwendigkeit bis hin zur Lifestyle-Ideologie sehr unterschiedlich gelebt wird. Sie verstehen, dass professionell gestaltete Ernährungsumgebungen wie Verkaufsräume, Märkte und Cafés/ Restaurants, aber auch Verpackungen und andere Marketinginstrumente einen starken Einfluss auf das Verhalten von Verbraucherinnen und Verbrauchern haben. Sie erkennen, dass die Verantwortung für nachhaltige Ernährungsgewohnheiten daher nicht allein bei den einzelnen Konsumentinnen und Konsumenten liegt. Sie wissen, dass Lebensmittel mehr sind als rein kommerzielle Güter, und kennen unterschiedliche Wertedimensionen von Lebensmitteln (z. B. als Identifikation stiftende Kulturgüter, als nachwachsende Rohstoffe, als Menschenrecht, als Ausdruck von Kreativität, als sozialer Fokus bei gemeinsamem Kochen und Essen). Sie reflektieren diese Werte auch vor dem Hintergrund ihrer eigenen Ernährungsbiografie und Essgewohnheiten. Sie können

▶ die unterschiedlichen Werte erkennen, die den Lebensmitteln im eigenen Betrieb beigemessen werden. Sie können kritisch reflektieren, inwieweit diese Werte im Einklang mit einer nachhaltigen Entwicklung stehen. Sie verstehen, dass überzogene Kommerzialisierung eine Ursache nicht nachhaltiger Entwicklungen ist. Sie kennen Argumente und Maßnahmen für die Stärkung nicht kommerzieller Aspekte von Lebensmitteln (z. B. für eine zielgruppengemäße Kundenansprache, Lifestyle-Zusatzdienstleistungen wie Koch-/Backkurse/Rezepte).

▶ kritisch beurteilen, inwieweit sich Konsum- und Lebensstile sowie Trends auf persönliches Wohlergehen und eine nachhaltige Entwicklung auswirken. Sie haben die Bedeutung eines zukunftsfähigen und verantwortungsvollen Konsums für sich selbst und im globalen Kontext erkannt und können dies gegenüber anderen argumentieren.

> ▶ ihren beruflichen Beitrag zur Lebensgestaltung von Verbraucherinnen und Verbrauchern einschätzen und ziehen Stolz aus dem Bewusstsein, wie sinnstiftend und folgenreich berufliches Handeln in ihrem Beruf sein kann.

f) Validierung des Kompetenzmodells

Das modellversuchsübergreifende Kompetenzmodell (bestehend aus der Kompetenzmatrix mit den Kernkompetenzen und jeweils konkret formulierten Kompetenzzielen) wurde gemeinsam mit verschiedenen Akteuren validiert.

Zunächst wurden hierfür in einer Veranstaltung mit Workshopcharakter die Modellversuchsteilnehmenden einbezogen. Diese konnten Kritik und Verbesserungsvorschläge mündlich äußern sowie schriftlich auf einer digitalen Pinnwand mitteilen. Die Anmerkungen wurden durch die wissenschaftliche Begleitung intern eruiert und entsprechend im Kompetenzmodell umgesetzt.

In einem weiteren Schritt wurde das Modell im Rahmen eines Expertenworkshops validiert. Das dazu eingeladene Gremium bestand aus 25 Vertreterinnen und Vertretern aus den Bereichen der Berufsbildungsforschung, der schulischen und betrieblichen Ausbildung, der Bildungsverwaltung, der Sozialpartner sowie der Modellversuche der Förderlinie III. Die Expertinnen und Experten waren aufgefordert, das Modell inhaltlich zu bewerten und seine pragmatische Qualität zu beurteilen. Im Vorfeld des Workshops bekamen die Teilnehmenden das Kompetenzmodell per E-Mail zugesandt und wurden gebeten, sich mithilfe verschiedener Fragestellungen vorzubereiten. Im Workshop selbst gab es eine dreiphasige Evaluation: Dabei wurde im ersten Teil mittels eines „Blitzlichts" abgefragt, inwieweit die Teilnehmenden die innere Logik des Modells für nachvollziehbar und stimmig erachten. Anschließend erhielten die Teilnehmenden die Möglichkeit, ihre, auch teils im Vorfeld erarbeiteten, detaillierten Anmerkungen zur fachlichen Korrektheit und zur Vollständigkeit der Inhalte/Kompetenzziele des Modells auf einer digitalen Pinnwand mitzuteilen. Im dritten Teil erfolgte eine Diskussion im Plenum zur pragmatischen Qualität des Modells. In dieser finalen Arbeitsphase wurden die Fragen diskutiert, in welchem Kontext das Modell genutzt werden kann und für wen es (unter welchen Bedingungen) nützlich ist. Insgesamt resultierten aus der Evaluation durch die Expertinnen und Experten 75 Anmerkungen und Diskussionspunkte. Diese wurden im Nachgang zur Überarbeitung des Kompetenzmodells herangezogen. Dabei prüfte die wissenschaftliche Begleitung jeden der genannten Aspekte und dokumentierte die daraus resultierenden Änderungen. Im Ergebnis wurden erklärende Textpassagen im Einleitungstext hinzugefügt und Kernkompetenzen sowie Kompetenzziele ergänzt, umformuliert oder verschoben. So wurde beispielsweise das Kompetenzziel „verschiedene unternehmerische Maßnahmen zur Förderung einer nachhaltigen Entwicklung priorisieren (z. B. CO_2-Emissionen reduzieren, anstatt Kompensationszahlungen zu leisten)" im Feld der Kernkompetenz „Nachhaltigkeit im Geschäftsmodell verankern" inhaltlich ergänzt. Das überarbeitete Kompetenzmodell (vgl. STROTMANN u. a. 2021) umfasst 71 Kompetenzziele, die zu den 15 Feldern (Kernkompetenzen) der Matrix formuliert sind.

3.3 Zusammenfassung und Diskussion des Modells

Das vorliegende Kompetenzmodell (vgl. Strotmann u. a. 2021) zur Beschreibung nachhaltigkeitsorientierter beruflicher Handlungskompetenz in Lebensmittelhandwerk und -industrie umfasst eine Matrix mit 15 nachhaltigkeitsbezogenen Themenfeldern, zu denen je eine Kernkompetenz sowie zu dieser gehörige Kompetenzziele formuliert sind. Diese konkretisieren, welche Kompetenzen bei den Auszubildenden in Lebensmittelhandwerk und -industrie gefördert werden sollen, um sie zu nachhaltigem Handeln im Rahmen ihrer beruflichen Tätigkeit und auch darüber hinaus zu befähigen.

In der Matrix sind die drei Dimensionen der beruflichen Handlungskompetenz (Sach-, Sozial-, Selbstkompetenz) mit den drei Verantwortungs- bzw. Handlungsebenen (berufsbezogene Arbeitsprozesse, unternehmerisch, gesellschaftlich und politisch) verknüpft. Diese universelle Beschreibung beruflicher Handlungskompetenz lässt sich auch auf die Fähigkeiten, Kenntnisse und Fertigkeiten beziehen, die für das berufliche Handeln mit dem Ziel einer nachhaltigen Entwicklung relevant sind. Im vorliegenden nachhaltigkeitsbezogenen Modell werden die Kompetenzen als die Fähigkeiten zu sachgerecht nachhaltigem Handeln, gesellschaftlich verantwortlichem Handeln und sinn- bzw. identitätsstiftendem Handeln bezeichnet. Die im Modell dargelegten Verantwortungsbereiche bzw. Handlungsebenen umfassen die unmittelbaren Arbeitsprozesse, in denen die Auszubildenden tätig sind und in denen sie Einfluss auf die konkrete Arbeitsausführung haben. Für das Lebensmittelhandwerk bzw. -industrie handelt es sich dabei um Arbeitsprozesse zur Beschaffung und Bereitstellung von Rohstoffen, zum Produzieren, Lagern und Verpacken sowie zur Produktentwicklung und -vermarktung. Die zweite Handlungsebene bezieht sich auf Entscheidungen, die in den Verantwortungsbereich von Entscheidungstragenden in Unternehmen fallen. Im Sinne einer umfassenden Berufsbildung ist es notwendig, die damit verbundenen Implikationen für die Nachhaltigkeit auch in der Aus- und Weiterbildung zu thematisieren. Die dritte Ebene bezieht sich schließlich auf die gesellschaftlichen und politischen Rahmenbedingungen, die den Handlungsspielraum des Unternehmens und der einzelnen Arbeitnehmer/-innen beeinflussen.

Das vorliegende Modell wurde vor der Finalisierung von Expertinnen und Experten evaluiert und validiert. In diesem Rahmen wurde insbesondere aufgezeigt, dass die einzelnen Felder der Matrix nicht isoliert, sondern in ihrem Gesamtzusammenhang zu betrachten sind. Zudem unterstrich die Evaluation, dass die aufgeführten Kompetenzziele keinen Anspruch auf Vollständigkeit erheben können; vielmehr geht es darum, beispielhaft Impulse und Anregungen für die Berufsbildungspraxis zu geben. Die zu vermittelnden Kenntnisse und Fertigkeiten gehen teilweise bewusst über die in den modernisierten Standardberufsbildpositionen hinterlegten Anforderungen der Berufsbildung (vgl. BIBB 2021, S. 12f.) hinaus. So bezweckt die Auswahl der im Modell einbezogenen Handlungsebenen, Kompetenzdimensionen und -ziele, den Auszubildenden Verantwortungs- und Gestaltungsspielräume zu eröffnen und damit eine transformative Kompetenzentwicklung im Sinne der BBNE fördern.

Aufgrund der Unterschiedlichkeit der Berufe in Lebensmittelhandwerk und -industrie, etwa im Hinblick auf relevante Tätigkeitsfelder, verwendete Rohstoffe oder erzeugte Produkte, ist die Anwendung des Kompetenzmodells an den jeweiligen Kontext anzupassen. Dies kann mit einer unterschiedlichen Priorisierung von Kernkompetenzen einhergehen. Nicht alle Kompetenzziele gelten daher gleichermaßen für alle Berufe – sowohl Umfang als auch Anspruch können je nach Beruf variieren.

Das vorgestellte Kompetenzmodell lässt sich ebenfalls auf andere Berufsfelder übertragen. In ähnlicher Form wurde dies bereits für die kaufmännischen Berufe dokumentiert (vgl. CASPER/SCHÜTT-SAYED/VOLLMER 2021). Während die Grundstruktur des Modells mit der Unterscheidung von drei beruflichen Handlungsebenen und Kompetenzdimensionen universelle Gültigkeit beansprucht, müssten hierbei jedoch insbesondere die Handlungsebene der berufsbezogenen Arbeitsprozesse sowie die Kompetenzzielformulierungen an die jeweilige Domäne und deren beruflichen Tätigkeiten angepasst werden. Dann kann es auch in anderen Berufsfeldern als Grundlage für die Curriculumentwicklung dienen.

4   Fazit und Ausblick

Das vorgestellte Modell zur Beschreibung von Nachhaltigkeitskompetenzen für die Domäne Lebensmittelhandwerk und -industrie ist eines der zentralen Ergebnisse der Arbeit der wissenschaftlichen Begleitung der Modellversuche der BBNE-Förderlinie III des BIBB-Förderschwerpunkts „Berufsbildung für nachhaltige Entwicklung". Es stellt systematisch diejenigen beruflichen Handlungskompetenzen dar, die eine Nachhaltigkeitsorientierung der lebensmittelproduzierenden Berufe befördern. Es wurde entwickelt, um auf verschiedenen Wegen in die Berufsbildung hineinzuwirken:

Das Modell kann als Gestaltungshilfe in der beruflichen Ordnungsarbeit dienen und in die Neuordnungsverfahren der entsprechenden Ausbildungsberufe einfließen. Weiterhin kann es in der Ausbildungspraxis für das Berufsbildungspersonal eine Orientierungshilfe für die domänenspezifische Umsetzung der modernisierten Standardberufsbildpositionen darstellen. Darüber hinaus soll es auch Impulse für die Gestaltung und Umsetzung betrieblicher und schulischer Ausbildungspläne bzw. -curricula setzen. Nicht zuletzt eignet es sich auch als Ausgangspunkt für die Erstellung kompetenzorientierter Lehr-/Lernmaterialien bzw. Prüfungsaufgaben.

Es wird sich in der praktischen Anwendung zeigen, ob und inwieweit das Modell für die curriculare und didaktische Arbeit dienlich ist, um nachhaltigkeitsorientierte Anknüpfungspunkte in beruflichen Handlungssituationen zu identifizieren. Zudem ist zu prüfen, ob sich der methodische Entwicklungsansatz des Modells bzw. das Modell als solches oder seine Teilbestandteile dazu eignen, auch auf andere berufliche Domänen übertragen zu werden.

Literatur

BIBB – BUNDESINSTITUT FÜR BERUFSBILDUNG (Hrsg.): Vier sind die Zukunft. Digitalisierung. Nachhaltigkeit. Recht. Sicherheit. Die modernisierten Standardberufsbildpositionen anerkannter Ausbildungsberufe. Bonn 2021. URL: https://www.bibb.de/dienst/veroeffentlichungen/de/publication/show/17281 (Stand: 18.07.2022)

BIBB – BUNDESINSTITUT FÜR BERUFSBILDUNG (Hrsg.): Zuordnung der Erhebungsberufe zur KldB 2010. Bonn 2020. URL: https://www.bibb.de/dokumente/pdf/naa309/naa309_2020_berufsgruppenzuordnung_beruf_zu_kldb2010.pdf (Stand: 18.07.2022)

BIBB – BUNDESINSTITUT FÜR BERUFSBILDUNG (Hrsg.): Richtlinien zur Förderung von Modellversuchen im Förderschwerpunkt „Neue Wege in die duale Ausbildung – Heterogenität als Chance für die Fachkräftesicherung" vom 14. Mai 2010. 2010. URL: https://www.bibb.de/dokumente/pdf/Foerderrichtlinie_Heterogenitaet(1).pdf (Stand: 02.11.2022)

BRETSCHNEIDER, Markus; CASPER, Marc; MELZIG, Christian: Nachhaltigkeit in Ausbildungsordnungen verankern. Das Beispiel Hauswirtschafter/-in. In: Berufsbildung in Wissenschaft und Praxis 49 (2020) 2, S. 54–55. URL: https://www.bwp-zeitschrift.de/dienst/veroeffentlichungen/de/bwp.php/de/bwp/show/16461 (Stand: 18.07.2022)

CASPER, Marc; KUHLMEIER, Werner; POETZSCH-HEFFTER, Andrea; SCHÜTT-SAYED, Sören; VOLLMER, Thomas: Berufsbildung für nachhaltige Entwicklung in kaufmännischen Berufen – ein Ansatz der Theorie- und Modellbildung aus der Modellversuchsforschung. In: bwp@ Ausgabe Nr. 33; Dezember 2017. URL: http://www.bwpat.de/ausgabe33/casper_etal_bwpat33.pdf (Stand: 18.07.2022)

CASPER, Marc; SCHÜTT-SAYED, Sören; VOLLMER, Thomas: Nachhaltigkeitsbezogene Gestaltungskompetenz in kaufmännischen Berufen des Handels. In: MELZIG, Christian; KUHLMEIER, Werner; KRETSCHMER, Susanne (Hrsg.): Berufsbildung für nachhaltige Entwicklung. Die Modellversuche 2015–2019 auf dem Weg vom Projekt zur Struktur. Bonn 2021, S. 179–199. URL: https://www.bibb.de/dienst/veroeffentlichungen/de/publication/show/16974 (Stand: 18.07.2022)

DUK – DEUTSCHE UNESCO-KOMMISSION E. V. (Hrsg.): Vom Projekt zur Struktur. Strategiepapier der Arbeitsgruppe „Berufliche Aus- und Weiterbildung" des Runden Tisches der UN-Dekade „Bildung für nachhaltige Entwicklung". Bonn 2014

FERNÁNDEZ CARUNCHO; Verónica, KASTRUP, Julia; NÖLLE-KRUG; Marie: Berufsbildung für eine nachhaltige Entwicklung in Berufen des Lebensmittelhandwerks und der Lebensmittelindustrie – Beiträge des BIBB-Modellversuchsschwerpunkts zum nachhaltigen Wirtschaften. In: bwp@ Spezial 17 (2020). Zukunftsdiskurse – berufs- und wirtschaftspädagogische Reflexionen eines Modells für eine nachhaltige Wirtschafts- und Sozialordnung, S. 1–24. URL: https://www.bwpat.de/spezial17/fernandez_kastrup_noelle-krug_spezial17.pdf (Stand: 18.07.2022)

HAMATSCHEK, Jochen: Lebensmitteltechnologie: die industrielle Herstellung von Lebensmitteln aus landwirtschaftlichen Rohstoffen. Stuttgart 2016

HAUFF, Volker (Hrsg.): Unsere gemeinsame Zukunft. Der Brundtland-Bericht der Weltkommission für Umwelt und Entwicklung. Greven 1987

HEMKES, Barbara: Vom Projekt zur Struktur – Das Strategiepapier der AG „Berufliche Aus- und Weiterbildung". In: KUHLMEIER, Werner; MOHORIČ, Andrea; VOLLMER, Thomas (Hrsg.): Berufsbildung für nachhaltige Entwicklung. Modellversuche 2010–2013: Erkenntnisse, Schlussfolgerungen und Ausblicke. Bielefeld 2014, S. 225–229. URL: https://www.bibb.de/dienst/veroeffentlichungen/de/publication/show/7453 (Stand: 18.07.2022)

HEMKES, Barbara: Modellprojekte als Innovationspartnerschaften. In: BUNDESINSTITUT FÜR BERUFSBILDUNG (Hrsg.): Datenreport zum Berufsbildungsbericht 2012. Informationen und Analysen zur Entwicklung der beruflichen Bildung. Bonn 2012, S. 397–398. URL: https://lit.bibb.de/vufind/Record/DS-158290 (Stand: 01.03.2023)

HEMKES, Barbara; KUHLMEIER, Werner; VOLLMER, Thomas: Der BIBB-Förderschwerpunkt „Berufliche Bildung für eine nachhaltige Entwicklung" – Baustein zur Förderung gesellschaftlicher Innovationsstrategien. In: Berufsbildung in Wissenschaft und Praxis 42 (2013) 6, S. 28–31. URL: https://www.bwp-zeitschrift.de/de/bwp.php/de/bwp/show/7168 (Stand: 18.07.2022)

KEPPELER, Bernhard; OVERMANN, Rainer: Nachhaltige Berufsbildung in der Chemieindustrie im Spannungsfeld von Theorie und Praxis – Ergebnisse aus dem Modellprojekt NaBiKa. In: KUHLMEIER, Werner, MOHORIČ, Andrea; VOLLMER, Thomas (Hrsg.): Berufsbildung für nachhaltige Entwicklung: Modellversuche 2010–2013. Erkenntnisse, Schlussfolgerungen und Ausblicke. Bielefeld 2014. URL: https://www.bibb.de/dienst/veroeffentlichungen/de/publication/show/7453 (Stand: 18.07.2022)

KLIEME, Eckhard; LEUTNER, Detlev: Kompetenzmodelle zur Erfassung individueller Lernergebnisse und zur Bilanzierung von Bildungsprozessen. Beschreibung eines neu eingerichteten Schwerpunktprogramms der DFG. In: Zeitschrift für Pädagogik 52 (2006) 6, S. 876–903

KMK – KULTUSMINISTERKONFERENZ (Hrsg.): Handreichung für die Erarbeitung von Rahmenlehrplänen der Kultusministerkonferenz für den berufsbezogenen Unterricht in der Berufsschule und ihre Abstimmung mit Ausbildungsordnungen des Bundes für anerkannte Ausbildungsberufe. Bonn 2007

KOERBER, Karl von: Fünf Dimensionen der Nachhaltigen Ernährung und weiterentwickelte Grundsätze: Ein Update. In: Ernährung im Fokus (2014) 9-10, S. 260–266

KUHLMEIER, Werner; VOLLMER, Thomas; SCHÜTT-SAYED, Sören; POETZSCH-HEFFTER, Andrea; KESTNER, Sylvia; WEBER, Heiko; SRBENY, Christian: Vom Projekt zur Struktur – Ein Beitrag zum Workshop WS 01 „Berufliche Bildung für nachhaltige Entwicklung", 19. Hochschultage Berufliche Bildung an der Universität zu Köln. Köln 2017. URL: https://www.berufsbildung.nrw.de/cms/upload/hochschultage-bk/2017beitraege/WS_01_BBnE_Kuhlmeier_et_al.pdf (Stand: 02.11.2022)

MELZIG, Christian; KUHLMEIER, Werner; KRETSCHMER, Susanne (Hrsg.): Berufsbildung für nachhaltige Entwicklung. Die Modellversuche 2015–2019 auf dem Weg vom Projekt zur

Struktur. Bonn 2021. URL: https://www.bibb.de/dienst/veroeffentlichungen/de/publication/show/16974 (Stand: 18.07.2022)

Roth, Heinrich: Pädagogische Anthropologie (Bd. 2). Entwicklung und Erziehung. Hannover 1971

Srbeny, Christian; Hemkes, Barbara: Wo und wie lernt man nachhaltiges Handeln in der Ausbildung? Neuer BIBB-Förderschwerpunkt mit zwölf Modellversuchen. In: Berufsbildung in Wissenschaft und Praxis (2017) 1, S. 44–45. URL: https://www.bwp-zeitschrift.de/dienst/veroeffentlichungen/de/bwp.php/de/bwp/show/8256 (Stand: 18.07.2022)

Strotmann, Christina; Kastrup, Julia, Casper, Marc; Kuhlmeier, Werner; Nölle-Krug, Marie; Kähler, Anna-Franziska: Kompetenzmodell für BBNE in Lebensmittelhandwerk und Lebensmittelindustrie. 2021. URL https://www.bibb.de/system/external_service_provider/Kompetenzmodell_BBNE_Lebensmittelverarbe.pdf (Stand: 18.07.2022)

UN – United Nations (Hrsg.): Transforming our world: the 2030 Agenda for Sustainable Development. United Nations. New York 2015. URL: https://sustainabledevelopment.un.org/post2015/transformingourworld (Stand: 18.07.2022).

Vollmer, Thomas; Kuhlmeier, Werner: Strukturelle und curriculare Verankerung der Berufsbildung für nachhaltige Entwicklung. In: Kuhlmeier, Werner; Mohorič, Andrea; Vollmer, Thomas (Hrsg.): Berufsbildung für nachhaltige Entwicklung. Modellversuche 2010–2013: Erkenntnisse, Schlussfolgerungen und Ausblicke. Bielefeld 2014, S. 197–223. URL: https://www.bibb.de/dienst/veroeffentlichungen/de/publication/show/7453 (Stand: 18.07.2022)

Weinert, Franz E. (Hrsg.): Leistungsmessungen in Schulen. Weinheim-Basel 2001

WBGU – Wissenschaftlicher Beirat der Bundesregierung Globale Umweltveränderungen (Hrsg.): Welt im Wandel. Gesellschaftsvertrag für eine Große Transformation. Hauptgutachten. Berlin 2011. URL: https://www.wbgu.de/fileadmin/user_upload/wbgu/publikationen/hauptgutachten/hg2011/pdf/wbgu_jg2011.pdf (Stand: 18.07.2022)

Kristin Hecker, Patrick Hilse, Christopher Pabst, Marcel Werner

▶ Erfassung einer Berufsbildung für nachhaltige Entwicklung am Lernort Betrieb

Ein empirischer Beitrag zur Item-Entwicklung

Betriebe gelten als die stärksten Treiber einer nachhaltigen Transformation und sind zentrale Akteure für die Förderung und Umsetzung einer Berufsbildung für nachhaltige Entwicklung (BBNE). Wie lässt sich BBNE am Lernort Betrieb messen? Auf Grundlage eines Modells Bildung für nachhaltige Entwicklung (BNE) für die Berufsbildung wurden entsprechende Indikatoren formuliert und für eine Betriebsbefragung operationalisiert. Dabei haben sich zwei Indikatoren als besonders entscheidend erwiesen: das Vorhandensein eines Unternehmensleitbilds mit Bezügen zur Nachhaltigkeit sowie die Weiterbildung von betrieblichem Ausbildungspersonal.

1 Betriebliche Bildung für nachhaltige Entwicklung: Entwicklung im Blindflug?

Bildung für nachhaltige Entwicklung (BNE) hat zum Ziel, Lernende zu befähigen, Entscheidungen informiert zu treffen. Sie sollen in die Lage versetzt werden, verantwortungsbewusst zu handeln, zum Schutz der Umwelt beizutragen und Aspekte einer nachhaltigen Wirtschaft und einer gerechten Gesellschaft zu berücksichtigen (vgl. DUK 2014, S. 12). Dieses Ziel gilt für alle Etappen der Bildungskette im Konzept des lebenslangen Lernens. Für die Berufsbildung bedeutet dies, das berufliche Handeln und Denken von Auszubildenden so zu gestalten, dass sie eine nachhaltigkeitsbezogene Handlungsfähigkeit entwickeln. Zentrales Anliegen einer BBNE sollte daher sein,

> „Kompetenzen zu fördern, mit denen die Arbeits- und Lebenswelt im Sinne der Nachhaltigkeit gestaltet werden kann. Dabei gilt es, das berufliche Handeln an seinen intra- und intergenerativen Wirkungen der ökologischen, sozialen und ökonomischen Folgen orientieren zu können" (HEMKES 2014, S. 225).

Unternehmen nehmen hier eine doppelte Funktion ein: Sie gelten zum einen als die stärksten Treiber einer nachhaltigen Wirtschaftsordnung, indem sie maßgeblich zur Transformation hin zu einer nachhaltigen Wirtschaftsweise beitragen (vgl. SLOPINSKI u. a. 2020, S. 2). Mit Blick auf die Berufsausbildung übernehmen die über 400.000 Ausbildungsbetriebe gleichzeitig die berufliche Qualifizierung und tragen zur Persönlichkeitsentwicklung junger Menschen bei (vgl. BIBB 2020, S. 192ff.). Diese Betriebe haben ein enormes Potenzial zur Förderung nachhaltiger Entwicklung und zur Erreichung der Nachhaltigkeitsziele. Schließlich werden die Grundlagen für zukünftiges Leben und Arbeiten in beruflichen Arbeits- und Geschäftsprozessen gelegt (vgl. KUHLMEIER 2016, S. 96).

Dass die Themen ökologische Nachhaltigkeit und Umweltschutz für Unternehmen von Bedeutung sind, zeigen Ergebnisse des Betriebspanels des Instituts für Arbeitsmarkt- und Berufsforschung (IAB) von 2018 (vgl. BELLMANN/KOCH 2019, S. 8ff.): 53 Prozent der befragten Unternehmen sind die Themen wichtig bis sehr wichtig; jedoch geben nur 13 Prozent an, dass der ökologische Nachhaltigkeitsgedanke im Betrieb durch Maßnahmen wie beispielsweise Zertifizierungen verankert ist; ein Drittel der Betriebe gibt an, dass Nachhaltigkeit von den Konsumentinnen bzw. Konsumenten und damit extern verlangt wird. Auch wenn ökologische Nachhaltigkeit ein Teil der Unternehmensphilosophie ist, beschränkt sich das konkrete betriebliche Engagement hauptsächlich darauf, die gesetzlichen Vorgaben zu erfüllen (vgl. ebd., S. 12f.). Unklar ist, wie Betriebe BBNE aufgreifen und ob sich das Thema – vor allem über die rein ökologische Betrachtung hinaus – in beruflichen Bildungsaktivitäten niederschlägt.

Um den Stand von BBNE zu erfassen und sie darauf aufbauend kontinuierlich weiterzuentwickeln, werden Indikatoren benötigt (vgl. HECKER u. a. 2021). Das gilt im Besonderen für den Lernort Betrieb, der im Vergleich zur Berufsschule weniger transparent ist. Die systemische Verankerung von BBNE in Ordnungsmitteln ist bereits im Gange und bildet die Grundlage für Bildungsaktivitäten in Berufsschule und Betrieb. Konkret wurde 2021 mit „Umweltschutz und Nachhaltigkeit" eine neue Standardberufsbildposition etabliert. Untersuchungen, Indikatoren und Zugänge zum Feld, vor allem mit inhaltsanalytischen Methoden, liegen bereits vor (vgl. u. a. SINGER-BRODOWSKI/GRAPENTIN-RIMEK 2019; HOLST/BROCK 2020; VOLLMER/KUHLMEIER 2014; siehe auch den Beitrag von Fischer/Hilse/Schütt-Sayed in diesem Band). Als Indikatoren für die Messung der Aktivitäten auf Betriebsseite sind diese jedoch nur begrenzt geeignet, vor allem weil der Zugang zu betrieblichen Dokumenten erschwert ist. Es braucht also andere Wege und Indikatoren, um BBNE in Betrieben zu erfassen. Im Beitrag werden zwei Fragestellungen aufgegriffen: Wie kann die Verankerung von BBNE in Ausbildungsbetrieben gemessen werden? Welche Indikatoren eignen sich, die Umsetzung von BBNE in Betrieben und die fortschreitende Implementierung abzubilden? Zur Beantwortung dieser Fragen werden die Ergebnisse der Pilotierung einer Betriebsbefragung über das Referenzbetriebssystem (RBS) des BIBB herangezogen, die im Rahmen des Verbundprojektes „Indikatoren Berufliche Bildung für nachhaltige Entwicklung {iBBnE}" durchgeführt wurde.

2   Stand der Forschung und theoretisches Konstrukt

Um die Verankerung und dynamische Entwicklung von nachhaltiger Entwicklung in der beruflichen Bildung abbilden zu können, muss ein einheitliches Verständnis von BBNE vorliegen, das die Komplexität des Feldes aufgreift und vermittelt (vgl. HECKER u. a. 2021). BBNE fördert zukunftsfähiges Denken und Handeln in verschiedenen Kontexten (betrieblich, gesellschaftlich, private) und befähigt Lernende, die Auswirkungen des eigenen beruflichen (und auch privaten) Handelns auf die Welt zu verstehen und Entscheidungen zu treffen (vgl. ebd.). Kuhlmeier und Vollmer konkretisieren BBNE für fünf Dimensionen:

▶ Systemisch-normativ: Lernende können soziale, ökologische und ökonomische Aspekte der Berufsarbeit mit ihren Wechselbezügen, Widersprüchen und Dilemmata prüfen und beurteilen.

▶ Räumlich: Lernende können lokale, regionale und globale Auswirkungen der hergestellten Produkte und erbrachten Dienstleistungen erkennen und bei der Arbeit verantwortungsvoll berücksichtigen.

▶ Zeitlich: Lernende können die kurz-, mittel- und langfristigen Folgen der Produktherstellung und der Dienstleistungserbringung im Sinne einer nachhaltigen Zukunftsgestaltung einbeziehen.

▶ Strategisch: Lernende können Materialien und Energien in der Berufsarbeit unter den Gesichtspunkten Suffizienz (Notwendigkeit), Effizienz (Wirkungsgrad) und Konsistenz (Naturverträglichkeit) nutzen.

▶ Produkt-/prozessbezogen: Lernende können Liefer- und Prozessketten sowie Produktlebenszyklen bei der Herstellung von Produkten und der Erbringung von Dienstleistungen mit einbeziehen (vgl. KUHLMEIER/VOLLMER 2018, S. 144).

Diese Konkretisierung erweitert die allgemeine Definition von Nachhaltigkeit mit den drei Dimensionen Ökologie, Ökonomie und Soziales um intra- sowie intergenerationale Faktoren, schafft ein ganzheitliches berufliches Nachhaltigkeitsverständnis und bindet globale Zusammenhänge ein.

     Ein allgemeines Modell, welches BNE-Indikatoren in der Berufsbildung aufzeigt, liegt vor (vgl. HECKER u. a. 2021). Dieses BBNE-Modell verknüpft das Verständnis nach Kuhlmeier und Vollmer (2018) mit generellen Eckpfeilern der betrieblichen Ausbildung (vgl. GUELLALI 2017). In elf Dimensionen und drei Akteursebenen werden mögliche Indikatoren zur Erfassung von BBNE aufgezeigt (siehe Abb. 1).

Abbildung 1: Modell zur Identifizierung von BBNE-Indikatoren mit exemplarischen Beispielen

	Mikroebene	Mesoebene	Makroebene
Normative Vorlagen	Leitbild Betrieb	Vorgaben Kammern	Ordnungsmittel
Dokumentation/Monitoring	Ausbildungsnachweise	Nachhaltigkeitsberichte	BIBB-Datenreport
Kontinuierliche Verbesserung (F&E)	BBNE-Projekte	Modellversuche	F&E-Ausgaben
Kompetenzorientierung	Didaktische Konzepte	Verankerung in Bildungsplänen	Rahmenlehrpläne
Berufliche Orientierung/Beruflichkeit	Lehr-/Lernmittel	Veröffentlichung von Kammern	Berufsbeschreibungen
Verschränkung von Theorie und Praxis	Ausbildungsmaterialien	Leitbild Betrieb/Schule	Praxishilfen
Eignung des betrieblichen und schulischen Lehrpersonals	Fortbildungen	Weiterbildungsangebot	AEVO/Studieninhalte
Eignung der Ausbildungsstätten	Unternehmensleitbild	Beratungsangebote zuständige Stellen	Vorgaben/Empfehlungen
Partizipation	Projekte von Azubis	Lenkungskreise/ strategische Gruppen	Externe Netzwerke
Prüfungen	Prüfungsaufgaben	Fragen/ Prüfungskataloge	Prüfungsordnungen
Lernortkooperation	Kooperationsprojekte	Protokolle Kooperationstreffen	Empfehlungen BIBB/ KMK

Quelle: HECKER u. a. 2021, S. 141

Das Modell wurde mit Akteuren der Berufsbildung validiert. Ein zentrales Ergebnis war, dass sich vier Dimensionen als besonders bedeutsam für die Erfassung von BBNE erwiesen haben: Normative Vorgaben, Eignung des schulischen und betrieblichen Lehrpersonals, Berufliche Orientierung bzw. Beruflichkeit und Prüfungen (vgl. HECKER u. a. 2021; HILSE/WERNER/ HECKER 2021, S. 17ff.). Darüber hinaus wurden konkrete Indikatoren für den Lernort Betrieb benannt, indem sie speziell BBNE-Maßnahmen der Betriebe adressieren, z. B. die Nutzung von Projekten und Veranstaltungen.

Normative Vorgaben bezeichnen jene Inhalte des Berufsbildungssystems, die legitimierende und ordnende Wirkung auf das berufliche Lernen ausüben (z. B. Ordnungsmittel, Rahmenlehrpläne, Umsetzungshilfen etc.). Die Eignung des Berufsbildungspersonals ist ebenfalls eine wesentliche Voraussetzung für BBNE, da das Ausbildungspersonal (betrieblich und schulisch) diese Vorgaben umsetzt und dadurch BBNE in seiner Multiplikatorenfunktion in die Lernorte trägt. Nachhaltigkeit als Teil der beruflichen Identität wurde von den Berufsbildungsfachleuten[1] als wichtig herausgestellt, Auszubildende erhielten damit ein Verständnis über die Auswirkungen des eigenen beruflichen Handelns und der spezifischen Wirkungen bei der Ausübung ihres Berufs auf Umwelt und Gesellschaft. In Abschlussprüfungen für Auszubildende sehen die Expertinnen und Experten eine weitere geeignete Di-

---

1   Hier bei handelt es sich um Vertreterinnen und Vertreter von z. B. Berufs- und Branchenverbänden, politische Akteure des Berufsbildungswesens und Forschende aus dem Bereich der Pädagogik.

mension zur Erfassung der Implementierung einer BBNE, da die dort abgefragten Inhalte verbindlich in konkrete Lehr-/Lernprozesse einbezogen werden.

Auf Grundlage der priorisierten Dimensionen wurden verschiedene Indikatoren abgeleitet. Neben solchen, die vorhandene Dokumente analysieren, z. B. Ausbildungsrahmenpläne und andere Ordnungsmittel, adressieren andere Indikatoren konkret BBNE-Aspekte in Betrieben. Diese Indikatoren mit betrieblichem Bezug bilden die Grundlage für die Items einer längsschnittlichen Betriebsbefragung, die durch das Bundesinstitut für Berufsbildung (BIBB) durchgeführt wurde. Daraus gewonnene Erkenntnisse werden in diesem Beitrag vorgestellt.

Die Operationalisierung der betrieblichen Indikatoren in geeignete Items erfolgte anhand unterschiedlicher Zugänge: Die Recherche in bestehenden Betriebsbefragungen ergab, dass (B)BNE-relevante Fragestellungen in einschlägigen Erhebungen, z. B. dem IAB-Betriebspanel, nicht integriert sind. Dieses Fehlen kann durch die Entwicklung zusätzlicher Items, die speziell den Kontext von (B)BNE in Betrieben in den Blickpunkt nehmen, bedient werden. Eine besondere Herausforderung bestand in der berufsübergreifenden Konzeption der Items, da sich die Betriebsbefragung des BIBB an Betriebe im Allgemeinen und nicht an einzelne Berufe oder Berufsgruppen richtet. Dementsprechend wurden für die konkrete Operationalisierung der angestrebten Indikatoren u. a. die Erläuterungen der seit August 2021 geltenden neuen Standardberufsbildposition „Umweltschutz und Nachhaltigkeit" herangezogen, da in dieser berufsübergreifende und allgemeingültige Nachhaltigkeitsaspekte festgehalten werden.

Tabelle 1 stellt betriebliche BBNE-Indikatoren dar, die sich für eine Betriebsbefragung eignen und sich im Rahmen des Entwicklungsprozesses herausgebildet haben.

Tabelle 1: Darstellung der betrieblichen Indikatoren aus dem BBNE-Indikatorenset, welche für die Betriebsbefragung relevant waren	
Dimension	**Indikator**
Normative Vorgaben	Anteil der Betriebe mit Leitbildern/-linien, die nachhaltige Entwicklung beinhalten.
	Anteil der Betriebe mit betrieblichen Ausbildungsplänen, die nachhaltige Entwicklung beinhalten
Kontinuierliche Verbesserung und Umsetzung	Anteil der Betriebe, die mithilfe von Projekten und Veranstaltungen nachhaltiges Denken und Handeln bei Auszubildenden fördern
Eignung des betrieblichen Ausbildungspersonals	Anteil der Betriebe mit Qualifizierungsmaßnahmen zu nachhaltiger Entwicklung für Ausbilder/-innen

Quelle: eigene Darstellung

Bei der Konzeption und Operationalisierung der Items sind betriebsgrößenbedingte Einschränkungen zu berücksichtigen, da voraussichtlich Kleinst- und Kleinbetriebe z. B. seltener ein Leitbild formuliert haben. Mithilfe einer Betriebsbefragung können solche Aspekte im Rahmen einer ersten Trendstudie überprüft werden. Die Herausforderung insgesamt bestand darin, die angeführten Indikatoren in der Form zu operationalisieren, dass sie für Betriebe verständlich sind. Beispielsweise wurde der Indikator zu betrieblichen Qualifizierungsmaßnahmen in drei Fragestellungen unterteilt: erstens ob die Betriebe ihre Ausbilder/ -innen in den letzten drei Jahren in Bezug auf Nachhaltigkeit weitergebildet haben; zweitens welche internen oder externen Möglichkeiten sie zur Weiterbildung in Anspruch genommen haben, und drittens, welche Themenbereiche im Vordergrund standen. Die daraus resultierenden Erkenntnisse stellen eine Ergänzung zum bereits bestehenden BNE-Indikator-Lehrerfortbildung (BILF) dar (vgl. WALTNER/GLAUBITZ/RIESS 2017). Während der BILF BNE in staatlichen und staatlich anerkannten Lehrkräftefortbildungen abbildet, wird in der vorliegenden Ausarbeitung die betriebliche Perspektive berücksichtigt.

2.1 Indikatoren: potenzielle Datenquellen und geeignete Messinstrumente

Zu einigen der vorgestellten Indikatoren liegen bereits Erhebungsmöglichkeiten und dazugehörige Datenquellen vor. Fischer/Hilse/Schütt-Sayed (in diesem Band) haben ein Verfahren zur automatisierten Inhaltsanalyse entwickelt, mit dem das Vorkommen von Nachhaltigkeit in ausbildungsrelevanten Dokumenten ermittelt werden kann. Dabei wird auf eine Liste nachhaltigkeitsbezogener Formulierungen zurückgegriffen, die nicht nur Schlagworte oder Wortstämme umfasst, sondern auch reguläre Ausdrücke, um vielfältige Flexionsformen und Verwendungskontexte einzelner Schlagworte zu berücksichtigen. Die Liste umfasst zudem explizit reguläre Ausdrücke, die der BBNE-Ebene zugeordnet sind und geht damit über eine rein quantitative Schlagwortsuche hinaus. Das Verfahren kann beispielsweise für die Analyse von Ausbildungsordnungen und Umsetzungshilfen eingesetzt werden. Im betrieblichen Kontext können betriebliche Ausbildungspläne analysiert werden. Diese liegen jedoch nicht frei zugänglich vor, sodass eine Untersuchung bisher nicht durchgeführt werden konnte. Zudem lässt die Nennung in Ordnungsmitteln und anderen Dokumenten keine Rückschlüsse auf die Umsetzung einer BNE in der betrieblichen Ausbildungspraxis zu.

Um neben der theoretischen Verankerung von BBNE in Dokumenten auch Informationen über die praktische Umsetzung zu erhalten, kann an bestehende Erhebungen angeknüpft und diese erweitert werden. So wurden im IAB-Betriebspanel 2018 mehrere Items zu ökologischer Nachhaltigkeit einmalig aufgenommen, um das Handlungsfeld aus der Perspektive der Betriebe zu beleuchten. Die Betriebe wurden dabei zu ihrem generellen Selbstverständnis sowie zum Stellenwert von ökologischer Nachhaltigkeit und zu Maßnahmen befragt, die die ökologisch nachhaltige Arbeit im Betrieb belegen (vgl. BELLMANN/KOCH 2019, S. 5). Wie allerdings BBNE in Betrieben umgesetzt wird, geht aus bestehenden Datenquellen und Erhebungen wie dem IAB-Betriebspanel nicht hervor. Dafür werden spezifische Items benötigt, die Rückschlüsse auf die Verankerung von BBNE in Betrieben ermöglichen.

2.2 Voraussetzungen einer gelingenden Implementierung der Indikatoren

Die Weiterentwicklung und Ausgestaltung des Ausbildungssystems in der beruflichen Bildung geschieht auf unterschiedlichen Ebenen, an denen unterschiedliche Akteure des Bildungssystems eingebunden werden. Indikatoren können erst dann ihre Wirkung entfalten, wenn diese von allen relevanten Stakeholdern akzeptiert werden, andernfalls können Durchsetzungs- und Legitimationsprobleme in der Verwendung entstehen (vgl. FELLER-LÄNZLINGER u. a. 2010, S. 17). Auch bei der Entwicklung geeigneter BBNE-Indikatoren sollten Akteure der Mikro-, Meso- und Makroebene einbezogen werden. Dazu gehören Betriebe als Lernorte und Teil des dualen Ausbildungssystems. Betriebliche Indikatoren müssen demnach so beschaffen sein, dass diese von den Betrieben verstanden und akzeptiert werden. Partizipative Verfahren können die Legitimität und Akzeptanz von Indikatoren unterstützen (vgl. DI GIULIO u. a. 2011, S. 16).

Ein Einsatz der betrieblichen Indikatoren in Form einer Betriebsbefragung erscheint ein geeignetes Mittel. Das RBS des BIBB verfolgt hierbei zwei konkrete Ziele: Auf der einen Seite dient die Betriebsbefragung dazu, eine erste Analyse zum Stellenwert von BNE in Betrieben und der beruflichen Ausbildung durchzuführen. Die Ergebnisse der RBS-Betriebsbefragung sind zwar nicht repräsentativ, da die befragten Betriebe zumeist überdurchschnittlich engagiert sind. Dennoch dienen die Ergebnisse als Trendstudie, um den Stellenwert von Nachhaltigkeit in der Betriebslandschaft zu eruieren. Auf der anderen Seite sollen die entwickelten BBNE-Indikatoren in Form von operationalisierten Items auf Praxistauglichkeit erprobt werden. Diese Ergebnisse können dazu dienen, die Indikatoren in Form geeigneter Items in bestehende, repräsentative Befragungspanels zu integrieren. Dies würde der strukturellen Verankerung von BNE in der beruflichen Bildung einen weiteren wichtigen Impuls geben.

3 Das Referenz-Betriebssystem des BIBB: Instrument zum Einsatz innovativer Indikatoren

3.1 Fragebogenkonstruktion

Mithilfe des RBS des BIBB wird ein feststehender Pool von Betrieben zu wechselnden Schwerpunkten und aktuellen Themen der Berufsbildung befragt. Es handelt sich um ein *Access-Panel* von ca. 1.300 vorwiegend Ausbildungsbetrieben, die in der Mehrheit der Fälle ein für Deutschland überdurchschnittliches Engagement beim betrieblichen Aus- und Weiterbildungsgeschehen aufweisen. Im Zeitraum vom 12. April bis zum 10. Juni 2021 wurde eine postalische sowie eine onlinebasierte Befragung zum Thema „Nachhaltigkeit in Betrieben und der beruflichen Ausbildung" durchgeführt. Der Fragebogen enthielt überwiegend geschlossene Fragen zu unterschiedlichen Aspekten der Nachhaltigkeit und BBNE. Hierbei wurde darauf geachtet, dass ausschließlich Indikatoren integriert wurden, zu denen die Betriebe auskunftsfähig sind. Demnach wurden u. a. die folgenden Fragestellungen[2] beleuchtet:

▶ Integration von Nachhaltigkeit im Unternehmensleitbild,

▶ Integration unterschiedlicher nachhaltigkeitsbezogener Aspekte in den betrieblichen Ausbildungsplänen, z. B. Abfallvermeidung und -trennung,

▶ Nutzung unterschiedlicher Formate zur Förderung nachhaltigen Denkens und Handelns bei Auszubildenden, z. B. Projekte oder Veranstaltungen,

▶ Nachhaltigkeit in der Weiterbildung des Ausbildungspersonals, d. h. Teilnahme an einer solchen Weiterbildung, das Format der Weiterbildung (z. B. innerbetrieblich) sowie deren Inhalte (z. B. Nachhaltigkeit im beruflichen Kontext).

Über diese spezifischen Fragen zu den Indikatoren hinaus wurde der Fragebogen um Items ergänzt, die sich auf Nachhaltigkeit im allgemeinen betrieblichen Kontext beziehen. Schließlich wurden die Betriebe noch zu Branchenangehörigkeit und Betriebsgröße befragt. Der Fragebogen wurde zuvor in einem Pretest auf Verständlichkeit geprüft.

3.2 Zusammensetzung der befragten Betriebe

Insgesamt wurden für die RBS-Befragung zu Nachhaltigkeit im Betrieb und der beruflichen Ausbildung 1.266 Betriebe angeschrieben. 337 Betriebe haben teilgenommen. Das entspricht einer Rücklaufquote von 26,6 Prozent. Ein Drittel der beteiligten Betriebe kommt aus dem Bereich des produzierenden Gewerbes (34,2 %), 18,2 Prozent aus dem Bereich der öffentlichen und privaten Dienstleistungen und 14,0 Prozent aus dem Bereich Handel, Lagerei und Gastgewerbe. Die Unternehmensdienstleistungen weisen einen Anteil von 12,5 Prozent auf, die Branche der Land- und Forstwirtschaft sowie der Fischerei ist mit 1,5 Prozent nur marginal vertreten.

Zur Beschäftigtenanzahl haben 335 Betriebe Angaben gemacht. 40,3 Prozent haben bis zu 19 Beschäftigte, 28,1 Prozent haben 20 bis 99 Mitarbeitende und 23,9 Prozent haben 200 und mehr Beschäftigte. Die Kategorie 100 bis 199 Beschäftigte ist mit 7,7 Prozent relativ gering besetzt.

Der Anteil von Betrieben, die (regelmäßig) ausbilden, liegt kumuliert bei 88,4 Prozent, wovon ca. 73,5 Prozent jährlich ausbilden. Die hohe Zahl an ausbildungsbereiten Betrieben in der vorliegenden Befragung ist nicht ungewöhnlich, da das RBS auf diese Betriebe ausgerichtet und damit besonders für die Befragung zur BNE in der Berufsbildung geeignet ist.

---

2 Der Fragebogen ist unter URL: https://www.f-bb.de/fileadmin/Projekte/IBNE/RBS45_BIBB_Fragebogen.pdf veröffentlicht (Stand: 03.08.2022).

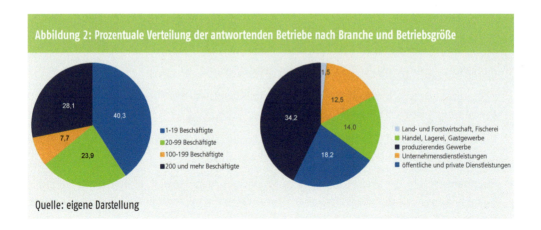

Abbildung 2: Prozentuale Verteilung der antwortenden Betriebe nach Branche und Betriebsgröße

28,1

40,3

7,7

23,9

■ 1-19 Beschäftigte
■ 20-99 Beschäftigte
■ 100-199 Beschäftigte
■ 200 und mehr Beschäftigte

1,5

12,5

34,2

14,0

18,2

■ Land- und Forstwirtschaft, Fischerei
■ Handel, Lagerei, Gastgewerbe
■ produzierendes Gewerbe
■ Unternehmensdienstleistungen
■ öffentliche und private Dienstleistungen

Quelle: eigene Darstellung

3.3   Datenqualität

Die realisierte Fallzahl von 337 Betrieben, die den Fragebogen bearbeitet haben, erlaubt eine differenzierte Auswertung hinsichtlich der Fragebogengüte. Neben ersten inhaltlichen Ergebnissen liefern die Daten Informationen darüber, mit welchen Fragen Nachhaltigkeitsindikatoren für BBNE in Betrieben erfasst werden können.

Der Großteil des Fragebogens lieferte Daten, die inhaltlich und kontextuell plausibel ausfallen und auch schlüssige Interpretationen zulassen. Die Güte der Datenqualität wird auch durch sehr gute interne Reliabilitätswerte untermauert (in den skalierten Antworten ergaben sich Werte für Cronbachs Alpha von über 0.8).

Einzelne Fragen lieferten Resultate, die Zweifel an der Datenqualität zulassen. Dies betrifft zum einen die Frage, auf welche Nachhaltigkeitsaspekte in betrieblichen Ausbildungsplänen Bezug genommen wird. Die Zustimmungswerte fallen unplausibel hoch aus (z. B. faire Arbeitsbedingungen: 68,8 %; globale Gerechtigkeit: 54,9 %; Prüfsiegel und Zertifikate: 42,7 %) und könnten auf eine eingeschränkte Auskunftsfähigkeit der befragten Personen zur erfassten Thematik hinweisen oder auch einen Reihenfolgeeffekt darstellen. Auch die Frage mit der Bitte um Zustimmung zu bestimmten Aussagen der Wissensvermittlung durch Ausbilder/-innen scheint in der eingesetzten Form wenig ergiebig: Die Werte zwischen den einzelnen Items unterscheiden sich nur marginal, sodass hier vermutlich Redundanzen vorliegen bzw. unterschiedliche Items ein und denselben Sachverhalt erfassen.

4   Perspektive der Betriebe: Ergebnisse zu Nachhaltigkeit und Bildung für nachhaltige Entwicklung

Das Thema Nachhaltigkeit kann in verschiedenen Unternehmensbereichen eine unterschiedliche Rolle spielen, weshalb in der Befragung sieben verschiedene Bereiche abgefragt wurden. Die Bedeutsamkeit von Nachhaltigkeit wird über alle Tätigkeitsbereiche hinweg von der Mehrzahl der Unternehmen hoch bis sehr hoch eingestuft (auf einer vierstufigen Skala).

Im Bereich „Vertrieb und Marketing" ist das Thema für 69,7 Prozent der befragten Betriebe relevant bis sehr relevant, was dem niedrigsten Wert aller im Kontext zur Nachhaltigkeit abgefragten Themenfelder entspricht. Die höchste Zustimmung mit 83,7 Prozent gab es für „Produkte und Dienstleistungen" (vgl. Abb. 3). Die „Aus- und Weiterbildung" nimmt den vierten Platz ein und ist somit noch bedeutsamer als „Personalmanagement" und „Lieferantenauswahl".

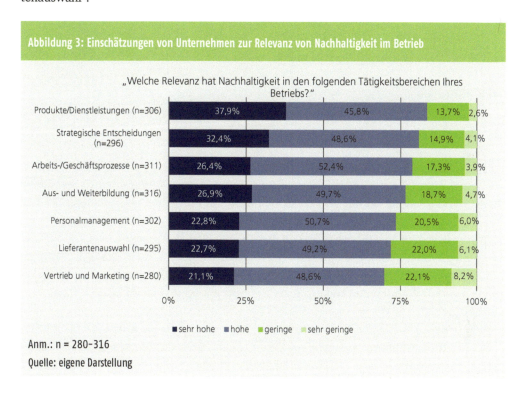

Abbildung 3: Einschätzungen von Unternehmen zur Relevanz von Nachhaltigkeit im Betrieb

„Welche Relevanz hat Nachhaltigkeit in den folgenden Tätigkeitsbereichen Ihres Betriebs?"

Anm.: n = 280–316

Quelle: eigene Darstellung

Um den Stellenwert der nachhaltigen Ausrichtung nach Betriebsgröße auszuwerten, wurde zu allen sieben Teilfragen (vgl. Abb. 3) der Median für jeden antwortenden Betrieb ermittelt. In einem zweiten Schritt wurde in den vier erfassten Betriebsgrößenklassen[3] der jeweilige Mittelwert der entsprechenden Unternehmen berechnet (vgl. Tabelle 2). Es zeigt sich, dass die mittlere Bedeutung mit der Größe der Betriebe stetig zunimmt. Die nach Beschäftigtenzahl kleinsten Betriebe (unter 20 Beschäftigte) geben im Mittel auf der vierstufigen Skala einen mittleren Wert von 2,113 (1 = sehr hohe Relevanz; 4 = sehr geringe Relevanz) über alle Tätigkeitsbereiche an. Dieser Wert verbessert sich über die Größenklassen hinweg auf 1,850 für jene Betriebe mit mindestens 200 Beschäftigte. Die Unterschiede fallen dabei so deutlich aus, dass die Grenzen der Konfidenzintervalle (α = 0.05) des wahren Mittelwerts der kleinsten Betriebsgrößenklasse sich nicht mit den Erwartungswerten der größten und

---

3   1 bis 19 Beschäftigte; 20 bis 99 Beschäftigte; 100 bis 199 Beschäftigte; 200 und mehr Beschäftigte.

zweitgrößten Klasse überschneiden. Nachhaltigkeit und der ihr beigemessene Stellenwert korrelieren also mit der Größe eines Betriebes – der Korrelationskoeffizient nach Pearson ergibt einen Wert von 0.161**.

Tabelle 2: Mittelwert des Medians über die Antworten pro Unternehmen differenziert nach Betriebsgrößenklassen							
	Bis 19 Beschäftigte		20 bis 99 Beschäftigte		100 bis 199 Beschäftigte		200 und mehr Beschäftigte	
Mittelwert	2,113		2,039		1,880		1,850	
95 % Konfidenz-Intervall (Unter-; Obergrenze)	1,978	2,249	1,890	2,188	1,558	2,202	1,727	1,972

Quelle: eigene Darstellung

Insgesamt legen die Ergebnisse der eben diskutierten Frage nahe, dass Nachhaltigkeit generell ein relevantes Thema für Betriebe ist und die Verankerung in der Aus- und Weiterbildung als notwendig erkannt wurde. Das deckt sich auch mit den Ergebnissen anderer Studien (u. a. BELLMANN/KOCH 2019).

Diese Resultate lassen noch offen, ob das Thema auch als (strategisches) Ziel verfolgt wird und ob daraus eine Notwendigkeit zum Handeln abgeleitet wird. Um diese Frage zu beantworten, wurde in der Befragung erfasst, welche Nachhaltigkeitsziele von den Unternehmen verfolgt werden und wie der Entwicklungsbedarf zur Umsetzung dieser Ziele eingeschätzt wird.[4]

Ein Drittel der befragten Unternehmen gab dabei an, dass die „Modernisierung und Verringerung des Ressourcenverbrauchs" als Unternehmensziel bereits umgesetzt sei, bei weiteren 53,7 Prozent wird dieses Ziel derzeit verfolgt (vgl. Abb. 4). Nachhaltigkeitsziele bei der Beschaffung und bei Lieferketten sind in ca. 16 Prozent der befragten Betriebe bereits umgesetzt und bei über der Hälfte der Betriebe (56,7 %) ein aktuell verfolgtes Ziel. Ein gutes Viertel der Betriebe (27,3 %) verfolgt diese Ziele nicht. Ähnlich sind auch die Einschätzungen zu Nachhaltigkeitszielen in „Vertrieb und Marketing" sowie in der „Aus- und Weiterbildung".

---

4   Die eingesetzte Methode wird u. a. zur Beurteilung von Entwicklungszielen und den damit verbundenen Entwicklungsbedarfen im Bereich des Aus- und Aufbaus von Präventionsnetzwerken (Kinderschutz) verwendet. Es handelt sich dabei um ein bewährtes Konzept, um Hinweise zu bekommen, in welchen Bereichen eines politischen Handlungsfeldes Entwicklungsimpulse auf ein ausgeprägtes Interesse seitens der Adressatinnen und Adressaten treffen und somit eine besondere Dynamik entfalten könnten (vgl. NATIONALES ZENTRUM FRÜHE HILFEN 2021).

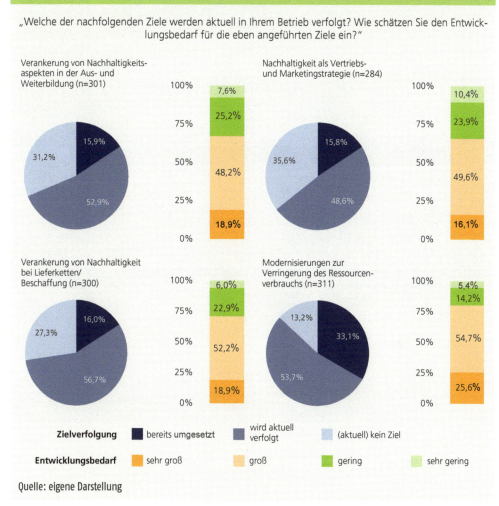

Abbildung 4: Einschätzung von Unternehmen zu Nachhaltigkeitszielen und deren Entwicklungsbedarf im Betrieb

„Welche der nachfolgenden Ziele werden aktuell in Ihrem Betrieb verfolgt? Wie schätzen Sie den Entwicklungsbedarf für die eben angeführten Ziele ein?"

Verankerung von Nachhaltigkeitsaspekten in der Aus- und Weiterbildung (n=301)

15,9%
31,2%
52,9%

7,6%
25,2%
48,2%
18,9%

Nachhaltigkeit als Vertriebs- und Marketingstrategie (n=284)

15,8%
35,6%
48,6%

10,4%
23,9%
49,6%
16,1%

Verankerung von Nachhaltigkeit bei Lieferketten/ Beschaffung (n=300)

16,0%
27,3%
56,7%

6,0%
22,9%
52,2%
18,9%

Modernisierungen zur Verringerung des Ressourcenverbrauchs (n=311)

13,2%
33,1%
53,7%

5,4%
14,2%
54,7%
25,6%

Zielverfolgung ■ bereits umgesetzt ■ wird aktuell verfolgt □ (aktuell) kein Ziel

Entwicklungsbedarf ■ sehr groß ■ groß ■ gering ■ sehr gering

Quelle: eigene Darstellung

Über alle befragten Betriebe hinweg – also sowohl solche, die Nachhaltigkeitsziele verfolgen, als auch jene, die sie nicht verfolgen – wird ein hoher Bedarf gesehen, die Themen weiterzuentwickeln. Für alle vier Ziele geben mehr als zwei Drittel der befragten Betriebe (zwischen 67,1 % und 80,3 %) einen sehr großen bis großen Bedarf an (vgl. Abb. 4).

Besonders interessant ist, inwiefern eine Notwendigkeit zum Handeln bei den Betrieben gesehen wird, die aktuell keine Ziele in den Bereichen „Beschaffung und Lieferketten", „Marketing und Vertrieb" sowie „Aus- und Weiterbildung" verfolgen. Dies zeigt sich in der Frage nach dem Bedarf, die Nachhaltigkeitsziele weiterzuentwickeln. Etwa 40 Prozent dieser Betriebe haben einen großen bis sehr großen Bedarf, das Thema „nachhaltige Beschaffung und Lieferketten" weiterzuentwickeln. Bei „Nachhaltigkeit als Vertriebs- und Marketingziele" sind das mit 33 Prozent und bei „Aus- und Weiterbildung" mit 35,6 Prozent etwas weniger Betriebe (vgl. Tabelle 3). Dieses Ergebnis lässt vermuten, dass (derzeit) keine oder nur geringe Kapazitäten bei diesen Betrieben vorhanden sind, die eigentlich als wichtig erachteten Ziele zu verfolgen.

Tabelle 3: Top-Boxen[5] zum Entwicklungsbedarf von Nachhaltigkeitszielen bei Betrieben, die diese Ziele aktuell nicht verfolgen

Verankerung von Nachhaltigkeit bei Lieferketten/Beschaffung		Nennungen	Prozent	Gültige Prozente
Gültig	Top-Box ((sehr) groß)	30	36,6	40,5
	nicht Top-Box	44	53,7	59,5
	Gesamt	74	90,2	100,0
Fehlend	Keine Beurteilung/System	8	9,8	
Gesamt		82	100,0	
Nachhaltigkeit als Vertriebs- und Marketingstrategie		**Nennungen**	**Prozent**	**Gültige Prozente**
Gültig	Top-Box ((sehr) groß)	29	28,7	33,0
	nicht Top-Box	59	58,4	67,0
	Gesamt	88	87,1	100,0
Fehlend	Keine Beurteilung/System	13	12,9	
Gesamt		177	100,0	
Verankerung von Nachhaltigkeitsaspekten in der Aus- und Weiterbildung		**Nennungen**	**Prozent**	**Gültige Prozente**
Gültig	Top-Box ((sehr) groß)	31	33,0	35,6
	nicht Top-Box	56	59,6	64,4
	Gesamt	87	92,6	100,0
Fehlend	Keine Beurteilung/System	7	7,4	
Gesamt		177	100,0	

Quelle: eigene Darstellung

Insbesondere bei den Zielen und deren Entwicklungsbedarf zeigt sich eine leichte Tendenz, dass größere Betriebe Nachhaltigkeitsziele häufiger verfolgen als kleinere Unternehmen. Das Ergebnis deckt sich auch mit anderen Studien (u. a. BELLMANN/KOCH 2019).

---

5   Top-Boxen bezeichnen die Summe des Anteils jener Befragten, die auf einer vierstufigen Skala einen der Werte „sehr großen Weiterentwicklungsbedarf" oder „großen Weiterentwicklungsbedarf" auswählten.

Insgesamt lässt sich festhalten, dass die Ergebnisse überraschend positiv sind: Nachhaltigkeit spielt als Bestandteil verschiedener Unternehmensbereiche in einem bedeutenden Teil der Betriebe eine Rolle. Es wird vermutet, dass ein eher breites bzw. wenig differenziertes Verständnis mit dem Begriff Nachhaltigkeit verbunden ist und die Ergebnisse teilweise darauf zurückzuführen sind. Doch auch vor dem Hintergrund dieser Einschränkung kann zusammenfassend festgestellt werden, dass das Thema Nachhaltigkeit in vielen Betrieben angekommen ist, auch wenn es noch nicht von allen in konkretes Handeln umgesetzt wird.

4.1 Gezielte Maßnahmen zur Verankerung von BNE in Betrieben

Ein weiteres Ziel der Befragung ist, Indikatoren für BNE zu erfassen, die den Dimensionen des BNE-Modells entsprechen (vgl. HECKER u. a. 2021). Mit Blick auf den Lernort Betrieb haben sich folgende Indikatoren herauskristallisiert:

▶ explizite Benennung von Nachhaltigkeit im Unternehmensleitbild (normative Vorgabe);

▶ nachhaltigkeitsbezogene Inhalte in betrieblichen Ausbildungsplänen (normative Vorgaben);

▶ Weiterbildung des Ausbildungspersonals (Eignung des Berufsbildungspersonals);

▶ Formate zur Vermittlung von BNE in Betrieben (Beruflichkeit).

Rund die Hälfte der befragten Betriebe nehmen in ihrem Leitbild Bezug auf das Thema Nachhaltigkeit. Rund ein Drittel greift das Thema im Leitbild nicht auf. Jeder fünfte Betrieb verfügt über kein Leitbild und somit auch nicht über die Grundlage, auf der unternehmerisches Handeln häufig basiert. Gerade bei Kleinstbetrieben ist Nachhaltigkeit deutlich seltener im Leitbild verankert: Ca. zwei Drittel der Betriebe mit weniger als 20 Beschäftigten verfügen über ein Leitbild. Knapp die Hälfte dieser Betriebe nehmen darin Bezug zu Nachhaltigkeitsaspekten (vgl. Tabelle 4). Demgegenüber liegt für 80,9 Prozent der Betriebe mit 200 und mehr Beschäftigen ein Leitbild vor, in dem auch Nachhaltigkeit verankert ist.

Tabelle 4: Nachhaltigkeit im Leitbild nach Betriebsgröße ("Wird Nachhaltigkeit im Leitbild berücksichtigt?")						
		Beschäftigte klassiert				Gesamt
		unter 20	20 bis unter 100	100 bis unter 200	200 und mehr	
Nein	N	45	21	12	15	93
	%	35,7	27,3	46,2	16,9	29,2
Ja	N	38	37	13	72	160
	%	30,2	48,1	50,0	80,9	50,3
Kein Leitbild bestehend	N	43	19	1	2	65
	%	34,1	24,7	3,8	2,2	20,4
Gesamt	N	126	77	26	89	318
	%	100,0	100,0	100,0	100,0	100,0

Quelle: eigene Darstellung

Bei der Frage nach konkreten Nachhaltigkeitsthemen, die in betrieblichen Ausbildungsplänen verankert sein sollten, zeigt sich ein ungewöhnliches Antwortverhalten: Dass Abfallvermeidung und -trennung bei 85,1 Prozent der Betriebe im betrieblichen Ausbildungsplan enthalten ist, erscheint plausibel. Schließlich geht es dabei auch um monetäre Auswirkungen, wenn beispielsweise durch Einsparungen bei Materialabfällen Kosten für den Betrieb reduziert werden. Nicht erwartungskonform ist hingegen, dass beispielsweise faire Arbeitsbedingungen (78,4 %), Kreislaufwirtschaft (65,5 %) und die Beachtung von Menschenrechten (62,5 %) in so großem Umfang in den Plänen verankert sein sollen (vgl. Abb. 5). Zwei Erklärungen sind denkbar: Das Antwortverhalten der Betriebe wird durch soziale Erwünschtheit verzerrt oder die Antworten werden durch den Frageverlauf beeinflusst. Da direkt zuvor die Frage danach gestellt wurde, ob der Betrieb ausbildet, ist ein Reihenfolgeeffekt denkbar, d. h. die Betriebe haben dies möglicherweise auf die Ausbildungsinhalte allgemein und nicht auf die konkrete Verankerung in den betrieblichen Ausbildungsplänen bezogen. Dies muss genauer untersucht werden.

Um Auszubildenden nachhaltiges Denken und Handeln zu vermitteln – also aktiv eine BNE zu betreiben – setzen Betriebe verschiedene Formate ein. Erwartungskonform wird BNE vor allem über praktische Arbeitsinhalte vermittelt (80 % der Betriebe geben dies an). Jeder dritte Betrieb bietet zudem themenbezogene Schulungen (31,9 %) und Projekte/Projekttage (27,8 %) an. Exkursionen oder Veranstaltungen werden etwas seltener für die Vermittlung von BNE genutzt: Etwa jeder fünfte Betrieb (18,3 %) bietet diese Möglichkeit seinen Auszubildenden. Insbesondere die Vermittlung über praktische Arbeitsinhalte setzt voraus, dass das Ausbildungspersonal entsprechend qualifiziert ist, z. B. durch Weiterbildungen.

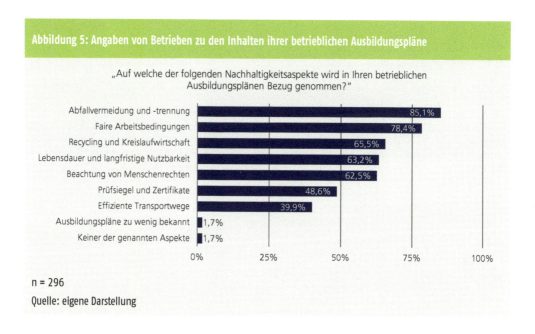

Abbildung 5: Angaben von Betrieben zu den Inhalten ihrer betrieblichen Ausbildungspläne

„Auf welche der folgenden Nachhaltigkeitsaspekte wird in Ihren betrieblichen Ausbildungsplänen Bezug genommen?"

Abfallvermeidung und -trennung	85,1%
Faire Arbeitsbedingungen	78,4%
Recycling und Kreislaufwirtschaft	65,5%
Lebensdauer und langfristige Nutzbarkeit	63,2%
Beachtung von Menschenrechten	62,5%
Prüfsiegel und Zertifikate	48,6%
Effiziente Transportwege	39,9%
Ausbildungspläne zu wenig bekannt	1,7%
Keiner der genannten Aspekte	1,7%

n = 296

Quelle: eigene Darstellung

Die Frage zur Weiterbildung von Ausbilderinnen und Ausbildern zum Thema Nachhaltigkeit bejahen 40,9 Prozent der befragten Betriebe. Dabei nehmen innerbetriebliche Weiterbildungen mit 64,9 Prozent den größten Anteil ein. Formale Angebote bei Kammern und Innungen werden von jedem dritten Betrieb (35,1 %) genutzt und bei Bildungsträgern von jedem fünften Betrieb (19,8 %). Inhaltlich geht es vorrangig um Nachhaltigkeit im beruflichen Kontext (66,4 %), während die methodische Gestaltung oder andere Formen von Bildung wie konkrete Projekte oder Exkursionen bei etwa einem Drittel der Betriebe eine Rolle spielen. Hier zeigen sich in der vorliegenden Untersuchung kaum Unterschiede zwischen verschiedenen Betriebsgrößen.

4.2 Potenziale der Betriebsbefragung für die Festlegung von Indikatoren

Zusammenfassend lässt sich festhalten, dass die Frage nach den Inhalten von Ausbildungsplänen noch einmal überprüft werden muss: Es sollte sowohl die Reihenfolge des Frageablaufs angepasst werden als auch eine Schärfung der Formulierung erfolgen. Mindestens ist ein optischer Hinweis z. B. durch Unterstreichung/Hervorhebung auf die betrieblichen Ausbildungspläne notwendig. Möglicherweise lassen sich auch bessere (berufs- oder branchenspezifische) Beispiele für die Abfrage finden. Bei einer berufs- oder branchenspezifischen Abfrage sollte der Befragungsmodus eine Filterführung[6] zulassen.

Zudem wird empfohlen, das Nachhaltigkeitsverständnis als Definition einer Befragung voranzustellen und somit den Begriff im engeren Sinne zu verwenden.

---

6   Dafür eignet sich eine *Paper-and-Pencil*-Befragung nur begrenzt. Besser geeignet sind Telefon- oder Onlinebefragungen.

Mit Blick auf die Anforderungen an Indikatoren (vgl. DUK 2014, S. 27f.) eignen sich vor allem die Fragen nach dem Leitbild und den Weiterbildungsaktivitäten von betrieblichem Ausbildungspersonal, wie in Tabelle 5 aufgeführt:

Tabelle 5: Anforderungen an Indikatoren und ihre Eignung im Rahmen einer betrieblichen BNE-Indikatorik

Anforderung an Indikator	Indikator „Leitbild mit Bezug zu Nachhaltigkeit"	Indikator „Weiterbildung von Ausbildungspersonal"
Relevanz	Leitbilder formulieren das Selbstverständnis und die Grundprinzipien einer Organisation. Es handelt sich um eine Selbstbeschreibung, die einen Zielzustand definiert, aus der strategisches und operatives Handeln abgeleitet werden.	Durch Weiterbildungen wird neues Wissen verfügbar und anwendbar gemacht.
	Unter der Annahme, dass ein übereinstimmendes Nachhaltigkeitsverständnis vorliegt, sind beide Indikatoren bedeutsam für die Umsetzung einer BNE.	
Übereinstimmung mit BNE-Konzept des Nationalen Aktionsplans BNE (NAP BNE)	Leitbilder werden vor allem auch im Kontext anderer Bildungsetappen als Voraussetzung angesehen (z. B. Hochschulen; vgl. NATIONALE PLATTFORM BNE c/o BMBF 2017, S. 70ff.).	Im NAP BNE ist Qualifizierung von Ausbildungspersonal explizit als Maßnahme aufgeführt (NATIONALE PLATTFORM BNE c/o BMBF 2017, S. 46).
	✔	✔
Eignung für regelmäßige Datenerhebung	Relativ einfach zu erfassen über eine regelmäßige Betriebsbefragung. Indikator beinhaltet die Möglichkeit, Entwicklungen aufzuzeigen, da etwa die Hälfte der Betriebe über kein Leitbild verfügt, das Nachhaltigkeitsthemen umfasst.	Möglich über eine regelmäßige Betriebsbefragung. Indikator beinhaltet die Möglichkeit, Entwicklungen aufzuzeigen. Rund 60 Prozent der Betriebe haben ggf. noch Bedarf.
	Eine entsprechende Betriebsbefragung muss initiiert werden. Ggf. ist das IAB-Betriebspanel dafür nutzbar.	
Kommunizierbarkeit	Relativ einfach verständlicher Indikator.	Relativ einfach verständlicher Indikator.
	✔	✔
Interpretierbarkeit	Gut interpretierbar, macht aber keine Aussagen über das tatsächliche Handeln (normativer Charakter).	Gut interpretierbar, macht aber keine Aussagen über das tatsächliche Handeln; schafft aber Grundlage für Handeln und geht damit über rein normativen Charakter hinaus.
	✔	✔

Quelle: eigene Darstellung

Das Leitbild als Indikator für BNE ist vor allem in Betrieben der Größenklasse von 20 bis unter 100 Beschäftigten nützlich. Hier wären noch Entwicklungen möglich (und wünschenswert), und somit besteht Potenzial für Veränderungen in Folgemessungen. Im vorliegenden Datensatz geben 48,1 Prozent der Betriebe dieser Größe an, über ein Leitbild zu verfügen, das auch Nachhaltigkeitsthemen umfasst (vgl. Tabelle 4). Bei Kleinstbetrieben hingegen ist nicht zu erwarten, dass Leitbilder in Zukunft eine größere Rolle spielen werden (was nicht heißt, dass Nachhaltigkeit in diesen Betrieben unbedeutend ist).

Die Fragen zur Weiterbildung können hinsichtlich des Umfangs bzw. der Zeitdauer und Schwerpunkte der Weiterbildung präzisiert werden. Zwar wurde explizit nach Weiterbildung zum Thema Nachhaltigkeit gefragt; vor dem Hintergrund des angenommenen breiten Begriffsverständnisses kann eine so differenzierte Erfassung jedoch wertvollere Erkenntnisse dazu generieren.

In der vorliegenden Untersuchung sind Fragen zu praktischen Prüfungen und zu Berufsbeschreibungen[7] unberücksichtigt geblieben. Da das Thema Nachhaltigkeit für Betriebe doch eine überraschend hohe Bedeutung hat, wird hier vielversprechendes Potenzial für Indikatoren gesehen. Bisherige Überlegungen zur Erfassung von Beruflichkeit gehen in Richtung inhaltsanalytischer Verfahren z. B. von Stellenanzeigen. Der Vorteil liegt darin, relativ konkrete Aussagen für verschiedene Berufe oder Berufsbereiche treffen sowie das Ausmaß z. B. im Verhältnis zu allen Nennungen bestimmen zu können. Der Nachteil liegt darin, dass vor allem die Inhalte zuvor relativ aufwendig bestimmt werden müssen. Betriebsbefragungen hingegen eröffnen die Möglichkeit, Betriebe konkret danach zu fragen, ob Beschreibungen von nachhaltigkeitsbezogenen Tätigkeiten, Aufgaben oder Anforderungen z. B. in Stellenanzeigen genutzt werden und welche Tätigkeiten in dem Zusammenhang genannt werden.

5   Weiterentwicklung der Indikatoren

Das Thema Nachhaltigkeit bzw. nachhaltige Entwicklung ist mittlerweile bei Betrieben präsent. Die Ergebnisse der hier vorgestellten Befragung zeigen, dass es sowohl strategische Überlegungen und (Unternehmens-)Ziele gibt, die auf nachhaltiges Handeln und Wirtschaften ausgerichtet sind, als auch ein Bewusstsein für eine BNE in der Fläche besteht. Diese Ergebnisse sind zwar zum Teil auf positive Selektionseffekte bei der Stichprobe zurückzuführen, indem vorrangig Betriebe teilgenommen haben, die sich mit der Thematik der Befragung identifizieren und auseinandersetzen. Jedoch wird das Engagement von Unternehmen auch in anderen Studien hoch eingestuft, während sich die Umsetzung häufig auf das Erfüllen gesetzlicher Vorgaben beschränkt. Es wird deutlich, dass eine Differenz zwischen dem Selbstverständnis der Unternehmen und dem tatsächlichen Einsatz für ein nachhaltiges Wirtschaften vorhanden ist.

Ferner konnten die Grenzen einer Betriebsbefragung aufgezeigt werden, wenn mit nur wenigen Fragen ein komplexes Thema wie BBNE erfasst werden muss. Es zeigt sich ein deutliches Spannungsverhältnis zwischen dem Anspruch an Indikatoren – möglichst hoch aussagekräftig, leicht umsetzbar bzw. erhebbar sowie einfach auswert- und interpretierbar zu sein – und einer berufsspezifischen und adressatengerechten Operationalisierung eines komplexen Themas. In der Berufsbildung bestehen diesbezüglich Desiderata hinsichtlich berufsbezogener Konkretisierungen der ökologischen, ökonomischen und sozialen Dimension von

---

7   Damit sind Beschreibungen von Tätigkeiten oder Tätigkeitsfeldern gemeint, in denen Nachhaltigkeit bzw. darauf ausgerichtetes berufliches Handeln gefragt ist, z. B. in Stellenausschreibungen oder bei Berufsbeschreibungen in öffentlichen Datenbanken der Bundesagentur für Arbeit.

BBNE, hinsichtlich entsprechender Inhalte von Ausbildungsplänen und deren Umsetzung im Betrieb sowie auf nachhaltige Entwicklung bezogener Prüfungsaufgaben. Auch können die Kompetenzen des Ausbildungspersonals im Rahmen einer Betriebsbefragung nur unvollständig erfasst werden; allenfalls kann über Fragen zum Weiterbildungsverhalten (zeitlicher Umfang, Format der Weiterbildung) eine Annäherung stattfinden. Aufgrund der Offenheit im Begriffsverständnis von nachhaltiger Entwicklung, BNE und BBNE bei Betrieben könnte eine Ergänzung in den Methoden (*Mixed-Method-Design*) die Nachteile ausgleichen. Eine Ergänzung der quantitativen Indikatoren durch qualitative Stimmen, z. B. in Form jährlicher *Factsheets* mit Einschätzungen von Fachleuten aus Betrieben, Kammerorganisationen und Verbänden, aber auch aus dem schulischen Kontext wie Landesministerien und Berufsschulen, würde dazu beitragen.

Abschließend soll nochmal herausgestellt werden, dass zur Erfassung des Umsetzungsstands einer BBNE die betriebliche Sicht nicht ausreichend ist. Ein vollständiges Indikatorensystem für BBNE muss darüber hinaus die normativ-regulative Ebene (Gesetzgebung, Ordnungsmittel usw.), die Perspektive der Berufsschulen und letztendlich auch die Perspektive der Adressatinnen und Adressaten – nämlich der Auszubildenden selbst – einbeziehen. Ansätze für Indikatoren und ihre Erfassung sind auch hier nur bedingt vorhanden und konsequent weiter zu untersuchen und weiterzuentwickeln.

Literatur

BELLMANN, Lutz; KOCH, Theresa: Ökologische Nachhaltigkeit in deutschen Unternehmen: Empirische Ergebnisse auf Basis des IAB-Betriebspanels 2018. IAB-Forschungsbericht (2019) 8

BIBB – BUNDESINSTITUT FÜR BERUFSBILDUNG (Hrsg.): Datenreport zum Berufsbildungsbericht 2020. Informationen und Analysen zur Entwicklung der beruflichen Bildung. Bonn 2020.URL: https://www.bibb.de/dokumente/pdf/bibb_datenreport_2020.pdf (Stand: 18.07.2022)

DUK – DEUTSCHE UNESCO-KOMMISSION (Hrsg.): Vom Projekt zur Struktur: Strategiepapier der Arbeitsgruppe „Berufliche Aus- und Weiterbildung" des Runden Tisches der UN-Dekade „Bildung für nachhaltige Entwicklung". Bonn 2014

DI GIULIO, Antonietta; RUESCH SCHWEIZER, Corinne; ADOMSSENT, Maik; BLASER, Martina; BORMANN, Inka; BURANDT, Simon; FISCHBACH, Robert; KAUFMANN-HAYOZ, Ruth; KRIKSER, Thomas; KÜNZLI DAVID, Christine; MICHELSEN, Gerd; RAMMEL, Christian; STREISSLER, Anna: Bildung auf dem Weg zur Nachhaltigkeit. Vorschlag eines Indikatoren-Sets zur Beurteilung von Bildung für Nachhaltige Entwicklung. In: Schriftenreihe der Interfakultären Koordinationsstelle für Allgemeine Ökologie 12, Bern 2011

FELLER-LÄNZLINGER, Ruth; HAEFELI, Ueli; RIEDER, Stefan; BIEBRICHER, Martin; WEBER, Karl: Messen, werten, steuern. Indikatoren – Entstehung und Nutzung in der Politik. Eine Analyse mittels Fallbeispielen aus den Bereichen Nachhaltige Entwicklung und Bildung.

2010. URL: https://www.interface-pol.ch/app/uploads/2020/06/Be_Indikatoren_TA_Swiss.pdf (Stand: 18.07.2022)

GUELLALI, Chokri: Eckpfeiler zur Qualitätssicherung der betrieblichen Ausbildung. In BUNDESINSTITUT FÜR BERUFSBILDUNG (Hrsg.): Qualitätssicherung der betrieblichen Ausbildung im dualen System in Deutschland. Ein Überblick für Praktiker/-innen und Berufsbildungsfachleute. Leverkusen 2017, S. 11–30. URL: https://www.bibb.de/dienst/veroeffentlichungen/de/publication/show/8455 (Stand: 18.07.2022)

HECKER, Kristin; WERNER, Marcel; SCHÜTT-SAYED, Sören; FUNK, Natalie; PFEIFFER, Iris; HEMKES, Barbara; ROCKLAGE, Metje: Indikatoren als Treiber für eine Berufsbildung für nachhaltige Entwicklung. In: MICHAELIS, Christian; BERDING, Florian (Hrsg.): Wirtschaft – Beruf – Ethik: Nachhaltigkeit in der Berufsbildung – Umsetzungsbarrieren und interdisziplinäre Forschungsfragen. Bielefeld 2021

HEMKES, Babara: Vom Projekt zur Struktur – Das Strategiepapier der AG „Berufliche Aus- und Weiterbildung". In: KUHLMEIER, Werner; MOHORIČ, Andrea; VOLLMER, Thomas (Hrsg.): Berufsbildung für nachhaltige Entwicklung. Modellversuche 2010–2013: Erkenntnisse, Schlussfolgerungen und Ausblicke. Bielefeld 2014, S. 225–229. URL: https://www.bibb.de/dienst/veroeffentlichungen/de/publication/show/7453 (Stand: 19.07.2022)

HILSE, Patrick; WERNER, Marcel; HECKER, Kristin: Berufliche Bildung für nachhaltige Entwicklung strukturell verankern. Indikatoren zur Dokumentation des Umsetzungsstands. In: Berufsbildung in Wissenschaft und Praxis 50 (2021) 3, S. 15–19. URL: https://www.bwp-zeitschrift.de/dienst/veroeffentlichungen/de/bwp.php/de/bwp/show/17296 (Stand: 19.07.2022)

HOLST, Jorrit; BROCK, Antje: Bildung für nachhaltige Entwicklung (BNE) in der Schule. Strukturelle Verankerung in Schulgesetzen, Lehrplänen und der Lehrerbildung. 2020. URL: https://www.ewi-psy.fu-berlin.de/einrichtungen/weitere/institut-futur/Projekte/Dateien/2020_BNE_Dokumentenanalyse_Schule.pdf (Stand: 19.07.2022)

KUHLMEIER, Werner; VOLLMER, Thomas: Ansatz einer Didaktik der Beruflichen Bildung für nachhaltige Entwicklung. In: TRAMM, Tade; CASPER, Marc; SCHLÖMER, Thomas (Hrsg.): Didaktik der beruflichen Bildung. Selbstverständnis, Zukunftsperspektiven und Innovationsschwerpunkte. Bielefeld 2018, S. 131–151. URL: https://www.bibb.de/dienst/veroeffentlichungen/de/publication/show/8602 (Stand: 19.07.2022)

NATIONALE PLATTFORM BNE C/O BMBF (Hrsg.): Nationaler Aktionsplan Bildung für nachhaltige Entwicklung – Der deutsche Beitrag zum UNESCO-Weltaktionsprogramm. Referat Bildung in Regionen; Bildung für nachhaltige Entwicklung. Berlin 2017

NATIONALES ZENTRUM FRÜHE HILFEN (Hrsg.): Bundesinitiative Frühe Hilfen – Erfolge und Entwicklungsbedarfe. 2021. URL: https://www.fruehehilfen.de/grundlagen-und-fachthemen/grundlagen-der-fruehen-hilfen/bundesstiftung-fruehe-hilfen/bundesinitiative-fruehe-hilfen/erfolge-und-entwicklungsbedarfe/ (Stand: 19.07.2022)

SINGER-BRODOWSKI, Mandy; GRAPENTIN-RIMEK, Theresa: Bildung für nachhaltige Entwicklung in der beruflichen Bildung. In: SINGER-BRODOWSKI, Mandy; ETZKORN, Nadine; GRA-

PENTIN-Rimek, Theresa (Hrsg.): Schriftenreihe „Ökologie und Erziehungswissenschaft" der Kommission Bildung für nachhaltige Entwicklung der Deutschen Gesellschaft für Erziehungswissenschaft (DGfE). Pfade der Transformation: Die Verbreitung von Bildung für nachhaltige Entwicklung im deutschen Bildungssystem. Leverkusen 2019, S. 143–192

SLOPINSKI, Andreas; PANSCHAR, Meike; BERDING, Florian; REBMANN, Karin: Nachhaltiges Wirtschaften zwischen Gesellschaft, Ökonomie und Bildung – Ergebnisse eines transdisziplinären Projekts. In: bwp@ Spezial 17: Zukunftsdiskurse – berufs- und wirtschaftspädagogische Reflexionen eines Modells für eine nachhaltige Wirtschafts- und Sozialordnung 2020, S. 1–22. URL: https://www.bwpat.de/spezial17/slopinski_etal_spezial17.pdf (Stand: 19.07.2022)

VOLLMER, Thomas; KUHLMEIER, Werner: Strukturelle und curriculare Verankerung der Beruflichen Bildung für eine nachhaltige Entwicklung. In: KUHLMEIER, Werner; MOHORIČ, Andrea; VOLLMER, Thomas (Hrsg.): Berufsbildung für nachhaltige Entwicklung. Modellversuche 2010–2013: Erkenntnisse, Schlussfolgerungen und Ausblicke. Bielefeld 2014, S. 197–225. URL: https://www.bibb.de/dienst/veroeffentlichungen/de/publication/show/7453 (Stand: 19.07.2022)

WALTNER, Eva-Maria; GLAUBITZ, Dietmar; RIESS, Werner: Entwicklung und Evaluation eines nationalen BNE-Indikators für Lehrerfortbildungen. 2017. URL: https://www.researchgate.net/publication/320620481_Entwicklung_und_Evaluation_eines_nationalen_BNE-Indikators_fur_Lehrerfortbildungen/link/59f184a8458515bfd07fc89c/download (Stand: 19.07.2022)

Andreas Fischer, Patrick Hilse, Sören Schütt-Sayed

▶ Ausbildungsordnungen und Rahmenlehrpläne – Spiegel der Bedeutung nachhaltiger Entwicklung

Im vorliegenden Beitrag wird ein methodisches Verfahren zur computergestützten Inhaltsanalyse dargestellt, das Aufschluss über die Bedeutung nachhaltiger Entwicklung in den normativen Vorgaben unterschiedlicher Ausbildungsberufe gibt. Das Analyseverfahren ermittelt auf Basis einer inhaltsanalytisch gewonnenen Liste nachhaltigkeitsbezogener Formulierungen anhand von 265 Ausbildungsordnungen (AO) und 275 Rahmenlehrplänen (RLP) die Verbreitung von nachhaltigkeitsbezogenen Formulierungen in den Ordnungsmitteln der beruflichen Bildung. Dabei zeigt sich, dass sich in den RLP ein breiteres Spektrum nachhaltigkeitsbezogener Formulierungen nachweisen lässt, wohingegen AO überwiegend das Thema Umweltschutz fokussieren.

1 Verankerung von Nachhaltigkeit in der Beruflichen Bildung

Das Bewusstsein für die Relevanz von Nachhaltigkeit bzw. von Bildung für nachhaltige Entwicklung (BNE) nimmt nicht nur gesamtgesellschaftlich, sondern auch in der Berufsbildung zu. Der „Nationale Aktionsplan BNE", verabschiedet von der Nationalen Plattform BNE,[1] leistet einen Beitrag zur Umsetzung der Agenda 2030 der Vereinten Nationen (NATIONALE PLATTFORM BNE c/o BMBF 2017). Einen Teil dieser Agenda bilden 17 globale Ziele für nachhaltige Entwicklung (*Sustainable Development Goals*, kurz: SDGs), die 2015 von den Vereinten Nationen verabschiedet wurden.

---

[1] Eingerichtet 2015 durch das Bundesministerium für Bildung und Forschung (BMBF).

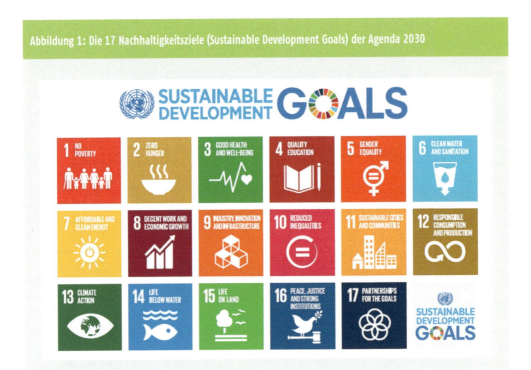

Abbildung 1: Die 17 Nachhaltigkeitsziele (Sustainable Development Goals) der Agenda 2030

Quelle: Wikipedia Commons 2016 (gemeinfrei)

Im Rahmen von SDG 4 „Hochwertige Bildung" wird BNE im Nationalen Aktionsplan auf nationaler Ebene konkretisiert, so auch Ziele, Maßnahmen und Handlungsfelder für alle Bildungsbereiche, inbegriffen die berufliche Bildung. Die berufliche Bildung stellt einen „Schlüssel zu nachhaltiger Entwicklung" dar (BMBF 2018, S. 79): Junge Menschen erhalten durch die Vielfalt der Berufe die Möglichkeit der aktiven Mitgestaltung im Rahmen einer nachhaltigkeitsbezogenen Gesellschaftstransformation.

Im April 2020 haben sich die Verantwortlichen für berufliche Bildung – Bund, Kultusministerien, Arbeitgeberverbände und Gewerkschaften – auf vier neue Standardberufsbildpositionen von berufsübergreifender Relevanz verständigt, u. a. zu „Umweltschutz und Nachhaltigkeit" (BIBB 2021). Durch die Standardberufsbildposition wird nachhaltiges Handeln, das ökonomische, ökologische und soziale Aspekte des beruflichen Handelns berücksichtigt, ab August 2021 zu einem Mindestinhalt in allen Ausbildungsberufen.

Obwohl Nachhaltigkeit zu den dominierenden Themen der Gegenwart zählt, ist die Umsetzung im Berufsbildungssystem – besonders auf der Ebene der Betriebe und Schulen – bis heute mit großen Schwierigkeiten verbunden. Als notwendige – wenn auch nicht hinreichende – Voraussetzung für eine zielführende Veränderung dieses Zustands wird die explizite Integration der Nachhaltigkeitsidee in die Ordnungsmittel aller Berufe angesehen, weil die Vorgaben in den AO und RLP eine geordnete und einheitliche Berufsausbildung gewährleisten (vgl. Rᴇʙᴍᴀɴɴ/Tᴇɴꜰᴇʟᴅᴇ/Sᴄʜʟöᴍᴇʀ 2011, S. 12). Aus den Ordnungsmitteln werden die Inhalte, Lernziele und der Ablauf der Ausbildung für die betriebliche und berufs-schulische Umsetzung abgeleitet (vgl. ebd.). Dies beruht auf der Idee, dass verbindliche Um-setzungsmaßnahmen immer auch politische Vorgaben erfordern (vgl. Sᴛᴀᴅᴇʀᴍᴀɴɴ 2017, S. 47). Eine empirische Lehrkräftebefragung von Schütt-Sayed bestätigt diese Vermutung (vgl. Sᴄʜüᴛᴛ-Sᴀʏᴇᴅ 2016): Entsprechende curriculare Vorgaben würden den Lehrkräften die Umsetzung von Beruflicher Bildung für nachhaltige Entwicklung (BBNE) erleichtern und die Behandlung von Nachhaltigkeitsthemen legitimieren.

Bis zur Einführung der neuen Standardberufsbildposition „Umweltschutz und Nach-haltigkeit" wurde BBNE in den AO und RLP jedoch nicht ausreichend fixiert. Häufig wurde in diesem Zusammenhang mit der Sperrigkeit bzw. dem Abstraktionsgrad der Nachhaltig-keitsidee argumentiert (vgl. Hᴀᴀɴ 2000, S. 156; Mᴇʀᴛɪɴᴇɪᴛ/Nɪᴄᴋᴏʟᴀᴜs/Sᴄʜɴᴜʀᴘᴇʟ 2001, S. 119). Demnach lässt sich nachhaltige Entwicklung, die hier als regulative Idee zu ver-stehen ist, nicht einfach geradlinig konstruktiv ableiten. Dieses Problem ist aus der Curri-culumtheorie als Deduktionsproblem bekannt: „Einen Ableitungszusammenhang zwischen gesellschaftlich vermittelten und zumeist höchst abstrakt formulierten Normen und unter-richtstheoretisch erfassbaren Lernzielen herzustellen", fällt in der Regel schwer (Mᴇʏᴇʀ 1974, S. 15).

Aus mindestens zwei Gründen ist die Konkretisierung von BBNE dennoch wichtig: Zum einen benötigen die Fachverbände, Arbeitgeberorganisationen, Gewerkschaften und das Bundesinstitut für Berufsbildung (BIBB) eine klare Vorstellung von BBNE, damit sie eine In-itiative zur Verankerung in die AO ergreifen können (vgl. BIBB 2017, S. 24). Zum anderen wird ein nationales Monitoring angestrebt, das regelmäßig Auskunft über den Umsetzungs-stand von Nachhaltigkeit in der Berufsbildung gibt (vgl. Nᴀᴛɪᴏɴᴀʟᴇ Pʟᴀᴛᴛꜰᴏʀᴍ BNE c/o BMBF 2017, S. 8). Insofern besteht die Notwendigkeit, BBNE für die curriculare Ebene so genau wie möglich zu bestimmen.

Da die Verankerung von Nachhaltigkeit in formalen Dokumenten der beruflichen Aus-bildung einen strukturell wichtigen Hebel zur Transformation des Berufsbildungssystems darstellt (vgl. Hᴏʟsᴛ/Sɪɴɢᴇʀ-Bʀᴏᴅᴏᴡsᴋɪ 2020, S. 2ff.), geht der vorliegende Beitrag folgen-den Fragen nach: Wie kann BBNE in Ordnungsmitteln, d. h. im Speziellen in AO und RLP, ge-messen werden? Welche Kriterien zur Erfassung konkreter Inhalte und Lernziele von BBNE sind heranzuziehen?

Hierfür wird ein Verfahren zur Ermittlung der Verankerungstiefe von BBNE in den Ord-nungsmitteln vorgestellt. Mit dem vorgeschlagenen Instrument zur computerstützten In-haltsanalyse soll der Fortschritt von (B)BNE aufgezeigt werden. Die Praktikabilität und Um-setzbarkeit des entwickelten Verfahrens werden kritisch hinterfragt. Entwickelt wurde das Instrument im Projekt „Indikatoren Berufliche Bildung für nachhaltige Entwicklung", das vom BMBF gefördert wird.

1.1 Begriffsklärung

Erst mit einem präzisen Verständnis von nachhaltiger Entwicklung, BNE und BBNE ist eine Ableitung der Entwicklung von BNE in der beruflichen Bildung möglich. Dem vorliegenden Beitrag liegt dabei folgendes Begriffsverständnis zugrunde:

„Berufsbildung für nachhaltige Entwicklung (BBNE) fördert Kompetenzen für nachhaltiges Arbeiten und Wirtschaften, um die natürlichen Lebensgrundlagen für alle Generationen zu sichern" (BIBB 2021). Ein nachhaltiges und somit zukunftsfähiges Denken und Handeln – in betrieblichen, gesellschaftlichen oder auch privaten Kontexten – soll durch BBNE gefördert werden. In diesem Sinne befähigt BBNE zu einem Verständnis über die Auswirkungen des eigenen Handelns auf die Welt, beruflich wie privat, und zu einer verantwortungsvollen Entscheidungsfindung. BBNE bedeutet insbesondere (vgl. KUHLMEIER/VOLLMER 2018, S. 144), dass Lernende

▷ soziale, ökologische und ökonomische Aspekte der Berufsarbeit mit ihren Wechselbezügen, Widersprüchen und Dilemmata prüfen und beurteilen können.

▷ lokale, regionale und globale Auswirkungen der hergestellten Produkte und erbrachten Dienstleistungen erkennen und bei der Arbeit verantwortungsvoll berücksichtigen können.

▷ die kurz-, mittel- und langfristigen Folgen der Produktherstellung und der Dienstleistungserbringung im Sinne einer nachhaltigen Zukunftsgestaltung einbeziehen können.

▷ Materialien und Energien in der Berufsarbeit unter den Gesichtspunkten Suffizienz (Notwendigkeit), Effizienz (Wirkungsgrad) und Konsistenz (Naturverträglichkeit) nutzen können.

▷ Liefer- und Prozessketten sowie Produktlebenszyklen bei der Herstellung von Produkten und der Erbringung von Dienstleistungen mit einbeziehen können.

Im Einzelnen sind viele Aspekte von BBNE, insbesondere wo sie sich auf fachliche Kompetenzen beziehen, mitunter hochgradig spezifisch für einzelne Berufe oder berufliche Domänen, wodurch sich BBNE deutlich von BNE abhebt. BBNE ist gewissermaßen eine berufsbildungsspezifische Konzeptualisierung der BNE, die neben berufsübergreifenden Aspekten auch berufs-/domänenspezifische Aspekte inkludiert.

Unter BNE werden gemeinhin „alle Aktivitäten, die sich als transformative Bildung an dem Leitbild der nachhaltigen Entwicklung orientieren", gefasst (SCHREIBER/SIEGE 2016, S. 31). Grundsätzlich ist die Frage, welche Kompetenzen hinreichend für ein nachhaltigkeitsorientiertes Handeln sind, eng verwoben mit der Definition nachhaltiger Entwicklung selbst. Grundlegend für das Nachhaltigkeitsverständnis des vorliegenden Beitrags ist das Verständnis, das bereits durch die Weltkommission für Umwelt und Entwicklung der Vereinten Nationen im Brundtland-Berichts von 1987 festgehalten wurde: Nachhaltige Entwicklung ist demnach eine Entwicklung, welche „die Bedürfnisse der Gegenwart befriedigt, ohne zu riskieren, dass künftige Generationen ihre eigenen Bedürfnisse nicht befriedigen können" (HAUFF 1987, S. 46).

Als solche zielt nachhaltige Entwicklung auf eine Vielfalt von Bedürfnissen, insbesondere

▶ ökologische (z. B. Überleben im Rahmen der „Grenzen des Wachstums"),

▶ soziale (z. B. Grundrecht auf intertemporale Freiheitssicherung) und

▶ ökonomische (z. B. ökonomische Generationengerechtigkeit).

Formal gesehen handelt es sich bei nachhaltiger Entwicklung um ein komplexes Problem mit zahlreichen vernetzten und potenziell konfligierenden Teilzielen, welches aufgrund seiner intertemporalen Natur eine dynamische Entscheidungsfindung erfordert (vgl. FISCHER/ GREIFF/FUNKE 2017). „Nachhaltige Entwicklung wird dabei nicht mit Wachstum gleichgesetzt, sondern als zukunftsfähige Entwicklung von Lebensqualität für alle verstanden – unter Berücksichtigung ökologischer Rahmenbedingungen" (SCHREIBER/SIEGE 2016, S. 18). Im Sinne des Vorrangmodells nachhaltiger Entwicklung weisen die drei Aspekte Ökologie, Soziales und Ökonomie eine absteigende Priorität zur Verfolgung einer „echten" nachhaltigen Entwicklung auf: keine Wirtschaft ohne Gesellschaft, keine Gesellschaft ohne natürliche Lebensgrundlagen (vgl. VOGEL/GAHLEN-HOOPS/WÉBER 2021). Bedürfnisse und Lebensqualität sind dabei breit zu konzeptualisieren, wie auch die Formulierung der SDGs verdeutlicht.

Das Wissen um die Lösung derart komplexer Probleme im Sinne einer langfristig erhöhten Lebensqualität für alle – bzw. um das Konzept des guten Lebens im Allgemeinen – steht theoretisch in engem Bezug zu Konzepten wie Bildung (vgl. HELSKOG 2019) und Weisheit (vgl. FISCHER 2015; FISCHER/FUNKE 2016) und betrifft damit nicht nur den Erhalt der eigenen Lebensgrundlagen, sondern den definierenden Kern der menschlichen Existenz als „homo sapiens" selbst. In diesem Sinne ist BNE in mehrerlei Hinsicht eine zentrale Voraussetzung für nachhaltige Entwicklung: Zum einen befähigt sie Lebewesen dazu, nachhaltige Entwicklung umzusetzen, zum anderen ist sie selbst ein der menschlichen Existenz inhärentes Ziel nachhaltiger Entwicklung. Entsprechend breit sind BNE und BBNE zu konzeptualisieren und entsprechend herausfordernd sind sie zu vermitteln.

Zusammenfassend geht dieser Beitrag von einem BBNE-Verständnis aus, das darauf abzielt, Lernende mit den nötigen Kompetenzen in Form von Wissen, Fähigkeiten, Werten und Einstellungen auszustatten, um eine nachhaltige Transformation im Rahmen ihrer beruflichen Tätigkeit mitgestalten zu können. In der Berufsbildung bedeutet dies konkret, dass Berufstätige in die Lage versetzt werden, berufliche Aufgaben und Probleme unter Berücksichtigung einer inter- und intragenerationellen Gerechtigkeitsperspektive lösen zu können. Diese Kompetenzen müssen in den übergeordneten bildungspolitischen Strukturen zu finden sein, damit sie auch auf der Mikroebene umgesetzt werden können.

1.2 Empirische Vorarbeiten

Auf Basis dieser definitorischen Einbettung sollen im Folgenden vielversprechende, empirische Vorarbeiten zur automatisierten Quantifizierung der Verankerung von Nachhaltigkeit in der beruflichen Bildung dargestellt werden, an die das im Beitrag vorgestellte Verfahren anknüpft:

Holst u. a. legten eine umfassende Analyse von über 4.500 Dokumenten zur Verankerung von BNE in allen deutschen Bildungsbereichen vor (vgl. HOLST u. a. 2020), die auch das deutsche Berufsbildungssystem enthält (vgl. hierzu auch HOLST/SINGER-BRODOWSKI 2020). Zur strukturellen Verankerung von BNE in der beruflichen Ausbildung gelten insbesondere die Aufnahme in zentrale Ordnungsmittel wie AO oder Berufsbildpositionen als relevant (vgl. HOLST/SINGER-BRODOWSKI 2020), wobei Gesetze und bildungspolitische Beschlüsse und Empfehlungen wichtige Rahmenbedingungen für die Verankerung darstellen (ebd.). Im Rahmen des nationalen Monitoring BNE wurden zur Verankerung von BNE in der beruflichen Bildung in den Jahren 2017, 2018 und 2019 insgesamt 879 Dokumente ausgewertet, um den Stand der formalen Verankerung von BNE darzustellen, Veränderungstendenzen über die Zeit zu beschreiben und Empfehlungen für eine umfänglichere Implementierung abzuleiten (vgl. HOLST/SINGER-BRODOWSKI 2020). Die Auswahl der analysierten Dokumente (Gesetze, Dokumente und Publikationen des BIBB, Beschlüsse des Ausschusses Berufliche Bildung der Kultusministerkonferenz (KMK) sowie ausgewählte Ausbildungsordnungen) baut auf Indikatoren aus dem internationalen Diskurs zur strukturellen Implementierung von BNE auf, welche für das deutsche Bildungssystem adaptiert wurden (vgl. ebd.).

Die Dokumente wurden einer lexikalischen Analyse anhand von Schlagwortlisten unterzogen und Fundstellen überwiegend qualitativ interpretiert. Trotz vielfältiger positiver Entwicklungen konstatieren die Autorin und der Autor unverändert nur wenige berufsspezifische Konkretisierungen von Nachhaltigkeit und einen großen Handlungsbedarf mit Blick auf das anlaufende UNESCO BNE-Programm „ESD for 2030". Sie kommen hierbei zu dem Schluss, dass die Themen und Konzepte einer BNE in den Beschlüssen, Empfehlungen und Ordnungsmittel der KMK eher gering sind. Vor allem die berufsspezifischen Anhaltspunkte beziehen sich lediglich auf den Umweltschutz (vgl. OTTE/SINGER-BRODOWSKI 2018, S. 124ff.).

Eine weitere Studie – veröffentlicht von der UNESCO – kommt zu dem Schluss, dass zwar 92 Prozent der analysierten Dokumente mindestens eine Referenz auf umweltbezogene Themen aufweisen, dass die Tiefe der Bearbeitung im Durchschnitt jedoch sehr gering ausfiel (vgl. UNESCO 2021, S. 9). Das Ergebnis beruht auf der Analyse von 78 Dokumenten aus 46 UNESCO-Mitgliedstaaten aus allen UN-SDG-Regionen. Untersucht wurden in der Dokumentenanalyse vier Themencluster: „Environment (general)", „Biodiversity", „Climate Change" und „Sustainability". Auch wenn in fast allen Dokumenten Bezüge zu Umweltfragen enthalten waren, so wurde die Tiefe der Behandlung der Themen als sehr gering eingeschätzt. Diese Behandlungstiefe der Themen in den Dokumenten wurde an der Anzahl der Wörter pro eine Million Wörter festgemacht. So hatten 45 Prozent aller untersuchten

Dokumente wenig bis gar keinen Fokus auf Umweltthemen, d. h. ein bis 300 Wörter pro Million Wörter (vgl. ebd., S. 23). Die Themen Klimawandel und Biodiversität sind dabei eher unterrepräsentiert.

Neben diesen quantitativen Analysen existiert eine Reihe von qualitativen Studien, die Curricula bestimmter Berufsgruppen inhaltsanalytisch detailliert untersucht haben (vgl. u. a. HANTKE 2020; LOY 2018; KUHLMEIER 2014). Genauso wie die quantitativen Studien auch kommen sie zu einem einheitlichen Ergebnis: BBNE ist noch nicht systematisch und durchgängig in den beruflichen Ordnungsmitteln curricular verankert (vgl. ebd.). Allerdings stellen sie ebenso fest, dass darin vereinzelt nachhaltigkeitsrelevante Aspekte und Inhalte benannt werden. Im Unterschied zu den quantitativen Studien ermitteln die qualitativen Untersuchungen neben den expliziten Nachhaltigkeitsbezügen auch implizite Bezüge, bei denen die Begrifflichkeiten einer nachhaltigen Entwicklung nicht unmittelbar verwendet werden. Diese Studien sind für das in diesem Beitrag beschriebene Instrument aus letztgenanntem Grund entscheidend, da auch als implizite Verweise eingestufte Formulierungen in der automatisierten Inhaltsanalyse berücksichtigt werden sollen.

Der vorliegende Beitrag setzt an diesen Arbeiten an, um die Verankerung von BBNE in den normativen Vorgaben der Ausbildungsberufe zu quantifizieren. Das methodische Verfahren zur computergestützten Inhaltsanalyse geht dabei über die aufgezeigten Arbeiten u. a. insofern hinaus, als die nachhaltigkeitsbezogenen Formulierungen zusätzlich zu berufsübergreifenden Aspekten auch berufs- und domänenspezifische inkludieren. Die Entwicklung des Verfahrens wird im folgenden Abschnitt detailliert beschrieben.

2   Methodisches Design zur Entwicklung einer automatisierten Inhaltsakquise und -analyse

Ziel war, ein Verfahren zur Quantifizierung der Verankerung von BBNE in den Ordnungsmitteln zu entwickeln, das sowohl aussagekräftig als auch praktikabel ist. Zu diesem Zweck wurden qualitative und quantitative Analysemethoden kombiniert.

In einem ersten Schritt wurden Formulierungen mit Bezug zu BNE und BBNE gesammelt und mit einem Expertengremium diskutiert. In einem zweiten Schritt wurden die Ordnungsmittel ausgewählter Ausbildungsberufe einer qualitativen Inhaltsanalyse unterzogen, um weitere Formulierungen mit Bezug zu BBNE vor dem Hintergrund des o. g. Begriffsverständnisses zu identifizieren (vgl. zum konkreten Vorgehen Abschnitt 2.1). Im Gegensatz zu einzelnen Schlagworten oder Wortstämmen wurden nachhaltigkeitsbezogene Formulierungen in Form von sogenannten regulären Ausdrücken spezifiziert, wodurch auch vielfältige Flexionsformen und Verwendungskontexte einzelner Schlagworte berücksichtigt werden konnten. Analog zu einer Studie von Fischer und Pfeiffer wurden sämtliche vorliegenden Ordnungsmittel über *Web Scraping* beschafft und einer quantitativen Inhaltsanalyse unterzogen (vgl. FISCHER/PFEIFFER 2019), um die Verbreitung von Formulierungen mit Nachhaltigkeitsbezug in den Ordnungsmitteln zu quantifizieren (vgl. zum konkreten Vorgehen Abschnitt 2.2). Diesem Vorgehen entsprechend sind die folgenden Abschnitte strukturiert.

2.1 Liste nachhaltigkeitsbezogener Formulierungen

Ausgangspunkt war die Zusammenstellung einer bewusst sehr umfangreichen Liste mit For- mulierungen. Bei der Erstellung der Liste wurden bestehende Konzeptualisierungen ähnli- cher Formulierungs-/Schlagwortlisten recherchiert und reflektiert (vgl. HOLST/SINGER-BRO- DOWSKI 2020; WALTNER/GLAUBNITZ/RIESS 2017). Zudem wurden die 17 Ziele nachhaltiger Entwicklung und Ergebnisse aus den BBNE-Modellversuchsreihen des BIBB herangezogen, um weitere Formulierungen mit Nachhaltigkeitsbezug zu generieren.

In zwei Expertenworkshops mit neun bzw. zehn Teilnehmenden wurden am 8. Oktober und am 25. November 2020 die Formulierungen zur Diskussion gestellt. Ziel war die Strei- chung von unpassenden Begriffen sowie die Aufnahme fehlender Begrifflichkeiten. Für die BNE-Ebene konnten weitere Formulierungen, z. B. CO_2-Ausstoß, ermittelt werden. Als hilf- reich erwies sich der Hinweis, bei der Suche von Formulierungen Synonymwörterbücher zu verwenden, wie z. B. OpenThesaurus und Woxicon.

Entsprechend dem unterschiedlichen Allgemeinheitsgrad von BNE und BBNE wurden die Formulierungen je einer von zwei Ebenen zugeordnet:

1. BBNE-Ebene: Sie bezieht sich auf Geschäfts- und Arbeitsprozesse und damit auf den Kern beruflicher Tätigkeiten. Die Formulierungen betreffen die Verantwortung der be- ruflich Handelnden und ihre Eingebundenheit im betrieblichen Kontext, z. B. indem Auszubildende „ressourcenschonende Techniken berücksichtigen".
2. BNE-Ebene: Sie bezieht sich auf die gesellschaftliche und politische Verantwortung. Die Formulierungen benennen explizit die übergreifende Leitidee der nachhaltigen Entwick- lung im Hinblick auf intra- und intergenerativer Gerechtigkeit (z. B. „Intergenerationali- tät"), ethische Einsichten (z. B. „Zugang zu globalen Ressourcen"), problemorientierte Analysen (z. B. „Klimawandel"), handlungsstrategische Perspektiven („Agenda 2030") sowie die dauerhafte und gerechte Gewährleistung menschlicher Bedürfnisse.

Abschließend wurde die Liste der Formulierungen auf Basis einer qualitativen Inhaltsanaly- se von Ordnungsmitteln ergänzt (vgl. Abschnitt 2.2) und in sogenannte reguläre Ausdrücke überführt (vgl. Abschnitt 2.3).

Aktuell umfasst die Liste 361 Formulierungen, wobei sich 214 Formulierungen auf der BNE-Ebene und 147 Formulierungen auf der BBNE-Ebene finden. Die komplette Liste ist unter der Lizenz GNU GPL 3 online verfügbar[2] und umfasst neben den Formulierungen (in Form von regulären Ausdrücken) u. a. die vorgenommene Zuordnung zu den o. g. Ebenen, zu thematischen Clustern/Oberbegriffen sowie Verweise auf SDGs (auf der Ebene BNE) bzw. Ordnungsmittel (auf der Ebene BBNE).

---

2   URL: https://github.com/Forschungsinstitut-Betriebliche-Bildung/Schlagwortliste-IBBNE (Stand: 03.08.2022).

2.2 Qualitative Inhaltsanalyse

Um weitere Formulierungen mit Nachhaltigkeitsbezug für die quantitative Inhaltsanalyse zu identifizieren und die Liste der nachhaltigkeitsbezogenen Formulierungen (vgl. Abschnitt 2.1) zu ergänzen, wurde zunächst eine evaluativ-qualitative Inhaltsanalyse ausgewählter Ordnungsmittel durchgeführt (vgl. Kuckartz 2014, S. 98ff.).

Ausgangspunkt der evaluativ-qualitativen Inhaltsanalyse waren die oben angeführten fünf Inhalte/Analysekategorien von BBNE (nach Kuhlmeier/Vollmer 2018). Auf dieser Basis wurde ein Kodierschema mit fünf übergeordneten Kategorien entwickelt. Jede übergeordnete Kategorie wurde in drei Unterkategorien unterteilt, um unterschiedliche Grade der Verankerung skaliert abzubilden (A1 geringe Verankerung – A2 mittlere Verankerung – A3 starke Verankerung). In Anlehnung an die Methode von Kuckartz (2014) wurden Definition, Ankerbeispiel und Hinweise für Kodierende für jede bewertende Kategorie aufgestellt. In Tabelle 1 wird das Kodierschema ausschnitthaft dargestellt. Am Beispiel der strategisch-normativen Analysekategorie wird die Fähigkeit operationalisiert, wie soziale, ökologische und ökonomische Aspekte der Berufsarbeit mit ihren Wechselbezügen, Widersprüchen und Dilemmata geprüft und beurteilt werden können.

Das Kodierschema wurde in das Programm MAXQDA übertragen. Die Definitionen, Ankerbeispiele und Hinweise für Kodierende wurden in Form von Memos hinterlegt. Zwei Kodierende testeten das Verfahren zunächst an den AO und RLP dreier Berufe (Ausbildung zum Bäcker/zur Bäckerin, zum Kaufmann/zur Kaufmannfrau im Einzelhandel und zum Zimmerer/zur Zimmerin), die mit Blick auf unterschiedliche Fachrichtungen und unterschiedliche Neuordnungszeitpunkte ausgewählt wurden. Die Analyseergebnisse der unterschiedlich Kodierenden wurden verglichen, bei Diskrepanzen diskutiert und angepasst.

Ausgehend von der Klassifikation der Berufe anhand der Bundesagentur für Arbeit (vgl. BA 2011) und des Datensystems Auszubildende (DAZUBI) des Bundesinstituts für Berufsbildung (BIBB 2020) wurden weitere Berufe für die qualitative Inhaltsanalyse ausgewählt. Die Auswahl beinhaltete zunächst die zehn ausbildungsstärksten Berufe. Anschließend wurde überprüft, ob alle neun für die Berufsbildung relevanten Berufsgruppen entsprechend der Klassifikation der Berufe vertreten waren. Aus letztgenanntem Grund sind die Ausbildungsberufe Fachkraft für Veranstaltungstechnik und Gärtner/-in in die Analyse aufgenommen worden, obwohl sie nicht zu den ausbildungsstärksten Berufen im Erhebungsjahr 2019 gehörten. Da der Ausbildungsberuf Kaufmann/Kauffrau im Einzelhandel der ausbildungsstärkste Beruf 2019 ist und bereits beim Verfahrenstest analysiert wurde, wurden am Ende insgesamt 14 Ausbildungsberufe qualitativ ausgewertet.

Tabelle 1: Kodierschema der strategisch-normativen Analysekategorie

Kategorie	Definition	Ankerbeispiel	Kodierregel
A3: Starke Verankerung einer bewussten Verantwortungsübernahme	Intensive Bezugnahme (der beruflichen Kenntnisse, Fähigkeiten und Fertigkeiten bzw. Kompetenzen) auf Wechselbezüge, Widersprüchlichkeiten und Dilemmata der ▶ sozialen Gerechtigkeit ▶ ökologischen Verträglichkeit und/oder ▶ ökonomischen Leitungsfähigkeit.	Sie berücksichtigen wirtschaftliche, rechtliche und ethische Grenzen der Werbung und beurteilen den Werbeerfolg der Maßnahmen. Sie wägen die Nutzung unterschiedlicher Werbearten hinsichtlich ihrer Wirkung auf die Verbraucher ab (Einzelhandel, RLP, Lernfeld 5).	„Starker" Bezug zu mindestens einer Nachhaltigkeitsdimension. Dabei kommen die Widersprüchlichkeiten bzw. Dilemmata innerhalb bzw. zwischen den drei Dimensionen umfänglich zum Ausdruck.
A2: Mittlere Verankerung einer bewussten Verantwortungsübernahme	Grundlegende Bezugnahme (der beruflichen Kenntnisse, Fähigkeiten und Fertigkeiten bzw. Kompetenzen) auf die Wechselbezüge, Widersprüchlichkeiten und Dilemmata der ▶ sozialen Gerechtigkeit ▶ ökologischen Verträglichkeit und/oder ▶ ökonomischen Leitungsfähigkeit werden angedeutet.	Die Schülerinnen und Schüler beurteilen die Produkte unter sensorischen und ökologischen Aspekten und beachten ihre besondere Verantwortung gegenüber der Kundin und dem Kunden (Bäckerin/Bäcker, RLP, Lernfeld 1).	Bezug zu mindestens einer Nachhaltigkeitsdimension. Die Widersprüchlichkeiten bzw. Dilemmata innerhalb bzw. zwischen den drei Dimensionen werden berührt.
A1: Geringe Verankerung einer bewussten Verantwortungsübernahme	Die Wechselbezüge, Widersprüchlichkeiten und Dilemmata der ▶ sozialen Gerechtigkeit ▶ ökologischen Verträglichkeit und/oder ▶ ökonomischen Leitungsfähigkeit lassen sich sinnvoll „hineininterpretieren".	Die Schülerinnen und Schüler entwickeln Ablaufpläne für die Herstellung, setzen Maschinen rationell ein und berücksichtigen dabei die geltenden Arbeitsschutzbestimmungen (Bäcker/Bäckerin, RLP, Lernfeld 8).	Kein expliziter Bezug zu einer Nachhaltigkeitsdimension. Die Widersprüchlichkeiten bzw. Dilemmata innerhalb bzw. zwischen den drei Dimensionen müssen hineininterpretiert werden.

Quelle: eigene Darstellung

Zunächst wurde das inhaltliche Material in Form der schriftlichen RLP sowie der Ausbildungsrahmenlehrpläne durch eine evaluativ-qualitative Inhaltsanalyse nach Kuckartz (2014) von vier unabhängigen Kodierenden ausgewertet (sogenanntes Primärverfahren). Damit konnte das Material hinsichtlich der fünf skalierten Kompetenzkategorien strukturiert werden, wobei die Textelemente einer dreistufigen Skala zugeordnet wurden. Auf der Grundlage dieser Struktur wurde eine statistisch-tabellarische Auswertung entlang der fünf Kompetenzdimensionen erstellt (sogenanntes Sekundärverfahren). Die Häufigkeiten der Ausprägungen der fünf Analysekategorien und ihrer Abstufungen wurden ausgewertet, sind aber nicht für die Weiterentwicklung der hier beschriebenen Dokumentenanalyse relevant, weshalb sie an dieser Stelle nicht weiter ausgeführt werden.

Das Ergebnis der evaluativ-qualitativen Inhaltsanalyse wurde für die Überarbeitung, Strukturierung und Erweiterung der Liste der Formulierungen auf der BBNE-Ebene herangezogen: Es hat sich herausgestellt, dass die Formulierungen der Kodierungen der Stufe 1 über alle fünf Analysekategorien hinweg zu unspezifisch und damit stark interpretationsbedürftig hinsichtlich ihrer Nachhaltigkeitsorientierung sind. Eine Formulierung wie „Aufgaben im Team planen und bearbeiten, Ergebnisse abstimmen und auswerten" (Verordnung über die Berufsausbildung zum Industriekaufmann/zur Industriekauffrau 2002, vgl. BUNDESMINISTERIUM FÜR WIRTSCHAFT UND TECHNOLOGIE 2002) bezieht sich etwa nur sehr implizit auf Nachhaltigkeit und bedarf eines hohen Abstraktionsvermögens, um sie in Verbindung mit Nachhaltigkeit bringen zu können. Formulierungen wie „gerecht" hingegen sind mehrdeutig bzw. tauchen auch in vielen Zusammenhängen auf, die mit Nachhaltigkeit nichts zu tun haben (z. B. „Auszubildende werden den Anforderungen gerecht"). Kodierungen der Stufe 2 und 3 konnte hingegen ein eindeutiger Nachhaltigkeitsbezug attestiert werden, weshalb sie in die Liste der nachhaltigkeitsbezogenen Formulierungen aufgenommen wurden. Einige nachhaltigkeitsbezogene Formulierungen waren Teil berufsübergreifender Standardberufsbildpositionen, z. B.: „Die Auszubildenden können] mögliche Umweltbelastungen durch den Ausbildungsbetrieb und seinen Beitrag zum Umweltschutz an Beispielen erklären" (Sanitär-, Heizungs- und Klimatechnikanlagenmechanikerausbildungsverordnung 2016, vgl. BUNDESMINISTERIUM FÜR WIRTSCHAFT UND ENERGIE 2016), andere waren berufsgruppenspezifisch, z. B.: „Im Rahmen der Reparatur wählen sie Spezialwerkzeuge und Maschinen spezifisch aus. Sie wenden die Bestimmungen der Arbeitssicherheit sowie des Umweltschutzes an" (KMK 2013). Diese Erkenntnis führte dazu, dass die Formulierungen auf BBNE-Ebene in die Kategorien „berufsübergreifend" und „berufsgruppenspezifisch" (unter Angabe der jeweiligen Berufsgruppe) unterteilt wurden.

Insgesamt stellt dieses Vorgehen die Grundlage für die Aussagekraft des Verfahrens zur Ermittlung des Stands von BBNE in den Ordnungsmitteln mittels der quantitativen Inhaltsanalyse dar.

2.3 Quantitative Inhaltsanalyse

Für die computergestützte und automatische quantitative Inhaltsanalyse in der Statistiksoftware R ist die Liste der gesammelten und ergänzten Formulierungen (vgl. Abschnitte 2.1 und 2.2) in reguläre Ausdrücke überführt worden.[3]

Im Gegensatz zu einfachen Schlagworten oder Wortstämmen bieten nachhaltigkeitsbezogene Formulierungen in Form von regulären Ausdrücken die Möglichkeit, vielfältige Flexionsformen und Verwendungskontexte einzelner Schlagworte bei der Analyse zu berücksichtigen. Die Liste der regulären Ausdrücke bzw. der nachhaltigkeitsbezogenen Formulierungen ist dabei nicht als abschließend zu betrachten, vielmehr stellt sie den aktuell erfassbaren Stand dar.

2.3.1   Akquise und Aufbereitung der Dokumente

Die Akquise der RLP und Verordnungen, also der Dokumente mit den relevanten Textinformationen, wurde über *Web Scraping* durchgeführt. Im Rahmen von *Web Scraping* werden über ein Computerprogramm Daten von online zugänglichen Websites extrahiert und für die weitere Verwertung lokal bereitgestellt. Für die Dokumentenanalyse wurden auf diese Weise 275 RLP von www.kmk.org sowie 265 Verordnungen über die Berufsausbildung von www.gesetze-im-internet.de akquiriert.

In der online verfügbaren Form weisen die Dokumente eine Reihe von Mängeln auf, die bei der Ausgestaltung und Interpretation der Dokumentenanalyse zu berücksichtigen waren: Einige RLP (n=29) lagen als PDF-Dokumente lediglich in Form von eingescannten Bildern vor, die keinen maschinenlesbaren Text enthielten. Diese Dokumente wurden mithilfe des R-package „tesseract" über *Optical Character Recognition* in ein maschinenlesbares Format übersetzt.

Andere Probleme bezogen sich auf Eigenheiten der Textformatierung: Streckenweise weisen einige Dokumente eine zweispaltige Struktur auf, was bei Zeilenumbrüchen innerhalb von Formulierungen das Matching einzelner regulärer Ausdrücke verhindern kann. Auch Silbentrennung und Tippfehler können bei einzelnen Fällen das Matching regulärer Ausdrücke verhindern. Um diese Fehlerquellen zu umgehen, wurde bei der Formulierung der regulären Ausdrücke – wo möglich – Gebrauch von unspezifischen Platzhaltern (sogenannte *wildcard characters*) gemacht. Dadurch werden einige Formulierungen auch bei eingeschobenen Zeichenketten von bis zu 100 Zeichen noch gefunden.

Für die Dokumentenanalyse wurde ein robustes Auswertungsverfahren gewählt: Statt die absolute Nennungshäufigkeit von einzelnen Formulierungen innerhalb der Dokumente zu zählen, wurde lediglich die Zahl der Dokumente ausgezählt, die eine Formulierung mindestens einmal enthalten. Diese Auszählung ist insofern robuster, als sie davon profitiert, dass die o. g. Fehler unsystematisch auftreten, sodass mit jeder Verwendung einer Formulie-

---

3   Die finale Fassung der Formulierungen ist online einsehbar unter URL: https://github.com/Forschungsinstitut-Betriebliche-Bildung/Schlagwortliste-IBBNE (Stand: 03.08.2022).

rung in einem Dokument die korrekte Klassifikation des Dokuments in Bezug auf die jeweilige Formulierung wahrscheinlicher wird.

2.3.2 Analyse der Dokumente

Für jede Formulierung (in Form eines regulären Ausdrucks) wurde bestimmt, in welchen der analysierten Dokumente sie mindestens einmal Verwendung findet (sogenanntes Matching). Groß- und Kleinschreibung wurde für das Matching ignoriert. Das Ergebnis wurde für RLP und AO jeweils in Form einer binären *Term-Document*-Matrix hinterlegt, deren Zellen für jede mögliche Kombination von Formulierung und Dokument repräsentierte, ob mindestens ein Match vorlag (1) oder nicht (0).

Die relative Nennungshäufigkeit der Formulierungen wurde anschließend deskriptiv für unterschiedliche Dokumentenarten (RLP und AO) verglichen (vgl. Abschnitt 3.1) und zu einem Indikator verrechnet (vgl. Abschnitt 3.2).

3 Ergebnisse: Verbreitung nachhaltigkeitsbezogener Formulierungen

3.1 Verteilung von nachhaltigkeitsbezogenen Formulierungen

Abbildung 2 zeigt die Verbreitung der zehn häufigsten analysierten Formulierungen mit Nachhaltigkeitsbezug in den analysierten Rahmenlehrplänen. Wie man sieht, dominieren in den Rahmenlehrplänen neben ökologischen Aspekten vor allem soziale Aspekte wie Solidarität und soziale Verantwortung (die in über 80 % aller analysierten RLP Erwähnung finden). Auch Aspekte wie Menschenrechte, friedliches Zusammenleben, Wertvorstellungen und der Begriff des lebenslangen Lernens werden von mehr als der Hälfte aller analysierten RLP angesprochen. Der Nachhaltigkeitsbegriff selbst wird in immerhin 24 Prozent aller analysierten RLP explizit angesprochen.

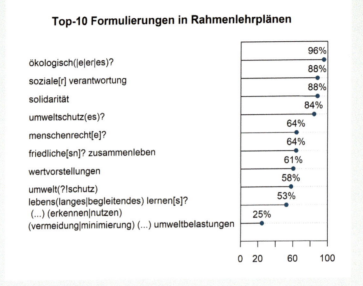

Abbildung 2: Prozentualer Anteil der einschlägigen Rahmenlehrpläne je analysierter Formulierung mit Nachhaltigkeitsbezug an allen analysierten Rahmenlehrplänen

Top-10 Formulierungen in Rahmenlehrplänen

ökologisch(|e|er|es)?	96%
soziale[r] verantwortung	88%
solidarität	88%
umweltschutz(es)?	84%
menschenrecht[e]?	64%
friedliche[sn]? zusammenleben	64%
wertvorstellungen	61%
umwelt(?!schutz)	58%
lebens(langes|begleitendes) lernen[s]?	53%
(...) (erkennen|nutzen)	25%
(vermeidung|minimierung) (...) umweltbelastungen	

Anm.: Drei Punkte in Klammern repräsentieren beliebige Zeichenketten von bis zu 100 Zeichen.

Quelle: eigene Darstellung

Abbildung 3 zeigt im Vergleich dazu die Verbreitung der zehn häufigsten Formulierungen mit Nachhaltigkeitsbezug in den AO. Hier dominiert der Begriff des Umweltschutzes (in 100 % aller analysierten Verordnungen) sowie verwandte Themen wie die Vermeidung von Umweltbelastungen, umweltschonende Materialverwendung und die Erklärung von Umweltschutz im Zusammenhang mit dem Ausbildungsbetrieb (in jeweils über 80 % der analysierten Verordnungen).

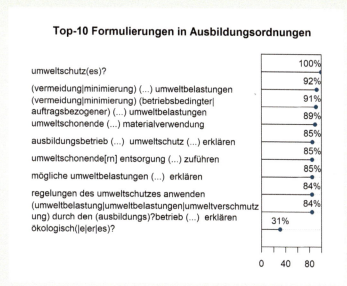

Abbildung 3: Prozentualer Anteil der einschlägigen Ausbildungsordnungen je analysierter Formulierung mit Nachhaltigkeitsbezug an allen analysierten Ausbildungsordnungen

Anm.: Drei Punkte in Klammern repräsentieren beliebige Zeichenketten von bis zu 100 Zeichen.

Quelle: eigene Darstellung

Während AO primär Aspekte des Umweltschutzes ansprechen, thematisieren RLP also tendenziell ein breiteres Spektrum nachhaltigkeitsbezogener Aspekte und Voraussetzungen. Dies belegt auch die folgende Wortwolke in Abbildung 4. Diese basiert auf den konkreten Textstellen, in denen die Formulierungen der Analyse angesprochen wurde. Nachhaltigkeitsbezogene Formulierungen finden sich in 100 Prozent der analysierten AO und RLP. Die Größe eines Wortes in der Wortwolke repräsentiert das Ausmaß, in dem die Verwendungshäufigkeit von der durchschnittlichen Verwendungshäufigkeit über beide Dokumentenarten abweicht. Die Farbe zeigt an, in welche Richtung die Abweichung vorliegt. Das Wort „Umweltschutz" fand beispielsweise deutlich häufiger in nachhaltigkeitsbezogenen Formulierungen von AO Verwendung, wohingegen das Adjektiv „ökologische" deutlich häufiger in RLP Verwendung fand.

Abbildung 4: Wortwolke der vergleichsweisen Überrepräsentation von Textstellen mit nachhaltigkeitsbezogenen Formulierungen in Rahmenlehrplänen (blau) und Ausbildungsordnungen (orange), nach Bereinigung um Stopwords

Quelle: eigene Darstellung

3.2 Indikator(en) berufliche Bildung für nachhaltige Entwicklung

Nach der Verbreitung einzelner Formulierungen in den analysierten Ordnungsmitteln soll im Folgenden ein beispielhafter Indikator präsentiert werden, welcher die Verbreitung von Nachhaltigkeit in den analysierten Ordnungsmitteln auf aggregierte Weise indiziert.

Der vorgeschlagene Indikator bildet für den Anteil der nachhaltigkeitsbezogenen Formulierungen in einem durchschnittlichen Dokument ab (zunächst getrennt nach RLP und AO sowie anschließend im Mittel über RLP und AO, sodass RLP und AO mit gleichem Gewicht in den Indikator eingehen).

Um auszuschließen, dass bei der Auszählung einzelne Textstellen mehrfach eingehen (z. B. weil sie sowohl auf Ebene von BNE als auch auf der Ebene von BBNE als Treffer/Match gewertet werden), wurden vor der Indikatorbildung auf der Ebene BNE diejenigen Textstel-

len entwertet (bzw. für die folgenden Analysen nicht als Treffer gewertet), die zugleich als Formulierung auf der Ebene BBNE gewertet werden. Auf dieser Basis wurde für jedes Dokument der Anteil der angesprochenen Formulierungen an allen analysierten Formulierungen gebildet.

Abbildung 5: Durchschnittlicher Anteil der angesprochenen Formulierungen mit Nachhaltigkeitsbezug an allen analysierten Formulierungen für Rahmenlehrpläne (RLP) und Ausbildungsordnungen (AO) sowie der Mittelwert über diese beiden Werte

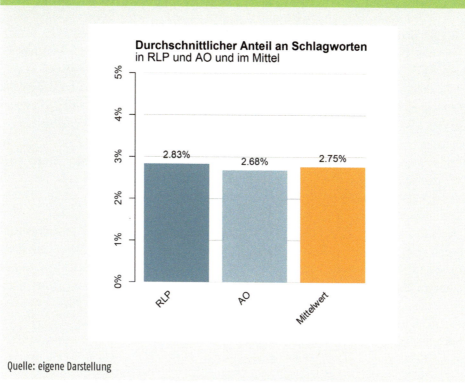

Quelle: eigene Darstellung

In Abbildung 5 ist zu erkennen, dass RLP etwas mehr gewertete nachhaltigkeitsbezogene Formulierungen als AO beinhalten (jeweils rund 3 % aller analysierten Formulierungen), wobei sich im Mittel ein Anteil von 2,75 Prozent aller analysierten Formulierungen ergibt.

4   Diskussion: Nachhaltigkeit umfasst mehr als nur Umweltschutz

Im vorliegenden Beitrag wurde ein methodisches Verfahren zur computergestützten Inhaltsanalyse dargestellt, das Aufschluss über die Bedeutung nachhaltiger Entwicklung in den normativen Vorgaben unterschiedlicher Ausbildungsberufe gibt. Die Ergebnisse belegen zum einen, dass sich nachhaltigkeitsbezogene Formulierungen häufiger in RLP als in AO finden lassen und dass auch das inhaltliche Spektrum der angesprochenen Formulierungen in RLP ausgeprägter ist.

Inhaltlich weisen die analysierten AO einen vergleichsweise engen Fokus auf das Thema Umweltschutz und -belastungen auf, wohingegen RLP neben ökologischen Aspekten auch vermehrt soziale Aspekte von Nachhaltigkeit ansprechen (z. B. Solidarität, Menschenrechte und ein friedliches Zusammenleben). Unter Umständen spiegeln die Befunde die differenzielle Relevanz unterschiedlicher Aspekte für unterschiedliche Lernorte wider: So scheint es z. B. plausibel, dass eine vertiefte Auseinandersetzung mit Themen von globaler Relevanz wie Menschenrechten und Solidarität vermehrt in beruflichen Schulen erfolgen kann, wohingegen in den Ausbildungsbetrieben andere Aspekte der beruflichen Praxis im Vordergrund stehen. Ungeachtet der unterschiedlichen Schwerpunkte scheint es jedoch erstrebenswert, soziale, ökologische und ökonomische Aspekte von BBNE soweit wie möglich sowohl in schulischen als auch in betrieblichen Phasen der beruflichen Ausbildung zu verankern. Insofern ist es begrüßenswert, dass über die neue Standardberufsbildposition „Umweltschutz und Nachhaltigkeit" seit August 2021 weitere Aspekte von Nachhaltigkeit Einzug in AO halten (vgl. BIBB 2021).

Insgesamt enthalten die analysierten Dokumente im Durchschnitt rund drei Prozent der analysierten nachhaltigkeitsbezogenen Formulierungen – ein Wert der mit zunehmendem Nachhaltigkeitsbewusstsein von Gesellschaft und Bildungspolitik in den nächsten Jahren deutlich ansteigen dürfte.

Dabei ist zu betonen, dass weder die Liste der nachhaltigkeitsbezogenen Formulierungen noch die analysierten Dokumente abschließend sind: Im Rahmen eines kontinuierlichen Verbesserungsprozesses bietet es sich an, die Liste regelmäßig zu überprüfen und bei Bedarf zu erweitern. Bei Weiterentwicklungen sollte die Versionshistorie der Liste transparent gehalten werden, um Vergleiche zu unterschiedlichen Zeitpunkten anhand wohlspezifizierter Versionen der Liste vornehmen zu können.

Auch bezüglich der analysierten Dokumente ließe sich das vorgestellte Analyseverfahren in künftigen Forschungsprojekten erweitern: Mit Blick auf die berufliche Bildung lassen sich z. B. Fortbildungsordnungen auf vergleichbare Weise analysieren (vgl. PFEIFFER/ FISCHER 2019) oder konkrete schulische Curricula und Lehrbücher. Perspektivisch wären neben Ordnungsmitteln sicher auch konkrete Bildungsmaßnahmen (z. B. Beschreibungen von Aus- und Weiterbildungsangeboten), Prüfungsaufgaben oder Abschlussarbeiten sinnvoll zu analysieren. In diese Richtungen ließe sich der vorgeschlagene Indikator ggf. erweitern oder ergänzen. Analoge Erweiterungen oder Ergänzungen wären auch mit Blick auf Bildungsbereiche jenseits von BBNE wünschenswert.

Das dargestellte Analyseverfahren legt insofern eine wichtige Grundlage für ein umfassendes und kontinuierlich einsetzbares Monitoring von Nachhaltigkeitsbezug in der beruflichen Bildung: Es erlaubt einen kosteneffizienten Zugang zur Indikation des Nachhaltigkeitsbezuges beruflicher Bildung (über *Web Scraping*) und eine standardisierte und objektive

Form der Auswertung (über *reguläre Ausdrücke*). Auf diese Weise sind auch regelmäßige Messungen von BBNE aussagekräftig und praktikabel möglich. Zugleich ist das Verfahren flexibel einsetzbar und leicht erweiterbar (z. B. um weitere Dokumente der beruflichen Bildung oder Dokumente anderer Bildungsbereiche), und es kann mit anderen Listen von Formulierungen verwendet werden (seien es alternative Listen nachhaltigkeitsbezogener Formulierungen oder Listen mit Formulierungen zu anderen Themen wie dem Megatrend Digitalisierung).

Literatur

BA – Bundesagentur für Arbeit (Hrsg.): Klassifikation der Berufe 2010: Band 1: Systematischer und alphabetischer Teil mit Erläuterungen. 2011. URL: https://statistik.arbeitsagentur.de/DE/Statischer-Content/Grundlagen/Klassifikationen/Klassifikation-der-Berufe/KldB2010/Printausgabe-KldB-2010/Generische-Publikationen/KldB2010-Printversion-Band1.pdf?__blob=publicationFile&v=7 (Stand: 19.07.2022)

BIBB – Bundesinstitut für Berufsbildung (Hrsg.): Moderne Berufsbildungsstandards für alle Ausbildungsberufe [Pressemeldung]. Bonn 2021 (11. Februar). URL: https://www.bibb.de/de/newsletter/pressemitteilung_135581.htm (Stand: 19.07.2022)

BIBB – Bundesinstitut für Berufsbildung (Hrsg.): Datensystem Auszubildende (DAZUBI) – Aktueller Datenstand: Berichtsjahr 2020. Bonn 2020. URL: https://www.bibb.de/de/12129.php (Stand: 19.07.2022)

BIBB – Bundesinstitut für Berufsbildung (Hrsg.): Ausbildungsordnungen und wie sie entstehen. 8., überarb. Aufl. Bonn 2017. URL: https://www.bibb.de/dienst/veroeffentlichungen/de/publication/show/8269 (Stand: 02.11.2022)

BMBF – Bundesministerium für Bildung und Forschung (Hrsg.): Berufsbildungsbericht 2018. Bonn 2018

Bundesministerium für Wirtschaft und Energie (Hrsg.): Verordnung über die Berufsausbildung zum Anlagenmechaniker für Sanitär-, Heizungs- und Klimatechnik und zur Anlagenmechanikerin für Sanitär- Heizungs- und Klimatechnik (Sanitär-, Heizungs- und Klimatechnikanlagenmechanikerausbildungsverordnung – SHKAMAusbV). 2016. URL: http://www.gesetze-im-internet.de/shkamausbv/SHKAMAusbV.pdf (Stand: 19.07.2022)

Bundesministerium für Wirtschaft und Technologie (Hrsg.): Verordnung über die Berufsausbildung zum Industriekaufmann/zur Industriekauffrau. 2002. URL: http://www.gesetze-im-internet.de/indkfmausbv_2002/IndKfmAusbV_2002.pdf (Stand: 19.07.2022)

Fischer, Andreas: Wisdom – The answer to all the questions really worth asking. In: International Journal of Humanities and Social Science 5 (2015), 9, S. 73–83

Fischer, Andreas; Funke, Joachim: Entscheiden und Entscheidungen, die Sicht der Psychologie. In: Kirste, Stephan (Hrsg.): Interdisziplinarität in den Rechtswissenschaften. Ein interdisziplinärer und internationaler Dialog. Berlin 2016, S. 217–229

Fischer, Andreas; Greiff, Samuel; Funke, Joachim: The history of complex problem solving. In: Csapó, Benő; Funke, Joachim (Hrsg.): The Nature of Problem Solving – Using Research to Inspire 21st Century Learning. Paris 2017, S. 107–121

Fischer, Andreas; Pfeiffer, Iris: Zugänge zur beruflichen Aufstiegsfortbildung nach Bachelorabschluss? Eine Dokumentenanalyse von Fortbildungsordnungen. In: Berufsbildung in Wissenschaft und Praxis 48 (2019) 5, S. 56–57. URL: https://www.bwp-zeitschrift.de/dienst/veroeffentlichungen/de/bwp.php/de/bwp/show/10554 (Stand: 19.07.2022)

Haan, Gerhard de: Vom Konstruktivismus zum Kulturalismus: Zukunftsfähigkeit eines kritischen Konstruktivismus für die Bildung für eine nachhaltige Entwicklung. In: Bolscho, Dietmar; Haan, Gerhard de (Hrsg.): Konstruktivismus und Umweltbildung. Schriftenreihe „Ökologie und Erziehungswissenschaft" der Arbeitsgruppe „Umweltbildung" der Deutschen Gesellschaft für Erziehungswissenschaft Bd. 6. Wiesbaden 2000, S. 153–183

Hantke, Harald: Zukunftsdiskurse curricular intendiert – Plädoyer für eine ehrliche Lehrplanrezeption. In: Berufs- und Wirtschaftspädagogik – Online (2020) Spezial 17, S. 1–26. URL: https://www.bwpat.de/spezial17/hantke_spezial17.pdf (Stand: 22.01.2022)

Hauff, Volker (Hrsg.): Unsere gemeinsame Zukunft – Der Brundtland-Bericht der Weltkommission für Umwelt und Entwicklung. Greven 1987

Helskog, Guro Hansen: Bildung towards wisdom, through philosophical dialogue in teacher education. In: Arts and humanities in higher education 18 (2019) 1, S. 76–90

Holst, Jorrit; Brock, Antja; Singer-Brodowski, Mandy; Haan, Gerhard de: Monitoring progress of change – Implementation of Education for Sustainable Development (ESD) within documents of the German education system. In: Sustainability 12 (2020) 10, 4306

Holst, Jorrit; Singer-Brodowski, Mandy: Bildung für nachhaltige Entwicklung (BNE) in der Beruflichen Bildung – Strukturelle Verankerung zwischen Ordnungsmitteln und Nachhaltigkeitsprogrammatik. Berlin 2020. URL: https://www.ewi-psy.fu-berlin.de/einrichtungen/weitere/institut-futur/Projekte/Dateien/2020_BNE_Dokumentenanalyse_Berufliche_Bildung.pdf (Stand: 19.07.2022)

KMK – Kultusministerkonferenz (Hrsg): Rahmenlehrplan für den Ausbildungsberuf Kraftfahrzeugmechatroniker und Kraftfahrzeugmechatronikerin. 2013. URL: https://www.kmk.org/fileadmin/pdf/Bildung/BeruflicheBildung/rlp/KFZ-Mechatroniker13-04-25-E.pdf (Stand: 19.07.2022)

Kuckartz, Udo: Qualitative Inhaltsanalyse – Methoden, Praxis, Computerunterstützung. 2. Aufl. Weinheim 2014

KUHLMEIER, Werner: Was gibt es schon? – Nachhaltigkeit in Ordnungsmitteln: Darstellung guter Beispiele. Bonn 2014. URL: https://www.bibb.de/dokumente/pdf/4_Was_gibt_es_schon.pdf (Stand: 19.07.2022)

KUHLMEIER, Werner; VOLLMER, Thomas: Ansatz einer Didaktik der Beruflichen Bildung für nachhaltige Entwicklung. In: TRAMM, Tade; CASPER, Marc; SCHLÖMER, Tobias (Hrsg.): Didaktik der beruflichen Bildung. Selbstverständnis, Zukunftsperspektiven und Innovationsschwerpunkte. Bielefeld 2018, S. 131–151. URL: https://www.bibb.de/dienst/veroeffentlichungen/de/publication/show/8602 (Stand: 19.07.2022)

LOY, Sarah: Curriculare Verankerung der Beruflichen Bildung für nachhaltige Entwicklung am Beispiel eines Bildungsplans in NRW. In: Haushalt in Bildung & Forschung 7 (2018) 1, S. 69–84. URL: https://www.pedocs.de/volltexte/2020/19074/pdf/HiBiFo_2018_1_Loy_Curriculare_Verankerung_der_Beruflichen_Bildung.pdf (Stand: 19.07.2022)

MERTINEIT, Klaus-Dieter; NICKOLAUS, Reinhold; SCHNURPEL, Ursula: Berufsbildung für eine nachhaltige Entwicklung. Machbarkeitsstudie im Auftrag des Bundesministeriums für Bildung und Forschung. Bonn 2001

MEYER, Hilbert: Einführung in die Curriculum-Methodologie. 2., durchges. Aufl. München 1974

NATIONALE PLATTFORM BILDUNG FÜR NACHHALTIGE ENTWICKLUNG c/o BUNDESMINISTERIUM FÜR BILDUNG UND FORSCHUNG (Hrsg.): Nationaler Aktionsplan Bildung für nachhaltige Entwicklung: Der deutsche Beitrag zum UNESCO-Weltaktionsprogramm. Berlin 2017. URL: https://www.bmbf.de/bmbf/shareddocs/downloads/files/nationaler_aktionsplan_bildung_fuer_nachhaltige_entwicklung.pdf?__blob=publicationFile&v=1 (Stand: 19.07.2022)

OTTE, Insa; SINGER-BRODOWSKI, Mandy: Verankerung von Bildung für nachhaltige Entwicklung in der dualen beruflichen Ausbildung. In: BRODOWSKI, Michael; DEVERS-KANOGLU, Ulrike; OVERWIEN, Bernd; ROHS, Matthias; SALINGER, Susanne; WALSER, Manfred; RODE, Horst; VERCH, Johannes; BARTH, Matthias; RIECKMANN, Marco; EMDE, Oliver; JAKUBCZYK, Uwe; KAPPES, Bernd; BROCK, Antje; HAAN, Gerhard de; CLEMENS, Iris; HORNBERG, Sabine (Hrsg.): Schriftenreihe „Ökologie und Erziehungswissenschaft" der Kommission Bildung für eine nachhaltige Entwicklung der Deutschen Gesellschaft für Erziehungswissenschaft (DGfE). Wegmarken zur Transformation: Nationales Monitoring von Bildung für nachhaltige Entwicklung in Deutschland. Berlin 2018, S. 117–187

REBMANN, Karin; TENFELDE, Walter; SCHLÖMER, Tobias: Berufs- und Wirtschaftspädagogik – Eine Einführung in Strukturbegriffe. 4. Aufl. Wiesbaden 2011

SCHREIBER, Jörg-Robert; SIEGE, Hannes: Orientierungsrahmen für den Lernbereich Globale Entwicklung. 2. Aufl. Bonn, Berlin 2016

SCHÜTT-SAYED, Sören: Die strukturelle Verankerung einer Berufsbildung für nachhaltige Entwicklung (BBNE) aus Sicht von Berufsschullehrkräften. In: Berufs- und Wirtschaftspädagogik – Online (2016) 31, S. 1–21

STADERMANN, Gerd: Erneuerbare Energien in Deutschland im Kontext von Umweltbewusstsein und ökologischem Wertewandel. In: Ökologisches Wirtschaften 32 (2017) 2, S. 46–50

UNESCO – UNITED NATIONS EDUCATIONAL, SCIENTIFIC AND CULTURAL ORGANIZATION (Hrsg.): Learn for our planet: A global review of how environmental issues are integrated in education. Paris 2021. URL: https://unesdoc.unesco.org/ark:/48223/pf0000377362 (Stand: 19.07.2022)

VOGEL, Thomas; GAHLEN-HOOPS, Wolfgang von; WÉBER, Júlia: NaBiBer – Naturbildung im Beruf, Beitrag zur AGBFN Tagung. 2021. URL: https://www.agbfn.de/dokumente/pdf/AGBFN_Nachhaltigkeit_3.a.3_Vogel_Gahlen-Hoops_Weber_Naturbilder%20im%20Beruf.pdf (Stand: 19.07.2022)

WALTNER, Eva-Maria; GLAUBNITZ, Dietmar; RIESS, Werner: Entwicklung und Evaluation eines nationalen BNE-Indikators für Lehrerfortbildungen. Freiburg 2017. URL: https://www.researchgate.net/publication/320620481_Entwicklung_und_Evaluation_eines_nationalen_BNE-Indikators_fur_Lehrerfortbildungen (Stand: 19.07.2022)

WIKIPEDIA COMMONS (Hrsg.): Sustainable Development Goals. 2016. URL: https://commons.wikimedia.org/wiki/File:Sustainable_Development_Goals.jpg (Stand: 19.07.2022)

Thomas Vogel, Wolfgang von Gahlen-Hoops, Júlia Wéber, Aylin Meckert, Linda Schlüßler

▶ Naturbildung im Beruf? Zum Naturverständnis von Auszubildenden

Befunde der Untersuchung „Naturbildung im Beruf" (NaBiBer) in Mecklenburg-Vorpommern

In diesem Beitrag werden Ergebnisse der 2020 in Mecklenburg-Vorpommern durchgeführten Untersuchung „Naturbildung im Beruf" (NaBiBer) vorgestellt, welche an das gleichnamige Forschungsprojekt im Jahr 2015 anknüpft (vgl. Vogel 2016; 2017). Im Fokus der überwiegend quantitativen Onlinebefragung von Auszubildenden standen die Fragen, welches Naturverständnis und welches Verhältnis zwischen Arbeit und Natur Auszubildende erkennen und für ihre persönliche Zukunft antizipieren. Des Weiteren wurde untersucht, inwieweit Auszubildende dazu bereit sind, in ihrer Arbeit persönlich Verantwortung zu übernehmen und gesellschaftliche Prozesse aktiv nachhaltiger zu gestalten. Die Ergebnisse dienen der Diskussion eines Perspektivwandels in der Berufsbildung für eine nachhaltige Entwicklung und sollen als Basis dienen, neue berufspädagogische und bildungspolitische Impulse zu formulieren.

1 Ansatzpunkte eines neuen Naturverhältnisses

Angesichts der multiplen und sich gegenseitig bedingenden anthropogenen Krisen, mit denen der Mensch konfrontiert ist, wie der aktuellen Coronapandemie, dem zunehmenden Artensterben oder der globalen Klimakrise, erscheint ein Blick auf das Naturverhältnis essenziell. Wintersteiner beschreibt die Konsequenz aus der derzeitigen „Covid-19-Krise" drastisch:

> „Die wichtigste und größte Corona-Erfahrung besteht in der Einsicht in die Notwendigkeit, ein neues Verhältnis zu unserer natürlichen Umwelt zu entwickeln. Bislang leben und handeln wir mit der Illusion menschlicher Allmacht, die ihre natürlichen Grundlagen ignoriert und damit zu einer Kraft der Zerstörung und Selbstzerstörung wird" (Wintersteiner 2020, S. 7).

Eine Transformation des bisherigen Naturverhältnisses resultiert aus dem Blick sowohl auf die Krisen als auch auf die Arbeit und ihren Prozessen. Arbeit selbst kann als ein Stoffwechselprozess zwischen Mensch und Natur verstanden werden. Gebrauchsgüter werden von endlichen und natürlichen Ressourcen in kauffertige Produkte umgewandelt, genutzt und verbraucht. Diesem Prozess der Arbeit unterliegt grundsätzlich eine Idee der Naturbeherrschung und geht mit einer besonderen „menschlichen Allmacht" einher.

Im Kontext der beruflichen Bildung wird deshalb zu Recht darauf hingewiesen, dass das Verhältnis von Natur und Arbeit grundlegend und didaktisch reflektiert werden sollte (vgl. Vogel 2000; Vogel 2011; Kuhlmeier/Vollmer 2018). Bislang gibt es allerdings wenig Empirie zu der Perspektive von Auszubildenden in der beruflichen Bildung. Dabei ist es für diesen Untersuchungsansatz wichtig, nicht nur abstrakt den krisenhaften Prozess der Naturzerstörung zu reflektieren, sondern die Gruppe der Auszubildenden zu hören, die sich derzeit im System der beruflichen Bildung befindet. In den folgenden Ausführungen werden die Untersuchungsergebnisse der NaBiBer-Befragung aus 2020 präsentiert, welche landesweit in Mecklenburg-Vorpommern durchgeführt wurde. Auf Basis dieser Befragungsergebnisse werden relevante berufspädagogische und bildungspolitische Thesen für das Verhältnis von Natur und Arbeit im Kontext der Nachhaltigkeitsdebatte formuliert.

2   Theoretische Grundlagen und Erkenntnisinteresse der Forschung zur beruflichen Bildung für Nachhaltigkeit

2.1   Bildung für nachhaltige Entwicklung

Zur Erinnerung: Eine nachhaltige Entwicklung erfordert die Einsicht eines grundlegenden Wandels der gegenwärtigen Produktionsbedingungen und des Konsumstils. In dem 1992 in Rio de Janeiro von 172 Staaten beschlossenen Aktionsprogramm der Vereinten Nationen für eine nachhaltige Entwicklung, der Agenda 21, wurde betont, dass es ohne einen umfassenden Wandel im Bewusstsein auf unterschiedlichen gesellschaftlichen Ebenen keine nachhaltige Entwicklung geben wird (vgl. BMU 1997). In der Agenda wurde bereits herausgestellt, dass die formale und nicht formale Bildung für das Herbeiführen eines Einstellungswandels bei den Menschen unabdingbar ist. Sie sei von

> „entscheidender Bedeutung für die Schaffung eines ökologischen und eines ethischen Bewusstseins, von Werten und Einstellungen, Fähigkeiten und Verhaltensweisen, die mit einer nachhaltigen Entwicklung vereinbar sind, sowie für eine wirksame Beteiligung der Öffentlichkeit an der Entscheidungsfindung" (BMU 1997, S. 281).

In der Agenda 2030 aus dem Jahr 2015 rufen die Vereinten Nationen in dem vierten Nachhaltigkeitsziel „Bildung für alle" zu einer verstärkten Förderung von Bildung für eine nachhaltige Entwicklung (BNE) auf. Es soll nun bis 2030 sichergestellt werden, „dass alle Lernenden die notwendigen Kenntnisse und Qualifikationen zur Förderung nachhaltiger Entwicklung erwerben, u. a. durch Bildung für nachhaltige Entwicklung und nachhaltige Lebensweisen" (Martens/Obenland 2017, S. 55).

BNE ist demnach erforderlich, um Menschen eine kritische Denkfähigkeit zu vermitteln, selbstständig individuelle Werte, Einstellungen und Verhaltensweisen sowie Lebensstilentscheidungen zu reflektieren. Um diese Denk- und Handlungsprozesse anzubahnen, bietet es sich an, auf ein generisches Modell zu schauen, um die Mechanismen eines komplexen gesellschaftlichen Problems, in dem Falle die Naturkrise, näher zu verstehen und Ansatzpunkte zur Lösung aufzuzeigen. Hierbei wurde aus einer systemtheoretischen Sichtweise das sogenannte Eisbergmodell bzw. das Modell der vier Denkebenen von Maani und Cavana (2007) herangezogen (vgl. Abb. 1).

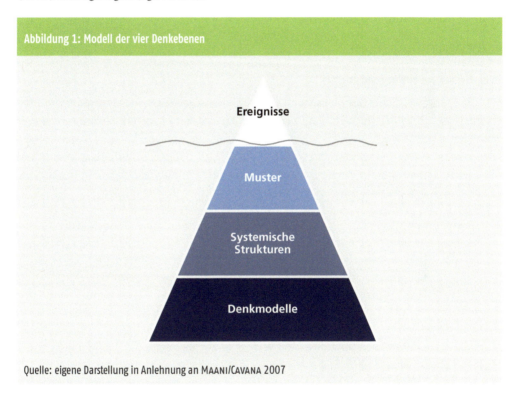

Abbildung 1: Modell der vier Denkebenen

Ereignisse

Muster

Systemische Strukturen

Denkmodelle

Quelle: eigene Darstellung in Anlehnung an MAANI/CAVANA 2007

Anhand dieses Modells wird deutlich, dass sich Probleme, die tief im sozioökonomischen System verankert sind, zwar in Form von Ereignissen als „Eisbergspitze" sichtbar äußern können, aber für das tatsächliche Verständnis tiefgreifender angesetzt werden muss. Diese Ereignisse stehen oftmals im Fokus politischer oder gar medialer Diskussionen (erste Denkebene), behandeln jedoch lediglich die Auswirkungen und nicht die Ursache der Problematik (vgl. WWF 2016, S. 32f.). Unterhalb der sichtbaren Auswirkungen liegen mehrere Schichten und Ursachenebenen. Wenn sich sogenannte Ereignisse häufen und repetitiv über einen gewissen Zeitraum auftreten, können bestimmte (Verhaltens-)Muster, z. B. naturschädigende Konsummuster, damit in Zusammenhang stehen (zweite Ebene). Gesellschaftliche, politische oder auch ökonomische Systeme sind an diesen Ereignissen ebenso ursächlich beteiligt (dritte Ebene). Die vierte Eisbergebene beinhaltet tradierte und erworbene Denkmodelle, Werte, Glaubenssätze und Überzeugungen, die das Verhalten beeinflussen. Diese Denkmodelle können wiederum systemische Strukturen beeinflussen und stellen die Ursachen für Muster und Ereignisse dar (vgl. ebd.).

Es muss, um eine Transformation des Verhältnisses zur Natur zu erreichen, immer auch in der Ebene der Denkmodelle angesetzt werden, um gesellschaftliche Probleme langfristig und nachhaltig zu lösen (vgl. VOGEL 2011). Um die gegenwärtige Naturkrise zu überwinden, ist nach dem Eisbergmodell ein umfassender Wandel des Bewusstseins essenziell, der nur durch eine Transformation des ökonomischen Systems und – darin eingebettet – einer grundlegenden Neugestaltung beruflicher Bildungsprozesse für die Gesamtgesellschaft gelingen kann.

2.2 Kritisches Naturverständnis

Wie die Kulturgeschichte des Menschen zeigt, sind der Begriff und das Verständnis von Natur ausgesprochen vielschichtig. Jede historische Epoche hat ein eigenes Naturverständnis und – daraus resultierend – ein eigenes Naturverhältnis hervorgebracht (vgl. RADKAU 2000). Die Frage nach dem Verständnis der Natur ist deshalb grundlegend für das Naturverhältnis der Gesellschaften und für das Problem einer nachhaltigen Entwicklung, weil im Zugang, mit dem man sich der Natur nähert, eine besondere ethische Relevanz liegt:

> „Schon (a) im Vorverständnis von Natur, im Zugang zur Natur und (b) im Vollzug des Umgangs mit Natur sind ethische und normative Momente zu finden – und nicht erst in (c) den Folgen von Naturwissenschaft und Technik auf Natur und Lebenswelt, wie es in der Technikfolgenforschung heute oftmals unterstellt wird" (SCHMIDT 2000, S. 89).

Entsprechend seinem jeweiligen Naturverständnis agiert und handelt der Mensch in der Natur und gestaltet sie: „Je nachdem wie der Mensch ‚Natur' versteht, wird er über ‚Natur' verfügen, und im Verfügen über die Natur verfügt er zugleich über die Bedingungen seines eigenen Lebens" (PICHT 1993, S. 94).

Angesichts der sich zuspitzenden gesellschaftlichen Naturkrise sind politische und pädagogische Lösungsansätze vonnöten. Diese sollten geeignet sein, gesellschaftliche Prozesse des Umdenkens und einen Wandel der Lebens- und Arbeitsweisen hervorzubringen, die mit dem Erhalt der natürlichen Lebensgrundlagen aller Lebewesen (zumindest ansatzweise) kompatibel sind. Gesellschaften wohlhabender (post-)industrieller Nationen sind insbesondere in der Verantwortung, durch geeignete politische Entscheidungen den Gefährdungen von Flora, Fauna und Mensch entgegenzuwirken und zu einer langfristigen Sicherung der Lebensgrundlage aller beizutragen.

Vor diesem Hintergrund wird der gegenwärtige Nachhaltigkeitsdiskurs seitens Rink/ Wächter/Potthast (2004) und Schneidewind (2015) kritisch beleuchtet. Schneidewind (2015) stellt fest, dass jegliche Zukunftsentwürfe, so auch die von der (Erwerbs-)Arbeit, neben den gesellschaftlichen und ökonomischen auch die ökologischen Zusammenhänge sowie – darin eingebettet – die des Naturverständnisses zu berücksichtigen haben. Rink/Wächter/Potthast (2004) kommen in ihrer Analyse zu dem Ergebnis, dass jede Konzeption von Nachhaltigkeit notwendig auf einer deskriptiven und normativen Integration sozialer, ökologischer und wirtschaftlicher Aspekte der gesellschaftlichen Naturverhältnisse beruhe. Sie verweisen kritisch darauf, dass im gegenwärtigen Naturverständnis des Nachhaltigkeitsdiskurses konzeptionell die vollständige „Kolonisierung der Natur" bzw. ihre totale „Hybridisierung" angelegt sei. Das dort verbreitete Naturverständnis folge einer Erkenntnistheorie für eine präventive Beobachtung und Kontrolle der Naturausbeutung. Es sei jedoch eine Anmaßung, so die Autorin und die Autoren, sozusagen durch „erkennungsdienstliche" Methoden möglichst alle Wirkungszusammenhänge und Reaktionen in der Natur verstehen und vorhersagen zu wollen (ebd., S. 29). Ihre Kritik des Nachhaltigkeitsdiskurses zielt darauf, die Diskrepanz zwischen dem Vorrang ökonomischer Gewinnmaximierung und ökologisch nachhaltigen Produktionsprozessen herzustellen. Hierbei geht es um ein Entweder-oder bzw. die alternativen Perspektiven zwischen dem Drei-Säulen-Modell und dem Vorrangmodell der Nachhaltigkeit (vgl. Abb. 2). Während das Drei-Säulen-Modell die Komponenten Ökologie, Soziales und Wirtschaft als gleichberechtigt zueinander darstellt und in der Praxis immer wieder von ökonomischen Zielsetzungen dominiert wird, zeigt das Vorrangmodell eine Abhängigkeit der Wirtschaft von der Säule Soziales und diese wiederum von der Säule Ökologie auf. Das Vorrangmodell dient hierbei als Grundlage für die NaBiBer-Untersuchungen, die das Denkmodell hinter dem gleichberechtigten Drei-Säulen-Modell stark kritisiert (vgl. SEN 2002).

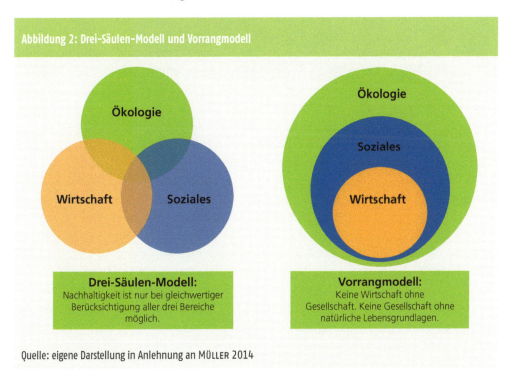

Abbildung 2: Drei-Säulen-Modell und Vorrangmodell

Ökologie

Wirtschaft   Soziales

Ökologie

Soziales

Wirtschaft

Drei-Säulen-Modell:
Nachhaltigkeit ist nur bei gleichwertiger Berücksichtigung aller drei Bereiche möglich.

Vorrangmodell:
Keine Wirtschaft ohne Gesellschaft. Keine Gesellschaft ohne natürliche Lebensgrundlagen.

Quelle: eigene Darstellung in Anlehnung an MÜLLER 2014

2.3 Forschungsstand zum Naturbewusstsein in der beruflichen Bildung

Untersuchungen zum Naturverständnis von Auszubildenden wurden bisher kaum durchgeführt. Zur Thematik, wie in der beruflichen Bildung die gesellschaftlichen Auswirkungen des Naturbewusstseins junger Menschen reflektiert und ihr Problembewusstsein gefördert werden, liegen demnach nur vereinzelt Befunde vor. Der Fokus liegt eher auf der Befragung von Kindern und Jugendlichen bzw. der Allgemeinbevölkerung ohne altersbezogene Schwerpunktsetzung. Für den Jugendreport Natur werden beispielsweise regelmäßig Kinder und Jugendliche zu ihren Naturkenntnissen, ihrem Naturverständnis und -bewusstsein sowie zur Nachhaltigkeit befragt. Die Studien zeigen, dass junge Menschen zunehmend gravierende Defizite im Alltagswissen über Wild, Wald, Landwirtschaft, Garten und Meere besitzen. Sie stellen eine wachsende Naturentfremdung unter jungen Menschen sowie „eine erschreckende Naturvergessenheit" fest und machen deutlich, dass in diesem Bereich ein großer Entwicklungsbedarf besteht (vgl. Brämer/Koll/Schild 2016; Koll/Brämer 2021). Es konnte zudem beobachtet werden, dass Naturerlebnisse bei Jugendlichen im Studienvergleich der letztgenannten Autoren im Zeitraum von 2016 bis 2021 abnehmen, aber das Interesse an diesen seitens der jungen Menschen durchaus vorhanden ist (vgl. Koll/Brämer 2021, S. 15–17).

Die Naturbewusstseinsstudien vom Bundesumweltministerium (BMU) und dem Bundesamt für Naturschutz (BfN) werden seit 2009 regelmäßig herausgegeben. Die aktuellste dieser Studien stellt u. a. einen erheblich ansteigenden Unmut der Bevölkerung über den sorglosen Umgang mit der Natur fest. Gleichzeitig sinkt der Anteil der Befragten, der die Wirtschaftsentwicklung auf Kosten der Natur befürwortet (vgl. BMU/BfN 2020, S. 48–51). Des Weiteren wurde diesjährig erstmals vom BMU und BfN (2021) eine repräsentative Umfrage zum Naturbewusstsein der 14- bis 17-Jährigen durchgeführt: „Jugend-Naturbewusstsein 2020". Diese Befragung konnte zeigen, dass die Natur für Heranwachsende eine große persönliche Bedeutung aufweist. Insbesondere während der Coronakrise hat diese Bedeutung weiter zugenommen. Die Mehrheit der Jugendlichen gibt an, mehr über die Tier- und Pflanzenwelt wissen zu wollen, und betrachtet die Schule als den wichtigsten Lernort zur Wissensvermittlung über die Artenvielfalt (vgl. BMU/BfN 2021, S. 39–43).

Es wurden bislang jedoch nur sehr vereinzelt empirische Untersuchungen zum Naturverständnis durchgeführt, die die Zielgruppe der Auszubildenden in den Fokus stellen. Eine qualitative Befragung Auszubildender aus dem Jahr 2000 zielte beispielsweise auf das Umweltbewusstsein Jugendlicher ab (vgl. Lappe/Tully/Wahler 2000). Im gleichen Zeitraum wurde die Machbarkeitsstudie des Bundesministeriums für Bildung und Forschung (BMBF) (2001) zum Thema Berufsbildung für eine nachhaltige Entwicklung durchgeführt. Diese Studie wies bekanntlich kritisch darauf hin, dass in der beruflichen Umweltbildung ein „instrumentelles Naturverständnis" dominiere (ebd.). In der NaBiBer-Studie von 2015 und den dazugehörigen Publikationen Vogels (2016; 2017) wurden erstmals Auszubildende umfassend zu ihrem Verhältnis zu Natur und Arbeit befragt. Hierbei sahen „Auszubildende in der betrieblichen Realität nur wenig Chancen der Einflussnahme auf eine nachhaltige Entwicklung und naturverträgliche Arbeitsprozesse" (Vogel 2017, S. 20).

2.4 Empirisches Erkenntnisinteresse der NaBiBer-Studien

In Bezug auf die Drohungen durch eine ökologische Krise[1] ist es erforderlich zu erforschen, ob und inwieweit Auszubildende ein entsprechendes Naturbewusstsein entwickelt haben und ob sie mögliche Veränderungspotenziale und Lösungsansätze hinsichtlich ihrer Arbeitsprozesse und -abläufe einschätzen und mitgestalten wollen und können. Wie bewerten sie den eigenen Arbeitsprozess im Hinblick auf Naturveränderungen? Sehen sie Möglichkeiten und wären sie bereit, Verantwortung für die Mitgestaltung einer zukunftsorientierten Arbeitswelt zu übernehmen? Die Forschungsperspektive wurde dabei von der Prämisse geleitet, dass das Naturverständnis maßgeblich die ethische Perspektive von Auszubildenden und damit ihre Bereitschaft zu einem an einer nachhaltigen Entwicklung orientierten Arbeitshandeln beeinflusst.

3   Entstehungshintergrund und Forschungsdesign der NaBiBer-Studien

Das Forschungsprojekt NaBiBer 2020 knüpft an die quantitative Befragung Vogels aus dem Jahr 2015 (2016; 2017) an. In dieser Befragung wurden 1.475 Auszubildende aus den drei Bundesländern Baden-Württemberg, Berlin und Niedersachen zu ihrem Verhältnis von Natur und Arbeit befragt (vgl. VOGEL 2016; 2017). Die Onlinefragebögen von 2015 und 2020 setzten sich u. a. aus Fragen der „Naturbewusstseinsstudie 2013" des BMU sowie des BfN (2014) zusammen. Die Befragung von 2020 wurde zusätzlich durch sozialpädagogische sowie gesundheitsbezogene Fragestellungen ergänzt. Der Fragebogen von 2020 umfasst 71 Fragen und ist in vier Bereiche aufgeteilt: „Allgemeine Angaben", „Einstellung(en) zu Natur und Umwelt", „Natur in der Ausbildung und bei der Arbeit" und „Einstellung(en) zu Umwelt und Natur als Privatperson". Die Fragen sind so angelegt, dass sie möglichst wenig Ausschlüsse hervorbringen. Von daher sind Begriffe wie „naturverträglich", „umweltverträglich", „Naturverträglichkeit", „nachhaltig" usw. in der Studie synonym verwendet worden mit dem Ziel, dass man ggf. zwischen Berufsfeldern abweichende Verständnisse mitberücksichtigen kann. Die Datenauswertung erfolgte deskriptiv in Form von Häufigkeitsverteilungen und Kreuztabellen durch SPSS Statistics 26. Der Fragebogen beinhaltete neben den mehrheitlich als skalierte quantitative Befragung angelegten Antwortmöglichkeiten auch die Möglichkeit für Auszubildende, in einem eher reduzierten Umfang von vier Fragen qualitative Antworten zu geben. Die qualitative Auswertung erfolgte anhand von induktiv und am Material gebildeten Kategorien in Anlehnung an inhaltanalytische Verfahren (vgl. MAYRING 2010).

Die Befragung wurde in zwei Erhebungsphasen durchgeführt. Die erste Phase fand von Anfang Mai bis Ende Juni 2020 statt, die zweite Phase zwischen September und November 2020. Es wurden alle 21 öffentlichen Beruflichen Schulen aus Mecklenburg-Vorpommern

---

1   Unter ökologischer Krise sollen die konkreten und spürbaren Folgen aus der eingangs skizzierten Naturzerstörung verstanden werden. Aktuelle Beispiele von Kennzeichen einer ökologischen Krise wären Hochwasser in Nordrhein-Westfalen, Rekordhitzen in Südeuropa oder drohendes Artensterben (z. B. von Bienen).

mit dem Ziel der Vollerhebung kontaktiert.[2] Aufgrund zeitweiliger „Coronabeschränkungen" wie Schulschließungen bzw. Wechsel von Präsenz- zu Onlineunterricht, wurde der Zugang zur Befragung – in Form eines Weblinks – per E-Mail über die Beruflichen Schulen an die Auszubildenden weitergeleitet. In der zweiten Erhebungsphase konnte die Befragung jedoch auch durch Fachlehrer/-innen in Präsenz im Rahmen der Beruflichen Schule durchgeführt werden.

Insgesamt haben 276 Auszubildende aus mindestens zehn Berufsfeldern an der Online-befragung teilgenommen. Hinsichtlich der beteiligten Berufsfelder stellten Auszubildende aus Gesundheits- und Pflegeberufen mit 46,4 Prozent den größten Anteil an der Gesamt-stichprobe dar. Es folgten die beruflichen Schülerinnen und Schüler aus dem Bereich der Sozialpädagogik mit 19,2 Prozent. Die drittgrößte Gruppe bildete die Fachrichtung Ag-rarwirtschaft (15,9 %). Leider nahmen nur ca. elf Prozent der Befragten aus gewerblich-technischen Berufen teil (Prozess-, Holz-, Medien-, Informationstechnik). Den geringsten und kaum darstellbaren Anteil machten Auszubildende bzw. berufliche Schülerinnen und Schüler aus wirtschafts- bzw. -verwaltungsbezogenen sowie hauswirtschaftlichen bzw. er-nährungsbezogenen Berufen aus. Entgegengesetzt dazu waren in der NaBiBer-Studie 2015 die Fachrichtungen Wirtschaft und Verwaltung mit 49 Prozent und Gewerblich-Technisch mit 31,8 Prozent am stärksten vertreten (vgl. Vogel 2017, S. 8). Die Gesundheitsfachberufe machten hingegen nur einen Anteil von 0,9 Prozent aus.

Entsprechend der Auswertung der demografischen Daten der NaBiBer-Untersuchung 2020 gaben nahezu 71 Prozent der Befragten an, dem weiblichen Geschlecht und knapp 29 Prozent dem männlichen Geschlecht anzugehören. Drei Auszubildende ordneten sich der Geschlechtskategorie divers zu. Ungefähr die Hälfte der Auszubildenden war zwischen 18 und 20 Jahre alt, gefolgt von den Altersgruppen 21 bis 23 Jahre (23,5 %) und 24 Jahre und älter (16,7 %). Die Mehrheit der Befragten mit ungefähr 42 Prozent stammte aus dem dritten Ausbildungsjahr, gefolgt von Auszubildenden aus dem zweiten und ersten Ausbildungsjahr.

---

2   Aufgrund der Anonymisierung konnte allerdings nicht zurückverfolgt werden, wie viele Berufliche Schulen genau an der NaBiBer-Befragung 2020 teilgenommen haben.

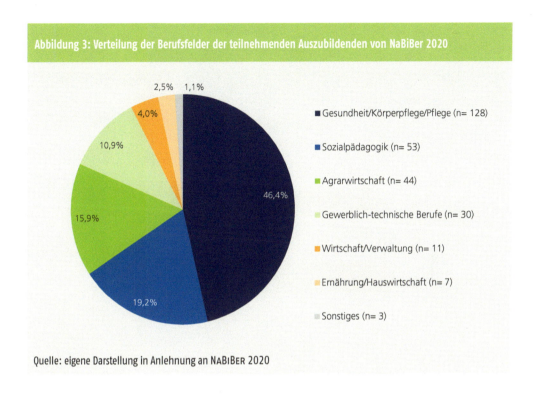

Abbildung 3: Verteilung der Berufsfelder der teilnehmenden Auszubildenden von NaBiBer 2020

- 2,5%
- 1,1%
- 4,0%
- 10,9%
- 15,9%
- 46,4%
- 19,2%

- Gesundheit/Körperpflege/Pflege (n= 128)
- Sozialpädagogik (n= 53)
- Agrarwirtschaft (n= 44)
- Gewerblich-technische Berufe (n= 30)
- Wirtschaft/Verwaltung (n= 11)
- Ernährung/Hauswirtschaft (n= 7)
- Sonstiges (n= 3)

Quelle: eigene Darstellung in Anlehnung an NaBiBer 2020

4 Zentrale quantitative Befunde: zum Naturverständnis von Auszubildenden in der beruflichen Ausbildung in Mecklenburg-Vorpommern

Eine der zentralen Fragen der Untersuchung ist es, wie die Auszubildenden die menschlichen Auswirkungen ihrer Arbeit auf die Natur beurteilen. Bei dieser Fragestellung geht es um die grundsätzliche Perspektive und subjektive Einschätzung, ob und inwieweit der Mensch durch seine berufliche Tätigkeit der Natur Schaden zufügt. Bedingt durch die Offenheit der Berufsfelder und die dadurch eintretende Exklusion von anderen Berufsfeldern wird hier keine Einengung oder Konkretisierung des Schadensverständnisses vorgenommen (z. B. Schaden durch Abgas- oder Schadstoffentwicklung führt ggf. zur Exklusion von Sozial- und Gesundheitsberufen). Ein Großteil der Auszubildenden (41,6 %) kann der Aussage zustimmen, dass sie mit ihrer Arbeit der Natur Schaden zufügen. Im Vergleich zur NaBiBer-Erhebung im Jahr 2015[3] lässt sich ein leichter Anstieg von fünf Prozentpunkten verzeichnen. Demgegenüber gaben mehr als die Hälfte der Auszubildenden an, dass sie die Aussage, mit ihrer Arbeit der Natur Schaden zuzufügen, überhaupt nicht (24,6 %) bzw. eher nicht (29 %)

---

3 Anzumerken ist hierbei, dass sich die Samples NaBiBer 2015 (vgl. Vogel 2016; 2017) und NaBiBer 2020 erheblich unterscheiden. Vergleiche im Antwortverhalten nach Häufigkeiten sind jedoch gut möglich, da die gleichen Fragen im Fragebogen verwendet wurden.

bestätigen können (vgl. Abb. 4). Dieses Ergebnis ist zunächst sowohl gesellschafts- und bildungspolitisch als auch bildungstheoretisch von besonderer Bedeutung.

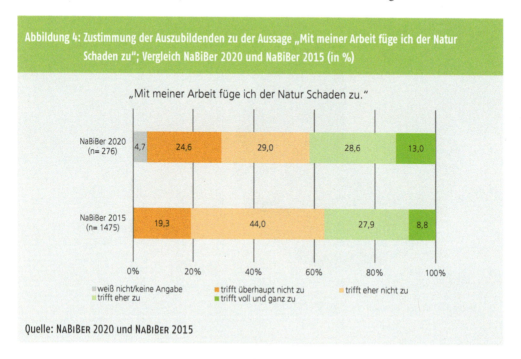

Abbildung 4: Zustimmung der Auszubildenden zu der Aussage „Mit meiner Arbeit füge ich der Natur Schaden zu"; Vergleich NaBiBer 2020 und NaBiBer 2015 (in %)

Quelle: NaBiBer 2020 und NaBiBer 2015

Ausgehend davon erscheint die Bereitschaft der Auszubildenden zur Verantwortungsübernahme in ihrem Arbeitskontext wiederum interessant. Ungefähr 45 Prozent der befragten Auszubildenden fühlen sich für Schäden verantwortlich, die sie durch ihre Arbeit der Natur zufügen. Im Vergleich zur NaBiBer-Untersuchung 2015 stieg diese Bereitschaft zur Verantwortungsübernahme deutlich um sieben Prozentpunkte (vgl. Abb. 5).

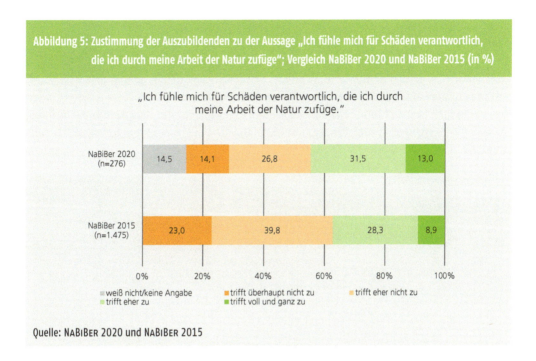

Abbildung 5: Zustimmung der Auszubildenden zu der Aussage „Ich fühle mich für Schäden verantwortlich, die ich durch meine Arbeit der Natur zufüge"; Vergleich NaBiBer 2020 und NaBiBer 2015 (in %)

Quelle: NaBiBer 2020 und NaBiBer 2015

Verantwortung stellt für die Lösung der industriellen Naturkrise eine wichtige ethisch-normative Orientierung dar. Der Begriff der Verantwortung beinhaltet die Reflexion über die Beziehung des Menschen zur Gesellschaft, zur Natur und zu sich selbst (vgl. Jonas 1984; Baran 1990, S. 690). Die Reflexion über die Realisierungsbedingungen von Verantwortung im gesellschaftlichen und arbeitsbezogenen Kontext gilt hierbei als Voraussetzung zur Überwindung der Krise. Die empirisch-deskriptive Sicht aus der NaBiBer-Studie heraus auf Verantwortung zeigt, dass sich solche komplexen Reflexionsprozesse bei ungefähr der Hälfte der Auszubildenden durchaus annehmen lassen. Die zunehmende Komplexität der Produktionsprozesse hat die Verantwortlichkeit für Folgen und Nebenfolgen verdrängt. Was die einzelnen Befragten unter Schäden verstehen und inwiefern sie ihre eigene Verantwortung in den Gesamtkontext des Arbeitsprozesses einordnen, konnte durch die Fragestellung nicht im Detail ergründet werden. Es ist jedoch bemerkenswert, dass über die Hälfte der Auszubildenden kaum oder keine eigene Verantwortlichkeit für den Zusammenhang von Natur und Arbeit sehen. Aus dieser Erkenntnis ergibt sich die Frage, welche Wirkungen eine Berufsbildung für eine nachhaltige Entwicklung bei dieser Gruppe von Auszubildenden ermöglichen könnte. Wenn sie keine eigene Verantwortung erkennen (können), müssten angesichts fehlender Erfahrungsräume, solche grundlegenden Erfahrungsräume erst wieder angebahnt werden, damit man nicht nur eine äußere Steuerung über explizite gesetzliche Vorschriften zum Umweltschutz in Arbeitsprozessen schafft. In jedem Fall zeigt das Ergebnis der Befragung, dass den Auszubildenden die Einsicht der eigenen Verantwortlichkeit für mögliche Schäden durch Arbeitshandeln – unabhängig davon, ob sie rechtlich geregelt sind oder nicht – stärker durch Bildungsprozesse konkret vermittelt werden müsste.

Es zeigte sich ebenfalls, dass es mehr als Dreiviertel der Befragten (76,8 %) wichtig bis sehr wichtig ist, dass die Verfahren, Produkte und Dienstleistungen, an denen sie mit ihrer Arbeit beteiligt sind, mit der Natur verträglich sind. Naturverträglichkeit im Arbeitskontext weist demnach für Auszubildende eine sehr hohe Relevanz auf. Im Vergleich zur Befragung im Jahr 2015 ist hierbei ein Anstieg von ungefähr 17 Prozentpunkten zu erkennen (vgl. Abb. 6).

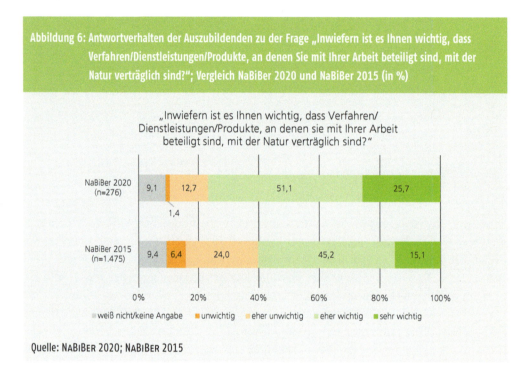

Abbildung 6: Antwortverhalten der Auszubildenden zu der Frage „Inwiefern ist es Ihnen wichtig, dass Verfahren/Dienstleistungen/Produkte, an denen Sie mit Ihrer Arbeit beteiligt sind, mit der Natur verträglich sind?"; Vergleich NaBiBer 2020 und NaBiBer 2015 (in %)

Quelle: NaBiBer 2020; NaBiBer 2015

Differenziert nach verschiedenen Berufsfeldern lässt sich hierbei feststellen, dass in der Na-BiBer-Befragung 2020 eine gewisse fachrichtungsübergreifende Ähnlichkeit des Antwortverhaltens vorliegt. Auffällig ist jedoch, dass Auszubildende der gewerblich-technischen Berufe der Frage „Inwiefern ist es Ihnen wichtig, dass Verfahren/Dienstleistungen/Produkte, an denen sie mit ihrer Arbeit beteiligt sind, mit der Natur verträglich sind?" am meisten zustimmten – die Auszubildenden der agrarwirtschaftlichen Ausbildungsberufe hingegen am wenigsten. Allerdings ist die Antwort „Weiß nicht/keine Antwort" bei dieser Gruppe (n=44) mit 18,2 Prozent am häufigsten vertreten. Ein ähnlich starkes Bedürfnis nach umweltverträglichen Verfahren im Arbeitskontext wiesen die beruflichen Schülerinnen und Schüler aus sozial- und gesundheitsbezogenen Tätigkeitsfeldern auf (einschließlich Auszubildende aus Pflege- und Therapieberufen) (vgl. Abb. 7).

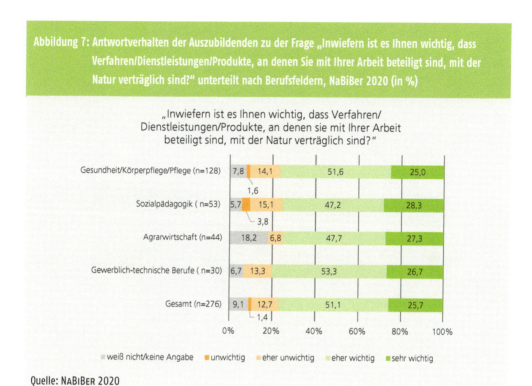

Abbildung 7: Antwortverhalten der Auszubildenden zu der Frage „Inwiefern ist es Ihnen wichtig, dass Verfahren/Dienstleistungen/Produkte, an denen Sie mit Ihrer Arbeit beteiligt sind, mit der Natur verträglich sind?" unterteilt nach Berufsfeldern, NaBiBer 2020 (in %)

Quelle: NaBiBer 2020

Die Antworten der Auszubildenden (vgl. Abb. 5, 6 und 7) auf die verschiedenen Aspekte von Verantwortung deuten an, dass sich viele von ihnen über die Widersprüchlichkeit ihrer eigenen Arbeitssituation bewusst sind. Sie scheinen sich über das moralische Dilemma, Arbeiten ausführen zu müssen, durch die sie der Natur schaden, ohne viel an dieser Situation ändern zu können, bewusst zu sein. Gleichzeitig wünscht sich jedoch die Mehrheit der Auszubildenden ein naturverträgliches Arbeitsumfeld.

So zeigte sich auch, dass viele Auszubildende durchaus gewillt sind, sich Wissen über alternative, naturverträgliche Arbeitsprozesse anzueignen. Auf die Fragestellung, inwieweit es für sie wichtig sei, mehr über naturverträgliche Arbeitsverfahren/Dienstleistungen zu lernen, gaben 75,7 Prozent der Auszubildenden an, dass dies für sie sehr (30,4 %) oder eher (45,3 %) wichtig sei (vgl. Abb. 8). Hier lässt sich ein deutlicher Anstieg an Zustimmung um 14 Prozentpunkte im Vergleich zur Befragung im Jahr 2015 ausmachen.

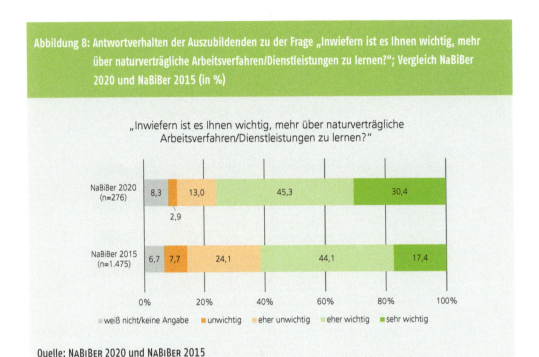

Abbildung 8: Antwortverhalten der Auszubildenden zu der Frage „Inwiefern ist es Ihnen wichtig, mehr über naturverträgliche Arbeitsverfahren/Dienstleistungen zu lernen?"; Vergleich NaBiBer 2020 und NaBiBer 2015 (in %)

Quelle: NaBiBer 2020 und NaBiBer 2015

Lediglich 15,9 Prozent halten es in der NaBiBer-Befragung 2020 für eher oder ganz unwichtig, mehr über naturverträglichere Arbeitsverfahren oder Dienstleistungen zu lernen. Auch hier gibt es verschiedene Erklärungsansätze. Möglicherweise sind diese Auszubildende der Ansicht, bereits genug Wissen über naturverträgliche Arbeitsverfahren zu haben bzw. sind überzeugt, dass ein solches Wissen hinsichtlich Veränderungen oder Alternativen eher wenig nützen würde. Denkbar ist auch, dass diese Auszubildende einfach „lernmüde" sind oder ihr Antwortverhalten nicht unmittelbar im Zusammenhang mit dem Problem steht. Eine qualitativ angelegte Untersuchung könnte diesen spekulativen Interpretationen auf den Grund gehen.

Aufgeteilt nach Fachrichtungen erkennt man insbesondere in den Sozialberufen (79,2 %) und gesundheitsbezogenen Berufen (77,4 %) ein starkes Interesse an nachhaltigen Lerninhalten in der beruflichen Bildung (vgl. Abb. 9). Das kann auch damit zusammenhängen, dass nachhaltige Themenstellungen in den Rahmencurricula dieser Berufszweige kaum bzw. nur äußerst randständig verankert sind, obwohl nachhaltige Themenstellungen von hoher theoretischer und praktischer Relevanz sind.

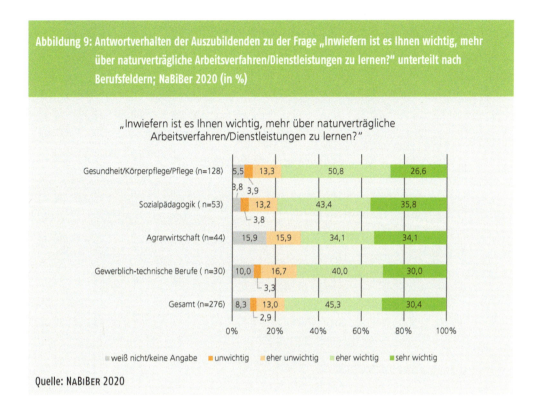

Abbildung 9: Antwortverhalten der Auszubildenden zu der Frage „Inwiefern ist es Ihnen wichtig, mehr über naturverträgliche Arbeitsverfahren/Dienstleistungen zu lernen?" unterteilt nach Berufsfeldern; NaBiBer 2020 (in %)

Quelle: NaBiBer 2020

Der Wunsch nach einer größeren Thematisierung nachhaltiger Arbeitsverfahren bzw. Dienstleistungen ist nicht nur in Bezug auf Lehr-/Lernprozesse in der beruflichen Bildung, sondern auch in Bezug auf Gewichtungen solcher Kenntnisse in Abschlussprüfungen erkennbar. Deshalb kann man durch die Frage, ob Kenntnisse und Fähigkeiten über naturverträgliche Arbeitsverfahren und Dienstleistungen künftig auch in Abschlussprüfungen mehr Gewicht erhalten sollten, die Ernsthaftigkeit, die Auszubildende dem Problem beimessen, besser beurteilen. Zwar sind solche Prüfungen tendenziell für Auszubildende etwas Unangenehmes, aber oft sind die Auszubildende der Auffassung, dass Inhalte abgeprüft werden sollen, die sie selbst für sinnvoll und interessant halten. Insofern ist die Frage, wie wichtig es für die Auszubildenden wäre, dass Kenntnisse über naturverträgliche Arbeitsverfahren und Dienstleistungen auch in Abschlussprüfungen mehr Gewicht erhalten, ein Gradmesser für die Bedeutung des Problems. Vor diesem Hintergrund ist es überraschend und im Hinblick auf eine Problemlösung tendenziell positiv zu bewerten, dass es für 57,2 Prozent der Auszubildenden sehr oder eher wichtig ist, dass solche Inhalte und Fähigkeiten in Abschlussprüfungen stärkere Berücksichtigung finden (Anstieg von ca. zwölf Prozentpunkten im Vergleich zur NaBiBer-Befragung 2015). Für etwa ein Drittel der Auszubildenden (30,4 %) ist die Aufnahme derartiger Themen in Abschlussprüfungen unwichtig bzw. eher unwichtig (vgl. Abb. 10).

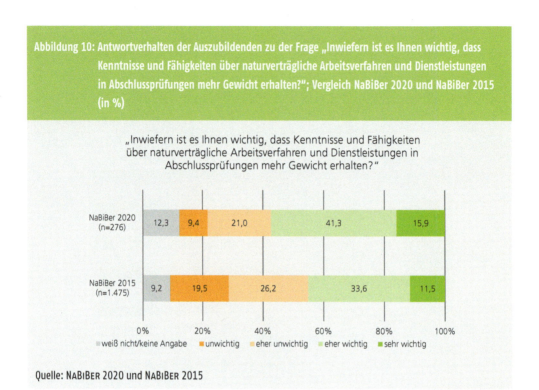

Abbildung 10: Antwortverhalten der Auszubildenden zu der Frage „Inwiefern ist es Ihnen wichtig, dass Kenntnisse und Fähigkeiten über naturverträgliche Arbeitsverfahren und Dienstleistungen in Abschlussprüfungen mehr Gewicht erhalten?"; Vergleich NaBiBer 2020 und NaBiBer 2015 (in %)

Quelle: NaBiBer 2020 und NaBiBer 2015

Insgesamt ist die Befragtengruppe also im Hinblick auf die Bedeutung der Prüfungsrelevanz des Themas „Naturverträgliche Arbeitsverfahren und Dienstleistungen" geteilt, wobei sich ein hoher Anteil von 12,3 Prozent der Auszubildenden bei dieser Frage nicht festgelegt hat. Aufgeteilt auf die verschiedenen Fachrichtungen zeigten die Auszubildenden der Sozial-berufe (62,2 %) und Gesundheitsberufe (57,8 %) wieder das größte Interesse an der Thematik – gefolgt von den gewerblich-technischen Berufen (53,3 %). Auszubildende aus dem Berufsfeld der Agrarwirtschaft sahen die Gewichtung der Thematik im Prüfungskontext im Vergleich als etwas weniger wichtig an (47,7 %) (vgl. Abb. 11).

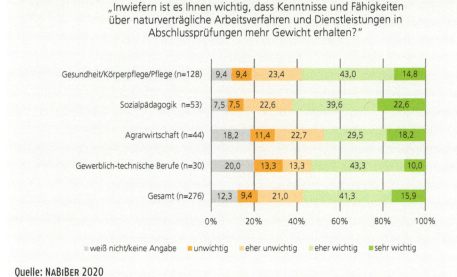

Abbildung 11: Antwortverhalten der Auszubildenden zu der Frage „Inwiefern ist es Ihnen wichtig, dass Kenntnisse und Fähigkeiten über naturverträgliche Arbeitsverfahren und Dienstleistungen in Abschlussprüfungen mehr Gewicht erhalten?" unterteilt nach Berufsfeldern; NaBiBer 2020 (in %)

Quelle: NaBiBer 2020

In Hinblick auf eine nachhaltige Entwicklung, die ja allgemein als notwendig angesehen und politisch weitgehend unumstritten ist, erscheint es wichtig, dass Themen rund um naturverträgliche Arbeitsverfahren und Dienstleistungen zukünftig verstärkt in Prüfungen aufgenommen werden. Insofern ist es positiv zu bewerten, dass über die Hälfte der Auszubildenden sich für eine Aufnahme dieses Themenbereichs in die Abschlussprüfungen aufgeschlossen zeigen.

Die vorliegenden quantitativen Befunde zeigen Erkenntnisse zu Einstellungen der Auszubildenden zum Thema Nachhaltigkeit in der Berufsbildung auf und sollen einige Ansätze für weitere bildungsrelevante Fragestellungen des NaBiBer-Projekts ebnen. Gerade die Perspektive der Jugend und der folgenden Generation liefert bedeutsame empirische Bezugsgrößen bei der Gestaltung von nachhaltigkeitsorientierten Lehr-/Lernkonzepten und Curricula in der beruflichen Bildung.

5   Zentrale qualitative Befunde der NaBiBer 2020-Studie

In der Studie 2020 wurden auch vier offene Fragen formuliert, die im Folgenden exemplarisch betrachtet und präsentiert werden. Im ersten inhaltlichen Abschnitt zum Thema „Einstellung zu Natur und Umwelt" konnten spontane Meinungen und Einschätzungen zum Thema Natur und Umwelt einerseits und zu besonders problematischen beruflichen Handlungen in Bezug auf Natur und Umwelt andererseits stichwortartig bzw. als Fließtext formuliert werden. Des Weiteren konnten die Auszubildenden nach der Benotung der Art und Weise, wie das Thema „Nachhaltigkeit" in ihrem Ausbildungsbetrieb behandelt wird (analog zu Schulnoten von 1 bis 6), in Form eines Freitextes angeben, was ihnen davon besonders im Gedächtnis geblieben ist – wenn das Thema im Betrieb behandelt wurde. Am Ende des Fragebogens gab es wiederum die Möglichkeit der Freitextoption. Die Auszubildenden wurden mit der letzten Frage aufgefordert, über die abgefragten Inhalte hinaus Anmerkungen zum Thema Natur- und Umweltbewusstsein in Form von Freitextantworten zu formulieren.

Hinsichtlich der spontanen Antworten auf die erste Frage ist beispielsweise hervorzuheben, dass im überwiegenden Teil der Antworten der Auszubildenden die Naturerfahrung in Deutschland als eine besonders geschätzte Lebensqualität, oft in Kombination mit Entspannung, Wohlfühlen und Wasser Erwähnung fand. Auch hat nahezu die Hälfte der antwortgebenden Personen Sorgen und Ängste angesichts der übermäßigen Umweltverschmutzung zum Ausdruck gebracht. Exemplarisch für diese Antworten steht folgendes Zitat:

> „Die Menschheit ist egozentrisch und bereichert sich zu Unrecht an der Natur. Ich wünsche mir von Herzen, dass wir aufhören, die Natur auszubeuten und beginnen, im Einklang mit ihr [zu] leben. Es ist Zeit, dass wir uns wieder für unsere Umwelt interessieren, sie wertschätzen und schützen – auch wenn [wir] dies mit persönlichen Opfern tun müssen, zum Beispiel in unserem Alltag und [auf] Konsum zu verzichten" (Auszubildende/-r ohne zugeordnete Fachrichtung, NaBiBer 2020).

Anhand zweier offener Fragen soll im Folgenden eine kursorische Auswahl zentraler Aussagen berufsfeldübergreifender Perspektiven aufgezeigt werden. Hinsichtlich der Frage, welche ihrer beruflichen Handlungen von den Auszubildenden als besonders problematisch in Bezug auf Natur und Umwelt eingeschätzt werden, kommen vor allem aus den Berufsfeldern Pflege und Gesundheit die Herausforderungen des Einsatzes von sterilen Einmalprodukten zur Sprache: „Da man viel Plastik in der Praxis verwendet, man das aber nicht groß umstellen kann auf nachhaltige Produkte. Weil das meiste steril sein muss, da man sonst sich und den Patienten gefährden könnte" (Auszubildende/-r aus dem Berufsfeld Gesundheit/ Körperpflege/Pflege). Es wird ebenfalls auf den Umgang mit dieser Problematik und die Konsequenzen (Müllentsorgung) verwiesen: „Die Mülltrennung im Krankenhaus ist kaum einzuhalten, dabei wird viel zu viel Müll produziert" (Auszubildende/-r aus dem Berufsfeld Gesundheit/Körperpflege/Pflege). In Bezug auf sozialpädagogische Tätigkeitsfelder wird vereinzelt auch auf die Relevanz der eigenen pädagogischen Aufgabe hingewiesen: „Den

Kindern das Verständnis näher zu bringen, in Bezug auf Natur und Umwelt, und die Eltern dahingehend zu schulen" (Auszubildende/-r aus dem Berufsfeld Sozialpädagogik). In dem Berufsfeld der Agrarwirtschaft geht es auch konkret um „Pflanzenschutz auf unseren konventionellen Flächen und Düngung der Öko-Flächen" (Auszubildende/-r aus dem Bereich Agrarwirtschaft). Auf die qualitative Frage nach der Thematisierung von Nachhaltigkeit im Bereich der beruflichen Bildung sind es eher negative Einschätzungen, auch hinsichtlich der beruflichen Schule als möglichem Ort einer nachhaltigen Institution: „Leider überwiegt das Selbststudium zur Thematik" (Auszubildende/-r aus dem Berufsfeld Sozialpädagogik); „[e]s ist alles ganz schön oberflächlich" (Auszubildende/-r aus dem Bereich Agrarwirtschaft) und „[w]ird eher selten behandelt und die Schule ist kein positives Beispiel" (Auszubildende/-r aus dem Berufsfeld Sozialpädagogik). Dem gegenüber stehen auch Beiträge, die eine Bereitschaft zur eigenen Verantwortungsübernahme zum Ausdruck bringen, etwa: „Dass die Natur ein wichtiger Aspekt von unserem Leben ist und dass wir sie für die weiteren Generationen schützen und bewahren müssen. Ohne die Natur können wir nicht leben und jeder von uns kann einen Teil zum Umweltschutz beitragen. Egal ob privat oder beruflich" (Auszubildende/-r aus dem Berufsfeld Gesundheit/Körperpflege/Pflege). Viele Antwortoptionen beinhalten konkrete Lösungsvorschläge wie die Nutzung erneuerbarer Energien, die Wiederverwertung von Rohstoffen, Mülltrennung, Recycling, nachhaltiges Arbeiten, Reduzierung von Materialverbrauch und Meiden von Verpackungsmüll.

Subjektive Theorien (vgl. GROEBEN/SCHEELE 2020) verdeutlichen, dass die Auszubildenden einen zentralen Konflikt zwischen ökonomischen Interessen und der Durchsetzung des Vorrangs von Nachhaltigkeit in der Arbeitswelt erkennen: „Es wird versucht, auf Nachhaltigkeit zu achten, doch wenn die Alternativen günstiger und einfacher zu bewältigen sind, wird auf Nachhaltigkeit doch verzichtet" (Auszubildende/-r aus dem Berufsfeld Gesundheit/Körperpflege/Pflege). Die Dominanz der ökonomischen Interessen wird in Bezug auf die Frage der Nachhaltigkeit in der Arbeitswelt als problematisch erachtet. Eine Veränderung von schulischer und betrieblicher Praxis in Richtung mehr Nachhaltigkeit und Umweltschutz erscheint aus der Sicht der Mehrheit der Auszubildenden als wichtig, allerdings vermissen sie an beiden Lernorten konsequentere Praxen in der Umsetzung.

6 Limitationen

Limitierend wirken die Rückläufe insofern, als nicht alle Fachrichtungen gleich vertreten sind. Die zahlenmäßig starken gewerblich-technischen Fachrichtungen in Mecklenburg-Vorpommern 2020 (N_{GT} = 7.980) sind beispielsweise in der Studie zahlenmäßig nur schwach vertreten (n = 30) (STATISTISCHES AMT MECKLENBURG-VORPOMMERN 2021). Demnach sind auch Aussagen für die berufliche Bildung insgesamt nicht zu vertreten und gelten eher im Konjunktiv (N_{Gesamt} = 28.975). Die Samplezahl blieb hinter dem eigenen Ziel von N = 1.000 zurück.

Der Fragebogen konnte aufgrund der reflektierten Pandemiebedingungen persönlich nicht nachgefasst werden. Die Ergebnisse sind als eigenfinanzierte Gelegenheitsstudie somit nicht repräsentativ und auch nicht signifikant. Entsprechende Berechnungen über Kreuz liefen ins Leere.

Die Studie wurde vom Bildungsministerium des Landes Mecklenburg-Vorpommern genehmigt, aber nicht unterstützt. Eine Möglichkeit zu einem Schulleitungstreffen eingeladen zu werden, um die Studie bekannt zu machen, wurde vonseiten der Referatsleitungen ignoriert. Alle Schulleitungen wurden im persönlichen Telefonat motiviert, an der Studie teilzunehmen, was vereinzelt gelang. Die Weitergabe des Fragebogenlinks in den Schulen erfolgte daher für das Forscherteam weder nachvollziehbar noch transparent.

7   Schlussfolgerungen aus der NaBiBer 2020-Studie

Die Ergebnisse zeigen deutlich eine Diskrepanz zwischen dem einerseits bestehenden Wunsch auf Auszubildendenseite nach Naturbildung im Beruf, nach Themen- und Aufgabenstellungen mit Bezug zur Nachhaltigkeit und andererseits der beruflichen Bildungsrealität, die in der Wahrnehmung von Auszubildenden diese Themen und Perspektiven immer noch weitgehend als randständig handelt. Wie die Ergebnisse der vorgestellten Studie nahelegen, besteht diese Diskrepanz fachrichtungsübergreifend. Eine neue Erkenntnis dieser NaBiBer-Studie ist, dass sich das Interesse an Nachhaltigkeitsinhalten auch in den gesundheits- und pflegebezogenen Berufsfeldern nachweisen lässt, welche nach dem Bundesgesundheitsministerium mit großem Wachstum einhergehen und als zukunftsweisende Ausbildungssektoren zu sehen sind (vgl. BMG 2021). Hier bedarf es weiterer Analysen und Projekte, um die fehlende Relevanz von Nachhaltigkeit und Naturbildung in den beruflichen Didaktiken und Berufswissenschaften genauer zu verdeutlichen und neue Wege anzubahnen. Konkret gesprochen: Wie geht man im Kontext der beruflichen Bildung auf die Schadensauswirkungen der Arbeit von Auszubildenden genau ein und wie geht man auf Gruppen ein, die gar keinen Zusammenhang und keine negativen Konsequenzen ihrer Arbeit für die natürlichen Lebensgrundlagen sehen?

Die NaBiBer-Studie wurde im Hinblick auf eine Neuausrichtung des Verhältnisses der Kultur zur Natur angelegt. Die theoretischen und empirischen Ergebnisse zeigen, dass es dabei nicht nur darum gehen kann, Nachhaltigkeit im Sinne einer logarithmisch fixierten Regelanwendung zu vermitteln. Es muss vielmehr darum gehen, Bildungsformate anzubieten, die den Auszubildenden eine eigene kritische Auseinandersetzung und Reflexivität ermöglichen – im Sinne des eingangs erwähnten Modells der vier Denkebenen von Maani und Cavana (2007). Hieraus könnten Konsequenzen für Bildungsprozesse, insbesondere für die anteilig in dieser Studie stark vertretenen Gesundheits- und Sozialberufe abgeleitet werden, wie etwa handlungsorientierte Projekte, Lernaufgaben für Praxisphasen oder lernortübergreifende Kooperationsprojekte (vgl. GREB/HOOPS 2008; GAHLEN-HOOPS 2019).

Demnach sollte es auch um eine Neuausrichtung der Nachhaltigkeitsdebatte gehen, die das Vorrangmodell der Nachhaltigkeit als Wegweiser nimmt. Allgemeindidaktisch betrachtet spielen gesellschaftliche Phänomene als „epochaltypische Schlüsselprobleme" seit gut 40 Jahren eine besondere Rolle. Die NaBiBer-Befragung 2020 der Auszubildenden zeigt, dass die Auszubildenden ungefähr zur Hälfte deutlich weiter in der Erkenntnis der Relevanz der Naturbildung sind als das derzeit praktizierte System der beruflichen Bildung. Die Ergebnisse können daher Initiativen und Impulse aus dem beruflichen Bildungsdiskurs der Modellversuche „Berufsbildung für nachhaltige Entwicklung (BBNE)" deskriptiv und auch positiv untermauern und stützen (vgl. MELZIG/KUHLMEIER/KRETSCHMER 2021).

Diese Diskrepanz zwischen Wunsch und Wirklichkeit schafft in vielen Berufsfeldern ein berufsdidaktisches Glaubwürdigkeitsproblem. Wäre es nicht sinnvoll und an der Zeit, die Rettung des Planeten als gemeinsames und interdisziplinäres Bildungsziel vorzuschlagen (vgl. HANUSCH/LEGGEWIE/MEYER 2021), zu implementieren und damit die Anliegen der Agenda 2030 anzuerkennen? So könnten sich viele weitere Ideen und Projektinitiativen anschließen, die auch vor der nachhaltigen Umbildung der beruflichen Bildungszentren nicht Halt machen dürften.

Mit der Diskussion der NaBiBer-Ergebnisse eröffnen sich neue Perspektiven einer kritisch orientierten betrieblich-beruflichen Bildung für eine nachhaltige Entwicklung, die eine neue ethische Haltung im Sinne des Erhalts und Schutzes natürlicher Lebensgrundlagen in den Mittelpunkt stellt und Potenziale einer naturgemäßen Berufsbildung auslotet.

Literatur

BARAN, Pavel: Verantwortung. In: SANDKÜHLER, Hans Jörg (Hrsg.): Europäische Enzyklopädie zu Philosophie und Wissenschaften. Bd. 4. Hamburg 1990, S. 690–694

BRÄMER, Rainer; KOLL, Hubert; SCHILD, Hans-Joachim: 7. Jugendreport Natur. Natur Nebensache? 2016. URL: https://www.wanderforschung.de/files/jugendreport2016-web-final-160914-v3_1903161842.pdf (Stand: 19.07.2022)

BMBF – BUNDESMINISTERIUM FÜR BILDUNG UND FORSCHUNG (Hrsg.): Berufsbildung für eine nachhaltige Entwicklung. Machbarkeitsstudie im Auftrag des Bundesministeriums für Bildung und Forschung. Hannover 2001

BMG – BUNDESMINISTERIUM FÜR GESUNDHEIT (Hrsg.): Bedeutung der Gesundheitswirtschaft. 2021. URL: https://www.bundesgesundheitsministerium.de/themen/gesundheitswesen/gesundheitswirtschaft/bedeutung-der-gesundheitswirtschaft.html (Stand: 19.07.2022)

BMU – BUNDESMINISTERIUM FÜR UMWELT, NATURSCHUTZ UND REAKTORSICHERHEIT (Hrsg.): Konferenz der Vereinten Nationen für Umwelt und Entwicklung im Juli 1992 in Rio de Janeiro. Dokumente. Agenda 21. Bonn 1997. URL: https://www.bmu.de/fileadmin/bmu-import/files/pdfs/allgemein/application/pdf/agenda21.pdf (Stand: 19.07.2022)

BMU/BfN – Bundesministerium für Umwelt, Naturschutz und nukleare Sicherheit; Bundesamt für Naturschutz (Hrsg.): Jugend-Naturbewusstsein 2020. Bevölkerungsumfrage zu Natur und biologischer Vielfalt. Berlin, Bonn 2021. URL: https://www.bmu.de/fileadmin/Daten_BMU/Pools/Broschueren/jugend-naturbewusstsein_2020.pdf (Stand: 19.07.2022)

BMU/BfN – Bundesministerium für Umwelt, Naturschutz und nukleare Sicherheit; Bundesamt für Naturschutz (Hrsg.): Naturbewusstsein 2019. Bevölkerungsumfrage zu Natur und biologischer Vielfalt. Berlin, Bonn 2020. URL: https://www.bmu.de/fileadmin/Daten_BMU/Pools/Broschueren/naturbewusstsein_2019_bf.pdf (Stand: 19.07.2022)

BMU/BfN – Bundesministerium für Umwelt, Naturschutz, Bau und Reaktorsicherheit; Bundesamt für Naturschutz (Hrsg.): Naturbewusstsein 2013. Bevölkerungsumfrage zu Natur und biologischer Vielfalt. Berlin, Bonn 2014. URL: https://www.bfn.de/sites/default/files/2021-05/Naturbewusstsein_2013.pdf (Stand: 03.11.2022)

Gahlen-Hoops, Wolfgang von: Berufliche Fachrichtung und Fachdidaktik Gesundheit und Pflege In: Kalisch, Claudia; Kaiser, Franz (Hrsg.): Berufspädagogische Studiengänge gestalten – Bildungsziele, Strukturmodelle, didaktische Ausgestaltung und Anforderungen an die Studienstandorte. Berlin 2019

Groeben, Norbert; Scheele, Brigitte: Das Forschungsprogramm Subjektive Theorien. In: Mey, Günther; Mruck, Katja (Hrsg.): Handbuch Qualitative Forschung in der Psychologie. 2. Aufl. Wiesbaden 2020, S. 185–202

Hanusch, Frederic; Leggewie, Claus; Meyer, Erik: Planetar denken. Bielefeld 2021

Jonas, Hans: Das Prinzip Verantwortung. Frankfurt am Main 1984

Greb, Ulrike; Hoops, Wolfgang (Hrsg.): Demenz – Jenseits der Diagnose. Pflegedidaktische Interpretation und Unterrichtssetting. Frankfurt am Main 2008

Koll, Hubert; Brämer, Rainer: 8. Jugendreport Natur. Natur auf Distanz. 2021. URL: https://www.wanderforschung.de/files/8-jugendreport-natur-2021-final-31-05-2021_2106051202.pdf (Stand: 19.07.2022)

Kuhlmeier, Werner; Vollmer, Thomas: Ansatz einer Didaktik der Beruflichen Bildung für nachhaltige Entwicklung, In: Tramm, Tade; Casper, Mark; Schlömer, Tobias (Hrsg.): Didaktik der beruflichen Bildung. Selbstverständnis, Zukunftsperspektiven und Innovationsschwerpunkte. Bielefeld 2018, S. 131–151. URL: https://www.bibb.de/dienst/veroeffentlichungen/de/publication/show/8602 (Stand: 19.07.2022)

Lappe, Lothar; Tully, Claus; Wahler, Peter: Das Umweltbewusstsein von Jugendlichen. Eine qualitative Befragung Auszubildender. München 2000

Maani, Kambiz; Cavana, Robert: Systems thinking and modelling: understanding change and complexity. Auckland, New Zealand 2007

Martens, Jens; Obenland, Wolfgang: Die Agenda 2030. Globale Zukunftsziele für nachhaltige Entwicklung. Bonn, Osnabrück 2017

MAYRING, Philipp: Qualitative Inhaltsanalyse. Grundlagen und Techniken. Weinheim, Basel 2010

MELZIG, Christian; KUHLMEIER, Werner, KRETSCHMER, Susanne: Berufsbildung für nachhaltige Entwicklung. Die Modellversuche 2015–2019 auf dem Weg vom Projekt zur Struktur. Bonn 2021. URL: https://www.bibb.de/dienst/veroeffentlichungen/de/publication/show/16974 (Stand: 19.07.2022)

MÜLLER, Felix: Nachhaltigkeit – Drei-Säulen-Modell und Vorrangmodell. 2014. URL: https://commons.wikimedia.org/wiki/File:Nachhaltigkeit_-_Drei-S%C3%A4ulen-Modell_und_Vorrangmodell.svg (Stand: 19.07.2022)

PICHT, Georg: Vorlesungen und Schriften. Geschichte und Gegenwart. Stuttgart 1993

RADKAU, Joachim: Natur und Macht. Eine Weltgeschichte der Umwelt. München 2000

RINK, Dieter; WÄCHTER, Monika; POTTHAST, Thomas: Naturverständnisse in der Nachhaltigkeitsdebatte. Grundlagen, Ambivalenzen und normative Implikationen. In: RINK, Dieter; WÄCHTER, Monika (Hrsg.): Naturverständnisse in der Nachhaltigkeitsforschung. Frankfurt a. M., New York 2004, S. 11–34

SCHMIDT, Jan C.: Ethische Perspektiven einer politischen Naturphilosophie. In: ALTNER, Günter; BÖHME, Gernot; OTT, Heinrich (Hrsg.): Natur erkennen und anerkennen – Über ethikrelevante Wissenszugänge zur Natur. Kusterdingen 2000, S. 73–100

SCHNEIDEWIND, Uwe: Umwelt und Nachhaltigkeit als Transformationsriemen für die Arbeit der Zukunft. In: HOFFMANN, Reiner; BOGEDAN, Claudia (Hrsg.): Arbeit der Zukunft. Möglichkeiten nutzen – Grenzen setzen. Frankfurt a. M., New York 2015, S. 196–206

SEN, Amartya: Ökonomie für den Menschen: Wege zu Gerechtigkeit und Solidarität in der Marktwirtschaft. München 2002

STATISTISCHES AMT MECKLENBURG-VORPOMMERN (Hrsg.): Berufliche Schulen in Mecklenburg-Vorpommern. Schuljahr 2020/21. Schwerin 2021

VOGEL, Thomas: Zum Verständnis von Natur und Arbeit bei Auszubildenden – Ergebnisse einer quantitativen Studie. In: bwp@ Berufs- und Wirtschaftspädagogik – online (2017) 32, S. 1–23

VOGEL, Thomas: Zum Naturverständnis von Auszubildenden. In: Berufsbildung. Zeitschrift für Praxis und Theorie in Betrieb und Schule (2016) 162, S. 42–44

VOGEL, Thomas: Naturgemäße Berufsbildung – Gesellschaftliche Naturkrise und berufliche Bildung im Kontext Kritischer Theorie. Norderstedt b. Hamburg 2011

WINTERSTEINER, Werner: Während, nach und wegen der COVID-19 Krise: Die Welt neu denken. In: ZEP: Zeitschrift für internationale Bildungsforschung und Entwicklungspädagogik (2020) 3, S. 4–8

WWF – WORLD WIDE FUND FOR NATURE (Hrsg.): Living Planet Report 2016. Berlin 2016. URL: https://www.wwf.de/fileadmin/fm-wwf/Publikationen-PDF/WWF-LivingPlanetReport-2016-Kurzfassung.pdf (Stand: 19.07.2022)

Fenna Henicz, Esther Winther

▶ Nachhaltigkeit als Unterrichtsinhalt: Wie ein Grundkonzept der Ökonomie in den Curricula der ökonomischen Allgemeinbildung verankert ist

Der Beitrag untersucht, wie ausgewählte Curricula verschiedener Schulformen und Bundesländer (17 Curricula, sechs Bundesländer, veröffentlicht zwischen 2009 und 2020) Nachhaltigkeit als Unterrichtsinhalt verankern. Die Curricula wurden entlang theoriebasierter Kriterien, die deduktiv aus einer Domänenanalyse abgeleitet wurden, qualitativ analysiert. Im Fokus stand dabei, inwiefern die Curricula nachhaltigkeitsrelevante Inhaltsbereiche und Kompetenzerwartungen implementieren. Es zeigt sich, dass sich die inhaltliche Verankerung und die Kompetenzerwartungen zu Nachhaltigkeit stark zwischen den Curricula unterscheiden. So lassen sich gerade hinsichtlich lernprozessualer Kategorien wie der kognitiven Anforderung und den Wissensarten bundeslandspezifische Unterschiede erkennen.

1 Unterrichtsinhalt Nachhaltigkeit: die ökonomische Domäne stellt einen sachlogischen Zugang sicher

Nachhaltiges Wirtschaften erlangt vor dem Hintergrund gegenwärtiger gesellschaftlicher Herausforderungen zunehmend an Bedeutung (vgl. VEREINTE NATIONEN 2015; WALTNER/ RIESS/MISCHO 2019, S. 1). Spätestens seit der Konferenz der Vereinten Nationen über Umwelt und Entwicklung (1992) sind Debatten um mehr Nachhaltigkeit in vielen gesellschaftlichen Bereichen angestoßen worden und die Dringlichkeit, nachhaltige Entwicklung verstärkt in alle Lebens- und Lernbereichen zu implementieren, wird immer wieder deutlich (vgl. NATIONALE PLATTFORM BNE 2017, S. 7-8; DIE BUNDESREGIERUNG 2021, S. 15). Aktuell werden die planetaren Grenzen aufgrund des traditionellen wirtschaftlichen Wachstumsmodells überschritten, sodass weltweit weder die intragenerationelle Verteilungsgerechtigkeit gegeben ist noch zukünftige Generationen bei gleichbleibender Ressourcennutzung ohne beeinträchtige Bedarfsbefriedigung leben können werden (vgl. FISCHER 2001, S. 2; HIRSCH-NITZ-GARBERS/WERLAND 2017, S. 13f.). Die Agenda 2030 für nachhaltige Entwicklung zeigt die 17 *Sustainable Development Goals* (SDGs) auf, welche auf den Abbau von Disparitäten der Lebensbedingungen aller Menschen, den Erhalt von Ökosystemen sowie die Stärkung ihrer Resilienz bei gleichzeitigem Voranbringen des wirtschaftlichen Wachstums abstellen (vgl. Vereinte Nationen 2015).

Dafür sollen alle Lernenden bis 2030 die notwendigen Kompetenzen erwerben können, um eine nachhaltige Entwicklung aktiv fördern zu können (vgl. SDG 4.7). Die deutsche Nachhaltigkeitsstrategie sieht daher vor, nachhaltige Entwicklung in allen Lebensbereichen als Leitprinzip zu verankern und dafür Bildung, Wissenschaft und Innovation als Treiber zu verstehen (vgl. Die Bundesregierung 2021, S. 15). Daraus ergibt sich die Notwendigkeit, die Anbahnung von Kompetenzen für eine nachhaltige Entwicklung von der frühkindlichen bis hin zur Erwachsenenbildung im Sinne des lebenslangen Lernens und schlüssiger Bildungsketten verstärkt zu fokussieren und strukturell zu verankern (vgl. Vereinte Nationen 2015; Nationale Plattform BNE 2017 S. 7; MSB NRW 2019).

Auch wenn nachhaltige Entwicklung als Leitprinzip für alle fachlichen Lernbereiche zu verstehen ist und somit eine gemeinsame Verantwortung aller Fachbereiche darstellt (vgl. Buddeberg 2016, S. 268f.; Holst/Brock 2020, S. 2), müssen jeweils domänenspezifische Zugänge gewählt werden, um die Komplexität des Konstrukts ganzheitlich erschließen zu können (vgl. Rost 2005, S. 18; Löw Beer 2016, S. 18).

Der Zugang über die ökonomische Domäne ist deswegen von hoher Relevanz, da wirtschaftliches Wachstum derzeit überwiegend an nicht nachhaltige Produktionsbedingungen und Konsummuster gekoppelt ist und somit wirtschaftliche Prozesse den Kern (nicht) nachhaltiger Entwicklung darstellen (vgl. Transfer-21 2007, S. 9–11; Löw Beer 2016, S. 19; Pies/Sardison 2005, S. 1). Es bedarf daher einer Transformation hin zu einer nachhaltigen Wirtschaftsordnung, die ökonomische, ökologische und soziale Ziele gleichermaßen integriert (vgl. Slopinski u. a. 2020, S. 1), um besonders mit Blick auf Unternehmen das Handeln im Eigeninteresse so auszurichten, dass es sozial- und umweltverträglich wird (vgl. Pies/Sardison 2005, S. 3).

Eine fachlich fundierte ökonomische Bildung ist für eine Bildung für nachhaltige Entwicklung (BNE) also unabdingbar (vgl. Krol/Zörner 2016, S. 289), da ökonomische Kompetenzen die Grundlage bilden, (nicht) nachhaltige Entwicklungen verstehen zu können (vgl. Programm Transfer-21 2007, S. 9–11; MSB NRW 2019, S. 31f.). Ökonomische Fragen sollten deshalb stets auch in ihren ökologischen, sozialen und politischen Zusammenhängen beurteilt werden, sodass Lernende ein Verständnis der zugrunde liegenden Interdependenzen entwickeln können (vgl. Löw Beer 2016, S. 19).

Dabei ist vor allem die Sensibilisierung für nachhaltiges Wirtschaften in der Zielgruppe der Schülerinnen und Schüler von besonderer Relevanz, da sie zukünftig in unterschiedlichen lebensweltlichen Rollen privat wie beruflich wirtschaftliche und (wirtschafts-)politische Prozesse gestalten und steuern werden (vgl. MSB NRW 2019, S. 31f.) und gerade die Schule einen langjährig prägenden Sozialisationsort darstellt (vgl. Nationale Plattform BNE 2017, S. 23; Holst/Brock 2020, S. 2).

Wirtschaftliche Bildung nach Dubs (2011) zielt einerseits auf eine wirtschaftliche Allgemeinbildung ab, welche zu außerberuflicher Partizipation befähigen soll, und andererseits auf wirtschaftsberufliche Bildung, die auf die Erlangung beruflicher Handlungskompetenzen abstellt. Wirtschaftliche Allgemeinbildung bildet damit auch die Basis für berufsbildende Prozesse, besonders mit Blick auf die berufliche Ausbildung in der kaufmännischen Domäne (vgl. WINTHER u. a. 2016, S. 160; WINTHER 2010, S. 181). In aktuellen Diskursen wird das Ziel wirtschaftlicher Allgemeinbildung über das Konstrukt der *Economic Literacy* abgebildet, um Aussagen darüber treffen zu können, welche Grundkompetenzen Individuen benötigen, um sich in ökonomisch geprägten Lebenssituationen zu orientieren, zu urteilen, zu entscheiden, handlungsfähig zu sein und diese mitzugestalten (vgl. DEGÖB 2004, S. 84; WINTHER 2010, S. 55). Ökonomische Literalität zeigt sich letztlich darin, dass Schülerinnen und Schüler ökonomisch geprägte Anforderungssituationen aus drei Lebensbereichen (persönlich-finanziell, beruflich und unternehmerisch-betriebswirtschaftlich sowie gesellschaftlich-volkswirtschaftlich) als mündige Wirtschaftsbürgerinnen und -bürger bewältigen können. Der berufliche Lebensbereich umfasst dabei keine berufsspezifischen Handlungskompetenzen – diese lassen sich über berufliche Kompetenzmodelle abbilden (z. B. bei WINTHER 2010) – sondern vielmehr allgemeine berufsübergreifende Situationen. Allen drei Bereichen sind Fragen der Nachhaltigkeit immanent (vgl. ACKERMANN 2019, S. 63–65). Auch in den Bildungsstandards für die ökonomische Bildung der Deutschen Gesellschaft für ökonomische Bildung (2004) werden Voraussetzungen und Auswirkungen nachhaltigen Wirtschaftens sowie die Berücksichtigung von ethischen Prinzipien explizit aufgeführt.

Erfolgreich gestaltete Lehr-/Lernprozesse einer ökonomischen Allgemeinbildung in der Sekundarstufe I bilden also die Grundlage dafür, bei Schülerinnen und Schülern eine *Economic Literacy* anzubahnen. Vor diesem Hintergrund und mit Blick darauf, dass eine Berufsbildung für nachhaltige Entwicklung (BBNE) primär auf die berufsspezifische Situiertheit von nachhaltiger Entwicklung fokussiert (vgl. KREUZER u. a. 2017, S. 5), wird die Relevanz der strukturellen Implementierung von Nachhaltigkeit in die ökonomische Allgemeinbildung auch für die berufliche Bildung deutlich.

2   Status quo: die Verankerung in den Curricula ist essenziell

Im Nationalen Aktionsplan Bildung für nachhaltige Entwicklung (2017) werden die Aufnahme von BNE in die Schulgesetzgebung sowie ihre Verankerung in den Curricula der Länder im Rahmen des Ziels zur strukturellen Verankerung von BNE im Bildungsbereich Schule angeführt (vgl. NATIONALE PLATTFORM BNE 2017). Die im Rahmen eines Monitorings zur formalen Verankerung von BNE durchgeführten Analysen, in welche Curricula aus allen Bundesländern und zehn Schulfächern eingingen, zeigten, dass zunächst alle Bundesländer Bezüge zu Nachhaltigkeit oder nachhaltiger Entwicklung aufweisen (vgl. HOLST/BROCK 2020, S. 13). Die qualitative und quantitative Ausgestaltung in den untersuchten Fächern und Schulformen ist allerdings sehr heterogen. Dabei wird in sieben Bundesländern ein expliziter Bezug zu (Bildung für) nachhaltige(r) Entwicklung in wirtschaftlichen Fächern hervorgehoben (vgl. ebd., S. 7–13).

Auch wenn sich erfolgreiche Bemühungen um die strukturelle Implementierung von BNE im Lernbereich Schule zeigen, wird diesem Handlungsfeld gerade mit Blick auf die curriculare Verankerung noch ein erhebliches Entwicklungspotenzial attestiert (vgl. BUDDE-BERG 2016, S. 274; BROCK/GRUND 2018, S. 7; HOLST/BROCK 2020, S. 16).

Daneben wird aktuell insbesondere die unzureichende fachliche Qualifizierung von Lehrkräften bezüglich nachhaltiger Entwicklung als entscheidender Faktor interpretiert, warum die Umsetzung in Lehr-/Lernprozessen derzeit eher punktuell durch engagierte Lehrkräfte in einzelnen Fächern realisiert wird, obgleich die Mehrzahl an Lehrkräften nachhaltiger Entwicklung eine hohe Bedeutung für den Unterricht zuschreibt (vgl. HOLST/BROCK 2020, S. 6).

Die explizite Aufnahme von nachhaltiger Entwicklung in die Curricula gilt als grundlegend für die Gestaltung erfolgreicher schulischer Lehr-/Lernprozesse. Besonders vor dem Hintergrund der Orientierungsfunktion von Curricula für Lehrkräfte (vgl. BUDDEBERG 2016, S. 273; HOLST/BROCK 2020, S. 6) zeigt sich die Bedeutung der Implementierung des Konstrukts in wirtschaftliche Curricula.

Mittels qualitativer Inhaltsanalyse (vgl. MAYRING 2015) wird im vorliegenden Beitrag der Fragestellung nachgegangen, inwiefern das Konstrukt der nachhaltigen Entwicklung in ausgewählte Curricula wirtschaftlicher Schulfächer der Sekundarstufe I Eingang findet. Die Curricula wurden komparativ daraufhin untersucht, inwiefern die Rahmenbedingungen für den Fachunterricht strukturell so gestaltet werden, dass der Erwerb der *Economic Literacy* Nachhaltigkeitsaspekte miteinschließt und inwieweit sich schulform- oder länderspezifische Unterschiede hinsichtlich der Implementierung ausmachen lassen.

Die Studie stellt durch ihren exemplarischen Charakter einen Ausschnitt des Status quo der Implementierung von Nachhaltigkeit in der ökonomischen Bildung dar, der Anlass für weitere Forschungsvorhaben geben kann.

In der Berufsbildungspraxis und -forschung wird nachhaltige Entwicklung bisher noch nicht als fester integrativer Bestandteil verstanden (vgl. KREUZER u. a. 2017, S. 1f.; REBMANN/SCHLÖMER 2020, S. 335). Deshalb können gerade dort, wo konzeptionelle Überlegungen für die BBNE noch umzusetzen sind – sei es in Form von Kompetenzmodellen oder didaktischer Art –, Erkenntnisse aus der wirtschaftlichen Allgemeinbildung genutzt werden, die auf intendierte Kompetenzniveaus von Schülerinnen und Schülern abstellen, und Bildungsketten möglichst lernwirksam gestaltet werden.

3 Methodisches Vorgehen: eine curriculare Inhaltsanalyse gibt erste Antworten

Um oben genannte Fragestellung zu untersuchen, wurde eine erste allgemeine Analyse der Curricula wirtschaftlicher Fächer durchgeführt, um die Repräsentanz des wirtschaftlichen Domänenmodells (vgl. Abb. 1) für die Curricula der ökonomischen Bildung zu überprüfen. Eine vertiefende Analyse fokussierte die Implementierung von Nachhaltigkeit in wirtschaftlichen Curricula. Ziel war es aufzuzeigen, inwiefern die analysierten Curricula Bezüge zu

Nachhaltigkeit bzw. nachhaltiger Entwicklung aufweisen, wie häufig diese Bezüge in Verbindung mit lernprozessualen Kategorien und den ökonomischen Lebensbereichen auftreten, inwieweit sich das zugrunde liegende theoretische Verständnis bzw. die Ausdifferenzierung des Konstrukts in den Curricula widerspiegelt und welche schulform- oder länderspezifischen Unterschiede sich dabei identifizieren lassen.

3.1   Ableitung eines Kategoriensystems

Als theoretische Referenz für die deduktive Kategorienbildung hinsichtlich der Analyse der Curricula diente das Modell der ökonomischen Domäne als Ergebnis einer Domänenanalyse (für eine ausführliche Beschreibung des Domänenmodells und der Kategorienbildung siehe FORTUNATI/WINTHER 2021). Das Modell dient der Herausstellung von Spezifika der Domäne ökonomischer Bildung und lässt sich einerseits über die fachwissenschaftliche Dimension der Abgrenzung in ökonomische Lebensbereiche (in Anlehnung an ACKERMANN 2019, S. 63–65) strukturieren. Nachhaltigkeit wurde im Modell als vierter Querschnittsbereich der ökonomischen Lebensbereiche herausgestellt, da sie allen Lebensbereichen immanent ist. Andererseits lassen sich bildungsgangspezifische Unterschiede auf der lernpsychologischen Dimension über die jeweiligen Wissenserwerbsprozesse und Wissensrepräsentationen im Domänenmodell beschreiben, welche in Anlehnung an das Taxonomiemodell von Marzano und Kendall (2008) auf die kognitiven Anforderungen an die Lernenden und die erforderlichen Wissensarten abstellen.

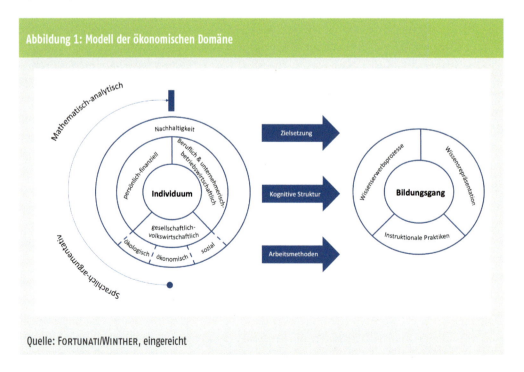

Abbildung 1: Modell der ökonomischen Domäne

Quelle: FORTUNATI/WINTHER, eingereicht

Die Analyseebenen des entwickelten Kategoriensystems lassen sich Tabelle 1 entnehmen. Die für die Analyse nicht notwendigen weiteren Subkategorien der lernpsychologischen und der fachwissenschaftlichen Dimension werden hier nicht aufgeführt. Alle Kategorien umfassen Definitionen sowie Codierregeln (siehe FORTUNATI/WINTHER 2021), sodass die Regelgeleitetheit des Codierungsprozesses gewährleistet werden konnte und der Prozess intersubjektiv nachvollziehbar ist (vgl. MAYRING/FENZL 2019).

Tabelle 1: Analyseebenen für den curricularen Vergleich

Analyseebene 1	Analyseebene 2	Analyseebene 3		
Normatives Bildungsziel: Mündige Wirtschaftsbürgerinnen und -bürger	Kompetenzorientierung	Unterrichtliche Artefakte		
		Lernpsychologische Perspektive	▶ Kognitive Anforderung	▶ Wissen
				▶ Verständnis
				▶ Analyse
				▶ Anwendung
			▶ Wissensarten	▶ Deklaratives Wissen
				▶ Prozedurales Wissen
		Fachwissenschaftliche Perspektive	▶ Fachlicher Zugang	▶ Sprachlich-argumentativ
				▶ Mathematisch-analytisch
			▶ Inhalte und Konzepte	▶ Persönlich-finanzieller Bereich
				▶ Beruflich & unternehmerisch-betriebswirtschaftlicher Bereich
				▶ Gesellschaftlich-volkswirtschaftlicher Bereich
				▶ Nachhaltigkeit

Quelle: eigene Darstellung

Der vorliegende Beitrag fokussiert auf inhaltliche Aspekte von Nachhaltigkeit und deren Zusammenhänge mit lernprozessualen Kategorien sowie den fachwissenschaftlichen Inhalten und Konzepten.

Es wird von folgenden Annahmen ausgegangen:

▶ Die Nachhaltigkeitskategorie umfasst vier Subkategorien (vgl. Tabelle 2): **Ökonomisch-ökologisch-sozial**, gemäß einem ganzheitlichen Verständnis einer nachhaltigen Entwicklung, **Nachhaltigkeit nicht weiter definiert**, wenn nicht deutlich wird, welche Dimensionen dem Verständnis von Nachhaltigkeit zugrunde liegen, **ökonomisch-sozial** und **ökonomisch-ökologisch**.

▶ Das Konstrukt **Nachhaltigkeit** stellt einen Zustand dar, wohingegen **nachhaltige Entwicklung** einen prozessualen Charakter aufweist, welcher letztlich den Weg zum Erreichen der SDGs darstellt. Für die Analyse werden sowohl Nachhaltigkeit als auch nachhaltige Entwicklung als zur Kategorie zugehörig gewertet.

▶ Die Zuordnung zur Kategorie kann über die explizite Nennung dieser Begriffe geschehen, sie kann sich aber auch auf implizite Nennungen beziehen: Es wird gemäß dem Brundtland-Bericht ein ganzheitliches Verständnis von nachhaltiger Entwicklung und Nachhaltigkeit definiert. Dabei sollen ökonomische, ökologische und soziale Ziele gleichermaßen berücksichtigt werden (vgl. WCED 1987), sodass diese Dimensionen auch für die Analyse herangezogen werden. Da die Curricula ökonomischer Bildung bereits wirtschaftliche Perspektiven und Gegenstände umfassen, gilt für die Analyse, dass ein Code für die Kategorie vergeben wird, wenn explizit oder implizit ökologische und/oder soziale Bezüge zu wirtschaftlichen Inhalten aufgezeigt werden.

Tabelle 2: Definition, Codierregeln und Ankerbeispiele der Nachhaltigkeitskategorie

Inhaltliche Codes	Subcodes „Nachhaltigkeit"	Definition, Codierregeln und Ankerbeispiele
▶ Persönlich-finanzieller Bereich ▶ Beruflich und unternehmerisch-betriebswirtschaftlicher Bereich ▶ Gesellschaftlich-volkswirtschaftlicher Bereich		
▶ **Nachhaltigkeit**	**Ökonomisch-ökologisch-sozial**	Nachhaltige Entwicklung wird explizit oder implizit unter Nennung der drei Dimensionen nachhaltiger Entwicklung genannt. Beispiele aus dem Material: ▶ Prinzip der Nachhaltigkeit: ökonomische, ökologische und soziale Aspekte (Bayern, Gymnasium 8, 2020, Zeile 13) ▶ Ökonomische, soziale und ökologische Herausforderungen und Chancen der globalisierten Welt (Nordrhein-Westfalen, Gymnasium, 2020, Zeile 104) ▶ Unternehmenszielsetzungen nach ökonomischen, ökologischen und sozialen Gesichtspunkten ordnen (Niedersachsen, Realschule, 2009, Zeile 184) ▶ Wechselwirkungen zwischen Wirtschaft, Gesellschaft, Ökologie und Politik (Nordrhein-Westfalen, Gesamtschule (Arbeitslehre), 2013, Zeile 892)

Inhaltliche Codes	Subcodes „Nachhaltig- keit"	Definition, Codierregeln und Ankerbeispiele
	Nachhaltigkeit nicht weiter definiert	Bezüge zur Nachhaltigkeit, nachhaltigem Handeln oder Wirtschaften lassen sich explizit herstellen. Es wird aber nicht weiter definiert, welche Aspekte (sozial/ökologisch) gemeint sind. Beispiele aus dem Material: ▸ ökonomischer Entscheidungen unter Nachhaltigkeitsaspekten reflektieren können (Baden-Württemberg, 2016, Zeile 89) ▸ Möglichkeiten des nachhaltigen Konsums und Verzichts einordnen (z. B. an einem globalen Produkt) (Baden-Württemberg, 2016, Zeile 140) ▸ nachhaltiges Wirtschaften anhand von Beispielen verdeutlichen (Berlin/Brandenburg, 2015, Zeile 168) ▸ bewerten individuelle, unternehmerische und staatliche Maßnahmen mit Blick auf Nachhaltigkeit (Nordrhein-Westfalen, Hauptschule (Wirtschaft und Arbeitswelt), 2020, Zeile 206)
	Ökonomisch-ökologisch	Ökologische Zusammenhänge mit ökonomischem Handeln werden explizit oder implizit genannt. Beispiele aus dem Material: ▸ beschreiben ausgewählte individuelle, unternehmerische und politische Maßnahmen zum Klimaschutz (Nordrhein-Westfalen, Hauptschule (Wirtschaft und Arbeitswelt), 2020, Zeile 202) ▸ bewerten eigene Bedürfnisse nach unterschiedlichen Kriterien wie Notwendigkeit, Gebrauchstauglichkeit, ökologische Verträglichkeit etc. (Niedersachsen, Realschule/Profil, 2011, Zeile 168) ▸ vergleichen Kriterien für bewusstes Verbraucherverhalten unter ökonomischen und ökologischen Gesichtspunkten (Niedersachsen, Realschule, 2009, Zeile 181) ▸ Leitbilder von Unternehmen und Organisationen, die sich am Nachhaltigkeits-Konzept orientieren, z. B. Öko-Label (Berlin/Brandenburg, 2015, Zeile 214)
	Ökonomisch-sozial	Soziale Zusammenhänge mit ökonomischem Handeln werden explizit oder implizit genannt. Beispiele aus dem Material: ▸ dabei können sie die Folgen ihres Handelns für andere Akteure miteinbeziehen (Baden-Württemberg, 2016, Zeile 122) ▸ das Spannungsverhältnis zwischen wirtschaftlicher Freiheit und sozialer Gleichheit an einem sozial-politischen Beispiel erläutern (Baden-Württemberg, 2016, Zeile 169) ▸ fairer Handel (Berlin/Brandenburg, 2015, Zeile 213) ▸ Ziel ist es, die Schülerinnen und Schüler zu befähigen, sich aktiv gestaltend und sozial- und eigenverantwortlich als Konsumenten und Konsumentinnen, zukünftige Erwerbstätige und Betroffene im Wirtschaftsleben zu engagieren und sich in wirtschaftlichen Angelegenheiten auf demokratischer Grundlage auseinanderzusetzen (Niedersachsen, Realschule, 2009, Zeile 60)

Quelle: eigene Darstellung

In die Analyse gingen zunächst 17 Curricula für wirtschaftliche Fächer der Sekundarstufe I der Jahre 2009 bis 2020 aus sechs Bundesländern ein (vgl. Tabelle 3). Der Zugang zu den Curricula erfolgte über die Websites der zuständigen Bildungsministerien der Länder ab April 2020. Da im Rahmen der Studie nicht alle Curricula der ökonomischen Bildung analysiert werden konnten, wurde die Länderauswahl anhand von ausgewählten differenzierenden Merkmalen getroffen, indem über die Kategorien der geografischen Lage (Nord-Süd/Ost-West), der Landesgröße und der Regierungskonstellation versucht wurde, eine möglichst kontrastierende Auswahl der Curricula ökonomischer Bildung zu treffen. Dabei wurde aus Baden-Württemberg, Berlin-Brandenburg und Schleswig-Holstein jeweils nur ein Curriculum in die Analyse einbezogen, da in diesen Bundesländern die Curricula der Sekundarstufe I mehrere Schulformen integrieren.

Tabelle 3: Übersicht der analysierten Curricula der ökonomischen Bildung

Bundesland	Schulform	Curricula
Baden-Württemberg (BW)	Sekundarstufe I (Sek I: Hauptschule/Werkrealschule/Realschule und Gemeinschaftsschule)	Wirtschaft–Berufs- und Studienorientierung (2016)
Bayern (BY)	Realschule (RS)	Wirtschaft und Recht II (8+9) (2020)
		BWL/Rechnungswesen II (7–10) (2020)
	Gymnasium (GYM)	Wirtschaft und Recht (8+9) (2020)
Berlin-Brandenburg (BB)	Integrierte Sekundarschule (ISS)	Wirtschaft/Arbeit/Technik (2015)
Niedersachsen (N)	Realschule (RS)	Wirtschaft (2009)
		Profilfach Wirtschaft (2011)
	Gymnasium (GYM)	Wirtschaft-Politik (2015)
Nordrhein-Westfalen (NRW)	Realschule (RS)	Wirtschaft (2020)
	Gymnasium (GYM)	Wirtschaft-Politik (2019)
	Hauptschule (HS)	Wirtschaft und Arbeitswelt (2020)
		Arbeitslehre (2013)
	Gesamtschule (GS)	Gesellschaftslehre (2020)
		Gesellschaftslehre (2013)
Schleswig-Holstein (SH)	Allgemeinbildende Schulen Sek I	Wirtschaft-Politik (2016)

Quelle: eigene Darstellung

3.2 Codierung

Die Codierung erfolgte computergestützt durch zwei unabhängige Codierende, indem das Kategoriensystem in der Analysesoftware MAXQDA in ein Codesystem überführt wurde und die Sinneinheiten der Dokumente in Form von Textabschnitten (erste und zweite Analyseebene) sowie zeilenweise (dritte Analyseebene) den Codes zugeordnet wurden. Textstellen wurden dann mehrfach codiert, wenn sie inhaltlich sowohl der Nachhaltigkeitskategorie als auch einem oder mehreren ökonomischen Teilbereichen oder einer lernprozessualen Kategorie zugeordnet werden konnten.

Da viele Curricula durch ihren Verbundcharakter zusätzlich zu den ökonomischen Inhalten weitere inhaltliche Anteile aufweisen, wurde in diesen Fällen für die Codierungen nur auf wirtschaftliche Inhalte fokussiert, auch wenn weitere sozialwissenschaftliche Inhalte der Verbundfächer möglicherweise nachhaltigkeitsrelevante Inhalte umfassen.

Anschließend wurden die Codierungen beider Codierenden in eine Projektdatei zusammengefügt, sodass die Interrater-Reliabilität ermittelt werden konnte, welche als Maß der Objektivität der Analyse herangezogen wurde (vgl. MAYRING/FRENZL 2019). Die Interrater-Reliabilität wurde anhand der Maße Cohens Kappa (κ) und Krippendorffs Alpha (α) überprüft. Für κ wurden Landis/Koch (1977) folgend Werte $\geq$ .61 als ausreichende Übereinstimmung für die Berücksichtigung der Curricula in der Analyse akzeptiert, während für α mindestens Werte $\geq$ .67 (Grenzwerte nach MÜLLER/BUCHS 2014) vorliegen mussten, um als ausreichende Übereinstimmung berücksichtigt zu werden. Tabelle 4 lässt sich entnehmen, dass κ für alle Curricula Werte $\geq$ .61 annimmt, während α bei drei Curricula Werte < .67 aufweist. Das Curriculum Wirtschaft-Politik (SH) wurde von der Analyse ausgeschlossen, da α = .52 eine nicht ausreichende Übereinstimmung darstellt und auch κ = .61 lediglich eine knapp ausreichende Übereinstimmung zeigte. Die Curricula Wirtschaft-Arbeit-Technik (BB, α=.59) und Arbeitslehre (NRW, α=.66) liegen ebenfalls unterhalb des Grenzwertes für eine ausreichende Übereinstimmung, wurden allerdings aufgrund ihrer ausreichend hohen Werte von κ $\geq$ .74 für die Analyse berücksichtigt.

Da bei den Curricula mit ausreichend hohen Werten von einer hohen Übereinstimmung ausgegangen werden kann, wurde aus Gründen der Übersichtlichkeit im weiteren Verlauf nur mit dem Dokumentenset einer codierenden Person weitergearbeitet. Die Ausdifferenzierung der Nachhaltigkeitskategorie wurde nachträglich anhand der Definitionen aus Tabelle 1 vorgenommen, sodass für diese Codierungen keine Interrater-Reliabilität vorliegt. Die generierten Ergebnisse werden daher unter Vorbehalt interpretiert.

Tabelle 4: Interrater-Reliabilität

Land	Schulform	Curriculum	Krippendorffs Alpha	Cohens Kappa
BW	Sek I	Wirtschaft, Berufs- und Studienorientierung (2016)	.71 [.67;.75]	.83
BY	RS	Wirtschaft und Recht 8 (2020)	.76 [.70;.81]	.83
	RS	Wirtschaft und Recht 9 (2020)	.80 [.73;.87]	.89
	RS	BWL-Rechnungswesen (2020)	.81 [.77;.84]	.93
	GYM	Wirtschaft und Recht 8 (2020)	.85 [.79;.90]	.92
	GYM	Wirtschaft und Recht 9 (2020)	.90 [.83;.96]	.94
BB	ISS	Wirtschaft/Arbeit/Technik (2015)	.59 [.54;.64]	.74
N	RS	Wirtschaft (2009)	.90 [.87;.92]	.94
	RS	Profilfach Wirtschaft (2011)	.75 [.71;.79]	.86
	GYM	Wirtschaft-Politik (2015)	.86 [.80;.91]	.91
NRW	HS	Arbeitslehre (2013)	.66 [.62;.70]	.80
	HS	Wirtschaft und Arbeitswelt (2020)	.71 [.66;.76]	.81
	RS	Wirtschaft (2020)	.80 [.77;.84]	.90
	GS	Arbeitslehre (2013)	.68 [.65;.71]	.79
	GS	Gesellschaftslehre (2020)	.75 [.73;.78]	.86
	GYM	Wirtschaft-Politik (2019)	.71 [.67;.75]	.83
SH	Sek I	Wirtschaft-Politik (2016)	.52 [.42;.62]	.61

Quelle: FORTUNATI im Druck

3.3 Auswertung

Bei der Auswertung wurden einerseits Codehäufigkeiten gebildet und analysiert, um das quantitative Vorkommen von Nachhaltigkeit in den Curricula schulform- und länderspezifisch vergleichen zu können. Andererseits wurde eine Ähnlichkeitsanalyse mit Blick auf die Nachhaltigkeitskategorie durchgeführt sowie über die Codekonfigurationen Typen mit ähnlichem Subcodevorkommen identifiziert. Abschließend wurde untersucht, welche Zusammenhänge sich zwischen nachhaltigkeitsrelevanten Inhalten und den lernprozessualen Kategorien sowie zu den ökonomischen Lebensbereichen abbilden lassen.

4 Ausgewählte Befunde: die Curricula unterscheiden sich deutlich

Die Ergebnisse der Analyse zeigen, dass sich die Ausprägung des Vorkommens von Nachhaltigkeit im Ländervergleich unterscheidet. Tabelle 5 zeigt die absolute Häufigkeit der insgesamt codierten Segmente je Dokument sowie die relativen Häufigkeiten, die dabei auf inhaltliche Codierungen zurückgehen (M=.25; SD=.07).

Land	Schulform	Curriculum	Codierte Segmente (absolut)	inhaltliche Codierungen	Codierungen Nachhaltigkeit (absolut)	Anteil Nachhaltigkeit der inhaltlichen Codierungen
BW	Sek I	Wirtschaft, Berufs- und Studienorientierung (2016)	466	24 %	18	16 %
BY	Gym	Wirtschaft und Recht 8 (2020)	173	33 %	3	5 %
	Gym	Wirtschaft und Recht 9 (2020)	152	22 %	0	0 %
	RS	BWL/Rechnungswesen 7-10 (2020)	564	26 %	7	5 %
	RS	Wirtschaft und Recht 8 (2020)	166	36 %	3	5 %
	RS	Wirtschaft und Recht 9 (2020)	118	24 %	1	4 %
BB	ISS	Wirtschaft/Arbeit/Technik (2015)	319	39 %	27	21 %
N	RS	Wirtschaft (2009)	610	24 %	14	10 %
	Gym	Wirtschaft-Politik (2015)	164	35 %	5	9 %
	RS	Wirtschaft (Profilfach) (2011)	429	27 %	18	16 %
NRW	GS	Gesellschaftslehre (2020)	1027	24 %	48	19 %
	GS	Arbeitslehre (2013)	923	11 %	17	16 %
	HS	Arbeitslehre (2013)	415	18 %	9	12 %
	HS	Wirtschaft und Arbeitswelt (2020)	412	21 %	20	23 %
	Gym	Wirtschaft-Politik (2019)	460	17 %	17	22 %
	RS	Wirtschaft (2020)	459	17 %	14	18 %

Quelle: eigene Darstellung

Aus den gesamten inhaltlichen Codierungen lassen sich die prozentualen Anteile der ökonomischen Teilbereiche, inklusive Nachhaltigkeit, ableiten: 13 Prozent aller inhaltlichen Codierungen macht der Bereich der Nachhaltigkeit im Mittel aus (SD=.07; Min=.05; Max=.23). Außer im Curriculum Wirtschaft und Recht 9 (GYM, BY) lässt sich Nachhaltigkeit in allen Curricula identifizieren. Aufgrund des nicht Vorhandenseins von Nachhaltigkeit wird das Curriculum von den weiteren vergleichenden Analysen ausgeschlossen. Der höchste relative Anteil an Nachhaltigkeit im Verhältnis zu den übrigen inhaltlichen Codierungen zeigt sich im

Curriculum Wirtschaft und Arbeitswelt (HS, NRW). Das geringste Vorkommen findet sich im Curriculum Wirtschaft und Recht 9 (RS, BY).

Erst mit Blick auf die Relation zu anderen inhaltlichen Codierungen wird deutlich, welchen Stellenwert Nachhaltigkeit im Curriculum einnimmt; so zeigt Abbildung 2 anhand der absoluten Häufigkeiten der Inhalte, welche inhaltliche Schwerpunktsetzung jeweils vorgenommen wurde. So weist beispielsweise das Curriculum Gesellschaftslehre (GS, NRW) eine generell hohe Zahl an inhaltlichen Codierungen auf, sodass der hohe Anteil an Nachhaltigkeitscodierungen allein zunächst keine Rückschlüsse auf den Stellenwert von Nachhaltigkeit erlaubt. Vor diesem Hintergrund haben absolute Häufigkeiten der Nachhaltigkeitscodierungen wenig Aussagekraft und sind um relative Anteile zu ergänzen.

Es sind keine auffälligen schulformspezifischen Unterschiede zwischen den prozentualen Anteilen der Nachhaltigkeitscodierungen feststellbar (Kruskal-Wallis-Test; Chi-Quadrat(3) = 6,799, p = .056). Zwischen den Bundesländern lassen sich hingegen anhand der relativen Häufigkeiten Unterschiede empirisch sichern (Chi-Quadrat(4) = 9,310, p = .014). Der paarweise Vergleich mithilfe des Mann-Whitney-U-Tests expliziert, dass sich der Befund auf den signifikanten Unterschied zwischen BY und NRW (U = .000, Z = -2,574, p = .010) mit einem starken Effekt nach Cohen (1988) (r = .81) zurückführen lässt (Gleichheit der Verteilung mittels Kolmogorov-Smirnov-Tests geprüft; p = .799).

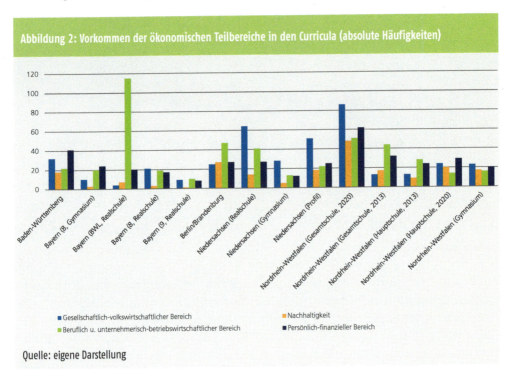

Abbildung 2: Vorkommen der ökonomischen Teilbereiche in den Curricula (absolute Häufigkeiten)

- Gesellschaftlich-volkswirtschaftlicher Bereich
- Beruflich u. unternehmerisch-betriebswirtschaftlicher Bereich
- Nachhaltigkeit
- Persönlich-finanzieller Bereich

Quelle: eigene Darstellung

Das relative Vorkommen der einzelnen Subcodes der Nachhaltigkeitskategorie in den Curricula, zusammengefasst nach Bundesländern, lässt sich Tabelle 6 entnehmen. Es zeigt sich, dass der Großteil der Nachhaltigkeitscodierungen dem ganzheitlichen Verständnis zugeordnet werden kann. Diese Kategorie zeigt sich in 14 der 15 Curricula und ist insgesamt die am häufigsten codierte Kategorie. Codierungen der ökonomisch-sozialen Kategorie wurden in zwölf Curricula identifiziert; Codierungen der ökonomisch-ökologischen Kategorie stellen den geringsten relativen Anteil da. Diese Kategorie ist in neun Curricula enthalten. Zudem werden über die vierte Kategorie in 13 Curricula inhaltliche Aspekte aufgenommen, die nicht eindeutig spezifizieren, welche Definition von Nachhaltigkeit zugrunde liegt.

Unterschiede zwischen den Curricula hinsichtlich der Häufigkeit der einzelnen Subcodes verweisen auf unterschiedliche inhaltliche Akzentuierungen in den Curricula. So weisen – mit Ausnahme des Curriculums Wirtschaft und Recht 9 (RS, BY) – zwar alle Curricula Bezüge zum ganzheitlichen Verständnis von Nachhaltigkeit auf, andere Aspekte sind hingegen unterschiedlich repräsentiert: Das baden-württembergische Curriculum zeigt beispielsweise ein höheres Vorkommen ökonomisch-sozialer Nachhaltigkeitsaspekte, wohingegen das Curriculum für Berlin-Brandenburg stärkere Bezüge zu ökonomisch-ökologischen Aspekten sowie der nicht weiter definierten Nachhaltigkeitskategorie aufweist.

Tabelle 6: Verteilung der Subcodes über die Curricula

	Baden-Württemberg	Bayern	Berlin/Branden-burg	Niedersachsen	Nordrhein-Westfalen	Gesamt
Nachhaltigkeit nicht definiert	16,67%	28,57%	33,33%	10,81%	19,2%	19,9%
ökonomisch–ökologisch–sozial	27,78%	50%	14,81%	45,95%	44%	39,8%
ökonomisch–sozial	55,56%	21,43%	14,81%	27,02%	20%	23,5%
ökonomisch–ökologisch	0%	0%	37,03%	16,21%	16,8%	16,7%
Summe Nachhaltigkeit	18	14	27	37	125	221
N = Dokumente	1	4	1	3	6	15

Quelle: eigene Darstellung

Der Großteil der einzelnen Curricula (n=12) weist darüber hinaus ein Vorkommen von drei oder mehr Subcodes der Nachhaltigkeitskategorie auf. Die Befunde können Tabelle 7 entnommen werden.

Tabelle 7: Vorkommen der Codekombinationen in den Curricula

Kategorien	Häufigkeit	Curricula	Prozent
Nachhaltigkeit nicht weiter definiert Ökonomisch-ökologisch-sozial Ökonomisch-sozial Ökonomisch-ökologisch	8	Integrierte Sekundarschule (Berlin/Brandenburg) Realschule (Profil, Niedersachsen) Gesamtschule (Gesellschaftslehre, Nordrhein-Westfalen) Gesamtschule (Arbeitslehre, Nordrhein-Westfalen) Hauptschule (Arbeitslehre, Nordrhein-Westfalen) Hauptschule (Wirtschaft & Arbeitswelt, Nordrhein-West-falen) Gymnasium (Nordrhein-Westfalen) Realschule (Nordrhein-Westfalen)	53,33
Nachhaltigkeit nicht weiter definiert Ökonomisch-ökologisch-sozial Ökonomisch-sozial	3	BW Sek I Realschule (BWL, Bayern) Realschule (8, Bayern)	20,00
Ökonomisch-ökologisch-sozial Ökonomisch-sozial Ökonomisch-ökologisch	1	Realschule (Niedersachsen)	6,67
Ökonomisch-ökologisch-sozial	1	Gymnasium (Niedersachsen)	6,67
Nachhaltigkeit nicht weiter definiert Ökonomisch-ökologisch-sozial	1	Gymnasium (8, Bayern)	6,67
Nachhaltigkeit nicht weiter definiert	1	Realschule (9, Bayern)	6,67
Gesamt (gültig)	**15**		**100,00**

Quelle: eigene Darstellung

Das Vorkommen der Subcodes scheint in der vorliegenden Stichprobe zwischen Schulformen oder Bundesländern zunächst nicht unterschiedlich verteilt. Lediglich alle Curricula aus NRW lassen sich einer Codekombinationskategorie zuordnen. Dieser Befund wird auch durch die Ähnlichkeitsanalyse unterstützt. Hierbei drückt sich die Übereinstimmungen zwischen zwei Curricula über einen Wert zwischen 0 (keine Übereinstimmung) und 1 (absolute Übereinstimmung) aus. Für die Berechnungen wurde der Jaccard-Koeffizient gewählt, da er das Nichtvorhandenseins der Codes in den zu vergleichenden Dokumenten nicht als Übereinstimmung wertet (vgl. RÄDIKER/KUCKARTZ 2019, S. 197). Die Befunde verdeutlichen, dass die Ähnlichkeiten von Curricula derselben Schulform nicht zwangsläufig stärker ausgeprägt sind als die Ähnlichkeiten unterschiedlicher Schulformen. So ähneln alle Curricula, unabhängig von der zugrunde liegenden Schulform, allen Curricula aus NRW jeweils in gleichem Maße (vgl. Tabelle 8).

Tabelle 8: Ähnlichkeitstabelle (alle Curricula)

Curriculum	Baden-Württemberg	Bayern				Berlin/Brandenburg	Niedersachsen			Nordrhein-Westfalen					
	Sekundarstufe I	Gymnasium (8)	Realschule (BWL)	Realschule (8)	Realschule (9)	Integrierte Sekundarschule	Realschule	Gymnasium	Realschule (Profil)	Gesamtschule (Gesellschaftslehre)	Gesamtschule (Arbeitslehre)	Hauptschule (Arbeitslehre)	Hauptschule (Wirtschaft & Arbeitswelt)	Gymnasium	Realschule
Baden-Württemberg	1,00														
Bayern Gymnasium (8)	0,75	1,00													
Bayern Realschule (BWL)	1,00	0,75	1,00												
Bayern Realschule (8)	1,00	0,75	1,00	1,00											
Bayern Realschule (9)	0,50	0,75	0,50	0,50	1,00										
Berlin/Brandenburg	0,75	0,50	0,75	0,75	0,25	1,00									
Niedersachsen Realschule	0,50	0,25	0,50	0,50	0,00	0,75	1,00								
Niedersachsen Gymnasium	0,50	0,75	0,50	0,50	0,50	0,25	0,50	1,00							
Niedersachsen Realschule (Profil)	0,75	0,50	0,75	0,75	0,25	1,00	0,75	0,25	1,00						
Nordrhein-Westfalen Gesamtschule (Gesellschaftslehre)	0,75	0,50	0,75	0,75	0,25	1,00	0,75	0,25	1,00	1,00					
Nordrhein-Westfalen Gesamtschule (Arbeitslehre)	0,75	0,50	0,75	0,75	0,25	1,00	0,75	0,25	1,00	1,00	1,00				

Curriculum	Baden-Württemberg	Bayern				Berlin/Brandenburg	Niedersachsen			Nordrhein-Westfalen					
	Sekundarstufe I	Gymnasium (8)	Realschule (BWL)	Realschule (8)	Realschule (9)	Integrierte Sekundarschule	Realschule	Gymnasium	Realschule (Profil)	Gesamtschule (Gesellschaftslehre)	Gesamtschule (Arbeitslehre)	Hauptschule (Arbeitslehre)	Hauptschule (Wirtschaft & Arbeitswelt)	Gymnasium	Realschule
Nordrhein-Westfalen Hauptschule (Arbeitslehre)	0,75	0,50	0,75	0,75	0,25	1,00	0,75	0,25	1,00	1,00	1,00	1,00			
Nordrhein-Westfalen HS WA	0,75	0,50	0,75	0,75	0,25	1,00	0,75	0,25	1,00	1,00	1,00	1,00	1,00		
Nordrhein-Westfalen Gymnasium	0,75	0,50	0,75	0,75	0,25	1,00	0,75	0,25	1,00	1,00	1,00	1,00	1,00	1,00	
Nordrhein-Westfalen Realschule	0,75	0,50	0,75	0,75	0,25	1,00	0,75	0,25	1,00	1,00	1,00	1,00	1,00	1,00	1,00

Quelle: eigene Darstellung

Mit Blick auf die modelltheoretische Verankerung des Nachhaltigkeitskonstruktes in den Curricula lässt sich bestätigen, dass Nachhaltigkeit ein Querschnittsthema darstellt; die Umsetzung unterscheidet sich allerdings zwischen den Curricula ‚und auch die Einbettung in die ökonomischen Lebensbereiche wird unterschiedlich realisiert. So zeigt sich für alle Curricula aus NRW beispielsweise der deutlich stärkste Bezug von Nachhaltigkeit zum persönlich-finanziellen Bereich (vgl. Abb. 3).

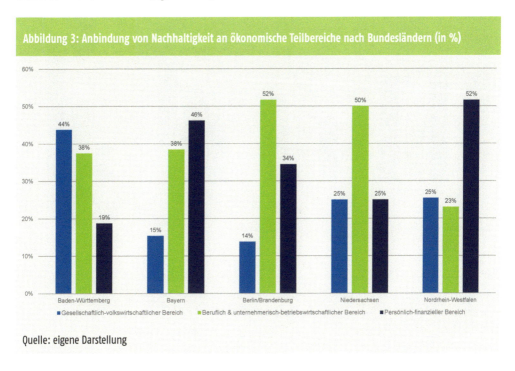

Abbildung 3: Anbindung von Nachhaltigkeit an ökonomische Teilbereiche nach Bundesländern (in %)

Quelle: eigene Darstellung

Im baden-württembergischen Curriculum sind die Bezüge von Nachhaltigkeit zum volkswirtschaftlichen und beruflichen Bereich ähnlich stark zu verorten, in den Curricula aus Berlin-Brandenburg und Niedersachsen hingegen ist der berufliche Bereich deutlich häufiger in Verbindung mit Nachhaltigkeit codiert als die anderen beiden Bereiche. Die bayerischen Curricula weisen insgesamt etwas stärkere Bezüge zum persönlich-finanziellen Bereich auf, gefolgt vom beruflichen Bereich. Mit Blick auf die Differenzierung nach Schulformen fällt auf, dass die Gruppenunterschiede deutlich weniger stark ausgeprägt sind als zwischen den Ländern, trotzdem lassen sich Tendenzen zu inhaltlichen Schwerpunkten erkennen: Die Verteilungen der Nachhaltigkeitscodierungen im Zusammenhang mit den ökonomischen Lebensbereichen (vgl. Abb. 4) lassen darauf schließen, dass im Gymnasium Nachhaltigkeitsaspekte tendenziell stärker im volkswirtschaftlichen Kontext thematisiert werden und weniger auf die unternehmerische Ebene abgestellt wird. Die anderen Schulformen – insbesondere die Realschule – scheinen hingegen Fragen der Nachhaltigkeit stärker in unternehmerische

Kontexte einzubeziehen. Der persönlich-finanzielle Bereich scheint in allen Schulformen von hoher Relevanz zu sein. Die Haupt- und Gesamtschule zeigt im Verhältnis zu allen Kategorien einen Fokus auf dem persönlich-finanziellen Bereich.

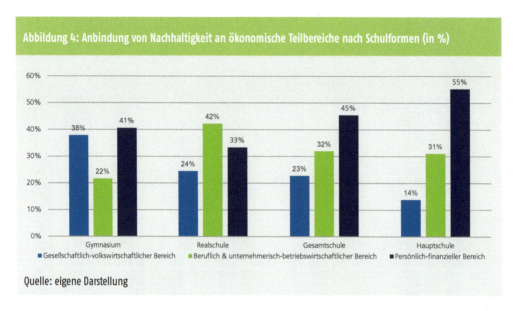

Abbildung 4: Anbindung von Nachhaltigkeit an ökonomische Teilbereiche nach Schulformen (in %)

Quelle: eigene Darstellung

Für die Ermittlung dieser Befunde wurden die Überschneidungen sowie die Nähe von Nachhaltigkeitscodierungen zu Codierungen anderer inhaltlicher Codes ermittelt.

Zudem wurde untersucht, welche Ebene der kognitiven Anforderung (Wissen, Verständnis, Analyse, Anwendung) durch die Nachhaltigkeitskategorien adressiert wird und auf welche Wissensart (deklaratives oder prozedurales Wissen) sich der Inhalt stärker bezieht.

Insgesamt wird in den Curricula auf unterschiedliche Ebenen der kognitiven Anforderung eingegangen: Auf die Kategorie „Analyse" (beispielsweise generalisieren oder klassifizieren können) wird am häufigsten Bezug genommen (86 Codierungen), gefolgt von den Kategorien „Verständnis" (beispielsweise Zusammenhänge erklären können) mit 48, „Wissen" (beispielsweise etwas wiedererkennen) mit 22 und „Anwendung" (beispielsweise Problemlösen oder komplexe Entscheidungen treffen) mit 18 Codierungen. Der Vermittlungsfokus liegt insbesondere auf dem deklarativen Wissen und insgesamt deutlich weniger ausgeprägt auf der Entwicklung des prozeduralen Wissens.

Die prozentuale Verteilung der Ebenen der kognitiven Anforderung sowie der Wissensarten in Verbindung mit Nachhaltigkeit für jedes Curriculum im Verhältnis zu den gesamten Codierungen dieser Kategorien lässt sich Tabelle 9 entnehmen. Zwei der Curricula (GS, NRW und HS, NRW) liegen jeweils in zwei Fassungen (jeweils 2013 und 2020) vor, sodass die Entwicklung der in Verbindung zu Nachhaltigkeit stehenden Kategorien ermittelt werden konnte.

Tabelle 9: Wissensarten und kognitive Anforderung im Zusammenhang mit Nachhaltigkeit (relative Häufigkeiten)

Codesystem / Wissensarten	Baden-Württemberg	Bayern				Berlin/Brandenburg	Niedersachsen			Nordrhein-Westfalen						Gesamt
	Sekundarstufe I	Gymnasium (8)	Realschule (BWL)	Realschule (8)	Realschule (9)	Integrierte Sekundarschule	Realschule	Gymnasium	Realschule (Profil)	Gesamtschule (Gesellschaftslehre)	Gesamtschule (Arbeitslehre)	Hauptschule (Arbeitslehre)	Hauptschule (Wirtschaft & Arbeitswelt)	Gymnasium	Realschule	
Deklaratives Wissen	100,0 %	66,7 %	66,7 %	50,0 %	100,0 %	62,5 %	91,7 %	100,0 %	100,0 %	95,0 %	100,0 %	100,0 %	90,9 %	100,0 %	100,0 %	
Prozedurales Wissen	0,0 %	33,3 %	33,3 %	50,0 %	0,0 %	37,5 %	8,3 %	0,0 %	0,0 %	5,0 %	0,0 %	0,0 %	9,1 %	0,0 %	0,0 %	
SUMME Codierungen	13	3	9	2	1	16	12	2	7	40	13	6	11	9	7	151
Kognitive Anforderung																
Anwendung	9,5 %	100,0 %	21,4 %	0,0 %	0,0 %	18,2 %	21,1 %	0,0 %	25,0 %	2,4 %	0,0 %	0,0 %	9,1 %	0,0 %	0,0 %	
Analyse	28,6 %	0,0 %	35,7 %	100,0 %	50,0 %	36,4 %	52,6 %	50,0 %	33,3 %	64,3 %	42,9 %	42,9 %	63,6 %	70,0 %	57,1 %	
Verständnis	52,4 %	0,0 %	21,4 %	0,0 %	50,0 %	36,4 %	10,5 %	0,0 %	16,7 %	23,8 %	28,6 %	42,9 %	27,3 %	20,0 %	42,9 %	
Wissen	9,5 %	0,0 %	21,4 %	0,0 %	0,0 %	9,1 %	15,8 %	50,0 %	25,0 %	9,5 %	28,6 %	14,3 %	0,0 %	10,0 %	0,0 %	
SUMME Codierungen	21	2	14	1	2	11	19	2	12	42	14	7	11	10	7	175

Quelle: eigene Darstellung

Es zeigt sich, dass in beiden Schulformen der jeweils aktuelle Erlass höhere Vorkommen sowohl hinsichtlich der kognitiven Anforderung als auch der Wissensarten aufweist. So zeigt sich für beide Schulformen für die Wissensarten ein relativer Zuwachs an Codierungen des prozeduralen Wissens. Für die kognitive Anforderung zeigen sich jeweils prozentuale Zuwächse in den Kategorien „Analyse" und „Anwendung" und geringere Werte in den Kategorien „Verständnis" und „Wissen".

In allen Schulformen dominiert das deklarative Wissen deutlich; für das Gymnasium zeigt sich die Unterrepräsentanz des prozeduralen Wissens als Ziel der intendierten Instruktionsprozesse am deutlichsten.

Es zeigen sich außerdem Unterschiede zwischen den Schulformen im Hinblick auf die prozentuale Verteilung der Kategorien der kognitiven Anforderung:

Während im Gymnasium „Analyse" und „Verständnis" ähnlich hohe Anteile aufweisen, lässt sich für die Realschule, die Hauptschule und die Gesamtschulen erkennen, dass das „Verständnis" deutlich weniger vorkommt als die „Analyse". Im Vergleich zwischen den Schulformen zeigt sich für die Realschule das höchste Vorkommen an „Anwendung" im Curriculum, besonders im Vergleich zu den Gesamtschulen und den Hauptschulen. Auch an dieser Stelle sei nochmals angemerkt, dass eine umfangreichere Stichprobe aussagekräftigere Ergebnisse über schulformspezifische Unterschiede im Hinblick auf lernprozessuale Kategorien liefern könnte.

Die angenommenen schulformspezifischen Unterschiede zwischen der Verbindung von Nachhaltigkeit und den Ebenen der kognitiven Anforderung einerseits und den Wissensarten andererseits lassen sich empirisch allerdings nicht sichern.

Inwieweit die in den Curricula adressierten Ebenen der kognitiven Anforderung und die Wissensarten schulformspezifisch unterschiedlich ausgeprägt sind, wird in Tabelle 10 dargestellt. Die Tabelle enthält Gruppen nach Schulformen und die jeweils relativen Häufigkeiten im Verhältnis zu den gesamten Codierungen je Schulform.

Tabelle 10: Spaltenweise Prozente der kognitiven Anforderung und Wissensarten in Verbindung mit Nachhaltigkeit (relative Häufigkeiten je Schulform)					
Codesystem	GYM (4)	RS (6)	GS (3)	HS (2)	Gesamt (15)
Wissensarten					
Deklaratives Wissen	96,3 %	86,8 %	88,4 %	94,1 %	90 %
Prozedurales Wissen	3,7 %	13,2 %	11,6 %	5,9 %	10 %
Gesamtsumme Codierungen	27	38	69	17	151
Kognitive Anforderung					
Anwendung	11,4 %	18,2 %	4,5 %	5,6 %	10,3 %
Analyse	40,0 %	45,5 %	55,2 %	55,6 %	49,1 %

Codesystem	GYM (4)	RS (6)	GS (3)	HS (2)	Gesamt (15)
Verständnis	37,1 %	20 %	26,9 %	33,3 %	27,4 %
Wissen	11,4 %	16,4 %	13,4 %	5,6 %	13,1 %
Gesamtsumme Codierungen	35	55	67	18	175

Quelle: eigene Darstellung

Tabelle 11: Zusammenhänge von Nachhaltigkeit und lernprozessualen Kategorien

	Wissen	Verständnis	Analyse	Anwendung	Deklaratives Wissen	Prozedurales Wissen
Kruskal-Wallis-H	3,842	5,792	1,814	,743	5,186	2,441
df	3	3	3	3	3	3
Asymp. Sig.	,279	,122	,612	,863	,159	,486
Exakte Signifikanz	,305	,107	,655	,876	,155	,545
Punkt-Wahrscheinlichkeit	,001	,000	,001	,000	,000	,002
a. Kruskal-Wallis-Test						
b. Gruppenvariable: Schulform						

Quelle: eigene Darstellung

Im Ländervergleich lassen sich ebenfalls deutlich höhere Anteile des deklarativen Wissens ausmachen, es zeigt sich allerdings, dass die Curricula aus Bayern und Berlin-Brandenburg stärker auf prozedurales Wissen fokussieren als die Curricula der restlichen Bundesländer (vgl. Tabelle 12). Mit Blick auf die Kategorien der kognitiven Anforderungen lässt sich erkennen, dass sich die Verteilungen der Ebenen zwischen den Ländern teils stark unterscheiden.

Während in Berlin-Brandenburg die Kategorien „Analyse" und „Verständnis" denselben Anteil aufweisen, lässt sich für Bayern, Niedersachsen und Nordrhein-Westfalen erkennen, dass die Analysekategorie, die am stärksten fokussierte ist, allerdings trotzdem unterschiedlich stark ausgeprägt im Verhältnis zu den anderen Ebenen. In Baden-Württemberg hingegen zeigt sich der Schwerpunkt beim „Verständnis". Im Hinblick auf die Anwendungskategorie weisen Bayern, Berlin-Brandenburg und Niedersachsen im Vergleich zu Nordrhein-Westfalen und Baden-Württemberg deutlich höhere Anteile auf. Insgesamt fällt auf, dass sich die Verteilungen der mit Nachhaltigkeit in Verbindung stehenden kognitiven Anforderungen sowie Wissensarten zwischen den Ländern stärker unterscheiden als zwischen den Schulformen.

Tabelle 12: Spaltenweise Prozente der kognitiven Anforderung und Wissensarten in Verbindung mit Nachhaltigkeit (relative Häufigkeiten je Bundesland)

Codesystem	Baden-Württem-berg (1)	Bayern (4)	Berlin/Bran-denburg (1)	Niedersachsen (3)	Nordrhein-Westfalen (6)	Gesamt (15)
Wissensarten						
Deklaratives Wissen	100 %	66,7 %	62,5 %	95,2 %	96,5 %	90 %
Prozedurales Wissen	0 %	33,3 %	37,5 %	4,8 %	3,5 %	10 %
SUMME Codierungen	13	15	16	21	86	151
Kognitive Anforderung						
Anwendung	9,5 %	26,3 %	18,2 %	21,2 %	2,2 %	10,3 %
Analyse	28,6 %	36,8 %	36,4 %	45,5 %	59,3 %	49,1 %
Verständnis	52,4 %	21,1 %	36,4 %	12,1 %	27,5 %	27,4 %
Wissen	9,5 %	15,8 %	9,1 %	21,2 %	11,0 %	13,1 %
SUMME Codierungen	21	19	11	33	91	175

Quelle: eigene Darstellung

5   Diskussion, Fazit, Implikationen

Trotz hoher Relevanzzuschreibungen von Lehrkräften bezüglich nachhaltiger Entwicklung in schulischen Lehr-/Lernsettings und dem Wunsch nach stärkerer Implementierung in den Unterricht (vgl. GRUND/BROCK 2018, S. 6), scheint die Verankerung von BNE im Bildungsbereich Schule (vgl. ebd.; HOLST/BROCK 2020, S. 16) – wie auch im Bereich der beruflichen Bildung – derzeit noch unzureichend umgesetzt. Die Aufnahme in die gesetzlichen Rahmenbedingungen sowie in die Curricula aller Schulfächer ist daher von zentraler Bedeutung (vgl. NATIONALE PLATTFORM BNE 2017), damit eine Verbindlichkeit für das Einbringen von BNE in schulische Instruktionsprozesse etabliert und das Konstrukt über domänenspezifische Zugänge letztlich ganzheitlich erschlossen werden kann. Die Untersuchung der Verankerung von Fragen der Nachhaltigkeit in den Curricula wirtschaftlicher Schulfächer kann Aufschluss über den intendierten Kompetenzerwerb der Schülerinnen und Schüler geben und somit darüber, über welche Voraussetzungen zukünftige Auszubildende verfügen sollten. So können diese beispielsweise bei der Konzeption von berufsspezifischen Kompetenzmodellen oder Instruktionsprozessen für die BBNE berücksichtigt werden.

Im vorliegenden Beitrag wurde untersucht, inwieweit (Bildung für) nachhaltige Entwicklung in den Curricula wirtschaftlicher Schulfächer der allgemeinbildenden Schule verankert ist.

Einschränkend ist zu beachten, dass die Ergebnisse der vorliegenden Analyse nur einen Teil der ökonomischen Bildung in Deutschland skizzieren können, da nicht alle Bundesländer in die Untersuchung mit eingegangen sind und die Stichprobe lediglich 15 Fälle umfasst. Die Ergebnisse sind daher nicht als repräsentativ oder verallgemeinerbar anzusehen. Auch zeigt die vorliegende Analyse nur einen Ausschnitt des gesamten Fächerkanons auf, es können also keine Schlussfolgerungen über die gesamte Verankerung von (Bildung für) nachhaltige(r) Entwicklung abgeleitet werden.

Da dies nicht das Ziel der Untersuchung war, soll an dieser Stelle nur angemerkt werden, dass fächerverbindender bzw. fächerübergreifender Unterricht besonders mit Blick auf BNE hochrelevant ist und somit auch die Curricula aller Schulfächer in zukünftigen Forschungsvorhaben unter diesem Blickwinkel zusammen untersucht werden sollten, um Nachhaltigkeit effektiv und die spezifischen Perspektiven aller Fachbereiche für BNE nutzend zu implementieren. Wirtschaftliche Grundbildung bildet einen wichtigen, aber nicht ausreichenden Anknüpfungspunkt, um das Konstrukt der Nachhaltigkeit ganzheitlich zu erschließen. Trotzdem ist gerade für die berufliche Bildung – besonders mit Blick auf kaufmännische Ausbildungsberufe – die ökonomische Allgemeinbildung eine wichtige Voraussetzung, um Bildungsketten über die Lebensspanne hinweg lernwirksam zu gestalten.

Die Ergebnisse der curricularen Analysen deuten an, dass die strukturelle Verankerung von Nachhaltigkeit in wirtschaftlichen Schulfächern angestoßen ist, sich allerdings gerade im Ländervergleich mit Blick auf verschiedene untersuchte Aspekte Tendenzen zeigen, die auf teils starke Unterschiede hinweisen. Es konnten länderspezifische Unterschiede der Curricula erstens in Bezug auf die Schwerpunktsetzung generell, aber besonders mit Blick auf das Vorkommen von Nachhaltigkeit und die Anbindung an die ökonomischen Lebensbereiche identifiziert werden. Darüber hinaus zeigten sich Unterschiede zwischen den Ländern in Bezug auf die lernprozessualen Kategorien der kognitiven Anforderung (Wissen, Verständnis, Analyse, Anwendung) und der Wissensarten (prozedurales oder deklaratives Wissen) in Verbindung mit Nachhaltigkeit: Während zwar das deklarative Wissen in allen Bundesländern im Zusammenhang mit Nachhaltigkeit überwiegt, zeigten Bayern und Berlin-Brandenburg ein Auftreten von über 30 Prozent von prozeduralem Wissen in Verbindung mit Nachhaltigkeit, was darauf hindeuten könnte, dass mit Blick auf Nachhaltigkeit in den Curricula dieser Länder ein stärkerer Fokus auf intendierter Handlungsorientierung liegt.

Die Ergebnisse bestätigen, dass Nachhaltigkeit insgesamt als Querschnittsthema identifiziert werden kann. Allerdings zeigen sich starke Unterschiede zwischen den einzelnen Curricula in Bezug darauf, wie ausgeprägt und systematisch das Konstrukt implementiert wurde – gerade auch mit Blick auf die beschriebenen Kompetenzerwartungen. So zeigt sich beispielsweise eine hohe Systematik durch die Implementierung von Nachhaltigkeit in Form des Basiskonzepts im Curriculum von Berlin-Brandenburg einerseits, andererseits tritt ein Großteil der Nachhaltigkeitscodierungen in diesem Curriculum nicht in Verbindung mit

Kompetenzerwartungen auf. Gerade diese sollten allerdings auch besonders in Bezug auf Nachhaltigkeit der Kern der Curricula sein, da sie den Output darstellen, der die Wirksamkeit der instruktionalen Praxis letztlich überprüfbar und vergleichbar macht. Ein Großteil der Curricula weist nur einen Teil der gesamten Codierungen zu Nachhaltigkeit in Verbindung mit den kognitiven Anforderungen auf; hier ist anzunehmen, dass in diesen Curricula die Verbindlichkeit von Nachhaltigkeit als Unterrichtsthema geringer ausgeprägt ist. Dies gilt besonders für diejenigen Curricula, die grundsätzlich Nachhaltigkeit in geringerem Umfang adressieren (beispielsweise Wirtschaft und Recht, BY; Wirtschaft-Politik, N) und damit Nachhaltigkeit als integriertem Unterrichtsthema weniger Bedeutung beimessen. Die beiden Schulformen, für welche jeweils zwei Curricula untersucht werden konnten, zeigten einen Zuwachs an Nachhaltigkeitscodierungen über die Zeit. Dies könnte ein Hinweis darauf sein, dass zukünftige Erlasse den Nachhaltigkeitsaspekt stärker fokussieren könnten. Positiv hervorzuheben ist, dass 14 von 15 Curricula ein ganzheitliches Verständnis von nachhaltiger Entwicklung aufweisen und keinen verkürzten Nachhaltigkeitsbegriff repräsentieren, der sich ausschließlich auf soziale oder ökologische Aspekte bezieht.

Im Vergleich der Schulformen lassen sich hauptsächlich Unterschiede der durch das Curriculum intendierten Instruktionsprozesse erkennen – speziell auf den Ebenen der kognitiven Aktivierung sowie der jeweils angestrebten Wissensart.

Hier wird deutlich, dass das Gymnasium stärker auf das deklarative Wissen abzustellen scheint, als dies in den anderen Schulformen der Fall ist. Dies könnte darauf hinweisen, dass im Gymnasium die Vermittlungsprozesse noch weniger handlungsbezogen ausgerichtet sind und noch weniger auf die Entwicklung von prozeduralem Wissen und Werthaltungen fokussiert wird – hier liegen Entwicklungspotenziale zur Verbesserung der vorliegenden Curricula. Weiterführende empirische Analysen mit einer umfassenderen Stichprobe an Curricula könnten hier weitere Erkenntnisse liefern.

Mit Blick auf die Ebenen der kognitiven Anforderung adressieren die Curricula grundlegend höherwertige Taxonomien: Der Fokus liegt insbesondere auf den Kategorien „Analyse" und „Verständnis". An dieser Stelle zeigt sich möglicherweise, dass der allgemeinbildende Wirtschaftsunterricht ein grundlegendes Verständnis von Nachhaltigkeit in wirtschaftlichen Lebenssituationen anbahnt, welches in den nachgelagerten Bildungsprozessen z. B. in der Berufsausbildung, domänenspezifisch vertieft und handlungsorientiert konkret erweitert werden kann.

Der intendierte Kompetenzerwerb von Schülerinnen und Schülern variiert dabei je nach besuchter Schulform und Bundesland im Hinblick auf die mit Nachhaltigkeit in Verbindung stehenden ökonomischen Lebensbereiche und lernprozessualen Kategorien sowie das generelle Vorkommen des Konstrukts, sodass mit heterogenen Lernvoraussetzungen von Auszubildenden gerechnet werden sollte. Da dies aber grundsätzlich auf Lerngruppen in der beruflichen Bildung zutrifft (vgl. ALBRECHT u. a. 2014, S. 6), sollte dies für die instruktionale Ebene in der beruflichen Bildung keine zusätzliche Herausforderung darstellen. Vielmehr können berufsbildende Lernprozesse unter Berücksichtigung unterschiedlicher Lernstände

Perspektivübernahme und Wissenstransfer unter den Lernenden fördern, was gleichzeitig den Zielen einer (B)BNE entspricht (vgl. HAAN 2002).

Trotzdem sollten Zugänge zu einer BNE so gestaltet werden, dass allen Schülerinnen und Schülern der Erwerb frühzeitig in vergleichbarem Umfang ermöglicht wird und nicht der beruflichen Bildung die Aufgabe zukommt, Defizite der Allgemeinbildung auszugleichen. Dabei bleibt zu hoffen, dass *Best-Practice*-Beispiele unter den Ländern Anreize für die Weiterentwicklung von Curricula mit Blick auf BNE geben werden.

Die Untersuchung hat gezeigt, dass Bemühungen zu erkennen sind, (Bildung für) nachhaltige Entwicklung strukturell in wirtschaftliche Curricula zu implementieren. Um die Wirksamkeit der tatsächlichen instruktionalen Praxis zu überprüfen, wäre es ratsam, die Kompetenzen von Schülerinnen und Schülern in Bezug auf Nachhaltigkeit im Rahmen ökonomischer Allgemeinbildung zu messen sowie die Lehrkräfteaus- und -weiterbildung auf Nachhaltigkeit als Qualifizierungsthema zu untersuchen. So könnten im Sinne der Curriculum-Instruktion-Assessment-Triade nach Pellegrino (2006) Hinweise auf die reale Schulpraxis gewonnen und Implikationen abgeleitet werden, wie die relevanten Kompetenzen für eine nachhaltige Entwicklung strukturell wirksam in wirtschaftlichen Schulfächern erworben werden können.

Literatur

ACKERMANN, Nicole: Wirtschaftsbürgerliche Kompetenz Deutschschweizer Gymnasiastinnen und Gymnasiasten: Kompetenzmodellierung, Testentwicklung und evidenzbasierte Validierung. Zürich 2019

ALBRECHT, Günter; ERNST, Helmut; WESTHOFF, Gisela; ZAURITZ, Manuela: Bildungskonzepte für heterogene Gruppen – Anregungen zum Umgang mit Vielfalt und Heterogenität in der beruflichen Bildung – Kompendium. In: BUNDESINSTITUT FÜR BERUFSBILDUNG (Hrsg.): Neue Wege in die duale Ausbildung – Heterogenität als Chance für die Fachkräftesicherung. Bonn 2014. URL: https://www.bibb.de/dokumente_archiv/pdf/2014_08_13_23944_BIBB_Kompendium_Modellversuch_Lay120814_neu.pdf (Stand: 09.08.2022)

BROCK, Antje; GRUND, Julius: Executive Summary: Bildung für nachhaltige Entwicklung in Lehr-Lernsettings – Quantitative Studie des nationalen Monitorings – Befragung von LehrerInnen. Berlin 2018

BUDDEBERG, Magdalena: Bildung für nachhaltige Entwicklung als Querschnittsaufgabe. In: DDS-Die Deutsche Schule 108 (2016) 3, S. 267–277

COHEN, Jacob: Statistical Power Analysis for the Behavioral Sciences. New York 1988

DEGÖB – DEUTSCHE GESELLSCHAFT FÜR ÖKONOMISCHE BILDUNG (Hrsg): Kompetenzen der ökonomischen Bildung für allgemein bildende Schulen und Bildungsstandards für den mittleren Schulabschluss. In: Journal of Social Science Education 5 (2006) 3, S. 82–92 URL: https://www.jsse.org/index.php/jsse/article/view/354/351 (Stand: 09.08.2022)

DIE BUNDESREGIERUNG (Hrsg.): Deutsche Nachhaltigkeitsstrategie, Neuauflage 2021. Berlin 2021

DUBS, Rolf: Die Bedeutung der wirtschaftlichen Bildung in einer Demokratie. In: LUDWIG, Luise; LUCKAS, Helga; HAMBURGER, Franz; AUFENANGER, Stefan (Hrsg.): Bildung in der Demokratie II: Tendenzen-Diskurse-Praktiken. Opladen 2011, S. 191–206

FISCHER, Andreas: Bildung für eine nachhaltige Entwicklung im sozial- und wirtschaftswissenschaftlichen Unterricht. In: Journal of Social Science Education 1 (2000) S. 1–11

FORTUNATI, Fabio; WINTHER, Esther: Ein Curriculum genügt nicht. Wie aus neuen Inhalten gute Instruktionsprozessse werden (können). In: Berufsbildung (2021) 188, S. 31–35

FORTUNATI, Fabio, WINTHER, Esther: Intensionen und Intentionen von Curricula: Domänenmodelle als Voraussetzungen für die Kohärenz instruktionaler Aktivität in geringstrukturierten Domänen am Beispiel der ökonomischen Bildung. In: Unterrichtswissenschaft – Zeitschrift für Lernforschung (2022, Manuskript eingereicht)

GRUND, Julius; BROCK, Antje: Executive Summary: Bildung für nachhaltige Entwicklung in Lehr-Lernsettings – Quantitative Studie des nationalen Monitorings – Befragung junger Menschen. Berlin 2018

HAAN, Gerhard de: Die Kernthemen der Bildung für eine nachhaltige Entwicklung. In: Zeitschrift für internationale Bildungsforschung und Entwicklungspädagogik (2002) 1, S. 13–20

HIRSCHNITZ-GARBERS, Martin; WERLAND, Stefan: Ressourcenpolitik und planetare Grenzen: Analyse möglicher naturwissenschaftlicher Begründungszusammenhänge für ressourcenpolitische Ziele. Vertiefungsanalyse im Projekt Ressourcenpolitik 2 (PolRess 2). Projektbericht (2017)

HOLST, Jorrit; BROCK, Antje: Bildung für nachhaltige Entwicklung (BNE) in der Schule. Strukturelle Verankerung in Schulgesetzen, Lehrplänen und der Lehrerbildung. Berlin 2020

KREUZER, Christine; RITTER VON MARX, Susanne; BLEY, Sandra; REH, Sophia; WEBER, Susanne: Praxisorientierte Gestaltung einer App-basierten Lern- und Assessmentumgebung für nachhaltiges Wirtschaften im Einzelhandel. In: bwp@ (2017) 33, S. 1–26. URL: http://www.bwpat.de/ausgabe33/kreuzer_etal_bwpat33.pdf (Stand: 19.07.2022)

KROL, Gerd Jan; Zörner, Andreas: Umsetzung in Fächern, Fach- und Bildungsbereichen – Sekundarstufe I: Gesellschaftswissenschaftliches Aufgabenfeld: Wirtschaft. In: ENGAGEMENT GLOBAL gGmbH (Hrsg.): Orientierungsrahmen für den Lernbereich Globale Entwicklung. Bonn 2016

LÖW BEER, David: Ökonomische Bildung für eine nachhaltige Entwicklung. Eine phänomenographische Untersuchung in der Lehrerinnenbildung. Opladen, Berlin, Toronto 2016

LANDIS, J. Richard; KOCH, Gary G.: The Measurement of Observer Agreement for Categorical Data. In: Biometrics 33 (1977) 1, S. 159–174

MARZANO, Robert J; KENDALL, John S.: Designing & Assessing Educational Objectives. Applying the New Taxonomy. Thousand Oaks, CA 2008

MAYRING, Philipp; FENZL, Thomas: Qualitative Inhaltsanalyse. In: BAUR, Nina; BLASIUS, JÖRG (Hrsg.): Handbuch Methoden der empirischen Sozialforschung. Wiesbaden 2019, S. 633–648

MAYRING, Philipp: Qualitative Inhaltsanalyse: Grundlagen und Techniken. Weinheim 2015

MÜLLER, Marianne; BUCHS, Helen: Intercoderreliabilität der Vercodung von Stellenausschreibungen. Zürich 2014

MSB NRW – MINISTERIUM FÜR SCHULE UND BILDUNG DES LANDES NORDRHEIN-WESTFALEN (Hrsg.): Leitlinie Bildung für nachhaltige Entwicklung. Düsseldorf 2019

NATIONALE PLATTFORM BILDUNG FÜR NACHHALTIGE ENTWICKLUNG c/o BUNDESMINISTERIUM FÜR BILDUNG UND FORSCHUNG REFERAT BILDUNG IN REGIONEN (Hrsg.): Nationaler Aktionsplan Bildung für nachhaltige Entwicklung. Berlin 2017

PELLEGRINO, James W.: Rethinking and Redesigning Curriculum, Instruction and Assessment: What Contemporary Research and Theory has to offer. In: NATIONAL CENTER ON EDUCATION AND THE ECONOMY (Hrsg.): Paper commissioned by the National Center on Education and the Economy for the New Commission on the Skills of the American Workforce. Chicago 2006

PIES, Ingo; SARDISON, Markus: Wirtschaftsethik, Diskussionspapier. Lutherstadt Wittenberg 2005

PROGRAMM TRANSFER-21 (Hrsg.): Orientierungshilfe Bildung für nachhaltige Entwicklung in der Sekundarstufe I – Begründungen, Kompetenzen, Lernangebote. Berlin 2007

RÄDIKER, Stefan; KUCKARTZ, Udo: Analyse Qualitativer Daten mit MAXQDA. Text, Audio und Video. Wiesbaden 2019

REBMANN, Karin; SCHLÖMER, Tobias: Berufsbildung für eine nachhaltige Entwicklung. In: ARNOLD, Rolf; LIPSMEIER, Antonius; ROHS, Matthias (Hrsg.): Handbuch Berufsbildung. Wiesbaden 2020, S. 325–338

ROST, Jürgen: Messung von Kompetenzen Globalen Lernens. In: Zeitschrift für internationale Bildungsforschung und Entwicklungspädagogik 28 (2005) 2, S. 14–18

SLOPINSKI, Andreas; PANSCHAR, Maike; BERDING, Florian; REBMANN, Karin: Nachhaltiges Wirtschaften zwischen Gesellschaft, Ökonomie und Bildung – Ergebnisse eines transdisziplinären Projekts. In: bwp@ Spezial 17: Zukunftsdiskurse – berufs- und wirtschaftspädagogische Reflexionen eines Modells für eine nachhaltige Wirtschafts- und Sozialordnung (2020)

VEREINTE NATIONEN (Hrsg.): Transformation unserer Welt: die Agenda 2030 für nachhaltige Entwicklung. 2015

WALTNER, Eva-Maria; RIESS, Werner; MISCHO, Christoph: Development and Validation of an Instrument for Measuring Student Sustainability Competencies. In: Sustainability 11 (2019) 6, S. 1–20

WCED – WORLD COMMISSION ON ENVIRONMENT AND DEVELOPMENT (Hrsg.): Our common future. Oxford 1987

WINTHER, Esther: Kompetenzmessung in der Beruflichen Bildung. Bielefeld 2010

WINTHER, Esther, FESTNER, Dagmar, SANGMEISTER, Julia; KLOTZ, Viola: Facing Commercial Competence: Modeling Domain-Linked and Domain-Specific Competence as Key Elements of Vocational Development. In: WUTTKE, Eveline; SEIFRIED, Jürgen; SCHUMANN, Stephan (Hrsg.): Economic Competence and Financial Literacy of Young Adults: Status and Challenges. Opladen, Berlin, Toronto 2016, S. 149–164

► Verzeichnis der Autorinnen und Autoren

Moritz Ansmann
Bundesinstitut für Berufsbildung (BIBB)

Dr. Benjamin Apelojg
Leuphana Universität Lüneburg

Nicole von dem Bach
Bundesinstitut für Berufsbildung (BIBB)

Prof. Dr. Antje Barabasch
Eidgenössische Hochschule für Berufsbildung (EHB)

Johanna Binnewitt
Bundesinstitut für Berufsbildung (BIBB)

Dr. Stefan Brämer
Otto-von-Guericke-Universität Magdeburg

Markus Bretschneider
Bundesinstitut für Berufsbildung (BIBB)

Tanja Brumbauer
NELA. Next Economy Lab

Dr. Andreas Fischer
Forschungsinstitut Betriebliche Bildung (f-bb)

Prof. Dr. Wolfgang von Gahlen-Hoops
Christian-Albrechts-Universität zu Kiel

Dr. Monika Hackel
Bundesinstitut für Berufsbildung (BIBB)

Robert Hantsch
Universität Rostock

Lukas Heck
NELA. Next Economy Lab

Kristin Hecker
Forschungsinstitut Betriebliche Bildung (f-bb)

Fenna Henicz
Universität Duisburg-Essen

Patrick Hilse
Technische Hochschule Nürnberg Georg Simon Ohm

Gerrit von Jorck
Technische Universität Berlin

Dr. Felix Kapp
Leibniz Institut für die Pädagogik der Naturwissenschaften und Mathematik (IPN Kiel)

Anna-Franziska Kähler
Universität Hamburg

Anna Keller
Eidgenössische Hochschule für Berufsbildung (EHB)

Prof. Linda Kruse
Hochschule Mainz

Prof. Dr. Werner Kuhlmeier
Universität Hamburg

Nadine Matthes
Technische Universität Berlin

Aylin Meckert
Hochschule Neubrandenburg

Claudia Müller
Universität Erfurt

Christopher Pabst
Forschungsinstitut Betriebliche Bildung (f-bb)

Dr. Iris Pfeiffer
Forschungsinstitut Betriebliche Bildung (f-bb)

Jan Pranger
Christian-Albrechts-Universität zu Kiel

Dr. Patric Raemy
Universität Freiburg, Schweiz

Jens Reißland
Universität Erfurt

Linda Schlüßler
Hochschule Neubrandenburg

Christian Schneemann
Institut für Arbeitsmarkt- und Berufsforschung (IAB)

Timo Schnepf
Bundesinstitut für Berufsbildung (BIBB)

Dr. Sören Schütt-Sayed
Technische Universität Hamburg

Dr. Pia Spangenberger
Technische Universität Berlin

Stefanie Steeg
Bundesinstitut für Berufsbildung (BIBB)

Dr. Christina Strotmann
FH Münster

Dr. Wilhelm Trampe
Universität Osnabrück

Linda Vieback
Otto-von-Guericke-Universität Magdeburg

Prof. Dr. Thomas Vogel
Pädagogische Hochschule Heidelberg

Gaby Walker
Eidgenössische Hochschule für Berufsbildung (EHB)

Heiko Weber
Forschungsinstitut Betriebliche Bildung (f-bb)

Prof. Dr. Júlia Wéber
Hochschule Neubrandenburg

Marcel Werner
Industrie- und Handelskammer Kassel-Marburg

Prof. Dr. Esther Winther
Universität Duisburg-Essen

Jun.-Prof. Dr. Andreas Zopff
Otto-von-Guericke-Universität Magdeburg

▶ Zur Arbeitsgemeinschaft Berufsbildungsforschungsnetz

Die Arbeitsgemeinschaft Berufsbildungsforschungsnetz (AG BFN) ist ein freiwilliger Zusammenschluss von Einrichtungen, die Beiträge zur Berufsbildungsforschung aus unterschiedlichen wissenschaftlichen Disziplinen leisten. Ziel der Arbeitsgemeinschaft ist es, die wissenschaftliche Zusammenarbeit zu verbessern, den Austausch von Forschungsergebnissen, Meinungen und Erfahrungen zu unterstützen, relevante Forschungsfelder zu identifizieren und den wissenschaftlichen Nachwuchs zu fördern.

Die AG BFN wurde am 7. Juni 1991 in Nürnberg gegründet. Gründungsmitglieder sind die Sektion für Berufs- und Wirtschaftspädagogik (BWP) der Deutschen Gesellschaft für Erziehungswissenschaften (DGfE), das Bundesinstitut für Berufsbildung (BIBB) und das Institut für Arbeitsmarkt- und Berufsforschung der Bundesanstalt für Arbeit (IAB). Über die Jahre hinweg hat sich der Kreis der Netzwerkpartner erweitert. Neben der Sektion BWP (ca. 400 Mitglieder), dem IAB und dem BIBB haben sich die pädagogischen Institute der Bundesländer (17) sowie zahlreiche Forschungsinstitute in privater und öffentlicher Trägerschaft (25) dem Netzwerk angeschlossen. Eine Kooperation mit weiteren wissenschaftlichen Gruppierungen und Gesellschaften, die Berufsbildungsforschung betreiben, wird angestrebt. Die Netzwerkpartner verpflichten sich zu folgenden Arbeitsgrundsätzen: Sie

▶ leisten Beiträge zur grundlagen- oder anwendungsorientierten Berufsbildungsforschung;

▶ unterziehen ihre Forschungsarbeiten einer kontinuierlichen Qualitätsentwicklung,

▶ veröffentlichen die Ergebnisse ihrer Arbeit,

▶ beteiligen sich am wissenschaftlichen Diskurs,

▶ fördern den wissenschaftlichen Nachwuchs und

▶ beteiligen sich an den Aktivitäten der AG BFN.

In ihren Aufgaben wird die AG BFN vom BIBB gefördert und unterstützt. Sie führt themenorientierte Foren, Fachtagungen und Workshops durch. Im zweijährigen Turnus wird der Friedrich-Edding-Preis für Berufsbildungsforschung vergeben – eine Auszeichnung für den wissenschaftlichen Nachwuchs. Mit dem Internetauftritt www.agbfn.de präsentiert sich die AG BFN. Die Veranstaltungen der AG BFN werden im Internetportal und in dieser Schriftenreihe dokumentiert. Zudem bietet das Portal einen Bereich für Ankündigung und einen Zugang zum VET Repository des BIBB, das aus der Literaturdatenbank Berufliche Bildung, einem Gemeinschaftsprojekt der AG BFN, hervorgegangen ist.

In dieser Schriftenreihe erschienene Veröffentlichungen:

Wissenschaft trifft Praxis – Designbasierte Forschung in der beruflichen Bildung. KREMER, H.-Hugo; ERTL, Hubert; SLOANE, Peter F. E. [Hrsg.]. Berichte zur beruflichen Bildung AG BFN, 30. Bonn: Bundesinstitut für Berufsbildung, 2023

Entwicklungen und Perspektiven in der Berufsorientierung. Stand und Herausforderungen. WEYLAND, Ulrike; ZIEGLER, Birgit; DRIESEL-LANGE, Katja; KRUSE, Annika [Hrsg.]. Berichte zur beruflichen Bildung AG BFN, 29. Bonn: Bundesinstitut für Berufsbildung, 2021

„Neue Normalität" betrieblichen Lernens gestalten. Konsequenzen von Digitalisierung und neuen Arbeitsformen für das Bildungspersonal. KOHL, Matthias; DIETTRICH, Andreas; FASSHAUER, Uwe [Hrsg.]. Berichte zur beruflichen Bildung AG BFN, 28. Bonn: Bundesinstitut für Berufsbildung, 2021

Evaluation und Wirkungsforschung in der beruflichen Bildung. Reinhard STOCKMANN; Hubert ERTL [Hrsg.]. Berichte zur beruflichen Bildung AG BFN, 27. Bonn: Bundesinstitut für Berufsbildung, 2021

Berufsbildung 4.0. Steht die berufliche Bildung vor einem Umbruch? Birgit ZIEGLER; Ralf TENBERG [Hrsg.]. Berichte zur beruflichen Bildung AG BFN, 26. Bonn: Bundesinstitut für Berufsbildung, 2020

Zugang zu beruflicher Bildung für Zuwandernde. Britta MATTHES; Eckart SEVERING [Hrsg.]. Berichte zur beruflichen Bildung AG BFN, 25. Bonn: Bundesinstitut für Berufsbildung, 2020

Berufliche Integration durch Sprache. Jörg ROCHE; Thomas HOCHLEITNER [Hrsg.]. Berichte zur Beruflichen Bildung AG BFN, 24. Bonn: Bundesinstitut für Berufsbildung, 2019.

Multidisziplinär – praxisorientiert – evidenzbasiert: Berufsbildungsforschung im Kontext unterschiedlicher Anforderungen. Reinhold WEISS; Eckart SEVERING [Hrsg.]. Berichte zur Beruflichen Bildung AG BFN, 23. Bonn: Bundesinstitut für Berufsbildung, 2018

Didaktik der beruflichen Bildung – Selbstverständnis, Zukunftsperspektiven und Innovationsschwerpunkte. Tade TRAMM; Marc CASPER; Tobias SCHLÖMER [Hrsg.]. Berichte zur beruflichen Bildung AG BFN, 22. Bielefeld: Bertelsmann, 2018

Berufsbildung für Geringqualifizierte. Barrieren und Erträge. Britta MATTHES; ECKART SEVERING [Hrsg.]. Berichte zur beruflichen Bildung AG BFN, 21. Bielefeld: Bertelsmann, 2017

Entwicklungen und Perspektiven in den Gesundheitsberufen – aktuelle Handlungs- und Forschungsfelder. Ulrike WEYLAND; Karin REIBER [Hrsg.]. Berichte zur beruflichen Bildung AG BFN, 20. Bielefeld: Bertelsmann, 2017

Verzahnung beruflicher und akademischer Bildung. Duale Studiengänge in Theorie und Praxis. Uwe Fasshauer; Eckart Severing [Hrsg.]. Berichte zur beruflichen Bildung AG BFN, 19. Bielefeld: Bertelsmann, 2016

Inklusion in der Berufsbildung: Befunde – Konzepte – Diskussionen. Andrea Zoyke; Kirsten Vollmer [Hrsg.]. Berichte zur beruflichen Bildung AG BFN, 18. Bielefeld: Bertelsmann, 2016

Wirkung von Fördermaßnahmen im Übergangssystem – Forschungsstand, Kritik, Desiderata. Heike Solga; Reinhold Weiss [Hrsg.]. Berichte zur beruflichen Bildung AG BFN, 17. Bielefeld: Bertelsmann, 2015

Sicherung des Fachkräftepotenzials durch Nachqualifizierung. Befunde – Konzepte – Forschungsbedarf. Eckart Severing; Martin Baethge [Hrsg.]. Berichte zur beruflichen Bildung AG BFN, 16. Bielefeld: Bertelsmann, 2015

Individuelle Förderung in heterogenen Gruppen in der Berufsausbildung. Befunde – Konzepte – Forschungsbedarf. Eckart Severing; Reinhold Weiss [Hrsg.]. Berichte zur beruflichen Bildung AG BFN, 15. Bielefeld: Bertelsmann, 2014

Weiterentwicklung von Berufen – Herausforderungen für die Berufsbildungsforschung Eckart Severing; Reinhold Weiss [Hrsg.]. Berichte zur beruflichen Bildung AG BFN, 14. Bielefeld: Bertelsmann, 2014

Akademisierung der Berufswelt? Eckart Severing; Ulrich Teichler [Hrsg.]. Berichte zur beruflichen Bildung AG BFN, 13. Bielefeld: Bertelsmann, 2013

Qualitätsentwicklung in der Berufsbildungsforschung. Eckart Severing; Reinhold Weiss [Hrsg.]. Berichte zur beruflichen Bildung AG BFN, 12. Bielefeld: Bertelsmann, 2012

Berufliches Bildungspersonal – Forschungsfragen und Qualifizierungskonzepte. Philipp Ulmer; Reinhold Weiss; Arnulf Zöller [Hrsg.]. Berichte zur beruflichen Bildung AG BFN, 11. Bielefeld: Bertelsmann, 2012

Prüfungen und Zertifizierungen in der beruflichen Bildung. Anforderungen – Instrumente – Forschungsbedarf. Eckart Severing; Reinhold Weiss [Hrsg.]. Berichte zur beruflichen Bildung AG BFN, 10. Bielefeld: Bertelsmann, 2011

Migration als Chance. Ein Beitrag der beruflichen Bildung. Mona Granato; Dieter Münk; Reinhold Weiss [Hrsg.]. Berichte zur beruflichen Bildung AG BFN, 9. Bielefeld: Bertelsmann, 2011

Kompetenzermittlung für die Berufsbildung. Verfahren, Probleme und Perspektiven im nationalen, europäischen und internationalen Raum. Dieter Münk; Andreas Schelten [Hrsg.]. Berichte zur beruflichen Bildung AG BFN, 8. Bielefeld: Bertelsmann, 2010

Theorie und Praxis der Kompetenzfeststellung im Betrieb – Status quo und Entwicklungsbedarf. Schriften zur Berufsbildungsforschung der Arbeitsgemeinschaft Berufsbildungsforschungsnetz (AG BFN). Dieter Münk; Eckart Severing [Hrsg.]. Berichte zur beruflichen Bildung AG BFN, 7. Bielefeld: Bertelsmann, 2009

Qualität in der beruflichen Bildung. Forschungsergebnisse und Desiderata. Hans-Dieter MÜNK; Reinhold WEISS [Hrsg.]. Berichte zur beruflichen Bildung AG BFN, 6. Bielefeld: Bertelsmann, 2009

Zukunft der dualen Berufsausbildung – Wettbewerb der Bildungsgänge. Schriften zur Berufsbildungsforschung der Arbeitsgemeinschaft Berufsbildungsforschungsnetz (AG BFN). Hans DIETRICH; Eckart SEVERING [Hrsg.]. Berichte zur beruflichen Bildung AG BFN, 5. Bielefeld: Bertelsmann, 2008

Perspektiven der Berufsbildungsforschung: Orientierungsleistungen der Forschung für die Praxis. Ergebnisse des AG BFN-Expertenworkshops vom 15. und 16. März 2006 im Rahmen der Hochschultage Berufliche Bildung in Bremen. Reinhold NICKOLAUS; Arnulf ZÖLLER [Hrsg.]. AG BFN, 4. Bielefeld: Bertelsmann, 2007

Der europäische Berufsbildungsraum – Beiträge der Berufsbildungsforschung. 6. Forum der Arbeitsgemeinschaft Berufsbildungsforschungsnetz (AG BFN) 19.–20. September 2005, Universität Erfurt. Manfred ECKERT; Arnulf ZÖLLER [Hrsg.]. AG BFN, 3. Bielefeld: Bertelsmann, 2006

Vollzeitschulische Berufsausbildung – eine gleichwertige Partnerin des dualen Systems. Arnulf ZÖLLER [Hrsg.]; Manfred KREMER [Mitarb.]; Günter WALDEN [Mitarb.]; Dieter EULER [Mitarb.]; u. a. Berichte zur beruflichen Bildung AG BFN, 2. Bielefeld: Bertelsmann, 2006

Klassifizierungssystem der beruflichen Bildung. Entwicklung, Umsetzung und Erläuterungen. Franz SCHAPFEL-KAISER. Bielefeld: Bertelsmann, 2005

▶ Abstract

Der Sammelband bündelt die Erkenntnisse zum Konzept der Nachhaltigkeit und dessen Auswirkungen in Arbeit, Beruf und Bildung. Hierbei werden aktuelle Ergebnisse verschiedener Initiativen, Ansätze und Maßnahmen von betrieblichen und schulischen Bildungseinrichtungen vorgestellt. Auf der Ebene des Arbeitsmarktes werden die Veränderungen beruflicher Anforderungen, Kompetenzen und Tätigkeiten und ihre Auswirkungen auf Beschäftigung und Arbeitswelt beschrieben. Auf der Ebene der Lernorte geht es um die Einbindung von Nachhaltigkeit in die betriebliche (Ausbildungs-)Praxis, die Rolle beruflicher Didaktiken und der Professionalisierung des Bildungspersonals in Unternehmen und Bildungseinrichtungen. Auf der Ebene der Berufsbildung stehen schließlich die Ausbildungsberufe und Curricula sowie die Verknüpfung nachhaltigkeitsbezogener Kompetenzmodelle mit den Ordnungsmitteln im Fokus.